Military History of Korea

한국군사사 ④

고려 II

기획 · 주간

史 육군군사연구소
ARMY MILITARY HISTORY INSTITUTE

육군본부

"역사를 깨닫지 못하는 자에게
비극의 역사는 필연적으로 되풀이 된다"

인류의 역사에서 전쟁은 한 국가의 명운을 좌우해 왔습니다. 그렇기 때문에 모든 나라들은 전쟁을 대비하는 데 전 국가역량을 집중해 왔습니다. 한 나라의 역사를 이해하기 위해 군사사 분야의 체계적인 연구가 필요한 이유가 여기에 있습니다.

육군에서는 이러한 군사사 연구의 중요성을 인식하고 1960년대부터 지금까지 '한국고전사', '한국의병사', '한국군제사', '한국고대무기체계' 등을 편찬하였습니다. 이는 우리의 군사사 연구 기반 조성에 큰 도움을 주었지만, 단편적인 연구에 국한된 아쉬움이 늘 남아 있었습니다.

이에 육군은 그간의 연구 성과를 바탕으로 군사사 분야를 보다 체계적으로 연구·집대성한 '한국군사사(韓國軍事史)'를 발간하였습니다. 본서는 2008년부터 3년 6개월 동안 비록 짧은 기간이지만, 많은 학계 전문가들이 참여하여 군사, 정치, 외교 등 폭넓은 분야에 걸쳐 역사적 사실을 새롭게 재조명하였습니다. 특히 고대로부터 근·현대에 이르기까지 전쟁사, 군사제도, 강역, 군사사상, 통신, 무기, 성곽 등 군사사 전반이 망라되어 있습니다.

　"역사를 깨닫지 못하는 자에게 비극의 역사는 필연적으로 되풀이 된다"라는 말이 있습니다. 미래에 대한 변화와 발전도 과거에 대한 깊은 이해와 성찰을 통해서 이루어 질 수 있습니다. 이러한 의미에서 우리나라 최초로 군사사 분야를 집대성한 '한국군사사'가 군과 학계 연구를 촉진시키는 기폭제가 되고, 군사사 발전을 위한 길잡이가 되길 기대합니다.

　그동안 어려운 여건속에서도 연구의 성취와 집필을 위해 열과 성을 다해 준 집필진과 관계관 여러분의 노고를 치하합니다.

2012년 10월
육군참모총장 대장 김상기

1. 이 책의 집필 원칙은 국난극복사, 민족주의적 서술에서 벗어나 국가와 민족의 생존의 역사로
   군사사(전쟁을 포함한 군사 관련 모든 영역의 역사)를 객관적으로 서술하는데 있다.
2. 한글 맞춤법과 표준어 등은 국립국어원이 정한 어문규정을 따르되, 일부 사항은 학계의 관례
   따랐다.
3. 이 책의 목차는 다음의 순서로 구분, 표기했다.
   : 제1장 - 제1절 - 1. - 1) - (1)
4. 이 책에서 사용한 전쟁 명칭은 다음과 같은 원칙에 따라서 표기했다.
   (1) '전쟁'의 명칭은 다음 기준에 부합되는 경우에 사용했다.
       ① 국가 대 국가 간의 무력 충돌에만 부여한다.
       ② 일정 규모 이상의 대규모 군사활동에만 부여한다.
       ③ 무력충돌 외에 외교활동이 수반되었는지를 함께 고려한다. 외교활동이 수반되지 않은
          우는 군사충돌의 상내편을 국가제로 볼 수 있는지를 검토한다.
   (2) 세계적 보편성, 여러 나라가 공유할 수 있는 명칭 등을 고려하여 전쟁 명칭은 국명 조합병
       을 기본적으로 채택했다.
   (3) 국명이 변경된 나라의 경우, 전쟁 당시의 국명을 사용하는 것을 원칙으로 했다.
       (예) 고려-요 전쟁   조선-후금 전쟁
   (4) 동일한 주체가 여러 차례 전쟁을 한 경우는 차수를 부여했다.
       (예) 제1차~제7차 고려-몽골 전쟁
   (5) 일반적으로 널리 알려진 전쟁 명칭은 ( ) 안에 일반적인 명칭을 병기했다.
       (예) 제1차 조선-일본 전쟁(임진왜란)   조선-청 전쟁(병자호란)
5. 연대 표기는 다음과 같은 원칙에 따라서 표기했다.
   (1) 주요 전쟁·전투·역사적 사건과 본문 서술에 일자가 드러난 경우는 서기력(양력)과 음력
       병기했다.
       ① 전근대 : '음력(양력)' 형식으로 병기하는 것을 원칙으로 했다.
       ② 근·현대: 정부 차원의 양력 사용 공식 일자를 기준으로 구분하여, 1895년까지는 '음력
          력)' 형식으로, 1896년 이후는 양력(음력) 형식으로 병기했다.
   (2) 병기한 연대는 ( ) 안에 양력, 음력 여부를 (양), (음)으로 표기했다.
       (예) 1555년(명종 10) 5월 11일(양 5월 30일)
   (3) 「연도」, 「연도 월」처럼 일자가 드러나지 않은 경우는 음력(1895년까지) 혹은 양력(1896
       이후)으로만 단독 표기했다.
   (4) 연도 표기는 '서기력(왕력)' 형태를 기본으로 하되, 필자가 필요하다고 판단한 경우에는 왕
       (서기력) 형태의 표기도 허용했다.
6. 외국 인명은 다음과 같은 원칙에 따라서 표기했다.
   (1) 외국 인명은 최대한 원어 발음을 기준으로 표기하는 것을 원칙으로 했다. 단, 적절한 원어
       음으로 표기하지 못한 경우에는 한자음으로 표기했다.

(2) 전근대의 외국 인명은 다음과 같은 원칙에 따라서 표기했다.

　① 중국을 제외한 여타 외국 인명은 원어 발음을 기준으로 표기하고 한자를 병기했다.

　　(예) 누르하치[努爾哈赤]　　도요토미 히데요시[豊臣秀吉]

　② 중국 인명은 학계의 관행에 따라서 한자음으로 표기했다.

　　(예) 명나라 장수 척계광戚繼光

(3) 근·현대의 외국 인명은 중국 인명을 포함하여 모든 인명을 원어 발음 기준으로 표기하는 것을 원칙으로 했다.

　(예) 위안스카이[袁世凱]　　쑨원[孫文]

7. 지명은 다음과 같은 원칙에 따라서 표기했다.

(1) 옛 지명과 현재의 지명이 다른 경우에는 '옛 지명(현재의 지명)'형식으로 표기했다. 외국 지명도 이 원칙에 따라서 표기했다.

(2) 현재 외국 영토에 있는 지명은 가능한 원어 발음으로 표기했다.

　(예) 대마도 정벌 → 쓰시마 정벌

(3) 전근대의 외국 지명은 '한자음(현재의 지명)' 형식으로 표기했다.

　(예) 대도大都(현재의 베이징[北京])

(4) 근·현대의 외국 지명은 원어 발음으로 표기하는 것을 원칙으로 하되, 학계에서 일반화되어 고유명사처럼 쓰이는 경우에는 한자음으로 표기했다.

　(예) 상하이[上海]　　상해임시정부上海臨時政府

본문에 사용된 지도와 사진

• 본문에 사용된 지도는 한국미래문제연구원(김준교 중앙대 교수)에서 제작한 것을 기본으로 하여 필자의 의견을 반영해서 재 작성했습니다.

• 사진은 필자와 한국미래문제연구원에서 제공한 것을 1차로 사용했으며, 추가로 장득진 선생이 많은 사진을 제공했습니다. 필자와 한국미래문제연구원, 장득진 제공사진은 ⓒ표시를 하지 않았습니다.

• 이 외에 개인작가와 경기도박물관, 경희대박물관, 고려대박물관, 국립중앙박물관, 국사편찬위원회, 규장각한국학연구원, 독립기념관, 문화재청, 서울대박물관, 연세대박물관, 영집궁시박물관, 육군박물관, 이화여대박물관, 전쟁기념관, 한국학중앙연구원, 해군사관학교박물관, 화성박물관 외 여러 기관에서 소장자료를 제공했습니다. 이 경우 개인은 ⓒ표시, 소장기관은 기관명을 표시했습니다. 사진을 제공해 주신 분들께 감사드립니다.

• 이 책에 실린 사진 중에서 소장처를 파악하지 못해 사용허가를 받지 못한 사진이 있습니다. 이 사진에 대해서는 저작권자가 확인되는 대로 게재 허락을 받고 통상의 기준에 따라 사용허가 및 사용료를 지불하도록 하겠습니다.

제 5 장

고려중기
정변의 빈발과
군사제도의 변화

제1절 문벌사회의 동요와 금군의 반란

제2절 무신정변과 군제의 변화

제1절

문벌사회의 동요와 금군의 반란

1. 동아시아 국제정세의 변화와 지배질서의 동요

1) 지배체제와 사회 변화

여진과의 전쟁이 끝나고 고려사회는 새로운 변화에 직면해 있었다. 군제의 커다란 변화가 있었던 것은 아니었지만, 사회변화는 군의 운용 등에 영향을 미쳤다. 우선 이 시기 사회변화는 정치적으로 지배층 내부와 지역 간의 갈등을 격화시켰다. 또한 금의 건국(1115)과 대외정세의 변화는 고려의 군사 정책에 영향을 미쳤다.

12세기 고려왕조 성립 이후의 초기 제도가 점차 변질되어 갔다. 이 변질은 사회 내부의 변화를 반영하는 것이었다. 경제적 변화 중 하나로 평지의 논과 밭에서 지력 회복을 위해 땅을 놀리는 휴경이 줄기 시작했다.[1] 휴경이 줄게 된 것은 농업 기술의 발전 때문이지만, 이전보다 집약적으로 노동력을 투여할 수 있게 된 것도 그 이유가 될 것이다. 이것은 국가 총생산과 토지의 단위 생산력을 늘리는 동시에 농민이 소규모 경영과 노동 단위로 살아갈 수 있는 조건을 만든다는 점에서 의미가 있다. 물론 소규모 농업경영은 자연 재해나 불안전한 시비법, 수리 시설의 미비 등으로 항상 불안정

---

1 채웅석, 「12, 13세기 향촌사회의 변동과 '민'의 대응」 『역사와 현실』 3, 50쪽.

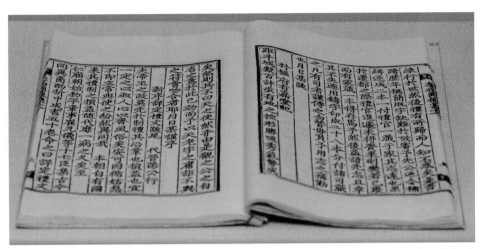

「동국이상국집」

했다는 점은 감안해야 한다.[2] 농업의 발전은 지역 사회 내부에서의 경제적 편차를 벌리는 원인이 되었다. 즉 지역 내에서 토지가 넓고 상업이 발전하는 곳과 아닌 곳의 차이가 벌어지게 되었다는 뜻이다. 또한 개별 농민들 내부에서 경제적 차이가 생기는 요인도 되었다.[3]

같은 군현 내에서도 경제적으로 발전하는 곳과 아닌 곳의 차이는 점차 벌어지게 되었다. 따라서 이것은 국가의 수취와 노동력을 징발해야 하는 조건에서 차이도 낳게 되었다. 예컨대 1199년 11월 이규보李奎報는 전라도 전주의 속군屬郡을 둘러보았다. 그는 전주가 인물이 번창하고 가옥이 즐비하게 늘어서 있는데 반해서, 속군인 마령馬靈·진안鎭安은 골짜기에 있던 고을이라 미개하다고 했다. 또한 이성伊城은 백성들의 집이 거의 없어지고 객관客館도 초가집이라 서글펐다고 한다.[4] 이런 차이는 고려 초부

---

2 이 시기에 이러한 수리시설 발전, 종자 개량, 시비술 발전 등이 이루어지기 때문에 항상적인 경작이 이루어지는 것으로 보고 있다(위은숙, 「12세기 농업기술의 발전」 『부대사학』 12, 1988).

3 드물지만, 농업경영을 통해 경제적 부를 축적하기도 했다. 노비 출신의 평량은 농업 경영을 통해 부를 축적하여 자신의 신분을 벗어나려 했던 대표적 경우였다.

4 이규보, 『동국이상국집』 권23, 기, 남행월일기, "11월 己巳日에 비로소 屬郡들을 두루 다녀 보았더니, 馬靈·鎭安은 山谷間의 옛고을이라, 그 백성들이 질박하고 미개하여 얼굴은 원숭이와 같고, 杯盤이나 음식에는 오랑캐의 풍속이 있으며, 꾸짖거나 나무라면 형상이 마치 놀란 사슴과 같아서 달아날 것만 같았다.…다음날 伊城에 들어가니, 民戶가 凋殘하고 籬落이 蕭條하여 客館도 草家요, 아전이라고 와 뵙는 자는 4~5인에 불과했으니, 보기에 측은하고 서글펐다."

터 있었지만, 농업생산의 발전은 수도인 개경과 다른 지역, 그리고 지역 내부의 격차를 더욱 벌어지게 만들었다.

지역 간의 격차, 지역 내부의 격차는 지역 내부의 사회적 갈등을 일으키는 원인이 되었다. 특히 각 군현에 속해 있던 부곡部曲이나 소所와 같은 곳은 더욱 불리한 처지에 놓이게 되었을 것이다.[5]

지역 사회에서는 바라는 혈통이라는 뜻의 '족망族望' 등으로 불리거나 또는 향리를 맡았던 계층도 분화가 진행되었다. 그 중에 일부는 과거나 전쟁에서 공로를 세워 중앙 정계로 나아갔다. 그러나 같은 본관의 사람들 중에서도 중앙 진출자들과 지역 지배층과의 연계는 시간이 지날수록 약해졌다. 해당 지역 출신으로 그 지역에 사적인 기반을 가지고, 중앙과 지역사회를 연결하고, 수취 문제 등의 갈등을 조절하던 사심관事審官은 점차 자신이 할 수 있는 역할을 잃어갔다. 대신 중앙 정부는 이전보다 많은 지방관을 파견하여, 지역 사회 내부의 자율적 질서 속으로 파고 들었다. 지역을 다스리던 향리는 점차 지방관의 보조적 역할로 위상이 낮아져 갔다. 세금 수취와 노동력 동원, 각종 소송의 처리 등이 지방관의 권한으로 이양되었다.

고려 왕조가 나이를 먹어감에 따라 관료들의 수도 점차 증가했다. 관료의 양적인 증가는 국가체제를 안정시켜가는 측면도 있지만, 귀족 가문에서 사적으로 부리던 사람들을 관료화시켜가는 현상도 발생했다. 따라서 공권력을 이용한 과중한 납세와 노동력 징발이 증가하고 있었다.[6]

12세기 이후 농민이 경작을 포기하여 경작 가능한 토지가 버려지는 진전陳田이 늘어갔다. 그 배경에는 지배층은 다른 사람의 토지를 빼앗는 탈점과 농장의 확대, 국가의 수취 증가 등이 자리 잡고 있었다. 토지 탈점과 농장 확대는 지배층 내부의 경쟁이 그 요인이었다. 지배층 다른 사람의 땅을 사들이거나 포기한 진전 등을 개간함으로써

---

5 주지하듯이 부곡이나 소는 특수행정구역이다. 전자는 鄕과 함께 田丁과 호구에서 군현이 되기 어려운 곳을 편제시킨 것이며, 후자인 所는 금, 은, 동과 각종 물품을 생산하는 곳이다. 이곳의 수취는 일반 군현보다 더 많아졌을 것이다(朴宗基, 『高麗時代部曲制研究』, 서울대출판부, 1990 참조).
6 12세기 인종대에 林完은 상소문에서 관료들의 숫자가 이전 문종대보다 2배가 되었다고 하면서, 당시 교만, 사치가 늘었으며, 권세를 끼고 백성을 침탈하여 세금과 노동력 징발이 더 많아졌다고 지적했다.

자신의 농장을 넓혀갔다. 농장은 귀족층들의 경제적 기반이었고, 이를 통해 얻어지는 수익은 대외 무역과 상업 등을 통해 다시 불려갔다. 이 수익은 귀족가문인 문벌을 번성시킬 수 있는 수단이었다. 귀족들 중에 일부는 사치함을 통해 자신들의 기호를 만족시키고 사회적 지위를 과시했다. 그리고 문벌은 자기 가문의 번성을 합리화하려 했으며,[7] 또한 왕실이나 비슷한 지위의 문벌끼리 결혼을 통해 사회적 위상을 높이려 했다.

농사짓지 않는 진전이 증가한다는 것은 자연 재해의 탓도 있지만, 사회적으로 몰락하는 농민층이 증가함을 보여준다. 이들은 늘어가는 수취나 고리대의 이자 등을 견디지 못하고[8] 농토를 넘기고 스스로 노비가 되거나, 아니면 유랑하는 처지가 되었다. 그러나 국가에서는 이들을 보호할 수 있는 제도적 장치가 미흡했다. 따라서 농민들은 권력자의 농장에 노비로 들어가거나, 떠돌아다니면서 도적 등이 될 수 밖에 없었다.

문제는 이들에게 부과된 군역과 세금이 다른 사람에게 전가되면서, 상황이 악화된다는 점에 있었다. 군역을 맡은 농민들이 이를 부담하는 것에서 빠져나가면서, 지역의 주현군 동원 등이 쉽지 않게 되어갔다.

나아가 토지 탈점의 증가는 군인들에게 주어졌던 군인전까지 영향을 미치게 되었다. 군인전 역시 권세가들의 탈점 대상에서 예외일 수 없었기 때문이다. 그에 따라 군인전의 토지를 둘러싼 토지 소송 역시 증가했다. 1147년(의종 1)에 윤관의 아들 윤언이尹彦頤는 선군별감選軍別監이 되어 오랫동안 문제가 되어 왔던 토지 소송을 해결했다고 한다.[9] 윤언이가 선군별감으로 토지소송을 해결한 대상은 군인전이라고 보아야 한다. 군인전 탈점은 군사제도의 근간을 흔드는 문제였다. 토지는 선발된 군인들에게 충성과 복무에 대한 대가인 동시에 군인들이 말과 장비, 군복무 비용을 마련하는 재원이었기 때문이다.

다만 이 시기의 여진 정벌은 고려가 할 수 있었던 최대 총력전의 형태였던 만큼 군

---

7 고려초 徐神逸은 사슴을 사냥꾼으로부터 숨겨주어 그 은혜 때문에 자손인 서필, 서희, 서눌 등이 재상이 되었다(이제현, 『익재집』 역옹패설 전집2). 이러한 얘기는 문벌의 형성을 합리화시켜 주는 대표적 사례가 될 것이다.

8 1121년(예종 16) 예종은 조서를 내려서 당시 관리 중에서 썩은 양곡을 억지로 주고 이자를 받거나 황무지가 된 논밭에서 조세를 징수하는 것을 금지하라고 지시를 내렸다.

9 김용선 편, 『고려묘지명집성』, 「윤언이묘지명」, 한림대학교 출판부, 1993.

사동원체제를 정비할 수 있는 기회를 주었다. 고려가 지닌 가용 자원이 대부분 동원되었기 때문에, 이를 통해 군인 징발, 지휘체계, 부대편성, 보급 등 모든 면에서 점검이 이루어졌을 것이다. 특히 별무반은 기존의 군사제도의 신분제적, 지역적 편성 원리를 수정하여 능력과 재력, 의지가 있는 무사들을 국가가 적극적으로 수용하여 편성한 군대였다. 그러므로 별무반의 지속은 군사제도의 기초적인 편성원리를 바꿀 수도 있는 것이었다.

실제로 정벌군의 해체 이후에도 동원체제와 별무반의 군종을 완전히 없애지 않았다. 예종은 1109년(예종 4) 여진 지역의 9성에서 철수한 후에 돌아온 신기군에게 그 노고를 잊지 않겠다고 했으며,[10] 다음해 정월에는 북계의 번장番將 93명을 궁궐에서 만났고, 신기군에게 격구를 시키고 물품을 나누어 주었다.[11] 이를 통해 예종은 변경지역에 대한 자신의 지속적인 관심을 드러내고, 이 지역의 경계 태세에 대한 점검을 했을 것이다.

또한 예종은 여진 정벌에 동원되었던 신기, 신보, 정노精弩, 도탕跳盪을 사열했다.[12] 군의 사열은 군에 대한 점검과 통수권에 대한 확인에 필요했다. 그러나 예종의 노력과 별무반은 그 이후에 오래 지속되지 않았다. 그 배경은 알 수 없지만, 별무반의 편성원리가 국난에 대처하는 일시의 편법으로 마무리 되면서 군대 동원체제의 큰 변화가 발생하지는 않았다. 그렇지만 이 시기 동아시아 정세는 새로운 변화를 예고하고 있었다.

2) 동아시아의 정세 변화와 대응

고려가 여진에게 9성을 돌려준 후에, 동아시아 정세는 새로운 변화를 맞게 된다. 고려는 이 시기 거란이 세운 요와 외교적 관계를 맺고 있었다. 요는 예종의 생일을 축하하는 사신을 보낼 정도로 고려와의 관계가 나쁘지 않았다. 그렇기 때문에 고려는

---

10 『고려사절요』 권7, 예종 4년 8월.
11 『고려사절요』 권7, 예종 5년 정월.
12 『고려사절요』 권7, 예종 5년 9월.

사신을 요에 보내 9성을 여진에게 돌려준 사실도 보고했다.[13] 또한 고려는 송과의 관계도 계속 유지했다. 송은 고려에 대해 자신을 남쪽의 조정이라고 했으며, 요를 북쪽의 조정으로 불렀다. 특히 송은 고려를 자신의 편으로 만들려고 노력했다. 즉 송은 고려 예종에 황제의 친필 조서를 내렸는데, 요가 예종에게 '권왕權王(임시적인 왕)'으로 책봉한 부분에서 '권'의 글자를 없애버렸던 것이다.[14] 또한 풍랑으로 표류한 고려인들을 돌려보냈는데, 당시 황제의 명령으로 쌀과 비단을 이들에게 줄 정도였다.[15]

요나라와의 경우도 고려의 왕태후 유씨가 사망하자 칙제사勅祭使를 보냈으며, 고려의 일부 관료들은 태후 사망으로 조문사절이 온 경우가 왕조 건립 후 처음이라고 기뻐했다.[16] 이처럼 양국 모두 고려와의 친교에 노력했기 때문에, 고려의 입장에서는 여진의 동향에만 주의를 기울였다.

여진은 9성을 돌려 받은 이후에 고려와 특별히 문제를 일으키지 않았다. 그러나 생여진의 완안아골타가 1114년에 군대를 일으켜 요를 공격하기 시작했으며, 그 다음해에는 나라를 세워 이름을 금金이라고 했다. 고려 정부는 금이 가축을 많이 기르고 사람들이 어릴 때부터 사냥 등으로 단련하여 강한 군사력을 가지고 있다고 보았다. 그리고 약점으로 본 것은 각 부락이 통일이 되지 않았다는 점이었다.[17] 고려가 파악한

---

13 『고려사절요』 권7, 예종 4년 12월.
14 『고려사절요』 권7, 예종 5년 6월.
15 『고려사절요』 권8, 예종 8년 6월.
16 『고려사절요』 권8, 예종 8년 정월.
17 『고려사절요』 권8, 예종 10년 정월, "생여진의 完顔阿骨打가 황제라 칭호하고 이름을 旻이라 고쳤으며, 국호를 金이라 했다. 그 풍속이 흉노와 같아서 모든 부락에 성곽이 없고, 산과 들에 흩어져 거주하며 문자가 없어 언어와 끈을 매어 약속했다. 그 지방에 돼지·양·소·말이 많고, 말은 준마가 많았다. 사람들은 사납고 날래며 아이 때부터 활을 당겨 새나 쥐를 쏘기 때문에 장성하여 활을 쏘지 못하는 사람이 없으며, 말을 달리고 전투를 연습하여 강병이 되는데, 여러 부락이 제각기 우두머리라 하여 통일이 되지 못했다. 그 지방이 서쪽은 바로 거란이요, 남쪽은 바로 우리나라 땅이기 때문에 그들은 일찍부터 거란과 우리 조정을 섬겼는데, 조회하러 올 때마다 부스러기 금·담비가죽·좋은 말을 폐백으로 삼았으며, 우리 조정에서도 은과 폐백을 후히 주어 해마다 그렇게 했다. 혹자는 말하기를, "옛날 우리나라 平州(지금 황해도의 평산)의 중 今俊이 도망하여 여진으로 들어가서 阿之古村에 살았는데, 이가 금나라의 시조라 한다."고 하며, 혹자는 말하기를, "평주의 중 今幸의 아들 克守가 처음으로 여진에 들어가 아지고촌에 살면서 여진 여자에게 장가들어 아들을 낳았는데, 古乙太師라고 하며 古乙이 活羅太師를 낳고 활라는 아들이 많았다. 장자를 劾里鉢, 막내아들을 盈歌라 했는데, 영가가 제일 호걸스러워 여러 사람의 마음을 얻었다. 영가가 죽으니 핵리발의

윤관 묘(경기 파주)

이 약점은 완안아골타의 등장과 국가의 성립으로 점차 사라지게 되었다. 고려는 또다시 강한 여진을 맞이하게 된 것이다.

이 시기 고려는 여진 정벌에 참여했던 고위 지휘관들 중에 일부는 정계에서 물러나고 있었다. 윤관은 이미 사망한 후였으며, 오연총은 병을 핑계로 사직 요청을 하고 있었다.

요는 금을 공략하기 위해 출정하면서, 8월에 고려에 대해서도 협공을 요청했다. 이 때 조정의 논의는 두 갈래로 나뉘었다. 상당수의 관료들은 파병을 지지했는데, 이전에 여진 정벌에서 큰 공을 세웠던 척준경拓俊京, 그리고 김부식·김부일 형제 등은 파병 불가를 주장했다.[18] 파병 반대의 논리는 여진 정벌 이후 군사, 백성들이 겨우 쉬게 되었는데, 타국을 위해 출동하는 것이 이익이 없다는 것이었다. 결국 논쟁의 결론은 나지 않았다. 특히 여진정벌에 참여했던 척준경의 반대는 파병 반대논리에 큰 힘이 되었을 것이다. 그러나 예종은 논의 직후 무사들을 선발하고, 신기군과 서경의 군인들을 사열하여 군대를 점검했다. 이것은 여진에 대한 위기 의식을 느끼고 있음을 보여준다.

장자 烏雅束이 지위를 계승하고 오아속이 죽으니 아우 아골타가 섰다."고 한다."
18 『고려사절요』 권8, 예종 10년 8월.

1116년(예종 11) 3월 고려 국경에 있던 요나라의 두 성이 금의 공격을 받았다. 고려는 식량 1천석을 보냈지만, 그곳에서 사양하고 받지 않았다.[19] 당시 만주 지역에서는 금의 발흥을 틈타 발해인들이 대원大元이라는 나라를 세웠다.

고려는 요의 위태로움을 알게 되었으며, 그 결과 요에서 받은

아골타의 비석(중국)

연호를 쓰지 않기로 했다. 이와 동시에 고려는 송과의 관계를 더욱 돈독히 하려고 노력했다. 아울러 금에 대해서는 사신을 보내, 포주 지역이 고려의 옛 땅임을 주장하고 돌려달라고 했다.[20] 그러나 금은 고려가 직접 빼앗으라며 자신감을 드러냈다. 그러자 1117년(예종 12) 3월 고려는 금이 요의 개주(지금의 봉황성)를 차지하면서, 요의 군대가 해상으로 철수하자 내원과 포주성(평북 의주)에 들어가 병기, 금전, 양곡 등을 수합했다.[21] 이런 성과는 고려 정부와 고려군이 이 지역의 동향에 많은 신경을 기울였기에 가능했다. 고려 정부는 금의 동향이 심상치 않음을 계속 감지하고 있었다. 그에 따라 고려는 병기를 수선하고 군대를 훈련하는 한편, 동계 지역에 성을 쌓는 것으로 금의 움직임에 대비했다. 이것은 국경지대 동향에 대한 감시와 정보수합이 가능한 관리체계가 원활하게 돌아가고 있음을 보여준다.

금은 고려가 내원·포주성을 점령하자, 곧바로 사신을 보내 형제관계를 요구했다.[22] 대부분의 관료들이 형제 맹약을 반대하는 가운데, 어사중승 김부철은 송이 거란과 싸웠음에도 화친했음을 사례로 들면서 이를 받아들이자고 주장했다. 그의 주장은 현실

19 『고려사절요』 권8, 예종 11년 3월.
20 『고려사절요』 권8, 예종 11년 8월.
21 『고려사절요』 권8, 예종 12년 3월.
22 『고려사절요』 권8, 예종 12년 3월.

금나라의 광대

적 힘의 관계를 인정하고 전쟁을 회피하자는 논리였다. 그러나 당시 재상들이 모두 그를 비웃고 배척했으며, 금에 답신을 보내지 않았다. 재상들은 여진 정벌의 경험을 통해 어느 정도 자신감을 가지고 있었고, 또한 거란이 위태로운 상황이 직면하면서 송과의 관계를 통해 견제가 가능하다고 믿었던 것 같다. 당시 국경의 정보체계는 원활했지만, 국제정세의 판단에는 크게 영향을 주지 못했다. 요컨대 전술에는 원활하게 적용했지만, 국가외교와 방어전략에는 과거의 인식이 판단의 발목을 잡고 있었던 셈이다.

그러나 송의 태도는 좀 달랐다. 당시 고려는 이자량을 송에 사신으로 파견했다. 송 황제는 이자량에게 다음에 조회하러 올 때 여진인 2명 정도와 같이 올 것을 요구했다. 이자량은 여진인이 '인면수심人面獸心(인간의 탈을 쓰고 짐승의 마음을 지님)이므로 오랑캐 가운데 가장 욕심 많고 추하다'며 이를 거절했다. 그런데 송의 관료는 고려가 여진에서 나오는 진기한 물건을 독점 무역하기 위해 일부러 송에 여진인을 데려오지 않는 것이라고 반박하고, 직접 사신을 보내자고 주장했다. 송은 고려에 대한 불신이 컸다.[23] 이런 불신이 있다고 하지만, 양국의 교류가 끊어진 것은 아니었으며 우호 관계 역시 유지되었다. 고려는 송에게 의학에 필요한 의사를 요구하여 데려 오기도 했다.

고려는 금이 2년 만에 사신을 보내오자, 천리장성을 석 자씩 더 쌓는 공사를 시작했다.[24] 금의 국경을 지키던 관리들은 군대를 출동시켜 방해하려고 했다. 금의 황제는 이에 대한 보고를 받고, 보루를 더욱 구축하여 방어에 대비하고 성을 쌓는 것을 정탐

---

23 『고려사절요』 권8, 예종 12년 5월.
24 『고려사』 권14, 세가14, 예종 14년 12월 계미.

하는 정도로 그치라고 명령했다. 금과 고려 모두 긴장 관계가 있지만, 서로 무력충돌까지 원하지 않았기 때문이다.

금은 아직 멸망하지 않은 요를 의식했을 것이다. 따라서 금은 고려를 자극하려 하지 않았다. 요는 몇 년간 더 존속하다가, 1125년(고려 인종 3)에 결국 멸망했다. 고려도 1122년 국왕이 인종으로 바뀌었다. 금은 이제 고려에게 과거와 달리 신하로 섬기라고 요구했다. 대부분의 관료들이 반대하는 가운데, 권력자였던 이자겸과 척준경은 현재 금이 요, 송을 멸망시키고, 군대가 강하니 이 제안을 받아들이자고 주장했다.[25]

금의 제의를 받아들였기에 고려와는 특별히 충돌할 일이 없게 되었다. 그렇지만 이러한 대금정책에 불만을 지닌 사람들이 생겨났다.

2. 외척의 반란

고려의 국왕은 국가정책의 최고 결정권자이면서, 국가운영에 필요한 관료들의 도움을 받았다. 이와 같은 국왕은 자신의 권위를 이용하여 여러 정치세력들의 이해관계를 조정해야 했다. 귀족이 된 문벌들은 자기 가문의 이익을 위해 경쟁했다. 문벌은 경쟁하는 가운데 상호간의 이익을 위해 혼인관계로 이어지기도 했다. 11세기 귀족가문들은 문벌화가 크게 진행된 결과였다.

문벌이 우월한 위치에 설 수 있는 방법은 왕실과 혼인관계를 맺는 방법이었다. 특히 외척이 되면, 여러 가지 특권을 누릴 수 있는 기회를 얻기 쉬웠다. 따라서 이들에게 국왕 계승의 문제는 자신들의 사회적 지위와 연결된 핵심적인 문제였다. 국왕이 국정운영에서 자신의 역할을 제대로 수행하기 어렵게 되면, 문벌들의 관심은 이 문제로 집중되기

---

25 『고려사』 권15, 세가15, 인종 4년 3월 신묘, "'백관을 불러서 금을 섬기는 문제에 대한 가부를 의논했는데 모두 섬길 수 없다고 했다. 그런데 이자겸, 척준경만이 말하기를 금이 이전에는 작은 나라로 요와 우리나라를 섬겼거니와 지금은 갑자기 흥하여 요와 송을 없애 버린 뒤로 정치가 잘되고 군사가 세어 날로 강대해질 뿐만 아니라 우리의 국경과 인접하고 있으니 형편상 섬기지 않을 수 없고 또한 작은 나라로 큰 나라를 섬기는 것은 옛날 제왕의 취한 도리이니 우선 사신을 보내 예빙하여야 합니다.'" 라고 하니 왕이 이 말을 좇았다.

마련이었다. 이런 면에서는 왕실에서 후계가 가능한 계승자들의 경우에도 마찬가지였다.

1038년 문종이 오랫동안의 치세를 끝내고 숨지면서, 태자였던 왕훈王勳이 왕위에 올랐다. 그가 바로 순종이다. 그러나 순종은 원래 병이 있었고, 장례기간에 슬픔을 다해서 3개월만에 사망하게 되었다. 그의 뒤를 이어 동생인 선종이 즉위했다. 그러나 선종이 재위 11년(1094년)에 사망하면서 그의 아들 헌종이 11세의 나이로 왕위에 올랐다. 그는 병약해서 국정 처리를 못하여, 그의 어머니인 사숙태후가 일을 처리했다.[26] 사숙태후는 경원 이씨 가문의 이석李碩의 딸이었다. 그런데 당시 헌종의 아버지였던 선종은 원신공주와의 사이에서 한산후漢山侯 윤昀을 아들로 두었다. 원신공주도 사숙태후와 마찬가지로 경원 이씨 가문의 이정李頲의 딸이었다. 또한 원신공주의 오빠인 이자의李資義가 헌종이 즉의하면서 지중추원사知中樞院使라는 고위직에 올랐다.[27] 이 자리는 궁궐의 숙위를 장악한 중요한 위치였다.

이처럼 11세기에 들어와 경원 이씨 집안이 가장 강력한 문벌로 등장했다. 이자연李子淵은 이미 문종대에 세 딸을 문종에게 시집보내 가장 강력한 외척이 되었다. 그리고 앞서 보았듯이 선종과도 두 명의 경원 이씨 가문의 여성이 결혼했다. 그에 따라 경원 이씨 가문은 문벌 중에서도 독점적 지위를 누릴 수 있게 되었다.[28]

이자의는 헌종이 병약한 것을 보고 국왕의 숙부인 계림공 왕희王熙의 움직임을 경계했다. 계림공 희는 헌종이 즉위한 후 문하시랑평장사에 오른 소태보邵台輔와 관계를 맺고 있었다. 이자의는 계림공의 동향을 눈치채고 군인들을 궁궐로 모았다. 그는 한산후 윤을 왕위에 올리려 했다.

그러나 계림공이 소태보에게 이를 알렸다. 소태보는 상장군 왕국모王國髦에게 군사를 거느리고 궁궐에 들어오도록 했다. 또한 그는 장사壯士 고의화高義和를 시켜 이자의와 아들 등의 측근 17명을 체포하여 살해했다. 합문지후 장중은 선정원에서, 중추원 당후관 최충백 등은 궁궐에서 죽임을 당했다. 그리고 왕국모는 군사들을 시켜 이

---

26 김상기, 『신편 고려시대사』, 서울대출판부, 1985, 169쪽.
27 『고려사』 권10, 세가10, 헌종 즉위년 6월 경오.
28 김당택, 「고려 문종~인종조 인주이씨의 정치적 역할」 『한국중세사회의 제문제』, 한국중세사학회, 2001.

이자연 묘지석(국립중앙박물관)
이자연의 생애를 기록하고 있다.

자의의 측근이자 무력을 제공하던 장군 숭렬·택춘 등 17명을 살해했다. 문하시랑평
장사 이자위李子威 등 죽이지 않은 50여명은 남쪽 변방으로 귀양으로 보냈다. 이처럼
왕실과 외척 간의 왕위계승전은 왕실의 승리로 돌아갔다. 이를 '이자의의 난'이라고
한다. 얼마 후 계림공 왕희는 국왕의 자리에 올라가 숙종이 되었다. 이 사건은 표면적
으로 왕실과 문벌 간의 왕위에 대한 정치적 갈등 속에서 벌어진 것이지만, 11세기 이
후 발전되고 안정화된 고려사회의 경제적 과실을 둘러싼 경쟁을 배경으로 한다. 또한
이후 지배계층 내부에서 벌어지는 갈등의 서막이기도 했다.

경원 이씨는 숙종 대를 지나면서 다시 가문의 힘을 회복하게 된다. 이자겸이 자신
의 딸을 예종의 왕비(순덕왕후)로 들였다. 예종이 죽자 예종의 맏아들이며 순덕왕후의
소생인 인종이 13살의 어린 나이로 국왕의 자리에 오르게 된다.

인종은 국왕이 된 직후 외할아버지인 이자겸李資謙을 정치의 전면에 내세웠다. 인
종은 이자겸의 딸이었던 자신의 어머니를 태후로 높혔다. 또한 이자겸에게는 공신의
이름을 내려주고, 중서령이란 고위직에 임명했다.[29] 그에 대한 높은 예우 요구는 관료

---

29 『고려사절요』 권8, 예종 17년 5월.

들 사이에서 논란의 대상이 되었다. 이자겸은 곧바로 대방공 왕보와 한안인, 문공미와 같은 왕실 출신과 일부 고위 관료들을 귀양 보냈다. 이 과정에서 이자겸은 자신을 반대하는 세력들을 숙청했다. 그 결과 이자겸은 정계에서 국왕을 능가하는 권력을 지닌 인물이 되었다.[30]

이처럼 중앙 정계가 소란한 동안 무신층에도 변화가 발생했다. 이자겸의 정치적 부상과 함께, 여진 정벌에 참여했던 대부분의 사람들이 중앙 정계에서 퇴장했다. 이미 예종 말년에는 윤관과 같이 참전했던 김한충金漢忠과 왕자지王字之가, 그리고 인종 즉위 후에 김준金晙 등이 사망한 상태였다. 최홍재는 유배형을 받았다.

이들의 사망과 정계 퇴출은 여진 정벌의 군사경험이 있는 세대로부터 그렇지 않은 세대로 넘어감을 의미한다. 또한 이들이 가졌던 군대 내부의 인간적 네트워크가 작동하기 어렵게 되었음을 의미한다. 따라서 방어 체계는 겉으로 볼 때 이전과 다름없겠지만, 내부적으로 이전과 같은 힘을 발휘하기는 힘들어졌을 것이다.

이자겸의 권력은 인종 즉위 이후 시간이 지나면서 점차 커져갔다. 그는 인종에게 이모가 되는 자신의 두 딸을 인종의 왕비로 들였다. 이자겸은 고위직에 올라 인사행정을 좌우했고, 또한 작위를 받아 조선국공朝鮮國公이 되어 숭덕부崇德府를 열 수 있었다.[31] 그는 이곳을 통치의 거점으로 삼고, 자신의 아들들을 중요한 관직에 임명했다. 그리고 이자겸은 여진 정벌에 참여하여 맹활약했던 척준경拓俊京과 사돈 관계를 맺고 있었다. 따라서 이자겸은 군대 동원에 유리한 입지를 지닐 수 있었다. 척준경은 이 시기 여진 정벌에 참여했다가 재상에 올라서 남아 있던 거의 유일한 인물이었다.

이자겸은 독점적 지위를 이용하여 많은 뇌물을 받았으며, 인사 행정을 좌우했다. 문제는 숭덕부에서 독자적으로 송에 사신을 보낸 것에서 발생했다. 이 때 이자겸은 고려의 지군국사知軍國事라고 자신의 호칭을 마음대로 사용했다.

인종의 입장에서는 자신의 존재에 대한 위기감을 느끼기 시작했다. 국왕의 측근들은 인종을 부추겨 이자겸의 제거를 계획하게 된다. 1126년(인종 4) 2월 이들은 척준경의 동생과 아들 등을 포함해서 궁궐 안에 있던 이자겸 일파 중에 몇 사람을 제거했

---

30 남인국,『고려중기 정치세력연구』, 신서원, 1999.
31 『고려사』권127, 열전40, 반역1, 이자겸.

다.[32]

이자겸은 처음에 당황했지만, 척준경은 상황 판단이 빨랐다. 그는 곧바로 수십명을 모아 궁궐로 쳐들어갔으며, 궁궐의 신봉문 밖에서 커다란 함성을 질렀다. 인종 측근들은 궁궐 밖에 군사가 많이 모인 것으로 착각하고 밖으로 나오지 못했다. 인종 측에서는 금군 중에서 개인적 관계가 깊은 일부 병사들만을 동원할 수밖에 없었다.

척준경은 군사를 소집하고 무기가 들어 있던 군기고에서 갑

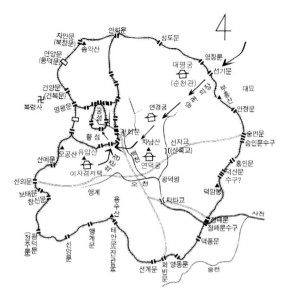

이자겸파의 진격로
(김창현, 『윤관과 묘청, 천하를 꿈꾸다』, 경인문화사, 2008, 148쪽)

옷과 무기를 가지고 궁궐의 문을 포위했으며, 이자겸의 아들인 승려 의장義莊은 현화사에서 중 100여 명을 거느리고 궁궐에 도착했다. 척준경은 나무와 서까래 등을 가져다가 궁궐 행랑에 쌓고 불을 질렀다. 이 불이 바람에 번지면서 궁궐이 불타 버렸다. 결국 궁궐은 일부 정자와 행랑 수십 칸만이 남게 되었다. 척준경은 국왕의 측근들을 체포하여 대부분을 죽였다.

이자겸은 자기 집으로 인종을 옮겨서 거처하게 했다.[33] 이제 이자겸의 권력은 더욱 강해졌다. 그는 스스로 국왕이 되기 위해 인종을 독살하려 했지만, 왕비로 인해 실패했다. 인종은 측근인 내의군기소감인 최사전崔思全과 의논하여 이자겸과 척준경의 사이를 갈라놓으려고 노력했다. 이자겸의 반란 이후 두 사람 간의 관계는 달라져 버렸기 때문이다.

---

32 『고려사절요』 권9, 인종 4년 2월. 당시에 인종 측에서 이자겸을 없애려 한 주동자는 내시지후 김찬, 내시독사 안보린, 동지추밀원사 지녹연 등이다.
33 『고려사절요』 권9, 인종 4년 3월.

현화사 석등(국립중앙박물관)

인종에게 설득당한 척준경은 인종의 명령에 따라 자신의 측근 장교들과 노비 20여명을 데리고 궁궐로 들어갔다. 순검도령巡檢都領 정유황鄭惟晃이 100여명을 데리고 곧 뒤따랐다. 이들은 군기고에서 무기를 꺼냈고, 이자겸과 그의 일파들을 체포했다. 이 때 체포 역할을 맡은 것은 주로 순검군이었다. 이자겸 가족은 전라도 영광으로, 그 외의 이자겸 일파들은 전국으로 유배형에 처해졌다.

이자겸의 반란은 고려의 경군인 2군 6위제에 균열이 생기고 있음을 보여준다. 경군의 지휘부나 유력 무사들이 개인적으로 권세가 관료들과 혈연, 지연, 혹은 사적 관계에 따라 연계를 맺고 있었다. 중앙 정계가 안정되었을 때에 이런 구조는 금군에 대한 신뢰도와 정치적 안정을 가져다 주지만, 이자겸의 난처럼 지배층이 분열하게 되면, 국왕과 권세가 모두 2군 6위의 공공성을 신뢰할 수 없게 되고, 사적인 인맥에 더욱 의지하게 된다. 이것은 필연적으로 2군 6위의 존재 의의를 훼손하는 것이었다.

그럼에도 아직 변방에서의 군대 동원체계가 심각한 문제가 될 정도는 아니었다. 정부는 1123년(인종 1) 국경에서 여진 병선 30척이 국경을 침범한다고 잘못 보고했을 때에도 구원병을 경주까지 보냈다.[34] 또한 그 해에 사망한 이영李永의 경우를 보면 경군 등에게 지급한 토지인 영업전永業田의 계승이 이루어지고 있음을 알 수 있다.[35]

그럼에도 이자겸의 반란에서 국왕의 근위 부대 동원은 거의 이루어지지 못했다. 물

---

34 『고려사절요』 권9, 인종 원년 6월.
35 이영의 아버지인 이중선은 戶長으로 京軍에 선발되었다. 이영은 아버지가 죽자 영업전을 이어받고자 서리가 되었다. 서리에게 주었던 영업전이 계승되고 있던 것으로 보아 군인 등에게도 마찬가지였을 것으로 보인다(『고려사절요』 권9, 인종 원년 정월).

론 상당수의 경군이 이자겸, 척준경이나 그와 관련된 귀족들의 수하에 장악되어 있을 가능성이 있다. 그러나 이자겸 자신의 군대동원도 많지 않았다. 인종이 척준경의 동생 등을 죽였을 때, 그는 당황하기만 했었다. 또한 그의 아들이 현화사 승려를 동원했던 것으로 보아도, 자신이 쉽게 동원할 수 있는 사병같은 존재는 많지 않았던 모양이다.

그 점에서 척준경 역시 크게 다른 편은 아니었다. 비록 측근의 장교들이 좀 있었지만, 군대 동원의 숫자가 크지 않았기 때문이다. 이 때 경군의 역할은 잘 나타나지 않았으며, 오히려 경찰 역할을 하는 순검군의 활약이 눈에 띈다. 이자겸이 군대 동원을 쉽게 할 수 있었다면, 순검군 100여명 정도에게 쉽게 체포되지는 않았을 것이다.[36] 이 점은 2군 6위의 동원 체제가 내부적으로 변화가 생기고 있었음을 시사해 준다.

3. 서경세력의 반란

1) 반란의 초기 양상

묘청은 서경西京(현재의 평양) 출신의 승려다. 그가 중앙 정계에 등장한 것은 이자겸의 반란이 끝난 직후였다. 인종이 1127년(인종 5) 2월에 서경에 행차한 직후에 묘청은 일관日官(점을 치는 관직) 백수한白壽翰과 같이 인종에게 불교 의식을 베풀었다.[37]

인종의 잦은 서경 행차는 그 이전의 남경南京(현재의 서울) 행차와 같은 정치적 맥락을 지닌다. 그것은 국왕의 권력을 뒷받침하는 왕실과 관계가 깊었던 지역을 활성화시키겠다는 의미였다. 또한 당시 금에서 보주(평안북도 의주)가 고려의 영토이기 때문에 돌려준다는 통보를 받은 후에[38] 국왕이 직접 북방 지역에 대한 점검을 한다는 의도가 있었을 것이다.

한편 서경 출신 관료인 정지상鄭知常은 국왕이 척준경을 축출하려는 의도를 알아채

---

36 『고려사절요』 권9, 인종 3년 5월.
37 『고려사』 권127, 열전40, 반역1, 묘청.
38 『고려사절요』 권9, 인종 4년 9월.

정지상의 시
정지상의 대표작으로 우리나라의 한시 중 최고의 역작으로
꼽히고 있다. 정지상은 서경파의 중심인물이었다.

고, 상소를 올려 척준경을 유배 보내는 것에 성공한다.[39] 이후 정지상과 서경 출신의 관리들이 본격적으로 중앙 정계에 자리잡기 시작했다.

인종은 서경에 다시 행차하여 조서를 내려 15개 조항의 유신 정책을 선포했다. 그 중에는 군인에게 일정 시기의 훈련 기간 이외에 복무를 금지시킨다는 조항이 들어 있었다.[40] 이것은 당시 군인들의 일반 역역 동원이 많이 이루어지고 있음을 보여준다. 아울러 인종은 서경과 남경의 신기군을 불러 공을 치게 하고 물품을 나누어 주었다. 이들의 사기를 올려주고 점검을 위한 의도로 보인다.

이 때 고려 국경 쪽에서는 금의 송나라 침범 소식을 알려 왔다.[41] 첩보는 금이 송에 침입했지만, 송이 반격을 하여 금나라 국경 깊숙이 들어갔다는 내용이었다. 서경파인 정지상 등은 이 정보를 이용하여 군대를 동원해서 금을 공격하자고 주장했다. 그러나 이 첩보는 송에 사신으로 갔던 김부식 등의 귀국으로 사실이 아니라고 밝혀졌다. 잘못된 정보가 치명적인 정책적 오류를 낳을 수 있음을 보여준 것이며, 서경파의 정책적 지향을 분명하게 드러난 사건이었다.

이후 서경파는 금에 대한 강경 입장을 고수했다. 이들은 서경 지역이 금과의 전쟁을 준비하는 전진 기지로 가장 혜택을 입을 장소가 될 수 있음을 생각했다.

---

39 『고려사절요』 권9, 인종 5년 3월.
40 『고려사절요』 권9, 인종 5년 3월. 15개 유신 항목은 ① 토지 신에게 제사 ② 지방 수령들의 감찰과 포상 ③ 수레나 복장제도의 검약 ④ 쓸데없는 관원과 사무 제거 ⑤ 농사 권장 ⑥ 인재 천거 ⑦ 국고의 식량 저축으로 백성 구제 ⑧ 법에 정한 조세 이외에 수탈 금지 ⑨ 군사를 보살펴 일정 시기에만 복무 ⑩ 백성의 정착 도움 ⑪ 제위포와 대비원에서 저축하여 질병 구제 ⑫ 국고의 묵은 곡식의 강제 분배 금지 ⑬ 선비 선발 시험과목 조정 ⑭ 모든 고을에 학교 설립 ⑮산림 등에서의 생산물을 백성과 같이 나눔 등이다.
41 『고려사절요』 권9, 인종 5년 4월.

고려 정부의 기본 입장은 금과의 무력 충돌을 회피하는 것이었다. 그런데 고려 정부는 금이 중국 회수와 절강의 사정을 파악한 후에 육군과 해군으로 동시에 송을 공격할 가능성을 염려했다.[42] 이와 같은 대외 정세는 고려 정부를 계속 긴장시켰을 것이며, 서경파는 이를 이용하려 했다. 그들은 중국의 일부 지역과 동맹하여 금을 협공하자고 했으며, 또한 국왕을 '황제'라고 부르자고 했

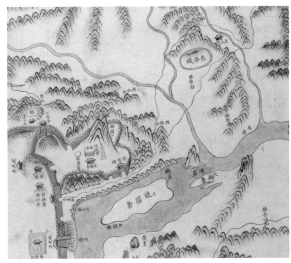

대화궁(규장각한국학연구원)
지도에 장안성으로 표기된 부분이다(『해동지도』 평양부).

다. 이후에도 묘청 등은 1,000명의 장사를 내려 주면 금의 황제를 잡아 오겠다고 장담하기도 했다.

결국 인종은 묘청 일파의 권유에 따라 서경 근방의 임원역에 새 궁궐인 대화궁을 조성했으며, 여러 차례 서경 지역에 행차했다. 그와 동시에 국방에 대한 점검도 계속되었다. 인종은 동계와 북계 지역에 사신을 보내 각 성의 문제를 파악하고 무기를 점검했다. 이후 인종은 여러 기관과 문관 5품, 무관 4품 이상의 장교들에게 군사와 행정 문제에 대한 평가와 건의서를 올리게 했다.[43] 여기에 참여한 기관 중에는 군대의 통솔이나 보급 등에 관련된 것들이 들어 있었다. 그리고 다음 해에는 인종이 직접 기군騎軍과 보군步軍을 대궐 앞에서 사열했다.[44] 이들은 수도에 있던 경군이었을 것이다.

이처럼 인종은 국방체계에 신경을 쓰고 있었다. 동시에 고려정부는 금에 사신을 보

---

42 『고려사절요』 권9, 인종 6년 8월.
43 『고려사절요』 권9, 인종 9년 정월. 여기에 참여한 기관과 직책은 翰林, 史館, 국학, 보문각, 式目, 都兵馬, 迎送都監, 行營錄事, 軍候員 등이다.
44 『고려사절요』 권10, 인종 10년 3월.

대화궁터(조선고적도보)

내 군주와 신하의 의리를 재확인하면서 갈등의 소지를 없애려 했다. 또한 고려는 송과의 외교 관계를 끊은 것도 아니었다.[45]

한편 묘청, 정지상 등은 계속 서경의 대화궁으로 인종의 거처를 옮길 것을 주장했다. 이 일이 쉽지 않게 되자 묘청 등은 인종의 어의御衣를 대화궁에 두고 제사를 지내기도 했다. 이처럼 끈질긴 서경파들의 주장에 대해 다른 관료들의 불만이 높아졌다.

결국 묘청과 유감柳旵, 조광趙匡 등은 반란을 일으키게 된다. 이들은 인종의 명령을 위조하여 서경 책임자인 유수留守와 관리, 그리고 병마사와 군인, 개경 출신자들을 모두 잡아서 구류시켰다. 아울러 이들은 군대를 파견하여 황해도의 절령을 점령했다. 이른바 묘청의 반란이 시작된 것이다.

서경 반란군은 나라 이름을 '크게 이루어진다'는 뜻의 '대위大爲', 연호를 하늘이 새로 열린다는 의미의 '천개天開'라고 표방했다. 아울러 이들은 새로운 정부의 부서를 정하고, 군대를 '천견충의天譴忠義'라고 불렀다. 즉 하늘이 보낸 충성과 의리의 군대라는 뜻이다. 이 이름은 현재 국왕에게 충성한다는 의미를 지니고 있었다. 실제로 서경

---

45 이 시기에 고려는 끊임없이 송과 금에 사신을 파견했다. 고려는 이들을 통해 양국의 정세에 관련된 정보를 모으기도 했을 것이다.

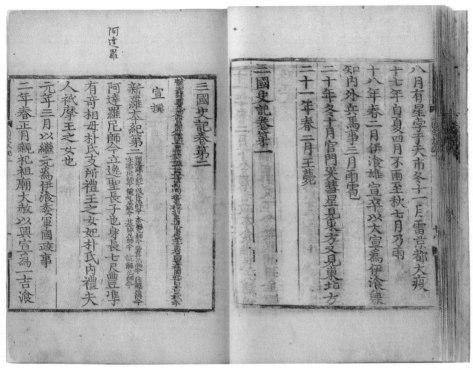

『삼국사기』
김부식이 왕명을 받아 편찬했다.

파는 국왕을 따로 세우지 않았기에 인종을 정치적으로 부정하지 않았다.

서경파의 기본전략은 부대를 두 갈래로 나누어 개경까지 진격한다는 것이었다.[46] 그렇지만 서경파는 내부적으로 반란계획에 대해 충분하게 공모된 상태가 아니었다. 개경에 있던 서경파 관료들에게는 미리 반란 정보도 주지 않았다.

고려정부는 서경파 관료인 백수한의 친구가 보낸 글을 통해 반란 첩보를 입수했지만, 정보 확인을 위해 대응조치를 보류했다. 그 사이에 서경군은 황해도 황주黃州의 동선역까지 진출했다. 이곳은 절령길에 자리잡고 있는데 개경에서 북쪽으로 통하는 가장 주요한 도로의 거점이었다. 그런데 우연히 휴가를 받아 고향으로 돌아가던 경군 무사 2명이 이를 목격했다. 두 사람은 낮에 숨고 밤에 걸으면서 샛길을 이용하여 개

---

46 『고려사절요』 권10, 인종 13년 정월 무신.

경에 도착했다. 이들의 보고를 받은 고려정부는 곧바로 토벌군 조직에 착수했다.

토벌군은 3군으로 조직했다. 토벌군 중심인 중군은 김부식과 국왕의 장인인 임원애를 원수로 삼았으며, 그 아래 윤관의 아들인 윤언이尹彦頤 등 8명을 보좌관으로 임명했다. 좌군은 이부상서 김부의를 원수로 하고, 4명으로 보좌하도록 했다. 우군은 지어사대사인 이주연李周衍을 원수로 하고 역시 4명을 그 아래에 두었다.[47]

인종은 김부식 집안에게 2개 부대를 맡겼다. 이 점은 당시 김부식 집안의 정치적 성장을 반영한다. 전 부대의 총 지휘관은 김부식이 되었다. 그렇지만 인종은 자신의 장인인 임원애를 통해 김부식을 어느 정도 견제하도록 했다.

중군은 2명의 원수와 보좌관의 숫자로 보아, 다른 좌·우군에 비해 병력상으로 두 배 규모로 여겨진다. 당시 우군의 2,000명을 기준으로,[48] 중군을 그것의 두 배로 계산할 때 전체로는 약 8,000명에서 10,000명 정도의 병력이 동원되었을 것이다.

고려 정부의 가장 우선적인 목표는 서경반란군이 군대를 모아 세력을 키우는 것을 저지하는 일이었다. 서경군은 서북과 동계 지역에 가짜 사신을 파견하여 군대를 모으고 있었다. 서경군은 개경에 있던 경군을 의식하고 있었던 것이 분명하다. 따라서 이들은 신속하게 수도인 개경으로 진격하는 것보다, 각 지역의 세력을 모은 후에 기동하는 전략을 쓰려 했던 것으로 보인다. 그런 점에서 서경반란군의 병력은 정부군을 압도할 정도로 많지 않았을 것이다. 개경을 방어하는 병력 수는 당시 정원을 고려할 때 약 2~3만 정도를 넘지 않았을 것이다. 따라서 서경의 반란군은 개경 공략에 5만 명 정도의 병력이 필요했지만, 서경의 자체 병력이 그 정도일 수는 없었다. 따라서 주변 지역에서 병력을 충원해야 했다.

그러나 서경반란군이 파견한 가짜 사신은 일부 지역에서 통하지 않았다. 평안도 성주成州(성천)로 보낸 사신들은 방어를 맡은 관리들을 체포하는데 성공했지만, 지역민들에게 약탈을 하다가 그들의 정체가 탄로 났다. 또한 교주도 방면의 연주漣州에서는 서경에서 보낸 가짜 병마사와 장군 등 총 600여명이 지역민들에게 붙잡히기도 했다. 이후 서경 반란군에 동조하지 않은 성들이 점차 늘어났다.

---

47 『고려사절요』 권10, 인종 13년 정월.
48 『고려사절요』 권10, 인종 13년 정월.

한편, 정부군의 지휘자인 김부식은 신속하게 행동했다. 첫째로는 개경 내에서의 서경 반란군에 동조할 수 있는 세력을 제거하는 일이었다. 그는 서경 출신 관료인 정지상, 김안金安, 백수한 등을 비밀리에 제거한 후에 국왕에게 보고했다. 김부식은 군대를 출동하려고 대기했는데, 서경파였던 김안 등이 출병 시기를 늦추어 반역을 도모하려 했기 때문이다.[49] 그는 여러 재상들과 의논한 후에 이들을 제거했다. 그 외 서경파들은 섬으로 귀양 보냈다.

둘째, 정부군은 서경 반란군이 가짜 사신들을 파견하는 첩보를 입수했기 때문에, 다른 지역의 동조를 막는 일에 주력했다. 김부식은 중군, 좌군, 우군 중에서 우군의 2천명을 동계 지역으로 급히 파견했다. 이들의 임무는 가짜 사신들을 잡는 일이었다. 동시에 김부의가 이끄는 좌군은 곧바로 서경으로 진격했다.

셋째, 김부식의 전략은 속전속결을 취하지 않고, 서경의 주변 지역부터 서서히 점령하는 방식을 채택했다. 참모들은 작전회의에서 서경으로의 빠른 진격을 주장했었다. 그러나 김부식은 서경반란군이 5~6년 동안 준비를 했다는 점, 그리고 평양성이 견고하고 적에게 기습을 당할 우려가 크다는 점, 아울러 주변 지역의 호응을 차단해야 한다는 점 등을 지연작전의 이유로 들었다.[50]

이후 김부식의 중군은 황해도 해주 근처의 평주를 지나 관산역管山驛을 지났다. 그리고 사암역射嵒驛과 신성부곡新城部曲을 거쳐서 평안도 성주에 도착했다. 그와 동시에 그는 서경 주변 지역에 대한 선무 작업부터 시작했다.

또한 서경 토벌에 필요한 해군 동원이 이루어졌다. 내시지후 정습명鄭襲明 등은 서경의 서남해도西南海島로 파견되어 수군 4,600여명과 전함 140척을 징발하여 서경 근처 순화현順化縣에서 서경반란군의 배를 막도록 했다.[51] 서경 반란군이 배를 통해

---

49 김부식이 정지상 등을 몰래 죽인 것은 당시에도 논쟁이 되었다. 특히 정지상은 김부식과 더불어 글을 잘 짓는 것으로 알려졌으며, 양자는 이 때문에 라이벌 관계였다. 이 점은 후일 무신집권기의 대표적 문인인 이규보가 지은 「백운소설」에서 잘 드러나 있다. 이규보는 김부식이 화장실에서 정지상 귀신에게 죽었다는 전설을 수록했다.

50 『고려사절요』 권10, 인종 10년 정월 정사.

51 배의 승선 인원은 정확치 않지만 약 30여명 정도가 될 것이다. 물론 대선, 중선과 소선으로 나누어 있었기에 실지로는 각 배마다 차이가 있었을 것으로 보인다.

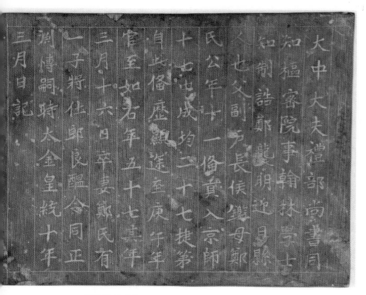

정습명 묘지명

직접 예성강으로 내려와 개경 공략에 힘을 보태지 못하도록 한 조치였다. 이는 당시까지 고려의 수군 동원체제가 가동되고 있음을 보여준다. 특히 정부군은 서경반란군보다 먼저 행동에 나섰기에 반란군에 의한 수륙 양동의 작전을 펼 여지를 없애버린 것이다.

결국 김부식이 이끄는 정부군은 각기 연주漣州와 동계東界를 거쳐 진격하여 안북부 즉 청천강 근처인 안주에 집결했다. 김부식은 먼저 군 부대에서 행정을 맡던 군리軍吏 노인해盧仁諧를 서경으로 파견했다. 파견 목적은 서경을 정탐하고 정부의 동조자를 확보하려는 것이었다.

앞서 김부식이 동계와 북계 등에 사신들을 보냈을 때에도 이 지역의 민심은 좋지 않았다. 주변 지역들은 관망하기만 했던 것이다. 주변 지역민들은 서경 반란군에 적극적으로 가담하지는 않았지만, 고려 정부에 호의적인 것도 아니었다. 그러나 김부식이 이끄는 대규모 정부군은 고려 정부의 확고한 의지를 보여주는 군사적 시위였으며, 이로 인해 지역민들은 정부에 대한 무력대항 의지를 상실했다.

김부식은 우선적으로 항복 권유에 힘을 쏟았다. 그는 7, 8차례에 걸쳐 서경에 사람을 파견하여 항복을 권유했다. 정부군의 위력 시위는 서경 반란군의 지휘부에게 커다란 압력이 되었다. 당시 서경 반란군의 지휘부는 유감柳旵과 분사시랑이었던 조광趙匡 등이었다. 실질적 군사 지휘는 조광이 총괄했던 것 같다. 결국 유감과 묘청 등이 조광 측에 의해 살해되었다. 서경군은 이들의 머리를 정부군에게 보냈다.[52] 김부식의 회유

---

52 『고려사절요』 권10, 인종 13년 정월.

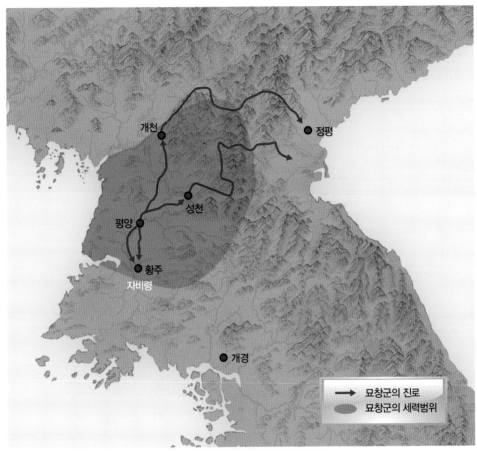

묘창군 봉기 초기의 점령지역과 진로

작전은 성공하는 것처럼 보였다.

그런데 서경측이 파견한 사람들이 고려 중앙정부에 의해 감옥에 갇히게 되었다. 국왕 주변의 대간들과 관료들은 그들을 극형에 처할 것을 주장했지만, 인종은 이들을 풀어주도록 했다. 그러나 이들이 감옥에 갇혔다는 소식은 서경 쪽에 빠르게 전파되었다. 여기에 더해, 정부측에서 파견한 전중시어사 김부金阜 등이 서경에 파견되어 국왕의 조서를 발표했는데, 이들의 태도가 매우 고압적이었다.

서경 측은 처벌을 면치 못할 것으로 생각해서 다시 봉기했다. 이들은 정부에서 파견한 김부 등을 먼저 죽였다. 서경 반란은 다시 새로운 국면으로 접어들게 되었다. 아

울러 이들은 김부식이 다시 파견했던 사신을 죽여 항전 의지를 북돋았다.[53]

2) 김부식 부대의 전략과 공격

김부식은 서경 공략의 전략을 모색했다. 그는 서경 지형이 산과 강으로 둘러싸여 있기 때문에 쉽사리 함락시킬 수 없다고 보았다. 그는 우선 서경을 포위해서 점차 압박하는 전략을 선택했다. 특히 김부식은 서경의 한 축을 감싼 대동강의 검거를 최우선적으로 생각했다. 그는 대동강이 서경 측의 보급과 연락 경로가 될 수 있다고 보았기 때문이다.

김부식은 정부군을 5개 부대로 나누어 성 아래로 진격시켰다.[54] 4개 군은 대동강 북쪽에, 그리고 1개 군은 남쪽에 배치했다. 중군은 서경 북쪽의 천덕부, 좌군은 남쪽의 흥복사, 우군은 중흥사 서쪽, 전군은 중흥사 동쪽에 배치했다. 이들은 서경 북쪽의 을밀대를 기준으로 각기 동서로 나뉘어 포진했을 것으로 보인다.[55] 그리고 후군은 대동강 남쪽에 두었다. 후군은 수군과 함께 서경군의 보급과 지원을 차단하는 역할을 했을 것이다.

동시에 김부식은 개경 출발 이후에 펼쳐왔던 전술인 적을 포섭하는 일을 게을리하지 않았다. 특히 그는 서경 주변의 백성들 중에서 산 속 계곡으로 도망간 사람들을 불러 모았다. 이들이 적의 스파이 내지 지원군이 될 수 있다는 판단에 근거한 조치였다.

반면, 서경 반란군은 정부 토벌군의 약점을 잘 알고 있었다. 정부군 중에서는 후군이 문제였다. 후군이 단독으로 대동강 남쪽의 방위를 맡고 있었고, 부대 규모 역시 작았기 때문이다.

우선 반란군은 후군을 지원하기 위해 충돌한 서해도의 수군을 맨 먼저 공격하기로 결정했다. 서해도 수군은 상장군 이녹천李祿千 등이 이끄는 병선 50척 등으로 구성되어 대동강을 거슬러 올라왔다. 이는 앞서 말했던 전함 140척 중에서 대선의 숫자였을

---

53 『고려사절요』 권10, 인종 13년 2월.
54 『고려사절요』 권10, 인종 13년 2월.
55 임용한, 『전란의 시대』, 혜안, 2008, 36~37쪽.

것으로 보인다.

이녹천의 수군은 곧장 서경으로 진격하려고 서둘렀다. 수군이 도착한 곳은 대동강과 청천강이 갈라지는 철도鐵島였다. 그런데 날이 저물고 조수가 썰물로 바뀌어 강물이 빠지는 상태였다. 이 때 지휘관들의 의견이 갈렸다. 병마판관 정습명은 현재 수로가 좁고 얕기 때문에 기다렸다가 조수를 타고 출발하자는 의견을, 총지휘관인 이녹천은 계속적인 진군을 주장했다. 당시 이녹천이 서둘렀던 이유는 약속날짜에 늦었거나, 철도 근처에서 멈추는 것이 위험하다는 판단 때문이었던 듯하다.

철도(규장각한국학연구원)
1872년 지방지도, 황주철도진지도

총지휘관의 의견에 따라 계속 전진한 수군들의 배는 중간에 낮아진 수심으로 강바닥에 걸리고 말았다. 이런 지점을 잘 알고 있었던 서경 반란군은 작은 배 10여 척에 기름을 뿌린 땔나무를 싣고 이들을 기다리고 있었다. 반란군은 이곳에 불을 붙여 수군들의 배를 공략하기 시작했다. 또한 반란군은 수풀 속에서 궁노수 수 백명을 매복시켜 놓고 있다가, 불을 붙인 배가 수군의 배에 닿는 것을 신호로 일제히 공격을 했다. 대부분의 수군들은 전사 내지 물에 빠져 죽었으며, 총지휘관 이녹천 등과 일부 병사들만이 살아 남았다.[56] 서경 반란군은 정부군의 첫 싸움에서 승리한 셈이다. 반란군은 이 전투로 사기가 크게 올라갔고, 그 결과 정부군의 투항 권유는 이 소식을 접한

---

56 『고려사절요』권10, 인종 13년 2월.

평양성과 마탄(규장각한국학연구원)
지도 우측 상단 강이 Y자로 갈라지는 곳. 합탄(蛤灘)으로
표기된 곳이 마탄이다(『광여도』평양부).

주변 지역에 먹히지 않는 상황이 되었다.

김부식은 수군의 패전 소식을 듣고 곧바로 대동강 남쪽에 고립되어 있던 후군을 증강했다. 김부식은 한 밤중에 조용하게 보병과 기병 1천명을 후군에 보내 병력을 증강시켰다. 그는 반란군의 다음 작전에 대해 정확하게 예측했다.

날이 밝기 시작하자 반란군은 마탄馬灘에 있는 자포紫浦를 건너서 후군 진영으로 돌격해 들어왔다. 이들은 진영 앞에 있던 목책을 불살랐다. 이 때 정부군에 종군한 승려 한 사람이 큰 도끼를 들고 앞에 나가서 적 10여 명을 죽이게 되면서, 정부군의 사

기가 올랐다. 반란군은 300여 명 이상의 사상자를 내고 후퇴했고, 강에서 익사한 사람들도 많았다.[57]

공방전은 이제 지루한 지구전으로 접어들었다. 계절이 봄에서 여름으로 바뀌고 있었다. 김부식은 장기전과 적의 기습에 대비하기 위해 임시로 성을 쌓았다. 또한 교전을 피하고, 병사들에게 휴가를 주어 농사를 짓도록 하는 방안을 구상했다.

참모들은 이 방안에 반대했다. 반대 이유는 성을 쌓는 일이 자신들의 약함을 적들에게 드러낸다는 것이었다. 여기에는 속전속결의 전략을 채택해야 한다는 의미가 포함되어 있었다. 그들은 압도적 병력의 우세로 속전속결이 가능하다고 보았다.

그러나 김부식은 처음부터 취해왔던 지공 전략을 주장했다. 그는 서경의 성 안 병력과 군량이 많을 뿐만 아니라, 그들의 단결력도 강하다는 점을 들었다. 속전속결은 커다란 아군의 희생을 전제로 한다는 것이었다. 따라서 그는 북계의 각 지역 군인들을 정부의 5개 군에 예속시키고, 또한 순화현順化縣 왕성강王城江(대동강의 여울목인 왕성탄이 있는 지역) 등에 작은 성을 쌓게 했다.

양측은 작은 전투를 치렀지만 크게 승패를 내지는 못했다. 성에 대한 공격 역시 간헐적으로 이루어졌으나, 성벽은 높았고 저항도 거세어 성과를 내지 못했다. 전투를 하는 중간에도 정부군은 계속적인 투항을 권유했지만, 반란군의 지휘부는 처벌이 두려워 나서지 않았다.

그 사이 서경 반란군은 점차 고립되어 갔다. 그들은 고려의 혼란을 틈 타 외국이 침공해 오거나 관군이 스스로 물러가는 요행만을 기대했다. 마침 금나라의 사절이 온다는 소문이 반란군에게 입수되었다. 반란군은 사신이 오는 길을 막고 사절단을 살해하여 두 나라의 불화를 일으키려고 했다. 그러나 정부군은 이 정보를 입수하여 경비를 엄하게 했기 때문에, 반란군은 출동하지 못했다. 실패한 반란군은 이제는 내부의 이탈 방지에 최대한 노력했다. 그들은 정부군의 문서를 거짓으로 만들었다. 이 가짜 문서의 내용은 포로와 항복한 사람을 모두 죽인다는 것이다.[58] 이러한 노력에도 불구하고 정부군에 투항하는 사람들의 숫자는 점차 증가했다.

---

57 『고려사절요』 권10, 인종 13년 2월.
58 『고려사절요』 권10, 인종 13년 2월.

그럼에도 고려의 중앙 관료들 중에는 김부식의 지공 전략에 불만을 표시하는 사람들이 늘어갔다. 이들은 시간이 흐르면서 금의 침입이나 다른 지역의 반란을 염려하고 있었다. 따라서 이들은 빠른 시간 안에 반란 진압이 필요함을 주장했다.

하지만 김부식은 이런 견해에 완강하게 반대했다. 그는 반대의 이유로 서경의 지형과 반란군의 저항의 강력함을 꼽았다. 즉 서경은 천험적인 방어 지형이며, 성 안의 병력이 많고 단결되어 있다. 그래서 정부군이 성에 접근해 공격해도 성벽을 넘은 경우가 없고 운제雲梯와 충차衝車가 큰 도움이 되지 못한다. 또한 어린애와 부녀자까지 벽돌과 기와를 던지는 단합된 모습을 보인다고 주장했다. 김부식은 함부로 공격하다가 정부군의 힘이 약화되어 오히려 반란군의 역습으로 이어질 상황을 염려했다.

그러나 시간은 정부군의 편이었다. 그 해 10월에 접어들자 반란군의 식량이 거의 떨어져 갔다. 결국 반란군은 노약자들을 추려서 성 밖으로 내보냈으며, 군인 중에 일부도 성을 넘어와 항복하기도 했다.

정부군은 새롭게 움직이기 시작했다. 우선 서경성의 공략은 성 높이를 제압할 수 있는 흙으로 된 토산을 쌓는 일부터 시작했다. 토산을 쌓는 것은 김부식과 같이 참전했던 윤언이의 생각이었다. 그는 3월에 이를 건의했지만, 다른 사람들의 반대로 실행하지 못했다. 그러다가 11월에 들어서 토산 쌓는 작업이 시작되었다.[59] 토산은 일반적인 공성 방법 중에 하나였지만, 성 바로 앞에 쌓기 때문에 위험 부담이 컸다.[60] 토산을 쌓는 장소가 적의 성에 근접해야 하기 때문에 공사인원들이 그대로 적에게 노출되기 때문이다. 이 작업의 책임은 윤언이와 지병마사인 지석숭池錫崇이 맡았다.

김부식은 양명포楊命浦[61] 산 위에 목책을 세우고, 병영을 설치했다. 그는 이곳에 중흥사에 있던 전군前軍을 이동시켰다. 그리고 각 지역의 병사 23,200명, 승려 550명을 토산 공사에 동원했다. 또한 이들의 방어를 위해 장군 의보義甫 등에게 정예 병력 4,200명, 북부지역 군인 3,900명을 투입했다.[62]

---

59 『고려사』권96, 열전9, 윤관 부 윤언이.
60 임용한, 앞의 책, 2008, 47쪽.
61 양명포는 서경성의 왼쪽인 양명문 근처일 것이다. 이곳은 성의 서남쪽 모퉁이 부근이다.
62 『고려사절요』권10, 인종 13년 10월.

물론 서경 반란군은 이 공사를
방관할 수 없었다. 그들은 성 위
에 궁노弓弩와 포석기砲石機 등을
설치하여, 공사 진행을 방해했다.
때로는 서경의 정예병들이 성 밖
으로 나와 전투를 감행했다. 그러
나 정부군은 이들을 적절하게 방
어하면서 토산을 쌓았고 성 위로
올라갈 정도로 완성이 되었다.[63]

토산 꼭대기에는 송나라 사람
인 조언趙彦이 설계한 제포기制砲
機를 설치했다. 제포기는 투석기
의 일종으로 이전보다 규모가 커
졌으며, 수백근의 돌을 날릴 수
있었다. 그런데 정부군은 제포기
를 이용해 화염탄의 일종인 화구
火毬를 쏘기로 했다. 이 화구의

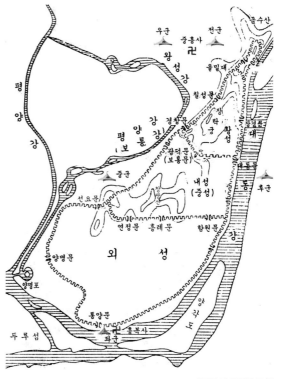

개경군의 서경성 포위
(김창현, 앞의 책, 2008, 252쪽)

정체는 알 수 없지만 화약을 사용한 무기일 수도 있다고 추정하기도 한다. 화구의 사
격은 새벽부터 시작되었다. 서경 반란군은 처음에는 불을 끌 수 있었지만, 계속되는
사격으로 해질 무렵부터는 불길 잡기가 어려워졌다. 화구 사격은 밤새도록 계속 되었
다. 그 결과 서경성의 양명문과 부속 건물 20칸, 그리고 서경 측에서 쌓은 흙산이 불
타버렸다. 서경측에서도 제공권을 놓치지 않기 위해 대항하는 흙산을 쌓았던 것이다.
이 때 불타버린 것은 흙산에 세웠던 목책과 방어시설 등이었을 것으로 보인다.

김부식은 5군을 모아 공격을 개시했지만, 성공하지 못했다. 오히려 서경 반란군은
밤에 세 군데로 나누어 전군前軍의 병영을 공격했다. 김부식은 앞서 활약했던 승려 상

---

63 토산의 규모는 폭 8장(약 24m), 길이 70여장(약 210m 이상), 넓이 18장(약 54m)이다.

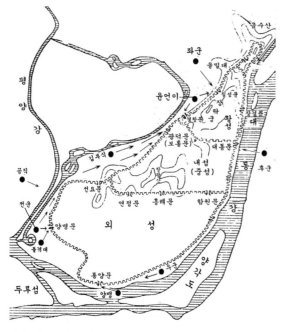

개경군의 서경성 공략(김창현, 앞의 책, 2008, 267쪽)

숭尚崇을 앞세워 역습을 시도했다. 서경군은 무장을 버리고 다시 성 안으로 들어갔다. 이후 한 동안 소강상태가 계속되었다.

결국 해가 바뀌어 다음해 2월이 되면서, 서경군은 성 안에 겹성을 쌓으려 했다. 정보를 입수한 김부식은 이를 무시하려 했지만, 윤언이와 지석숭이 지금과 같은 지구전을 계속하는 것을 반대했다. 이들은 김부식을 설득하여 정예부대를 세 부대로 편성했다. 진경보陳景甫 등은 3천명을 거느리고 중간 길을 맡았고, 지석숭 등은 2천명으로 좌측, 이유李愈 등은 2천명으로 우측길을 맡았다. 장군 공직公直은 정예병으로 석포石浦 방향, 그리고 장군 양맹良孟은 당포唐浦 방향으로 진군했다. 나머지 부대들은 각기 길을 나누어 성을 공략하여 적을 분산시키는 역할을 맡았다. 주요한 공격 방향은 토산이 있는 서남쪽이었다. 김부식은 중군으로 이동하여 야밤에 그곳 경기병을 이끌고 전군前軍으로 돌아가 총지휘를 맡았다.

새벽에 진경보 부대는 양명문으로 돌격하여 목책을 탈취한 후에 연정문으로 나아갔다. 지석숭의 부대는 성을 넘어 함원문으로 진격했다. 이유의 부대는 성을 넘어 흥례문으로 돌입했다. 김부식은 광덕문을 공격했다. 이들은 성 안의 집을 불사르면서 진군했는데, 날이 저물고 비가 내리면서 공격이 중지되었다. 정부군은 서경의 내성까지 들어가는데는 실패했던 것 같다. 그러나 서경반란군의 일부 지휘관과 상당수의 병력들이 투항하기 시작했다.[64]

---

64 『고려사절요』 권10, 인종 14년 2월.

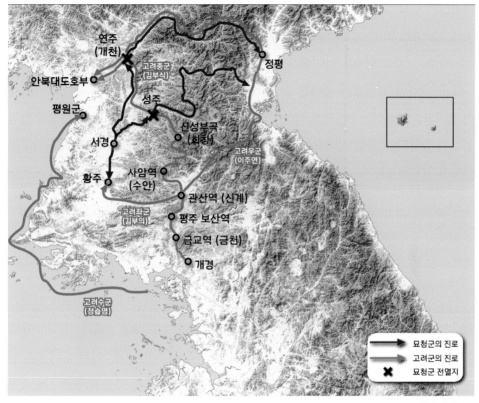

묘청의 난 진압도

결국 반란군의 총지휘관인 조광과 지휘부의 대부분이 밤에 자살했다. 남아있던 서경 반란군의 원수 최영崔永은 자신들의 부하들에 의해 사로잡혀 정부군에게 넘겨졌다. 이로 인해 길었던 묘청의 반란은 진압되었다. 반란군의 지휘부는 처형되었다.

서경 반란의 진압에는 많은 시간이 걸렸다. 이 반란으로 군사제의 커다란 변화가 야기된 것은 아니다. 그러나 중요한 것은 북계 지역의 방위 거점인 서경의 역할이 미약해졌다는 사실이다. 이 점은 우선 묘청의 반란이 끝난 후에 취해진 여러 가지 행정 조치에서 알 수 있다.

당시 고려 정부는 개경과 비슷한 지위를 지녔던 서경의 지위를 떨어트렸다. 인종은 군사와 관련된 감군監軍과 감찰을 맡은 분사어사대分司御史臺만을 남기고 모두 없애

버렸다.[65] 또한 서경을 둘러싼 경기 4도가 폐지되고, 이를 대신해 6개 현縣이 만들어졌다. 그 밖의 여러 조치들로 인해 서경의 행정기구는 중앙의 직접적인 통제 아래에 들어갔고, 도시의 위상은 하락했다.

또한 반란에 참여했던 용맹한 군인들은 '서경역적西京逆賊'이란 글자를 이마에 새겨 섬으로, 그 외에는 각 지역으로 귀양을 보냈다.[66] 결국 이런 조치들은 서경의 인적 자원의 상당한 손실을 가져왔을 것이다. 따라서 서경이 지닌 방어거점으로의 역할은 상당히 약화되었다.

4. 금군의 강화

1149년(의종 3) 중군 병마사의 건의로 전체 군체계에 변화를 주었다. 중군 병마사의 건의 내용은 천자국 6군, 대국은 3군, 다음 나라는 2군, 작은 나라는 1군을 둔다는 원칙을 들어 고려군제를 5군에서 3군으로 바꾸자는 것이었다.[67] 기존 고려군은 전통적으로 좌, 우, 전, 후, 중군의 5개부대로 편제했다. 김부식이 서경 반란을 진압하기 위해 출동했을 때에도 5군으로 편제했었다.

그런데 이 시기에 3군으로 전환한 이유가 단지 중국의 옛날 부대편제 원칙에 맞추기 위한 것이라는 것이라고 보기 어렵다. 그리고 이것이 실제로 이루어졌는지 여부도 불확실하다. 이후 조위총의 반란을 진압하기 위해 출동한 정부군이 처음에 3개 부대로 진격했다가 패배하자, 뒤에 대규모로 확충되면서 5개군으로 바뀐 적이 있다. 즉 처음 두경승이 이끈 5천명의 토벌군은 3개 부대로 나누어 진군했었다. 그러나 3개군으로 편제했던 사실이 의종대 정한 편제 때문이라고 볼 수는 없다. 오히려 처음 출발한 토벌군은 인원이 적었기 때문에 5개 군으로 쪼갤 수 없다고 보는 편이 합리적이다.

---

65 인종은 이를 통해 이전의 강대한 기구를 무력화시켜 묘청의 반란 같은 일을 막기 위한 것이라고 했다(하현강, 『한국중세사연구』, 일조각, 1988, 303쪽).
66 『고려사절요』 권10, 인종 14년 2월.
67 『고려사』 권81, 지35, 병1, 병제, 의종 3년 8월.

그러나 의종대 5군에서 3군으로의 변화 시도는 나름대로의 이유가 있었다. 그 배경에는 의종대에 들어와 금군이 이전보다 커지는 데 반해 중앙군에는 전체 인원을 충당하기도 힘들다는 어려움이 하나의 요인으로 작용하고 있었다. 또한 당시 금과의 안정된 외교적 관계 등으로 인해 국방에서 군사비용을 줄이려는 중앙정부의 의도가 여기에 작용했을 것이다.

이 시기 2군 6위의 군인 조달은 어려움을 겪고 있었다. 이들에게 주어지는 군인전은 아직 있었지만, 국가 세수지의 감소와 귀족들의 토지 확충으로 나누어줄 토지가 부족한 상태였다. 나아가 중앙군의 잡역 동원은 이들의 충원을 어렵게 하고 도망가게 만드는 요인이었다.[68]

뿐만 아니라 중앙군은 오랜 기간 동안 서경 반란의 진압군으로 활약했다. 서경의 강력한 항쟁으로 인원상으로도 손실이 컸을 것이다. 이 손실분을 보충할 군인 선발이 충분히 이루어졌다고 보이지 않는다.

사실 중앙군의 인원 조달은 이미 여진전쟁 이후 별무반의 창설로 그 변화의 방향을 드러내고 있었다. 별무반의 등장은 2군 6위 등에 따른 기존 선발방식으로는 문제를 해결할 수 없음을 보여주는 것이기 때문이다.

국왕을 지키는 금군은 무신들이 쿠데타를 일으키기 전까지 중앙에서 계속 보강되었다. 그것은 이자겸의 반란 등을 겪은 국왕이 택할 수 있는 방법이었다. 특히 의종은 이자겸의 반란 당시 궁궐 수비의 문제 등에 대해 주목했을 가능성이 크다. 척준경이 중앙군을 동원했을 때, 궁궐수비를 감당했던 인원은 거의 없었기 때문이다. 의종은 자신의 지휘통솔을 받는 측근적 성격의 군대 양성이 필요했다. 그는 이들을 통해 도성 내의 치안과 경호를 맡기려 했다.[69]

그 결과는 경호부대인 금군의 강화였으며, 특히 내순검內巡檢의 창설이었다. 의종은 중앙군 중에서 실력이 뛰어난 사람을 뽑아 자주색 옷을 입히고 두 개로 순번을 나누어 궁궐 바깥 순찰을 맡겼다.[70] 그는 개경의 치안 유지를 위해 일찍부터 존재했던 순

---

68 김당택, 「무신집권시대의 군제」 『고려군제사』(육군본부 편), 육군본부, 1983, 274쪽.
69 박진훈, 「고려시대 개경 치안기구의 기능과 변천」 『한국사론』 33, 국사편찬위원회, 2002, 214쪽.
70 『고려사』 권82, 지36, 병2, 숙위, "부병을 궁궐의 뜰에 주둔시켜 불의의 사변에 대비케 했다. 이로

검군을 확대 개편했다. 이 때 두 개의 근무조로 나뉜 내순검군은 순검좌우부가 통솔했다.[71]

이들은 1167년(의종 21) 연등회 행차할 때에 김돈중이 실수로 화살을 떨어뜨린 사건 때문에 만들어졌다. 의종은 자신의 가마 옆에 떨어진 화살을 살해 의도로 오인했고, 궁성 내에 계엄을 펴서 주모자들을 잡도록 지시했다. 그만큼 의종은 신변 안전에 대해 항상 불안하게 느끼고 있었다. 그 결과가 순검군의 확대였다.

그 외에도 중금中禁, 도지都知, 백갑白甲, 견룡牽龍, 공학控鶴 등이 국왕의 의장을 맡았다. 이들 역시 국왕의 시위부대이면서 금군의 일부였다.[72] 이 시기 자료에서 금군은 다른 중앙군보다 자주 등장한다.[73] 이들의 강화는 의종의 측근세력 성장과 맥락을 같이 한다. 그는 환관과 금군의 강화를 통해 자신의 권력을 유지하려고 했다. 특히 의종은 아버지 인종과 달리 집권 초반기에 여러 차례 군대를 사열했다.[74] 이를 통해 의종은 자신이 군대의 통수권자임을 확인시키려 했다.

의종은 금군에 우수한 자원을 뽑아 들였다. 무신정변의 주역인 정중부의 경우처럼 체구가 특별히 크거나,[75] 또는 이의민처럼 기운이 강해서[76] 군인이 되기 적합한 인물들이었다. 그 외에도 많은 사람들이 신체 조건이나 무술 능력 등으로 금군에 편입되었다. 예컨대 무신정변 이후 재상까지 올랐던 두경승杜景升이나[77] 기탁성奇卓誠[78] 등이 그

부터 驍勇한 자를 뽑아 내순검이라 부르고 두 番으로 나누어 항상 자주색 옷을 입고 활과 칼을 소지하고 궁성 밖에 나누어 서서 비가 오나 눈이 오나 밤부터 새벽까지 순찰하게 했다."

71 이 순검좌우부는 領都將 2명과 指論 6명, 그리고 군사 150명으로 구성되어 있다. 이들은 국왕의 의장을 맡았다(『고려사』 권72, 지26, 여복, 의장 서남경순행의장).

72 김당택, 「무신집권시대의 군제」, 앞의 책, 1983, 275쪽.

73 그와 같은 요인에는 의종의 행태를 부정적으로 보고 있는 『고려사』 편찬자의 시각도 작용하고 있다. 『고려사』 편찬자들은 유학자들이고, 이들은 고려 광종의 시위군 강화를 부정적으로 보고 있는 것과 같은 맥락에서 의종의 금군을 보았을 가능성이 크다. 그렇다고 해도 중앙 시위군의 존재가 약화되고 있는 추세가 부정되는 것은 아니다.

74 『고려사』 권17, 세가17, 의종 3년 2월 정사 ; 의종 4년 10월 병오 ; 『고려사』 권18, 세가18, 의종 8년 5월 계축. 군사를 사열한 장소는 개경 동쪽의 교외 지점이다.

75 『고려사』 권128, 열전41, 반역2, 鄭仲夫.

76 『고려사』 권128, 열전41, 반역2, 李義旼.

77 『고려사』 권100, 열전13, 杜景升.

78 『고려사』 권100, 열전13, 奇卓誠.

런 경우였다. 두경승은 힘이 뛰어났고, 수박하는 사람들의 대열에 있었다. 이는 그의 무술 실력이 뛰어났음을 보여준다. 그의 경우는 주먹으로 건물의 벽을 뚫을 정도였다.[79] 당시 일반민이나 실력 있는 군인들은 이처럼 금군으로 많이 편입되어 갔다. 금군은 이전보다 질과 양적인 측면에서 강화되었다. 왜냐하면 무신정변 이후 금군 출신 중에서 여러 사람이 고위직에 올랐다는 점이 이를 뒷받침한다. 잘 알려졌듯이 무신정변의 주도자였던 정중부, 이의방, 이고 등이 모두 금군 출신이었다.

금군은 국왕의 주변에 있었기 때문에 출세할 수 있는 기회를 잡기 쉬웠다. 특히 의종대 이후에도 견룡의 경우에는 직위가 낮아도 권세 있는 자제들이 되기를 원할 정도였다.[80] 그래서 정부의 고위직들은 견룡의 장교 임명에 자신의 아들을 임명하려고 노력했다.[81] 또한 견룡의 경우는 화려한 안장이나 복장을 갖추어야 했기 때문에 경제력이 있어야 했다.

문제는 금군이 강화되는 만큼 중앙군이 약화되고 있다는 점이다. 특히 중앙군은 앞서 보았듯이 무신정변 이전에 각종 잡역 등에 동원되면서 사회경제적 대우는 열악해지고 있었다. 요컨대 신체나 무술 등에서 우월한 사람들은 금군으로 옮겨가면서, 중앙군은 수적 측면만이 아니라 전투능력에서도 이전보다 약화되었을 것이다. 이를 보여주는 것이 무신정변 이후 각종 봉기에 대응해야 했던 중앙군의 능력이었다. 고려정부는 서경에서 일어났던 조위총의 반란으로 인해 개경을 지킬 군인들의 숫자가 모자라 새로 400명을 선발했고, 이를 위국초맹반衛國抄猛班이라고 불렀다.[82] 조위총 반

---

79 이제현, 『역옹패설』 전집2, "경인년·계사년 이후로 재상에 武人이 많았다. 李義旼이 杜景升과 함께 中書省에 앉았는데 이의민이 두경승에게 자랑하기를, '아무가 제 용력을 자랑하기에 내가 한번 쳐서 넘어뜨리기를 이와 같이 했소.' 하면서 주먹으로 기둥을 치니, 서까래가 다 흔들렸다. 두경승이 대답하기를, '어느 때의 일인데, 내가 맨주먹으로 힘껏 쥐고 휘두르니 사람들이 다 흩어져 달아났다.' 하면서 주먹으로 벽을 치니 주먹이 벽을 뚫고 나갔다."

80 『고려사』 권102, 열전15, 權守平.

81 명종 때 추밀원부사였던 曺元正은 동궁견룡지유에 자신의 아들을 추천하여 임명할 것을 국왕에게 청원하지만, 이미 다른 사람이 임명되어 크게 화를 내기도 했다(『고려사』 권128, 열전41, 曺元正).

82 『고려사』 권82, 병2, 숙위, 명종 5년 11월, "이 때에 西征으로 인하여 衛卒이 부족하게 되었으므로 400명을 더 뽑아서 위국초맹반이라고 이름 붙이고 모두 칼과 창을 가지고 毬庭을 둘러싸고 지켰다."

란 진압이 우선이었지만, 중앙군 모두를 동원했다는 것은 그만큼 중앙군의 인원이 상당히 감소했음을 시사하고 있다.

이들의 구성원은 서경 원정에 참가하지 않은 군인과 새로 뽑은 일반인들로 추정되고 있다.[83] 그러나 정부가 위국초맹반에 무술 능력이 없는 사람들을 뽑지는 않았을 것이다. 오히려 이곳에는 무신정변 주도자들이 속하고 있는 부대 소속원들을 중심으로 배치했을 가능성이 크다. 그 결과 정변 이후에는 오히려 금군의 위상은 하락했다. 그리고 무신정변의 주도자들에 소속되어 있던 군인들의 성격이 점차 사병화되어 갔다.

사실 금군이 국가의 공병이지만, 의종의 직접 명령을 듣는다는 점에서 사병적 요소가 없던 것은 아니었다. 이 시기 금군이 궁궐 숙위 등의 임무에서 끝난 것은 아니었을 것이며, 국왕의 개인적 심부름이나 재산 축적에서 나름의 역할을 했을 가능성이 높다.[84] 또한 의종은 금군 지휘관들 일부와 개인적 관계로 유지하려 했던 면이 보이기 때문이다.

---

83 김당택, 「무신집권시대의 군제」 앞의 책, 1983, 273쪽.
84 예를 들어 정중부는 의종대에 교위로 있었다. 당시 의종은 수창궁의 북문을 봉쇄하여 사람들의 출입을 금지시켰다. 그러나 정중부는 산원 史直哉와 함께 마음대로 이곳을 드나들었다. 당시 어사대는 이를 적발하여 정중부의 처벌을 건의했지만 의종은 그를 처벌하지 않았다. 그가 무슨 일로 이 문을 드나들었는지를 알 수 없지만, 의종이 그를 처벌하지 않은 점에서 의문을 느낄 수밖에 없다. 정중부는 국왕의 개인적 심부름 등을 수행하기 위해 이곳으로 은밀하게 드나들었을 수 있다. 특히 무신정변 성공 후에 정중부는 의종이 개경에 만든 3개의 저택에 많은 재산을 축적해 왔던 것을 이고, 이의방 등과 함께 이를 나누어 가졌다. 그는 의종의 총애를 받으면서 일했기 때문에 이미 재산 내역에 대한 정보를 가지고 있었을 가능성이 높다.

제2절

무신정변과 군제의 변화

1. 무신정변의 발생과 정권의 추이

1) 무신정변의 원인

1170년(의종 24) 무신들이 일으킨 정변은 새로운 시대로 구분하는 분수령으로 인식되고 있다.[85] 그만큼 이 사건의 정치 사회적 영향력이 컸다. 이 사건의 원인은 다양한 측면에서 살펴볼 수 있다.

가장 일반적인 시각은 무신에 대한 차별론이다. 이런 견해는 조선시대부터 제시되었다. 고려에서는 문신을 무신보다 우대해 왔다. 제도적으로 무관은 정3품인 상장군이 최고직이었다. 나아가 군대의 통솔권까지 문신들이 장악했다. 문신들은 전쟁이나 반란 진압에서 총지휘자의 역할을 맡았다. 거란침입을 막아낸 강감찬, 여진 정벌을 단행한 윤관, 서경반란을 진압한 김부식 등이 대표적인 경우다. 따라서 문신의 무신 천시와 이들의 불만이 누적되어 무신 정변이 발생했다고 본다.[86]

---

85 『고려사』 편찬자들이 이렇게 이해한 이후 많은 고려사 연구자들 역시 이러한 시각에 동의하는 편이다.

86 이런 견해를 최초로 제시한 사람은 윤용균이었다(尹瑢均,「高麗毅宗朝における鄭仲夫亂の素因とその影響」『靑丘學叢』, 2, 1930).

그러나 여기에 대한 반론도 있다. 고려나 조선 모두 유교사회였고, 유교는 전통적으로 무신보다 문신을 우대하는 경향을 어쩔 수 없이 지니고 있다. 또 무신층에는 아무래도 신분이 낮은 사람이 많이 편입되었다. 따라서 역대로 문신들이 문신들에 비해 차별을 받은 것은 사실이다. 하지만 고려시대는 오히려 조선에 비하면 차별이 덜 했다. 고려시대에는 과거급제자가 군 지휘관이 되어 복무하기도 했을 정도로 문관과 무관의 구분도 조선시대처럼 명확하지 않았다. 고려 전기에는 무신들도 문산계를 받았고, 무산계는 여진족 추장이나 귀화인들에게 수여되었다. 한 집안에서 문관과 무관을 함께 배출하는 경우도 있었을 것이다. 다만 중앙의 집권층이 확장되면서 관료군도 수직분화가 이루어졌고, 문관 가문과 무반 가문이 분리되고, 무신, 서리직으로 주로 진출하는 중 하위 가문이 형성된 것 같다.

유자량庾資諒(1150, 의종 4~1229, 고종 16)은 문하시랑평장사를 지낸 유필의 손자였다. 명문 자제였던 그는 유가 자제들과 계를 만들었는데, 무인들도 가입시키려고 했다. 동료들이 반대하자 "문무관을 고르게 교유해야 한다. 저들의 가입을 거절하면 후에 반드시 후회하게 될 것이다"라고 말했다는 기록이 있다. 이것은 문관과 무반이 단지 직위가 아니라 가문적, 사회적으로도 구별되어 가고 있었음을 말해준다. 나중에 정중부의 난이 터졌을 때, 유자량은 죽음을 면했고, 그와 교우하던 사람들도 모두 피해를 입지 않았다고 한다.[87]

이같은 문무 가문의 분화는 심지어 무인집단에서도 상급무인과 하급무인이 구분되었다고 보는 견해도 있다.[88] 따라서 무신정권 당시 문관과 무관의 대립은 문무관의 차이 이전에 이같은 상하 갈등이 반영되었을 소지가 있다.

외적으로 천시 받던 무신들은 현실적인 지위를 상승시켜 왔다는 견해도 있다.[89] 이점은 강한 문반귀족정권에 대해 정변을 성공시켰다는 점이 이를 뒷받침한다. 특히 무신들이 현실적으로 여러 요인에 의해 사회적 지위를 상승시켜왔지만, 고려의 전통적인 무신 억압책은 이런 현실과 충돌하게 되었다는 것이다.

---

87 『고려사』 권99, 열전12, 유자량.
88 김당택, 『고려무인정권연구』, 새문사, 1987, 32~33쪽.
89 邊太燮, 『高麗政治制度史研究』, 一潮閣, 1971.

아울러 일반 군인들의 불만도 빼놓을 수 없는 요소다. 군인들은 인종의 뒤를 이은 의종대에 많은 공사에 동원되었다. 의종은 문신, 환관 등과 함께 오락을 위해 많은 건설 공사를 지시했다. 그는 물이 흘러가는 경치 좋은 곳에 배를 띄우기 위한 작은 댐을 건설하고 그 앞에 정자 등을 지었다. 그리고 의종은 재위 기간 동안에 많은 사찰과 경치 좋은 곳을 유람했다. 이 때 군인들은 공사뿐만 아니라 의종의 호위에 동원되면서, 문신이나 환관 등에 비해 대우받지 못했다. 이들의 불만은 무신들이 일어날 때 적극적인 참여로 나타났다.

그런데 무신과 군인들의 불만은 특별히 이 시기에 더욱 커진 것만은 아닐 것이다. 여기에는 의종의 정치적 행태라는 요소가 더해진다. 의종은 즉위 이후 국왕권력 확립과 왕실 권위의 회복이라는 과제를 안고 있었다. 다행히 금과 송을 중심으로 한 대외관계는 안정적이었다. 특별히 국방에 위협적인 요소는 드러나지 않고 있었다.

그러나 앞선 인종대의 이자겸과 묘청의 반란이 가져온 귀족과 지역사회의 내분은 해결되어야 할 과제였다. 국왕은 공적 위상에서 이를 해결해야 할 주체였다. 그럼에도 의종은 개인적 기반 확충에만 노력했다. 그는 주로 환관을 양성하고,[90] 경제적 이권 획득에 힘을 기울였다.[91] 뿐만 아니라 의종은 엘리트 문신관료들과 개인적 교분을 쌓는 방식을 선호했다. 이 방식은 잔치와 시짓기 등을 통한 인간적인 상호 교류였다. 이것은 국왕과 관료들간의 개인적 거리감을 좁혔지만, 문제는 국왕과의 관계에서 개인적 것이 공적 관계보다 앞서게 되었다는 점이었다. 당시 엘리트 관료의 대표자는 김부식의 아들 김돈중金敦中 등이었다.[92]

아울러 의종은 친위부대인 금군을 자주 동원했다. 이 과정에서 금군에 소속된 사람

---

90 의종은 정함이란 환관을 문관 6품직에 임명하려다가 대간들의 반대에 부딪혔다. 정함은 의종의 유모와 결혼했기 때문이다. 이후 정함은 환관들을 세력화했고, 당시 재상과 대간들도 그 위세에 눌렸을 정도였다(『고려사』 권122, 열전35, 환자, 정함).

91 의종은 상당한 재산을 모았다. 그는 개경 시내 3개의 저택을 지녔으며, 많은 재물을 이곳에 거두어 모았다. 무신정변의 주역들은 의종의 저택과 재산을 자신들끼리 분배했다(『고려사절요』 권11, 의종 24년 9월 을묘).

92 김돈중은 인종대 과거 급제에서도 원래 2등이었다가 아버지의 음덕으로 장원으로 바뀌었다. 특히 그는 김부식이 지은 관란사라는 절을 다시 수리하고 왕을 위해서 복을 비는 것을 소문을 내면서 국왕과 가깝게 될 수 있었다(『고려사』 권98, 열전11, 김부식 부 김돈중).

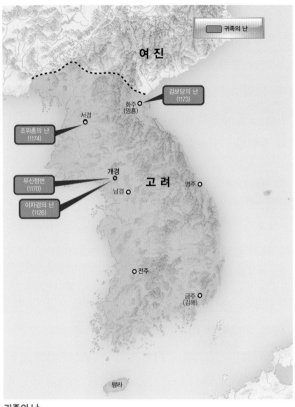

귀족의 난

들은 지위를 높힐 수 있었다. 대표적 인물이 무신정변을 주도한 정중부 등이었다. 따라서 이들 세력 간의 충성 경쟁이나 충돌은 예고된 것이었다. 특히 의종은 자신의 지위보존에 예민했다.[93] 무신정변 3년 전에 벌어진 사건은 이를 잘 보여준다.[94] 당시 의종이 절에 행차했을 때, 김돈중의 말이 놀라 화살을 국왕의 가마 옆에 떨어트렸다. 그러나 의종은 자신을 죽이려 한 것으로 보고, 궁궐에 계엄을 선포했다. 또한 그는 부병府兵을 대궐에 주둔시키고, 이후 힘이 있는 사람들을 뽑아서 내순검으로 만들어 자신을 호위하게 했다. 이처럼 의종은 금군이나 내순검 등과 같이 자신이 직할하는 부대를 육성했다. 그 결과 이들과 문신관료와의 상대적 차별은 무신정변을 일으키는 직접적인 계기가 되었던 것이다.

그런데 무신정변의 발생에 대한 원인에 대해 그동안은 무신들이 정변을 일으키게 된 동기에 많은 비중을 할애하는 경향이 있다. 그러다 보니 차별, 신분격차 등이 강조되었다. 그런데 동기도 중요하지만, 불만이나 변혁의지가 실천으로 옮겨지기 위해서는 정변을 실행하고, 성공할 수 있게 하는 제도적, 현실적 조건이 필요하다.

---

93 그는 특히 자신의 동생인 익양후 王晧, 평량후 王暉 등을 두려워했다. 이들이 인망이 있었기 때문에 변란을 일으킬 것을 두려워해서 의종은 자주 거처를 옮겼다(『고려사절요』 권11, 의종 22년 3월).
94 『고려사절요』 권11, 의종 21년 정월.

이러한 현실적 조건으로서 상정할 수 있는 것이 군의 사병화와 금군의 무리한 확장이다. 고려의 군사제도는 지역을 단위로 편성되고, 지휘관과 장교, 사병들 간에 특별한 유대를 형성하기 쉽게 된 구조였다. 이런 구조는 전투력을 높이는 데는 일조하지만, 군 내부가 인맥으로 구성될 우려가 높다.

인종 대 이후 여러 번의 정변을 거치면서 군 내부의 인맥이 확장되었을 가능성이 높다. 여기에 의종이 금군 확장을 시도하면서 다양한 계층의 인물이 금군으로 채용되었다. 경주의 소금장수였으며 무뢰배였던 이의민을 그를 죽이려 하던 지방관이 그의 힘과 무용에 반해 경군으로 추천했던 것이 대표적 사례이다. 이런 식의 금군 등용은 신분제의 틀을 깨트리고, 인재를 등용한다는 의미가 있지만, 이들을 편성할 제도적 장치가 미비했던 것 같다. 따라서 의종은 금군을 확장하면서 이들에 대한 통제력을 확보하지 못하고, 무인층이 집단화, 계급화 되는 경향을 방지하지 못했다고 보여진다. 이것이 무신정변을 가능하게 하고, 정중부의 난 이후 무신들 간의 반목과 정변이 그치지 않게된 중요한 이유였다.

2) 정변의 발생

1170년(의종 24) 8월에 무신정변은 일어났다. 그보다 2년 앞서 의종은 서경에 행차하여 폐단을 개혁하기 위한 9개조의 개혁안을 발표했다. 그 내용은 불교, 선교의 우대와 인재 등용, 그리고 백성 구휼을 담고 있다.[95] 그러나 개혁안은 종교 우대에 치중되어 있으며, 나머지 개혁 부분에 대한 실제적 조치도 미흡했다. 의종은 정국의 위기를 신앙에 의지하여 해결하려 했다. 아울러 불안감을 잊기 위한 것으로 보이는 의종의 행차는 계속되었다. 또한 자신의 놀이를 위한 공사는 없어지지 않았다.[96]

---

95 『고려사』 권18, 의종 22년 3월 무자에는 모두 6개조의 개혁안이 실려 있고, 그 외에는 『고려사』 의 각 지에 흩어져 있다. 개혁안의 내용은 ① 음양의 이치에 순응 ② 불교 행사의 존중과 사찰 수리 ③ 승려의 존중 ④ 불교의 삼보(부처, 불법, 승려) 보호 ⑤ 仙教 숭상 ⑥ 백성 구제 ⑦ 교육 부흥 ⑧ 인재 천거 ⑨ 사치금지 등이다.

96 무신정변이 일어나기 2달 전에도 연복정의 남쪽 개울의 제방이 무너졌다. 이 때도 군인 동원만으로 부족하여 마을의 장정들을 징발했다. 그리고 8월에 들어와서 이곳 제방이 다시 무너져 군인들

수박희(무용총)
고구려 고분 벽화에 묘사된 모습.

둔덕기성(경남 거제)
의종이 유배된 곳이라고 전한다.

결국 의종이 보현원에 갔을 때, 무신들이 무력으로 일어났다. 그 직전에 의종은 무신들의 불만을 풀어주기 위해 오병수박희五兵手博戲를 하라고 했지만, 이것 역시 문신들의 방해로 제대로 이루어지지 못했다. 정변은 이고李高, 이의방李義方이 순검군을 집합시켜 국왕을 따라온 문신들을 살해하면서 시작되었다. 이 때 김돈중은 눈치를 채고 먼저 도망을 갔다.

당시 정변의 주동자들은 김돈중이 개경으로 돌아가 방어체계를 갖추었을 경우를 염려했다. 사실 정변의 주체들은 사건의 수습과 전개에 대한 구체적 계획이 부족했다. 이들은 김돈중이 개경을 막으면, 남해섬으로 피신하거나 북쪽 오랑캐에 투항하자고 제안할 정도였다.[97] 또한 정변 과정에서 머리에 쓴 복두를 벗지 않은 무인들도 많이 살해당했다. 이 점은 정변의 참여자가 소수였으며, 시위군 내부에조차 정변 계획을 제대로 알리지 않았음을 보여준다. 이 때까지가 정변의 첫 단계였다.

두 번째 단계에서 이들은 개경으로 돌아와 본격적인 문관 숙청에 들어갔다. 무신 정변군은 김돈중이 개경으로 돌아가지 않은 것을 확인하고, 거리에 치안을 담당한 가구소街衢所를 지키던 군인들을 살해하고 궁궐을 장악했다. 이후 숙직하던 대부분의 관료들을 살해했다. 이들은 개경 거리에서 문신의 관을 쓴 사람을 모두 죽이라고 했지만, 모든 문신이 살해된 것은 아니었다. 그들도 통치에 문신들의 협력이 필요했다.

========
을 동원했다. 이런 일로 인해 일반 군인들의 불만이 더욱 커졌다.
97『고려사절요』권11, 의종 24년 8월 병자.

정변은 성공했으며, 권력은 무신들에게 넘어갔다. 비록 정변의 주역인 정중부를 제거하려는 시도가 있었지만 실패했다. 의종은 경상도의 거제현으로, 태자는 전라도의 진도현으로 추방되었다. 새 국왕으로 의종의 동생인 익양공 왕호가 명종으로 즉위했다.

3) 무신정변 이후의 정권 교체

무신정변의 주역들은 권력의 중심에 서게 되었다. 이들 주역은 정중부와 이고, 이의방 등이다. 그러나 곧바로 정변 주역들 간의 권력을 독점하기 위한 경쟁이 시작되었다. 또한 이들은 문신들의 처리 문제에 대한 태도에서도 의견 차이가 있었다. 정중부는 문신들에 대한 온건한 입장이었던 것에 반해, 정변 당시 행동의 주역이었던 이고, 이의방 등은 강경한 입장을 지녔다. 후자들은 자기 휘하의 군인들을 거느리고 정변에 앞장섰기 때문에, 정중부보다 실질적인 권력을 지닐 수 있었다.

따라서 두 사람의 분열이 먼저 시작되었고, 이의방이 먼저 이고를 제거했다. 이후 정치는 정중부 등의 협조를 받으며 중방重房을 통해 이루어졌다. 중방은 정변에 참여했던 장군들이 모여서 정치를 협의하는 기구가 되었다. 이들은 각자 사병을 거느리고 있었기 때문에, 이의방 역시 권력 상에서 절대적인 위치에 있었던 것이 아니었다. 이의방은 자신의 딸을 태자비로 삼게 하는 등 점차 권력을 독점하려고 했다. 결국 그는 정중부의 측근에 의해 암살당했다.[98]

정중부는 최고위직인 문하시중이 된 후에, 아들인 정균, 사위 송유인 등과 함께 권력을 장악했다. 그러나 정중부는 새롭게 제시하는 정치적 청사진이 없었으며, 권력을 독점하려고만 했다. 정중부 일파는 이의방과 같은 행동을 보였다. 그의 아들 정균을 억지로 공주와 결혼시키려다가 청년 장군인 경대승慶大升에게 살해되었다. 경대승은 결사대 30여 명으로 정중부 암살에 성공했던 것이다.[99]

---

98 이의방은 정중부의 아들인 鄭筠의 지시에 따라 당시 조위총 반란을 진압하려 나서는 從軍 승려 宗 旵에 의해 살해당했다(『고려사절요』 권12, 명종 4년 12월). 당시 승려들의 전쟁 참여는 여진 정벌, 묘청 토벌군 등에서도 흔히 있는 일이었다.

99 『고려사』 권128, 열전41, 반역2, 정중부.

이처럼 숙청과 암살로 권력자들이 계속 교체되었다. 무신들은 사병적 성격의 집단을 거느리고 있었으며, 이들이 권력자의 암살 등에 이용되었다. 그 성격은 집단의 우두머리인 무신에게 개인적 관계로 의존하기 때문에, 우두머리가 피살될 경우에는 조직력을 발휘할 수 없었다.[100] 따라서 이들은 우두머리가 죽게 되면 쉽게 와해되는 속성을 지녔다.

한편, 권력자가 된 경대승은 무신정변에 참여하지 않았기 때문에 과거로의 복귀를 주장할 수 있었다. 경대승의 등장으로 무신정변의 참여파들은 여러 가지 행동의 제약을 받게 되었다. 대표적으로 정변 당시 가장 공로가 컸던 이의민은 자신의 고향인 경상도 경주로 물러났다.[101] 이의민과 비슷하게 낮은 신분에서 출세한 무신들은 중앙 정계에서 이전과 같은 정치권력을 누리기 어렵게 되었다.

그러나 경대승이 만 4년을 채우지 못하고 병으로 죽게 되면서, 이의민이 새로운 권력자로 부상했다. 그는 국왕의 부름을 받고 경주로부터 올라왔다. 명종은 경대승의 '과거로의 복귀' 구호가 자신의 지위를 위태롭게 할 수 있다고 보았다. 따라서 명종은 권력의 안정을 위해 무신정변의 참여자들로부터 지지를 받을 수 있는 이의민이 필요했던 것이다.[102]

이의민의 행동 역시 앞의 권력자들의 행태와 다르지 않았다. 당시에는 하급 군인, 농민, 천민 등에서 무술 등의 능력으로 출세한 사람들이 많았고, 이들은 무신정변을 계기로 중앙 정계에서 권력에 접근할 수 있었다. 이의민은 이런 세력들의 대표자였다. 그러나 이들은 국가를 운영해 갈 능력이 부족했으며, 권력을 이용하여 개인의 이익만을 추구했다.

특히, 이의민의 아들은 당시 쌍칼자식雙刀子란 별명이 있을 정도로 마음대로 일을

---

100 이들은 대개 門客, 家僮, 死士, 勇士 등으로 불리었다. 이들 중에 상당수는 군인이 되거나 국가의 관료가 되었다. 무신들은 이들에게 중하급 무관직 등을 주려 했다. 따라서 권력을 장악하는 것은 자신의 개인적 기반을 넓히는 방법이다.

101 이의민은 무신정변으로 크게 출세한 대표적 인물이다. 그의 아버지는 소금과 체를 파는 장사꾼이었고, 어머니는 경상도 연일에 있는 옥령사의 여종이다. 따라서 이의민의 신분은 거의 노비라고 볼 수 있다. 그는 무신 정변 당시에 가장 많은 사람들을 살해했으며, 이후 김보당과 조위총의 반란 진압 등을 통해 두각을 드러냈다. 특히 이의민은 김보당의 의종 복위운동 당시에 의종을 살해했다.

102 김당택, 『고려의 무인정권』, 국학자료원, 1999 참조.

처리하고 착취를 일삼았다. 그런데 아들 중 한명인 장군 이지영李至榮이 최충헌崔忠獻의 동생 최충수崔忠粹의 집비둘기를 빼앗았다. 이 일로 최충헌은 동생과 모의하여 1196년에 이의민을 암살했다.[103] 권력을 장악한 최충헌은 다시 동생 최충수와 알력이 생겼다. 최충수가 정중부의 전철을 되밟아 그의 딸을 태자비로 들이려고 했기 때문이다. 이 갈등은 양측이 개경 시내 한 복판에서 자신들의 사병을 거느리고 시가전을 벌이는 사태로 발전했다.

처음 최충수는 최충헌과 싸울 생각이 없었다. 그러나 휘하의 장군 오숙비 등은 최충수의 기개 때문에 일을 돕는 것이라고 했다. 그들은 항복하면 자신들을 없애게 될 것이라고 하면서, 힘을 다해 싸울 것을 권유했다. 이것은 당시 사병적 성격을 지닌 집단의 모습을 잘 보여주는 것이다. 결국 최충헌과 최충수의 무리들은 개경의 광화문 근처에서 만나 싸우게 되었다. 최충헌은 국왕의 창고에 있던 대각노大角弩를 가져다 빗발처럼 쏘았다. 최충수 측에서는 보랑의 문짝을 가져와 방패로 막았지만, 대각노의 위력을 당해내지 못했다.[104] 결국 최충헌 측이 승세를 잡게 되자, 도망가던 최충수는 추격자들에게 잡혀 죽임을 당했다.

집권 과정은 비슷했지만, 집권 이후 최충헌은 이전의 무신정권과는 전혀 다른 행보를 보인다. 그는 효과적으로 정권을 창출하고 안정시키는데 성공했다. 최충헌은 경대승과 마찬가지로 다른 무신들에 비해 상대적으로 출신 집안이 좋은 편이었다.[105] 또한 그는 무신 정변에 연루되지 않았기 때문에 주변 무신들에게 정치적 부담이 적었다. 아울러 그는 문신 관료들과의 관계를 일찍부터 맺어왔으며, 과거 무신정권의 문제가 무엇인지도 잘 알고 있었다. 그는 권력을 장악하자 곧바로 현재 국가운영에 대한 10가지 문제를 국왕에게 건의했다. 이 문제들은 전통적 귀족가문 출신들인 문신들과 협의해서 만든 것으로 보인다.[106]

---

103 『고려사』 권128, 열전41, 반역2, 이의민.
104 『고려사』 권129, 열전42, 반역3, 최충헌.
105 최충헌은 경기도 우봉 출신이고 그의 아버지 최원호는 상장군이었다. 그래서 최충헌은 일찍부터 음관으로 벼슬을 시작할 수 있었다.
106 이 건의안은 ① 국왕의 새로운 궁궐 입궐 ② 관료의 인원 감축 ③ 빼앗긴 토지를 돌려줄 것 ④ 권력가들의 세금 강제 징수 금지 ⑤ 안찰사들의 진상 금지 ⑥ 승려들의 폐해 혁신 ⑦ 지방관들의

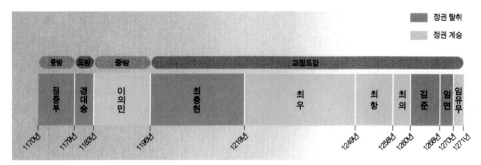

무신정권 계보도(김인호 등, 『미래를 여는 한국의 역사』 2, 168쪽)

또한 최충헌은 27년간 재위했던 명종을 몰아내고 그의 동생을 새롭게 왕위(신종)에 올렸다. 이후 국왕의 지위는 더욱 하락하게 되었다. 또한 최충헌은 개인적으로 충성해왔던 인물들을 공적인 관료의 지위에 배치했다. 그리고 국가운영에서 최충헌은 새롭게 필요한 정치기구들을 만들어갔다. 이를 통해 최충헌은 권력의 최고 지위를 자신을 포함해서 1258년까지 60여년간 4대에 걸쳐 이어지게 했다.

4) 최씨 정권의 유지 방식

최충헌은 문벌귀족과 같은 사회적 안정을 희구하는 정치세력들의 요구를 반영하면서 강력한 중앙독점적인 권력체계를 만들어갔다. 그는 마치 조선-일본전쟁이 끝난 후 일본의 도쿠가와 막부체제와 유사한 형태의 권력운영방식을 따랐다. 그는 이전까지의 무신정권이 불안정했던 이유를 잘 파악하고 있었다. 이미 사적 권력의 형태로 운영되는 방식이 국가의 공적 운영형태를 크게 잠식한 상태였다. 그는 사적 통치 방식을 국가의 공적 운영에 결합시키기 위해 다양한 정치기구를 만들었다. 이 기구들은 정치, 행정, 이념 창출, 군사 및 경찰 등과 같은 여러 분야를 뒷받침했다. 물론 모든

인사 정상화 ⑧ 사치 금지 ⑨ 각 지역의 무분별한 사찰 정리 ⑩ 신하들의 간언 청취 등이다. 이들 방안은 당시 급박한 현실문제였으며, 최충헌이 집권하자마자 바로 나왔다는 점에서 스스로 준비한 것이 아닐 것이다(김인호, 「무인집권기 문신관료의 정치이념과 정책-명종 18년 조서와 봉사 10조의 검토를 중심으로」 『역사와 현실』 17, 1995).

정치기구들이 최충헌 집권 이후에 만들어진 것은 아니었다. 그는 이전부터 있어 왔던 정치기구들을 확대하거나 개편했다.

우선 정치적으로는 교정도감敎定都監이 권력을 뒷받침하는 핵심 기구가 되었다.[107] 교정도감은 1205년(희종 5)에 설치된 이후에 계속 유지되었다. 처음 이 기구를 설립한 이유는 최충헌 부자를 살해하려고 했던 암살미수사건 조사를 위해서였다. 이후 교정도감은 계속해서 자신을 반대하는 사람들에 대한 정보 수집과 감시, 그리고 각종 특별세금을 걷는 역할을 했다. 이를 통해 최씨 집권자들은 각종 행정에 관여했다. 또한 자신의 경제적 기반의 유지에도 이 기구가 일정한 역할을 했을 것이다.

또한 권력을 장악하기 위한 인사행정 처리를 위해 정방政房을 만들었다. 원래 정부의 인사행정은 이부와 병부에서 각기 문무관을 임명했는데, 최충헌의 자택에 정방을 설치하고, 문무관료의 인사를 통합관리했다. 이를 통해 최씨 정권은 인사권을 장악하고, 자신의 휘하에 있던 인물들을 공적인 자리에 임명할 수 있었다. 특히, 최씨 집안과 관계된 개인적 사병은 국가의 공병으로 전환되어 이중적 성격을 지니게 되었다. 즉 이들은 최씨 집권자의 명령만을 수행하면서도 무관과 군인으로 등재되어 경제적 혜택을 국가로부터 받을 수 있었던 것이다. 이 정방은 고려말까지 없어지지 않고 계속 인사를 담당하는 기관으로 남게 된다.[108]

그 외에 서방書房과 같이 최씨 정권에 협조하는 지식인들이 소속된 기관도 있었다. 최씨 정권은 이전의 무신정권과 달리 문인들을 적극적으로 포섭하거나 등용했다. 서방은 이들이 소속되어 여러 가지 정책 현안에 대한 자문이나 실제적 행정처리 등을 도왔던 기관이다. 최씨 정권은 행정과 학문 능력에 따라 사람들을 분류하여 등용했다. 그리하여 행정과 학문능력을 겸비한 인물이 가장 훌륭한 인재로 평가되었다.[109]

아울러 중요한 군사 기구는 도방都房이다. 원래는 최충헌이 집권하기 이전에 경대승이 결사대를 모아 자신의 신변을 보호하기 위해 만든 것이었다. 도방에 소속된 사

---

107 조규태, 「최씨무인정권과 교정도감체제」『고려무인정권연구』, 서강대 출판부, 1995. 도감이란 지금의 임시 위원회와 성격이 비슷한 기구이다. 장례식 등이나 기타 업무를 처리하기 위해 만들어진 행정기구였다.

108 김창현, 『고려후기 정방 연구』, 고려대 민족문화연구원, 1998.

109 『고려사』 권102, 열전15, 최자.

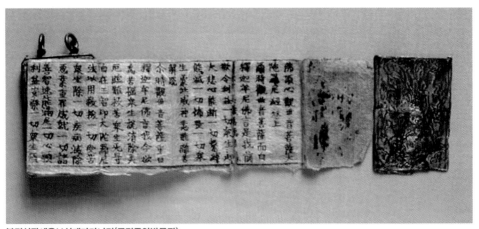

불정심관세음보살대다라니경(국립중앙박물관)
최충헌 최우 최항 3부자가 난을 극복하고 장수를 누리기를 기원하며 새긴 불경이다.

람들은 긴 베개와 큰 이불을 같이 사용하면서 숙직을 했다. 상호 간의 공동체 의식을 높이기 위한 수단이었다.

도방은 경대승의 사망과 함께 사라지게 되었다가, 최충헌이 집권하면서 큰 규모로 부활했다. 최충헌은 신변의 보호와 함께, 무신들의 사병을 흡수할 기구가 필요했다.[110] 도방은 무신들이 보유한 사병을 최씨 집안이 흡수할 수 있는 수단이 되었다. 도방의 임무도 처음에는 신변 보호였지만, 점차 확대되어 경찰이나 농민 봉기 등을 진압하는 일을 하게 되었다.

이와 같은 기구들의 설립 등으로 최씨 정권은 오랫동안 유지할 수 있었다. 심지어 최씨 정권은 국왕을 갈아치우는 일까지 마음대로 했다. 하지만 사회는 크게 요동쳤다. 최씨 정권에 이르기까지 많은 농민봉기가 일어났으며, 이미 변화되어 가고 있던 고려 전기의 체제의 해이를 가속시켰다. 여기에 1231년부터 몽골의 침공이 시작되었다. 이 전쟁은 최씨 정권의 유지에 결정적 타격을 가하는 변수였다.

그렇지만 무신정권의 성립은 고려사회에 여러 가지 변화를 불러 일으켰다. 무엇보다 문벌귀족의 독점적인 국가운영에 새로운 지배계층이 참여하게 되었다. 새롭게 중

---

110 『고려사』 권129, 열전42, 반역3, 최충선.

앙에 참여한 계층은 자신들의 무술 실력이나 문장력 등을 통해 입신한 인물들이었다. 특히 이의민과 같이 최하층에 가까운 인물들이 중앙 정계에 들어와 자리잡게 되었다. 이를 통해 개인의 능력으로 출세할 수 있는 사회적 조건이 어느 정도 이루어졌다. 무신정권기 동안에 몽골과의 전쟁 등으로 인해 무신들 가운데 새로운 문벌이 되는 경우도 있었다. 무엇보다 무신정변은 과거 국가운영방식을 해체시키는 계기가 되었다. 이로 인해 군사체제에서도 여러 변화가 이 시기에 싹트게 되었다.

2. 농민·천민의 봉기와 사병의 등장

1) 농민·천민 봉기의 원인

무신정변 이후 사회적 불안이 커져 갔으며, 이것은 광범위한 농민, 천민의 봉기로 이어졌다. 이 시기 농민봉기가 일어난 배경에는 국가운영체제의 균열이 있었다. 무신이 집권한 이후 세금수취, 군역 징발, 재판 등의 행정처리에서 과거의 관행 등이 깨져 버렸다. 여기에는 과거 무신들이 맡지 않았던 문신직과 지방 수령직을 무신들이 겸직한 것이 중요한 원인이 되었다. 무신정변은 장기적으로 보면 그동안 소외되어 있던 지방 인사와 하위신분층에게 문호를 개방하고, 지배층을 확산시켰다는 역사적 의의가 있다. 그러나 그것을 실현하는 과정이 체계적이지 못했다.

최씨 정권 이전에는 정권이 안정되지 못해 자주 교체되었고, 집권자는 자기 친족과 수하를 빨리 등용시키려고 했다. 따라서 정제되지 않은 인물, 통치를 감당하기에는 적당하지 않은 인물들이 대거 관료와 수령으로 임명되었다. 이 과정에서 부정도 횡행해서 중앙집권층과 뇌물이나 개인적 능력 등으로 서로 연결되어 있었다. 특히 수령으로 파견된 인물 중에는 글자도 모르는 사람들까지 포함되어 있을 정도였다. 따라서 이들은 행정을 개인적 이익을 추구하는 방향으로 처리해 갔다. 기존 관행은 무시되기 쉬웠으며, 과다한 세금 수취나 군역 징발, 불공정한 재판 등이 이루어졌다. 이로 인해 일반민들의 불만이 커지게 되었다. 농민들은 과다한 수취를 피하기 위해 자신의 토지를 팔고 유랑길에 나서거나, 또는 권력가들이 운영하는 농장으로 들어가 수취체계에서 빠져나가기 시작했다.[111]

한편 지역 사회 내부의 균열은 심각해졌다. 과다한 수취 증가는 지방 내부에서도 취약한 곳으로 부담이 전가되었다. 같은 군현 내에서도 배경이 약한 곳이 많은 부담을 지고, 속군이나 향소부곡 같은 곳은 더 많은 피해를 입었다. 이로 인해 지역 간의 격차와 불만이 더욱 커져갔다. 나아가 중앙에 진출한 지역출신과 그렇지 않은 사람들과의 갈등이 벌어졌다.[112]

또한 사회신분에서 최하층이 중앙 정계의 요직까지 진출하게 되면서, 하층민들의 신분상승에의 기대감이 이전보다 커져 갔다. 따라서 천민의 반란에는 이러한 요인들이 작용할 수밖에 없었다.

그리고 농민들의 반란 속에서는 주진군과 같은 지역 군인들의 참여가 많았다. 이것은 농민들의 봉기를 진압할 수 있는 군대의 동원이 무력화되는 것이며, 고려 전기 군제 운용에서 문제가 커지고 있음을 뜻한다.[113] 이런 가운데 각 지역에서는 고대에 있었던 고구려, 백제, 신라 부흥운동을 통해 국가 자체를 부정하는 정도까지 이르렀다.

2) 서북지역의 봉기

서북 지역은 군사지역이면서, 지역적 독립성이 강했다. 접경지역이고, 이미 여러 번

---

111 12세기 이후 농민 유망은 정부 대책에서 등장하면서 문제시 되고 있었다. 그러나 무신정변 이후 권력가들의 토지 겸병이 경쟁적으로 확산되었으며, 국가는 이를 막을 수 없었다.

112 『고려사절요』 권12, 명종 8년 3월, "3월에 청주 사람들이 그 고을 사람으로서 서울에 籍을 가지고 그곳에 물러가 사는 사람들과 사이가 좋지 못하여 그들을 거의 모두 잡아 죽였다. 그 무리로서 서울에 있는 자들이 듣고 원수를 갚고자 하여, 왕의 명이라 속이고 결사대를 모집하여 청주로 향했다. 장군 韓慶賴를 보내어 뒤쫓아가서 제지시키려 했으나 追及하지 못했는데, 고을 사람들과 싸워 이기지 못했고, 죽은 자가 백여 명이었다. 이를 금지하지 못했다 하여 牧副使 趙溫舒와 事審官 대장군 朴純弼과 장군 慶大升을 파면했다."

113 여기에는 고려시대 군인과 연결된 전시과 체제의 균열이 작용하고 있다. 특히 무신정권의 등장 이후 권력가들에 의한 다른 사람의 토지를 잠식하는 속도가 이전보다 빠르고 넓게 진전되고 있었다. 그에 따라 농장으로 불리는 토지지배의 방식이 점차 확산되었다. 농장은 개인의 소유이고, 이를 통해 권력가들의 경제적 기반이 되었다(강진철, 『고려토지제도사연구』, 고려대 출판부, 1980).

전란을 겪은 군사지역이기 때문에 단위 무장력과 지역적 단결성이 강했던 것으로 보인다. 1172년(명종 2) 창주(평안북도 창성), 철주(철산) 주민들은 수령의 횡포 등에 대해 제일 먼저 봉기했다. 이들은 무신정변으로 인해 중앙정부가 이 지역에 대한 통치력을 발휘하는데 문제가 있을 것으로 판단했다. 특히 성주(평안북도 성천) 사람들은 평안남도 삼

성천과 삼등(『여지도』, 규장각한국학연구원)

등현을 멸망시킬 것을 의논하다가 여기에 좇지 않은 사람들을 수 십명을 살해했다.[114] 지역 간의 갈등이 드러나게 된 것이다. 그 결과 이 지역을 맡은 서북면 병마사 송유인은 문책을 두려워하여 스스로 해임을 요청했다.

그러나 본격적인 봉기는 1174년(명종 4) 서경유수인 조위총趙位寵에 의해 벌어졌다. 그는 동북 양계 지역에 봉기문을 돌렸다. 봉기문의 내용은 개경에서 중방이 결의한 내용에 대한 소문이었다. 그 내용은 북계 사람들이 거세고 나쁘기 때문에 토벌이 필요하다면서, 정부군이 출동했다는 것이다. 그래서 양계 지역사람들은 이를 물리치기 위해 군사를 모아 서경으로 집결하자고 주장했다.[115] 이 단순한 정보에 서북지역에서 연주를 제외한 40여 개 성이 호응했다. 이는 이 지역이 지역감정이 강하고 중앙정부에 대한 불만이 컸음을 보여준다. 특히 인종대 묘청의 반란 때문에 피해를 보았던 서경인들은 중앙정부에 대한 반감이 그만큼 컸을 것이다.

중앙정부는 빠르게 대응해갔다. 우선 중서시랑평장사인 윤인첨尹鱗瞻을 사령관으로 한 3군이 이를 진압하기 위해 출발했다. 아울러 최균崔均을 동북로 지휘사로 임명하여 아직 봉기하지 않은 지역으로 가서 선무공작을 추진하도록 했다. 기본적인 전략은 이전 서경의 반란 때와 같으나, 이번에는 속전속결로 마무리하려고 했다.

---

114 『고려사절요』 권12, 명종 2년 6월.
115 『고려사절요』 권12, 명종 4년 9월.

반란군의 군대를 움직이는 것은 각 성에 있던 도령都領들이었다. 이들은 양계 지역의 지방군인 주진군을 지휘했지만, 동시에 독자적인 군사력을 지닌 지방세력가들이기도 했다.[116] 다만, 연주성의 도령인 현덕수玄德秀만이 유일하게 반란군에 합류하지 않았다. 연주는 청천강 유역의 개천, 영변 사이의 지역으로 지금의 평안북도 동부지역을 연결하는 요충이다. 귀주-의주, 운산 쪽으로 진행하기 위해서는 반드시 거쳐야 하는 곳이었다. 때문에 연주성의 불참은 반란군의 입장에서는 치명적이었다. 서경 반란군측에서는 사신을 보내 회유에 나섰지만 실패하게 되자, 각 지역 도령들도 편지를 보내 참여를 권유했다. 그러나 연주성은 방어태세를 갖추었다. 결국 연주성은 공격을 받았지만, 현덕수는 반란군을 공격해서 이들을 물리쳤다.

한편 정부군은 절령역까지 진군했지만, 바람과 눈을 만났다. 이때를 틈타서 서경 반란군은 절령 위쪽에서 기습적으로 공격을 시도했으며, 정부군은 크게 패배했다. 심지어 사령관인 윤인첨이 반란군 속에 직접 뛰어들어가려는 것을 도지병마사 정균鄭筠이 제지하여 말릴 정도였다.

정부군은 계속 고전했다. 정부군에서는 동북로 지휘사인 최균을 병마부사에 임명하여 적을 치도록 했지만, 그는 화주영和州營에 들어갔다가 서경군에게 붙잡혀 살해당했다. 따라서 정부군은 추가 파병이 필요했다. 장군 두경승杜景升을 사령관으로 한 5천명이 출발했다. 이들은 고산에서 3개 부대로 나누어 좌, 우부대로 반란군을 공략해서 첫 승리를 거두었다. 그리고 의주宜州(함경남도 덕원)으로 향했다.

당시 진격로를 보면 이 부대는 처음의 정부군과 다른 일종의 별동대로, 동계 지역으로 우회하고 있음을 알 수 있다. 반란군은 의주성 성문에 수레를 펼쳐 놓고 기다렸다. 이 수레는 고려전기에 쓰인 검차와 비슷한 종류였을 것이다. 두경승은 정예병들을 선발해 성을 함락시켰다. 정부군의 승리가 알려지자 여러 지역이 심리적으로 정부 쪽으로 돌아서기 시작했다. 정부군이 맹주孟州(평안남도 맹산)와 덕주德州(함경남도 함흥) 두 군데를 무너뜨리자 반란군은 우측의 측면이 노출되어 버린 상태가 되었다.

그렇지만, 앞서 절령에서 정부군을 무너뜨린 서경군은 개경을 향해 진군하여 서쪽

---

116 김남규, 「명종대 양계 도령의 성격과 활동」『고려양계지방사연구』, 새문사, 1989.

인근까지 다가왔다. 권력자인 이의방은 화가 나서 서경 지역 출신 사람들을 처형하고 자신이 직접 출정했다. 그는 기병 수십 명에게 적진을 뚫게 하여, 서경군을 혼란에 빠트렸다. 결국 여기서 무너진 서경군은 그대로 북으로 달아났으며, 정부군은 이들을 추격하여 대동강까지 이르렀다.

이제 조위총은 서경방어에 들어갔다. 계절이 한 겨울이기 때문에 추위가 심했으며, 여기에 대비하지 못한 정부군은 결국 패배하면서 돌아와야 했다. 아마도 정부군은 급하게 편성되었을 것이며, 한 번의 공격으로 승리하게 되자 빠르게 서경군을 추격해 오면서 보급에 문제가 생겼을 것이다.

개경으로 돌아온 정부군은 다시 한 번 대규모의 토벌군을 구성한다. 이번에도 사령관은 윤인첨을 임명하고[117] 5군으로 구성했다. 5군 구성에는 좌군, 우군, 중군, 전군, 후군에 각 부대별로 지휘관을 임명했다.[118] 윤인첨의 첫 번째 목표는 조위총의 심복들이 머물고 있는 연주漣州(평안남도 순천)였다. 그는 연주가 서경군의 구원을 믿고 방비가 허술하다는 정보를 입수했다.

1175년이 되자 조위총의 서경반란군은 요덕현과 함께, 현덕수가 있는 연주延州를 공격했다. 3월이 되자, 윤인첨의 정부군은 연주漣州를 포위해서 공격했다. 서경군이 구원군을 파견했지만, 정부군은 두 차례 동안 중간에서 요격했다. 연주는 몇 달 동안이나 정부군에 함락되지 않았다. 연주는 6월에 접어들어 후군총관 두경승이 성 밖에 흙을 쌓고 대포를 설치하여 겨우 함락시킬 수 있었다. 그들의 공략 방법은 이전에 김부식 부대가 서경을 공략했던 것과 비슷했다. 이후 서북지역의 여러 성이 정부측에 항복했다.

정부군은 드디어 서경에 도착했다. 윤인첨의 전략은 이전의 김부식과 똑같았다.[119] 정부군은 철저한 포위와 함께 성 북쪽에 흙산을 쌓아갔다. 조위총은 외교에 타개책을 걸었다. 그는 금나라에 사신을 보내 무신정변을 보고하고 군사원조를 요청했지만, 금

---

117 윤인첨은 윤관의 손자이고 일찍이 서북면 병마사를 역임했다(『고려사』 권96, 열전9, 윤관 부 윤인첨). 이런 경력 때문에 그는 한 번의 패전에도 불구하고 토벌사령관을 계속한 것으로 보인다.
118 『고려사절요』 권12, 명종 4년 11월.
119 『고려사절요』 권12, 명종 5년 6월.

명학소 민중봉기 기념탑(충남 공주)

은 이들이 보낸 사신을 붙잡아 고려정부에 넘겼다.[120]

시간이 흘러가 1176년(명종 6)이 되었다. 6월이 되자 윤인첨의 정부군은 본격적으로 공격을 시작했다. 윤인첨이 이끄는 중군은 서경의 통정문, 후군이던 두경승은 대동문을 공격했다. 성문이 부서지면서 서경군은 무너졌다.[121] 이들은 식량이 없어진 상황이 오래 지속되었기에 저항하기 어려웠을 것이다. 조위총은 전투 중에 체포되었다. 이로써 오랫동안 끌었던 조위총의 반란은 진압되었다.

그러나 서북지역의 반란이 끝난 것은 아니었다. 서경 진압 당시에 도망쳤던 군인들과 남아서 항복했던 군인들과의 갈등이 그 원인이었다.[122] 아울러 각 지역에 남아 있던 도령 중에서 일부가 계속 저항했다. 이들은 금나라 사신단을 습격하고, 정부군을 중간에서 요격하기도 했다.[123] 남은 저항군은 3군으로 나누어 여러 지역의 산골에서 약탈을 감행하면서 게릴라식 전법으로 정부군을 상대했다.

이들은 지역 주민을 통한 정보망으로 정부군의 움직임을 먼저 포착했다. 결국 반란군은 자주慈州와 숙주肅州를 공략하여 성공했으며, 여러 절들을 습격했다. 이들의 토벌은 쉽지 않았다. 정부군 역시 각 지역으로 분산되었으며, 상대방의 움직임을 포착

---

120 『고려사절요』 권12, 명종 5년 10월.
121 『고려사절요』 권12, 명종 6년 6월.
122 항복한 무리들이 도망친 장정들의 부녀자와 재산을 빼앗아 갔기 때문이다.
123 『고려사절요』 권12, 명종 7년 6월, 7월.

하기 쉽지 않았기 때문이다. 더구나 정보에서 앞선 반란군의 기습적인 공격에 정부군의 사망자만 늘어갔다. 반란군은 결국 서경 북쪽 인근의 연주漣州까지 공략할 정도가되었다. 그러나 시간이 지나면서 반란군의 약탈이 한계에 도달했다. 큰 성은 저항이심해 약탈이 불가능해졌으며, 약탈물이 적어지면서 이탈자들이 늘기 시작했다. 그 결과 여러 지역 중에서 집단적으로 투항하는 경우가 늘어나면서, 반란군의 힘은 약화되었다. 특히 이들 역시 분산되어 있는 상태라서 하나로 결집하여 전략적인 공세를 취하기 불가능했다. 결국 반란군의 대부분이 항복하게 되자, 정부는 이들을 귀주龜州와연주 등의 고을에 집단적으로 정착시켰다.

이처럼 몇 년간을 끌던 조위총의 서경반란은 다른 지역의 봉기에 도화점이 되었다. 오랫동안 토벌군이 서북지역으로 나가 있었기 때문에 남쪽 지역의 봉기에는 정부측에서 보낼 진압 병력이 많지 않았다.

3) 남부지역의 봉기

남부지역의 본격적인 봉기는 1176년(명종 6) 공주의 명학소鳴鶴所에서부터 시작되었다. 이곳은 특산물을 생산하는 소所였다. 망이亡伊·망소이亡所伊는 자신을 '산행병마사'라고 부르면서 반군을 이끌었다. 이들은 공주를 공격해서 함락시켰다. 이들의 규모가 어느 정도인지는 정확치 않다. 그러나 정부는 장사 3천명을 동원하여 이들을 토벌하려 했지만 실패했다.[124] 따라서 상당한 규모의 인원이 이들의 봉기에 참여했음을짐작케 한다.

그런데 이들이 봉기한 목적 역시 분명하지 않다. 정부군이 진압에 실패한 후에 곧바로 명학소를 충순현忠順縣이라는 일반 행정구역으로 바꾸어 준 것으로 볼 때, 특수행정구역으로 당해왔던 불이익이 문제였던 것으로 보인다. 특히 이 시기 수취의 심화는 지역사회 내부의 갈등을 격화시켜 왔기 때문이다. 당시 정부는 서경의 반란을 진압하는데 힘을 기울이고 있었기 때문에, 이들에게 동원할 수 있는 병력이 많지 않았

---

124 『고려사절요』 권12, 명종 6년 3월.

다. 그 결과 정부는 우선 회유책을 이용했다.

그러나 1177년이 되면서 명학소민들은 충청도 가야사, 경기도 여주, 충청도 진천 등을 거치면서 점차 세력이 확대되고 있었다. 망이 등은 경기도 성환의 홍경원[125]을 불태우는 한편, 주지승을 협박하여 편지를 가지고 개경에 가도록 했다. 편지에는 이들이 다시 봉기한 이유가 적혀 있었다. 그 내용은 정부가 명학소를 충순현으로 올려 준 후에 다시 군대를 동원해서 토벌하고, 망이의 어머니와 아내까지 잡아 가두었다는 것이다. 결국 이들은 충청지역의 거점인 청주를 공략했지만, 실패하면서 항복하게 되었다.

「고려사」의 공주 명학소 기사

이후 1190년(명종 20)까지 소규모 봉기가 있었다. 그리고 이 해 신라의 수도였던 동경(경주)에서 도적이 일어났다. 이들의 저항은 심했는데, 당시 정부군의 토벌계획이 누설되어 사상자가 많이 발생했다.[126] 그러나 이 지역에서 본격적인 봉기는 2년 뒤에 발생했다. 주동자는 운문(경북 청도) 지역의 김사미金沙彌와 초전(경북 울진) 지역의 효심孝心이었다.

이들은 각 지역을 약탈하여 세력을 넓혀 갔다. 정부는 대장군 전존걸, 장군 이지순 등을 파견하여 토벌을 수행토록 했다. 그런데 이지순은 당시 집권자였던 이의민의 아들이다. 당시 사람들은 김사미와 효심이 이의민과 내통한다고 생각했다.[127] 즉 이지순

---

125 홍경원은 지금의 국도 1번이 지나가는 교통의 요지에 자리 잡은 사찰이다. 이 절은 주변 지역에 도적이 많아서 이를 방지하기 위해 만들어졌다. 또한 12세기에 이자겸이 이곳을 수리했다.

126 『고려사절요』권13, 명종 20년 정월.

127 이의민은 앞서 붉은 무지개가 양쪽 겨드랑이에서 일어나는 꿈을 꾸었고, 이후 예언에서는 용의 자손이 12대에 끊기고 十八子(이를 합치면 李)가 왕이 된다고 했다. 그가 경주 출신이기에 김사

은 김사미, 효심에게 의복 등의 보급물자를 주고, 반대로 김사미 등은 빼앗은 재물을 대가로 보냈다는 것이다. 또한 정부군은 토벌정보가 새어나가 여러 번의 패전을 겪게 되었다. 이로 인해 토벌군 사령관인 전존걸은 자살했다. 이는 봉기세력이 만만치 않음을 보여준다.

결국 정부군은 토벌부대를 다시 구성했다. 1194년(명종 24) 2월 김사미가 처음 항복했다. 그러나 아직도 이들 봉기세력들의 힘은 강했다. 4월에 정부군은 밀성(경남 밀양)에서 7천명의 적을 사살했다. 이 점으로 미루어 봉기군의 규모는 최소 1만명 이상이었다. 결국 12월에 효심이 생포되면서 몇 년간을 끌어온 남쪽의 봉기는 어느 정도 잠잠해졌다. 이로써 대규모 봉기는 어느 정도 가라앉게 되었다. 그러나 일부에서는 고려의 국가적 정체성을 부정하고 과거에 있었던 삼국을 부흥시키려는 운동이 전개되었다.

4) 사병의 등장

사병의 본격적 부각은 무신정변의 성공 이후부터 권력을 둘러싼 경쟁이 가속화되면서 부터였다. 앞서 보았던 도방都房이란 조직의 출현은 이를 제도적으로 반영한 것이었다. 무신정변을 통해 집권에 성공한 권력가들은 대개 군인 출신이었다. 이들의 인적 관계 역시 일찍부터 군부대 내에서 같이 성장해왔던 인물들이었다.[128] 그렇다고 이들이 바로 사병이 되는 것은 아니다.

일반적으로 사병이란 것은 공적 조직에 소속이 되어 있지 않고 개인에게 소속되어 군사적 기능을 하는 사람들이다. 그런데 이 시기 사병의 특징은 군 내지 정부 조직에 소속되어 있으면서 개인의 명령을 우선으로 수행한다는 점에 있다.

도방은 무신집권자였던 경대승이 자신의 신변 보호를 위해 처음 결성한 조직이고,

미 등을 이용해 국왕이 되려고 했다는 것이다. 그러나 이 이야기는 소문이 후대에 그대로 채록되었을 가능성이 크다.

128 于學儒는 숙위군으로 충실하게 근무했는데, 이고와 이의방 등이 무신정변을 모의할 때 그에게 군대의 지휘를 맡기려 했다. 그 때 우학유는 무관이 문관에게 멸시를 당한 것이 오래지만, 그들을 없앨 수 없다고 하는 아버지의 유언을 들어 정변 참가를 거절했다(『고려사』 권100, 열전13, 于學儒). 이것은 그들의 인적 관계망을 보여주는 단적인 경우이다.

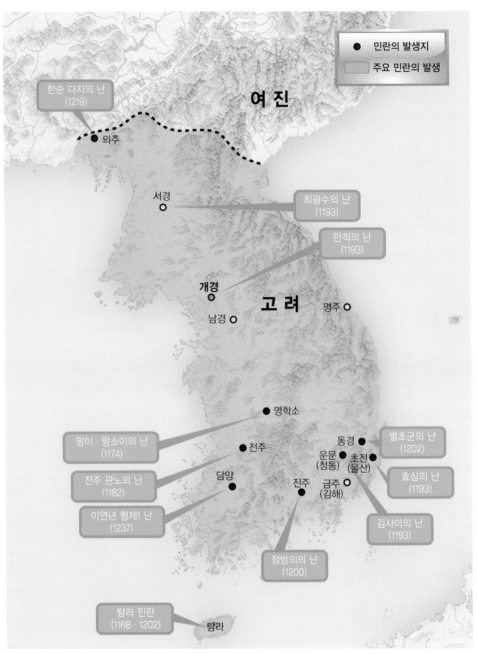

여진

한순 다지의 난
(1219)

● 의주

서경 ○

최광수의 난
(1193)

만적의 난
(1193)

개경

남경 ○

고 려

명주 ○

● 민란의 발생지

주요 민란의 발생

● 명학소

망이 · 망소이의 난
(1174)

● 전주

동경 ●

별초군의 난
(1202)

운문
(청동)

초전
(울산)

전주 관노의 난
(1182)

담양 ●

진주 ●

금주
(김해) ○

효심의 난
(1193)

이연년 형제1 난
(1237)

정방의의 난
(1200)

김사미의 난
(1193)

탐라 민란
(1168 · 1202)

탐라

주요 민란

그 구성원의 중심은 사사死士, 즉 죽기를 각오한 병사 등과 같이 정중부 등을 없애는 데 동원된 사람들이다. 이들이 죽음을 각오한 것은 개인적 친분관계로 서로 묶여 있었기에 가능했을 것이다.

이후 도방은 최충헌이 권력을 잡은 이후 부활되었으며, 처음에는 6번, 나중에는 모두 36개로 나뉘어 교대로 최씨 가문을 지키는 역할을 했다. 최충헌은 문·무관, 한량, 군졸 가운데 힘이 센 자들을 모두 선발해서 도방에 소속시켰다.[129] 그가 궁궐에 출입할 때에는 따라가는 문객이 3천명에 이를 정도였다.[130] 이처럼 최충헌은 군인으로 능력 있는 대부분 사람들을 자기 휘하에 넣었으며, 이들은 개인 명령을 수행하는 사병적 성격을 지녔다.

최충헌은 1211년(희종 7)에 궁궐에 들어갔다가 암살을 당할 위기에 처한 적이 있었다. 당시 최충헌의 도방 6번이 모두 궁궐 밖에 모였지만 최충헌의 생사 여부를 알지 못해서 행동을 하지 못했다. 그러다가 그가 살아 있다는 말을 듣고 난 후에 이들이 다투어 들어가서 최충헌을 구했다.[131] 이들이 행동하지 못했던 것은 최충헌의 개인 명령에 의해서만 움직여 왔기 때문이다.

그 외 사병의 구성원이 되었던 것은 집안의 남자종들이었다.[132] 노비였던 만적萬積이 반란을 기획할 수 있었던 것은[133] 이러한 무력을 지닌 종들을 모으는 것이 가능하다고 보았기 때문이다.

도방에 소속된 사람들은 국가로부터 보수를 받았다. 그것이 가능한 것은 이들이 실제 국가소속의 군인이었기 때문이다.[134] 물론 이 시기 최충헌 이외에도 사병을 거느린 인물들이 있었을 가능성도 있다. 원래 고려의 군 조직 자체가 지역적, 개인적 관계를 우선으로 하여 조직화되었기 때문이다. 그러나 그들의 숫자는 최씨 집안에 비교한다면 미미할 정도로 보인다.

---

129 『고려사』 권129, 열전42, 반역3, 崔忠獻.
130 『고려사』 권129, 열전42, 반역3, 최충헌.
131 『고려사절요』 권14, 희종 7년 12월.
132 김당택, 「무신집권시대의 군제」, 앞의 책, 1983, 288쪽.
133 『고려사』 권129, 열전42, 반역3, 최충헌.
134 『고려사』 권129, 열전42, 반역3, 최충헌.

문제는 사병의 강화가 곧 국가의 공병 역할의 약화로 이어진다는 점에 있었다. 이 시기 거란과 몽골의 침입 당시에 중앙군의 역할이 적었다. 그것은 근본적으로 최씨 집안 등에 우수한 자원이 집중되어 있으면서, 이들의 역할이 국가 방위가 아닌 최충헌 등과 같은 개인의 신변 보호에 그 목적이 맞추어져 있었기 때문이다.[135] 최충헌은 자신의 문객 중에서 관군에 소속되어 출정하기를 원하면 그를 먼 섬에 귀양 보낼 정도였다.[136]

그 결과 사병의 발달로 인해 중앙군의 충원은 어렵게 되었으며, 시간이 지날수록 무력화되어 갔다. 따라서 군의 조직 역시 변화하지 않을 수 없었으며, 사병의 형태를 반영하여 군을 조직화하는 것이 필요하게 되었다. 또한 중앙군의 변화는 지방군 조직과 연계될 수밖에 없었다. 특히 거란에 뒤이은 몽골의 침입은 사회변화와 함께 군 조직의 변화를 예고하는 것이었다.

5) 삼별초의 성립

(1) 별초의 기원

무신정권 시대에 새로이 등장한 군사제도로서 가장 특징적인 것이 별초이다. 별초 자체는 무신정권 성립 이전부터 있었다. 고려시대에 특별히 용사를 뽑아서 선발한 부대를 별초라고 불렀다. 일반적으로 별초의 탄생원인에 대해서는 무인정권기 혹은 이전부터 진행된 고려의 정규군인 2군6위와 주현군의 약화로 정상적인 편제와 유지에

---

135 『고려사』 권129, 열전42, 반역3, 최충헌, "이 때에 장수를 보내 거란병을 막게 했는데 힘과 용기가 뛰어난 사람은 모두 최충헌 부자의 문객이었으며 관군은 파리하여 약해서 쓸 만하지 못했다. 최충헌이 家兵을 사열하는데 左梗里까지 대오를 여러 겹으로 만들어 2, 3리에 걸쳐 있었다." 단 이 사병들이 최충헌가에 모여 있었다고 하지만, 한편으로는 개경방어를 담당하는 역할도 했다. 개경에 거주하는 왕족과 귀족들은 이 점에 고마워했을 것이다. 이것이 공병과 사병 기능의 교묘한 타협이었다. 전술적 견지에서 보면 공병의 사병화는 공병이 전적으로 사적인 이익에 대해 봉사한다는 것이 문제가 아니라 아니라 군사와 전술운용에서 개인과 지배층의 집단적 이해가 우선함으로써 국가적, 전략적 견지에서 군사자원을 효율적으로 활용할 수 없다는 것이 본질적이 문제였다.

136 『고려사』 권129, 열전42, 반역3, 최충헌.

어려움이 발생했고, 그나마 남아 있는 정규군 중에서도 우수한 자원이 무인정권의 사병으로 빠져 나감에 따라 별초와 같은 새로운 군사동원체제가 필요하게 되었던 것이라고 이해하고 있다.[137]

전반적으로 이러한 이해에 큰 무리는 없다고 생각된다. 그러나 별초의 등장과 발달 원인을 전적으로 이렇게만 이해할 수는 없다. 여기에는 보다 현실적이고 군사적인 이유도 내재하고 있다.

별초가 언제부터 시작되었는지는 알 수 없다. 그러나 별초가 처음부터 정규군 이외의 조직에서 선발한 혹은 사적 구조에서 선발한 부대인 것은 아니었다고 보여진다. 별초의 원래 의미가 특별히 선발한 무사라는 의미였기 때문에 정규 조직에 편성되지 않은 별도로 선발한 부대라는 의미도 있고, 특별한 용사들로 구성된 특수부대라는 의미도 있었다. 양자의 의미는 중복되기도 하는데, 특별한 목적을 위해 선발하는 병사들이란 탁월한 무사들일 경우가 많기 때문이다.

별초의 기원은 명확치 않지만, 이미 고려의 주진군 편제에서 등장하고 있다.

『고려사』 병지 주현군 조와 고려식목형지안에 의하면 양계의 주진에서 별초는 정식 부대의 명칭에 포함되어 있다.[138]

주진군의 부대명

구분	부대명
북계	도령 중랑장 낭장 별장 교위 대정 행군 정용 초군(별초군) 좌군 우군 보창 신기 보반 백정
동계	도령 낭장 별장 교위 대정 행군 초군 좌군 우군 영색(寧塞) 공장 전장 투화 생천군(鉎川軍), 사공(沙工)

여기에서는 별초 대신 초병抄兵이라는 명칭을 썼다. 『고려식목형지안』의 서동계西東界 군사편제에서는 초병 대신에 초맹, 좌맹, 우맹이라는 명칭을 썼다. 그런데 주진군의 초병은 정용과 대비되는 의미로서 정용이 있으면 초병이 없고, 초병이 있으면

---

137 별초에 대한 연구는 신안식, 『고려 무인정권과 지방사회』, 경인문화사, 2002, 134쪽 주)142.
138 신안식, 위의 책, 137쪽.

정용이 없다.[139] 이 의미를 해석하려면 정용의 성격이 문제가 되는데, 정용의 성격에 대해서도 여러 가지 해석이 있어서 이 차이를 명확히 파악하기는 어렵다. 그러나 정용군이 2군6위 체제 하의 전통적인 정규군 편제에 속하는 것은 분명하므로 고려 중기 이후 어떤 이유든지 정용군을 둘 수 없는 지역에 초병을 두었다. 그것은 초병이 정용과는 다른 별도의 방식으로 뽑아서 배치한 부대임은 분명하다.

이 초병은 해당 지역에 거주하는 토착민, 토병 중에서 선발한 정예 무사였다. 이것은 몽골 1차 침공 때 정주精州(의주 부근)의 분도장군이었던 김경손金慶孫이 주민 중에서 12명의 용사를 뽑아 별초로 삼았던 것, 정주성이 함락되자 김경손은 이 12명과 함께 귀주성으로 들어갔는데, 귀주성에 50명의 별초가 있었고, 주변 군현의 별초들이 입성해서 총 250명의 별초 부대가 구성되었던 사례[140] 등을 통해 확인할 수 있다.

또 카단哈丹(거란족의 일종)의 침입 당시에 원충갑元冲甲이 원주의 치악성 방어를 지휘했다. 그는 원주인으로 과거 시험에서 뽑힌 향공진사鄕貢進士였는데, 원주의 별초가 되었다. 진사출신이고 체구도 작지만 용감하고, 싸울 때는 용맹을 떨쳤다고 한다. 원주를 지키던 장수가 항복하자는 의견을 내자 원충갑이 반대하고, 결사대를 이끌고 성 밖으로 출진해서 싸워 승리했다.[141] 그가 향공진사 출신이라는 사실로 보면 그는 원주의 유력 집안의 출신일 것이다.

원충갑이 원주의 유력 향리 집안 출신이고, 본인 자신도 향공진사였으므로, 별초 중에서도 지도자적 지위에 있던 인물이었다고 추정된다. 별초군은 김경손 같은 중앙에서 파견된 지휘관이 지휘하기도 했지만, 정식으로 별초군 내부에 별초군 장교가 임명되기도 했다. 그것은 고려시대의 의례 중에 방어진에 있는 별초군 장교가 안렴사, 참상관을 만났을 때 행하는 의례가 별도로 있는 것에서 짐작할 수 있다.[142]

그렇다면 주진군의 별초는 정규의 군사제도가 붕괴됨으로서 발생한 것일까? 그렇

---

139 신안식, 『고려 무인정권과 지방사회』, 경인문화사, 2002, 138쪽.
140 『고려사』 권103, 열전16 박서.
141 김인호, 「원충갑의 삶과 역사적 위상」 『원주 충렬사 연구』, 원주시, 2009.
142 『고려사』 권68, 지22 예10 가례4, 방어진의 문무관원들이 안렴사나 참상관을 만나는 의식.

게 볼 수는 없다. 하필 양계 지역에 별초가 두어진 이유는 이런 군사, 접경지역의 방어를 위해서는 지역 토병을 중시하지 않을 수 없기 때문이다. 양계는 접경지역으로 고려시대에도 여진족과의 충돌도 잦고, 거란, 몽고 같은 대규모 외침을 제일 먼저 받는 지역이었다. 조선시대에도 그랬지만 이런 지역에서는 상무적 분위기가 강하고, 자연히 우수한 무사와 군인의 배출지가 된다. 일단 생존의 필요를 위해서도 힘을 길러야 한다. 늘 경계태세를 유지하고 전투도 잦으므로 실전경험도 타지역에 비해 풍부하다. 무엇보다도 이 지역출신 무사와 군인들은 자신들의 고향과 가족을 지켜야 한다는 사명감이 있고, 지리에도 익숙하다. 원충갑의 사례도 그런 경우인데, 항복하자고 한 지휘관은 중앙에서 파견된 장수일 가능성이 크다. 그러나 자기 고향을 지켜야 하는 원충갑과 별초들은 항복을 거부하고 성밖으로 나가 싸워 적을 격퇴했다.

조선시대에도 양계의 토병과 중남부에서 온 번상병의 실력 차이는 번상병은 쓸모가 없어 하인처럼 부린다고 했을 정도로 대단히 컸다.[143] 그렇다고 전적으로 지역 토병에게 방어를 전담시키면 이들을 통제할 수 없게 된다. 또 토병으로 군을 편성한다고 해도 이 시기 전투의 특성상, 우수한 무사들로 편성한 특수한 정예부대가 필요했으므로 별초라는 부대를 운영해야 했던 것이다.

그런데 고려 중기가 되면 중앙군에도 별초가 편성되기 시작한다. 별초에 대한 최초의 기록은 1174년(명종 4)에 발발한 조위총의 난 때, 특별한 용사들을 선발해서 전봉별초라는 특수부대를 조직했는데, 최충헌이 전봉별초의 한쪽 부대를 담당하는 별초도령으로 임명되어 맹활약을 했다는 기사이다.[144] 전봉별초는 명칭으로 보면 돌격대와 유사한 부대였다고 보여지는데, 여기서 별초는 의미는 정규군 편제 밖에서 병사를 모집한 것이 아니라 정규군 내에서 혹은 정규군과 그 외의 자원을 포괄해서 특별히 선발한 특수 정예부대였다.

보다 분명한 사례로 조양진 전투에서 편성한 별초가 있다. 1216년 거란 유민이 침공하자 고려군이 평북 조양진에서 요격했다. 이때 삼군에서 차출한 별초 100명과 신

---

143 『문종실록』 권3, 즉위년 8월 무인, 평안도도절제사 김종서의 상언.
144 『고려사』 권129, 반역3 최충헌, 「최충헌 묘지명」(허흥식 편, 『한국금석전문』 중세 하, 아세아문화사, 1984).

기군 48명을 선봉부대로 투입했다.[145] 이처럼 중앙군에서 등장하는 별초는 토병을 중시할 수밖에 없는 주진군의 별초와는 출현 배경이 전혀 다르다. 이 때문에 군제 문란에 의해 중앙군이 약화되고, 가용병력이 줄어들면서 이런 별초가 등장했다고 보기도 한다.

그러나 이 역시 성급한 판단이라고 생각된다. 조선 세조대의 장수인 남이는 이시애의 난을 진압하면서 용맹을 떨쳤다. 이때 그는 100여 명으로 구성된 특수부대를 지휘했다.[146] 전시상황에서는 이런 특수부대의 운용은 자연스럽고 당연한 것으로 이 부대가 군제 문란으로 인해 궁여지책으로 편성한 부대라고 보기는 어렵다.[147]

(2) 별초의 변화와 삼별초의 성립

최초의 별초는 실전상황에서의 필요로 탄생한 조직으로서 별초의 출현이 정규 군사제도가 해이해진 결과라거나 정규 군사제도의 변화를 초래한다고 단언할 수는 없다. 그러나 이들 별초가 전시상황에서 기존의 중앙군과 지방군 조직을 보완하는 것이 아니라 정규군의 역할을 대체하고, 상비군처럼 변화한다면 얘기가 다르다.

무신정권이 성립한 이후 각 지역에서 농민봉기가 발생하고 전란이 심해지자 지방에서도 임시로 선발하는 별초가 증가했다. 1202년(신종 5) 경주의 별초군(야별초)이 운문사의 토적과 결탁해서 영주를 공격했다는 기록이 있다.[148] 야별초의 기원에 대해서는 이것이 가장 오래된 기록이다. 지방 요지에 야별초가 얼마나 있었는 지는 알 수 없지만, 각 지방에서 별초군이 편성되면서 대도시에서는 순찰 임무를 맡기 시작했고,

---

145 『고려사』 권103 열전16 김취려.

146 『세조실록』 권43, 13년 7월 경진, 무자.

147 문종 즉위년에 시중 최제안 등의 상소에 따라 1천 명 마다 300명을 선발해 선봉대로 삼은 기록이 있다.(『고려사』 권81, 문종 즉위년) 이것은 1천명 단위인 領마다 300명의 정예를 별도로 구분한 것이다. 군제 문란으로 인해 영의 군사들이 약화되는 바람에 선봉대가 출현한 것일 가능성이 없는 것은 아니다.(신안식, 앞의 책, 140쪽) 그러나 전근대 전쟁에서는 이런 정예부대를 편성하는 것이 전술적 상식이었다. 따라서 선봉대나 전봉별초같은 부대를 기존의 군사제도를 대체하는 시도라고 보기는 어렵다.

148 『고려사』 권21 신종 5년 10월, 권57 지리2, 신종 5년. 세가 기사에는 동경별초군으로 지리지 기록에는 동경야별초로 기록되어 있다.

그러다 보니 야별초라는 명칭까지 발생했다고 생각된다.

야별초라는 명칭은 나라에 도둑이 증가하자 용사를 모아 밤마다 순행하게 했던 데서 기원한 것이다.[149] 즉 기존의 순검군이나 정규군이 제 기능을 상실함으로써 야별초라는 특수한 조직이 필요하게 되었다.[150] 그런데 이때까지도 별초가 일반 병사와는 다른 특별한 용사로 구성되는 것이 관례였던 점을 감안한다면 야별초의 출현은 전시상황이 아닌 치안유지에 이런 특수 정예부대를 투입해야 하는 상황이 발생했다는 것을 의미하는 것이다.

별초가 정규규의 역할을 대신하는 또 하나의 사례로 김경손의 나주성 전투를 들 수 있다. 귀주성 전투 후 전라도 지휘사가 된 김경손은 초적이던 이연년李延年의 반란을 진압하기 위해 전라도 나주에 들어갔다. 당시 이연년은 무뢰배들을 모아 해양(전라도

---

149 『고려사』 권81, 병1 병제 원종 11년 5월.
150 김윤곤, 「삼별초의 대몽항쟁과 지방군현민」 『동양문화』 20·21, 1981 ; 『한국군사사논문선집』, 국방군사연구소, 1996, 218쪽.

광주)을 공략해서 함락시킬 정도로 기세를 올리고 있었다. 그런데 김경손은 지방의 주현군을 기다려서 전투하자는 의견을 물리치고 별초가 될 만한 인물 30여명을 모집해서 이연년을 토벌했다.[151] 이 사례는 별초의 우수성을 보여주는 무용담이지만, 도적이 군현을 함락하고, 이 토벌에 주현군을 동원할 수 없을 정도로 주현군의 위력이 약화되었다는 사실도 드러내고 있다.

몽고의 침공이 시작되고, 무신정권의 위기가 가속되면서 별초에도 몇가지 변화가 발생한다. 특수부대로서 별초의 수와 역할도 증대되었지만, 전시상황에서 총동원 체제가 요구됨으로써 전계층에서 임시로 징병, 편성하는 부대에 별초라는 명칭을 붙이기 시작했다.

> 종주는 양반별초를 거느리고, 홍익은 노군잡류별초를 거느리고 서로 시기했다. 몽병이 이르자 종주, 홍익은 양반들과 더불어 모두 (충주)성을 버리고 도망갔지만 오직 노군과 잡류별초는 힘껏 싸워 몽골군을 물리쳤다.[152]

이 사례를 보면 충주에서는 몽골군에 대처하는 양반별초, 노군별초, 잡류별초가 편성되었다. 이것은 기존의 별초와는 다른 폭넓은 선군이 행해졌으며, 신분별로 재편되었다. 전시상황에서 모든 주민을 총동원하는 것은 당연한 일이라고 할 수 있다. 그러나 충주성 전투에서 주현군과 같은 기존의 전투조직은 완전히 배제되어 있다. 따라서 이는 기존의 정규군을 지원하기 위한 총동원체제가 아니라 기능을 상실한 정규 조직을 대체하는 것이며, 그런 의미에서 별초군이라는 명칭이 사용되고 있는 것이다.

나중 일이지만 고려후기로 가면 원정별초原定別抄와 가정별초加定別抄라는 용어도 등장한다.[153] 14세기 무렵 기존의 군사제도가 크게 붕괴하고, 다시 홍건적, 왜구의 침공으로 전란이 가중되면서 대규모로 농민군을 징집하게 되었는데, 이렇게 징병하는 부대에 별초라는 명칭을 사용했다. 그런데 원정별초와 가정별초라는 명칭이 있는 것

---

151 『고려사절요』 권16, 고종 24년.
152 『고려사절요』 권16, 고종 19년 정월.
153 『고려사』 권81, 병1 병제, 우왕 2년 5월.

을 보면 군현마다 별초의 정액을 국가에서 지정해 두었고(원정) 필요하면 여기에 또 추가 징병(가정)을 했던 것 같다.[154] 즉 사실상 정규 군사제도가 붕괴된 상황에서 별초라는 임시적, 자의적 징병제가 정규 제도를 대체하고 있었던 것이다.

이처럼 별초는 특별한 용사를 선발하는 부대에서 모든 신분층을 포함하는 임시적 징병부대라는 의미로 변화해 갔다. 그러나 그렇다고 해서 원래의 별초군이 완전히 사라진 것은 아니었다. 그러나 특수부대로서 별초군 역시 무신정권의 필요에 의해 성격이 변화하게 된다.

최우는 기존의 별초군과 대도시에서 운영되기 시작한 야별초에서 발상을 얻어 야별초를 새롭고 강력한 친위부대로 육성했다.

> 처음 최우(최이)가 나라 안에 도적이 많음을 근심해서 용사를 모아 매일 밤 순행하여 횡포를 막게 했다. 이로 인해 야별초라고 불렀다. 도적이 여러 도에서 일어나니 별초를 나누어 보내 체포하게 했다. 그 군대가 매우 많아 좌우로 나누고 또한 국인 가운데 몽고에서 도망쳐 온 자로 일부를 만들어 신의神義라고 불렀다. 이것이 삼별초가 되었다. 권력 있는 신하가 집권하면서 삼별초를 조아爪牙로 삼아 녹봉을 후하게 하고, 혹은 개인적인 은혜를 베풀고, 죄인의 재산을 빼앗아 주기도 했다. 이 때문에 권신이 마음대로 부렸고, (장병들도) 힘을 다했다.[155]

이 기사에서는 최우가 처음 야별초를 조직했다. 하지만 경주 야별초의 난이 있었던 해가 1202년이었으므로 최우가 조직했다는 야별초는 개경에서 조직한 삼별초의 전신으로서의 야별초를 말한다고 생각된다. 최우가 야별초를 창설한 시기는 명확하지 않다. 최우가 집권한 시기가 1219년(고종 6)이고, 야별초 관련 기록이 처음 보이는 때가 1232년이므로 이 사이가 분명하다. 또 야별초 설립의 동기가 된 도적의 발생이 1230년 경에 빈발했다는 점에 착안해서 현재로서는 1230년에서 1232년 사이로 보

---

154 이기백, 『고려사 병지 역주 1』, 일조각, 1969, 125쪽.
155 『고려사』 권81 병1 병제, 원종 11년 5월.

는 견해가 유력하게 제시되어 있다.[156]

이 야별초가 확대되어 좌우 별초로 분화하고, 몽골 침공 후 신의군이 창설되면서 삼별초가 되었다. 단 삼별초의 기원에 대해 이제현은 『익제난고』에서 좌우별초에 신의군 대신 마별초를 합쳐 삼별초라고 불렀다는 조금 다른 견해를 제시하고 있다.[157] 마별초에 대해서는 최우가 자신의 이웃집 100여채를 헐고 이곳에서 도방 마별초를 모아 격구를 시켰다는 기록과[158] 마별초를 5군으로 나누어 전투연습을 시켰다는 기록이 있다.[159] 도방도 무신정권을 지탱하는 중요한 군사기구였으므로 마별초 역시 최씨가와 관련이 깊은 부대였을 것이다.

다만 야별초와 마별초의 관계가 모호하다. 야별초 역시 도방 야별초라고 부르는 경우가 있는 것으로 보아[160] 삼별초는 모두 도방 휘하에 있었던 것 같다. 그렇다면 야별초를 보병, 마별초를 기병으로 볼 수도 있지만,[161] 야별초가 정예 무사들이고, 주요 전투와 농민군 진압에 활약하는 것으로 봐서는 야별초를 보병으로 볼 수는 없다. 고려, 조선시대에 정예 요원은 거의가 기병이었고, 이들을 군이 보병으로 편제할 리가 없다. 다만 격구와 같이 반드시 말을 타야 하는 즉 야별초가 말을 타고 있는 상태를 마별초라고 표현했을 가능성도 있다. 기병이라고 해서 항상 말을 타고 싸우는 것은 아니고 경우에 따라서는 기병과 보병으로 나뉘어 싸울 수도 있기 때문이다.

마지막 가정은 마별초의 기록이 보이는 것이 몽골 침입 직전이다. 따라서 처음에는 야별초와 마별초가 최씨가의 주력부대였지만, 몽골 침공 후 신의군이 창설되면서 야별초와 신의군이 삼별초로 불리게 되었다고 볼 수도 있다.

---

156 김상기, 「삼별초와 그의 난에 대하여」『동방문화교류사론고』 105쪽 ; 김당택, 「최씨정권과 그 군사적 기반」『고려무인정권연구』, 새문사, 1987, 186~187쪽). 윤용혁은 야별초의 설치 동기에 몽고 침입이 배제되고 오직 도적만이 언급되는 것으로 미루어 야별초가 1231년의 몽고 침입 이전에 설치된 것이 분명하다고 보고, 1230년이 창설연대라고 보았다(윤용혁, 『고려삼별초의 대몽항쟁』, 일지사, 2000, 131쪽 주4).
157 『역옹패설전집』 권2.
158 『고려사』 권129, 열전42, 반역3, 최충헌 부 최이.
159 『고려사절요』 권15 고종 16년 11월, 권129, 열전42, 반역3, 최충헌 부 최이.
160 『고려사』 권23, 고종 22년 8월 신해.
161 하다다는 도방 마별초를 도방의 마별초로 해석했다(旗田巍, 「高麗の武人崔氏の家兵」『洪淳昶記念論叢』, 1977, 6쪽).

삼별초가 확대되면서 도방의 지휘에서도 벗어나 독자적인 부대로 존재하게 되었다. 1258년 고종이 왕륜사로 행차할 때 각번 도방과 야별초, 신의군, 서방, 전전이 왕을 호위했다고 한다.[162] 여기서 야별초와 신의군이 각번 도방과 별도로 기록되어 있다는 점이 주목된다. 원래 도방 자체가 삼별초의 전신과

중국 원나라에서 화폐로 사용한 은괴
최충헌은 삼별초에게 은병과 토지를 제공하며 우대했다.

같은 조직이었지만, 점차 삼별초가 도방보다 우위에 서게 된 것 같다.

삼별초는 특별히 선발한 뛰어난 무사들로 구성되었다. 구성원은 관군, 문객, 향리, 백성을 망라해서 선발했다. 삼별초 중에는 최씨가의 친척, 김준과 같은 최씨가의 사노 출신, 임연처럼 지방에서 군공을 세운 향리 출신의 지방군 지휘관,[163] 사병 출신인 송길유, 한미한 가문 출신이라는 김문비 등 다양한 인물이 확인된다. 뛰어난 무사들을 유치하기 위해 이들에게는 토지를 지급하기도 했고,[164] 녹봉과 적몰 재산을 지급하는 등 여러 가지 특혜를 베풀었다. 군인전이 탈점되어 군인들이 경제적 기반이 훼손되어 가는 시점에서 이런 우대책은 야별초를 강화하는데 크게 도움이 되었다.

삼별초(야별초)의 주임무는 최씨 정권의 보호였다. 정적을 제거하거나 숙청하는 데도 동원되었다. 사병 출신인 송길유는 최항에게 잘보여 야별초 지유가 되었는데, 죄인들을 고문하는 것으로 악명을 날렸다.[165] 여기의 죄인이란 일반적인 죄인일 수도 있고, 아무래도 최씨 정권에 적대적인 인물일 수도 있는데, 아무튼 이 기사는 야별초가 경찰, 사찰기구의 역할도 했음을 보여준다.

---

162 『고려사』 권24, 고종 45년 4월 신묘.
163 임연은 진천의 향리였는데, 진천군민을 조직해서 몽골군과 싸워 전공을 세웠다. 나중에 간통죄로 관에 고발되었는데, 그의 능력을 아낀 김준이 처벌을 무마하고, 그를 등용해서 삼별초의 장교로 삼았다(『고려사』 권130, 열전43, 반역4, 임연). 임연이 소속한 부대가 야별초라는 설과 신의군이라는 설이 있으나 분명치 않다.
164 『고려사절요』 권19, 원종 14년 10월.
165 『고려사』 권122, 열전35 혹리 송길유.

야별초는 최정예부대로서 최씨가의 확고한 보장책이 되었다. 그러나 삼별초는 이런 사병적인 기능만 했던 것은 아니다. 그들은 국왕의 시위를 담당하기도 했으며, 지방을 순행하면서 도적 체포나 반군 토벌에도 중요한 역할을 했다.[166] 1254년(고종 41) 경상, 전라도에서 야별초 80인을 보내 경성을 지키게 했다는 기록이 있는 것을 봐서 과거의 경주 야별초처럼 지방에도 상주하는 야별초가 여전히 존재했다.[167] 이것이 야별초(삼별초)를 단순히 최씨가의 사병으로 볼 수 없는 근거이다.

대몽전쟁이 격화되자 전국으로 파견되어 군현을 순회하며 백성들의 입보를 감독하기도 하고,[168] 서해안의 도서 지방과 같은 전략 요충을 방어하거나 지방민을 조직해서 몽골군과의 항쟁을 주도하기도 했다.

① 최우의 도방 야별초 도령 이유정이 적을 치겠다고 자청하므로 군사 160명을 주어 보냈다.[169]

② 야별초 지유들인 이임수, 박인걸 등이 각각 100여명의 군사를 거느리고 몽골군의 병영으로 향했다.[170]

③ 몽골군이 성주 기암성을 침공하므로 야별초가 성 안 사람들을 거느리고 적과 싸워서 크게 쳐 부셨다.[171]

이상은 야별초가 몽골과의 전쟁에 참여한 대표적인 사례들이다. ①과 ②의 경우 병

166 『고려사』 권26, 원종 5년 5월.
167 『고려사절요』 권17, 고종 41년 8월. 이 야별초는 지방에 독자적으로 존재하는 야별초가 아니라 몽골에 대항하기 위해 전국에 파견된 야별초들을 다시 중앙으로 소집했던 것일 수도 있다. 그러나 몽골침공기에 야별초가 전국에 파견되어 주둔했던 것에는 변함이 없다.
168 『고려사』 권122, 열전35, 혹리 송길유.
169 『고려사』 권23, 고종 22년 8월 신해.
170 『고려사』 권23 고종 23년 8월 기유. 이들은 12월에 공주 효가동에서 몽골군과 싸워 12명의 전사자가 발생했다.
171 『고려사』 권24, 고종 46년 정월 정미. 그런데 같은 날 기사에 동진국이 금강성(금강성)을 침략하므로 별초 3,000명을 보내 구원했다는 기사가 있다. 이 기사의 별초가 야별초인지 다른 별초인지 확실하지 않다. 만약 야별초라면 야별초를 대규모로 파병한 드문 사례이다. 그러나 같은 날 기사에서 하나는 야별초로 하나는 별초로 기록한 것을 보면 야별초가 아니라 다른 지역의 별초군이었다고 생각된다.

력이 너무 적지만, 귀주와 같은 대읍에도 별초는 50명 정도에 불과했다. 이들은 정예 무사들로 몽골군에 대해 게릴라전을 펴거나 ③의 사례처럼 지방의 군민을 조직, 지휘해서 전투를 벌였다. 야별초의 지위는 상당히 높았던 것으로 1267년 충청도 관찰사 변보邊保가 김준을 거역하자 김준을 그를 유배하고, 야별초 지휘 김혁정을 변보의 후임으로 임명한 사례도 있다.[172]

그렇다면 최씨 정권이 삼별초를 창설하고 양성한 이유는 무엇일까? 무인정권이 친위군사 기구를 소유한 것이 삼별초가 처음은 아니다. 도방도 구성원이나 최씨정권의 무력기반이라는 점에서 삼별초와 비슷했다. 그러나 삼별초는 더 조직화되고, 대규모화했으며, 관병의 기능을 흡수했다는 것이 특징이다.[173] 과거 도방은 최씨가의 경호와 개경 방어에 주력했다. 최충헌은 휘하 군관이 종군하겠다고 자원하자 유배시켜 버렸다. 그러나 야별초는 이런 최씨가 중심의 역할에서 벗어나 도적 및 반란진압, 대몽항쟁에 적극적으로 참여했다. 국왕의 시위를 맡은 적도 있다.

이처럼 도방에 비해 야별초의 역할이 확대 강화된 이유는 두가지로 상정하고 있다. 첫째는 사회불안의 확대이다. 애초에 야별초를 창설한 이유가 나라안의 도적을 진압하기 위해서라고 했다. 이 도적은 단순한 도적이 아니라 최씨정권을 타도하려는 음모와 이 시기 각지에서 만연한 농민반란과 같은 조직적인 저항을 의미하는 것이 분명하다. 당시 도적들이 성행하게 된 것은 무신정변 이후 국가 통치력의 약화를 보여준다. 특히, 도적들은 지역 사회의 균열과 지방군의 약화를 틈타 무리를 지어 활동했다. 심지어 개경 내에서 도적들이 녹봉 등을 나누어 주는 창고를 털었으나, 이를 제압하지 못할 정도였다.[174] 도적들은 일반 농민 출신 뿐만 아니라 무술을 할 줄 아는 일종의 깡패인 무뢰배無賴輩들도 많았다.[175]

---

172 『고려사』 권26, 원종 8년 9월 을유.
173 삼별초가 사병이냐 국가의 공병이냐는 논쟁이 있다. 대체로 현재의 견해는 체제상으로는 공병이지만 기능적으로 최씨가의 사병적인 역할을 했다는 데로 모아지고 있다. 그러나 공병이든 사병이든 삼별초는 지방의 반란진압과 대외전쟁에 있어서 관군의 기능을 수행했고, 그 비중이 도방에 비해서 크게 증진되었던 것은 사실이다.
174 『고려사절요』 권12, 명종 11년 3월.
175 무인집권자 중에 한 사람인 이의민은 경주지역에서 활약했던 일종의 무뢰배였다. 그는 형들과 함께 경주에서 활약하다가 파견된 지방관에게 붙잡혀 고문을 받았다.

이러한 무뢰배들은 지방뿐만 아니라 개경에서도 많이 활동했다. 비슷한 유형으로는 악소배惡少輩가 있었다. 이들은 도적질을 하기도 했지만, 길을 가던 부인을 납치하는 등 치안을 어지럽히는 존재였다. 이들 중에는 권력자의 집안 출신까지 있었다.[176]

그런데 이전시기부터 진행되어 온 군인전 탈점과 군제의 문란, 최씨가의 친위군 강화로 정규군의 전투 능력은 크게 약화되었다. 그런데 도적 진압을 위해 중앙군을 강화해서 파병하면 이들이 과거의 무신정변과 같이 정변에 이용될 소지가 있었다.

지방의 주현군과 별초군도 믿을 수 없었다. 지방민과 농민의 불만이 상승했고, 앞서 살펴본 소위 무뢰배 중에서 일부는 군인으로 흡수되었을 것이다.[177] 그것은 국가의 공병이 아닌 도방과 같은 사병적 성격의 조직에 들어가거나, 그렇지 않으면 별초에 소속되는 길이었다. 양자는 전혀 별개의 것이 아니었다. 별초라는 것이 따로 뽑아 운영한다는 의미가 있었기 때문에, 이것은 기존 군사조직과는 별개의 것이었다.

예를 들어 몽골병이 침략했을 때 마산馬山(경기도 파주)의 초적이 최우에게 자진해서 항복하고 정예병 5천명을 내어 전투에서 활약했다. 최우는 이들에게 벼슬을 내리면서 격려했다. 그리고 최우는 경기도 광주의 관악산 초적들을 설득하여 우군右軍에 편입시키도록 했었다.[178] 이들이 전투가 끝났다고 과거처럼 초적으로 돌아가기 보다는 별초 등에 편입되었을 가능성이 크다. 이들은 언제든지 중앙정부의 통제 밖으로 나가거나 과거의 무신정변에서처럼 특정 무신의 사병으로 전환할 가능성이 농후했다. 따라서 최씨 정권은 이렇게 양산되는 별초군의 자원을 흡수하고, 동시에 이들을 적극적으로 활용해서 반란을 진압하고, 몽골군과의 전쟁도 주도할 필요가 있었던 것이다.

176 『고려사』 권100, 열전13, 정국검.
177 『고려사』 권101, 열전14, 김의원.
178 『고려사』 권123, 반역3, 최충헌 부 최이.

제6장

몽골과의 전쟁과 방어전략의 변화

제1절

몽골의 성장과 전술

1. 몽골군의 기동전술

13세기 동아시아는 새로운 세력의 등장으로 요동치고 있었다. 그들은 바로 몽골이었다. 몽골족이 역사의 중심에 등장하기 전까지 동아시아는 여러 세력들이 서로 경쟁하고 있었다. 이들은 중화족 중심의 남송南宋, 여진족이 세운 금金, 티벳족의 일종인

몽골제국의 전체 판도

당구트족의 서하西夏였다.[1]

송나라는 만주에서 새로 일어난 여진족이 세운 금나라에 힘에서 밀렸다. 이전의 여진족은 12세기 전반기 거란이 세운 요遼의 지배 하에 있었다. 그러나 여진족이 부족들을 다시 응집시켜 금나라를 세웠다. 이들의 세력은 점차 커졌고, 1125년 요를 멸망시키고 만주 지역의 지배자로 등장했다. 금은 지금까지 조공관계를 맺고 있던 고려에게 반대의 관계를 요구했으며, 나아가 송을 침략하기 시작했다.

징기스칸

송은 금에게 중국대륙의 북부와 만주지역을 내어주고 남쪽으로 이주, 항저우抗州를 중심으로 남송을 세우고 국가의 명맥을 유지했다. 금이 남송에게 막대한 양의 공물을 요구하면서 양국 간의 무력적인 충돌은 점차 사라지게 되었다. 이런 가운데 고려왕조는 남송과 금 사이에서 등거리 외교를 통해 두 나라와 모두 외교적 관계를 가졌다. 특히 만주지역을 장악한 금이 안정화되어 있는 한, 고려는 북방 지역의 침략 위협에 대해 크게 경계할 필요가 없었다.

13세기에 접어들면서 몽골에서 테무친(후일 칭기즈칸, 약 1162~1227)이 등장하여 주변 부족들을 통합했다. 그는 1206년(희종 2)에 칸汗, 즉 대군장의 자리에 올라 북방의 새로운 세력의 대표자로 등장하게 된다. 그는 타타르·케레이드·나이만·메르키트 등과 돌궐부족을 정복하면서 막강한 군대를 확보했다.

몽골의 군사적 역량은 칭기즈칸 이전에는 대단한 것은 아니었다. 흉노 시절부터 초원의 유목민족은 위협적인 존재였지만, 전략적으로 그들은 단기간의 약탈전쟁을 치룰 뿐 대외 정복전을 감행할 역량과 능력은 없었다.

이런 몽골족을 세계 최강의 군대로 조련한 사람은 칭기스칸이었다. 그가 조련한 군대

---

1 국제정세에 대해서는 『한국사 7』(국사편찬위원회 편), 1984 ; 박용운, 『수정증보판 고려시대사』, 일지사, 2008을 주로 참조했다.

는 역사상 유례없이 유라시아 대륙을 석권했으며, 가장 큰 영토를 정복했다. 몽골족은 원래 씨족을 기본 구성단위로 하는데, 이것이 곧 군대의 기본조직으로 이어졌다.[2] 이들은 민호民戶 10명을 배자두排子頭라고 하면서, 10진 단위로 각기 우두머리를 두었다.

몽골의 군대 조직은 이와 같은 단위로 십부장十夫長, 백부장百夫長, 천부장千夫長, 만부장萬夫長과 같은 단위로 두어졌다. 십부장은 씨족 정도, 백부장은 몇 개의 씨족이 모인 정도의 단위이며, 천부장은 부족의 연합으로 이루어졌다. 만부장의 경우는 많은 단위가 합쳐져야 가능했다.

원래 씨족이나 부족 단위로 이루어진 군대집단은 각 씨족들의 결속력이 강한 경우에는 단결력이 높지만, 서로 간의 이해관계가 상충될 경우에 쉽게 와해될 우려가 있었다. 또한 부대의 장이 사망하는 경우에 다른 부대에 쉽게 융해되기 어려운 점도 있었다. 몽골이 고려에 대한 2차 침입 당시에 사령관 살리타이撒禮塔가 죽게 되자, 철수를 결정하게 된 것은 이러한 조직적 전통 문제가 내재해 있을 가능성이 있었다.

사실 이런 문제를 가장 잘 이해하고 있는 것이 칭기즈칸이었다. 그는 부대 단위를 10진법으로 고치면서, 씨족 단위만으로 구성된 부대를 묶어 나갈 수 있었다. 이를 통해 그가 노린 것은 전통적인 부족 간의 제휴를 무시하고 단위를 획일화시켰다는 점이다.

아울러 그는 자신의 친위군을 강화시켜 복속력을 높였다. 1204년 칭기즈칸은 나이만乃灣족을 정벌하면서 군대를 개편했다. 이 군대개편은 주간에는 70명을 단위로 한 토이합척土爾哈惕(시위侍衛), 야간에는 80명을 단위로 한 개부테무르客卜帖兀兒(숙위宿衛), 여기에 400명의 코르치蛪兒赤(궁수弓手)를 더하여 총 550명의 친위부대(이른바 케식怯薛)를 조직했다. 이들은 천호千戶, 백호百戶에서 선발한 우수한 전사들이었다. 또한 친위조직으로 1,000명의 기병을 모아 이를 조직했다. 이 조직은 이후 확대되어 만인萬人 친위대로 개편되었다. 이곳의 병사들은 각 단위 부대에서 우수한 장교와 사병, 혹은 백부장이나 천부장의 자손에서 선발했다.

그리고 칭기즈칸은 1206년 칸이 된 후에 군 조직을 개편하여 만 명을 단위로 한 트루먼圖們을 조직했고, 1,000명 단위의 95개 군단을 편성했다. 그는 이를 지휘하는

---

2 김순규 편역, 『몽골군의 전략·전술』, 국방군사연구소, 1997. 이하 내용의 상당 부분은 이 책을 참조했다. 필요한 경우가 아니면 별도의 각주로 표기하지 않는다.

낙안諾顏이 되었다. 트루먼은 전략이나 전술의 필요에 따라 2~3개 규모로 합쳐지기도 했다.[3] 칭기즈칸은 과거 부족 단위의 전투를 보다 큰 단위로 수행할 수 있는 조직체계로 전환시켰던 것이다. 나아가 그는 요즘과 같이 표준화된 단위와 함께, 자신의 친위부대가 중심에 있을 수 있도록 조직 개편을 감행했다.

몽골군은 주로 좌우익과 중군의 3개 부대로 작전을 수행했다. 몽골군들의 천막이 항상 남쪽을 향해 세워지기 때문에 좌익은 동쪽, 우익은 서쪽에 있도록 했다. 그러나 이들은 상황에 따라 유연하게 작전을 수행했다.

또한 몽골군의 특징은 실제 동원할 수 있는 병력의 숫자가 많지 않았다는 점이다. 칭기즈칸이 죽었을 때 몽골군은 12만 9천명이었다. 따라서 몽골군 병력의 부족분은 항복한 점령지의 군대를 동원하여 이를 보충했다. 여기에는 금의 여진족이나 중국의 한족漢族 역시 예외는 아니었다. 남송을 정복한 뒤, 남송의 군대는 정예와 2급, 약체병으로 나누어 몽골군에 편입해서 사용했다. 최정예병은 시위친군과 격전을 벌인 중앙아시아 전투에 투입했는데, 이들은 잘싸워서 몽골군에게 큰 도움이 되었다. 2진은 광동, 광서 지역의 산악토벌전이나 베트남, 버마 진격작전에 투입했다.[4] 물론 고려의 경우에도 항복한 고려인들이 고려 공격에 동원되었다. 동원된 군대는 주로 후방지원, 병참 내지 공성전투와 같이 희생이 많은 전투에서 선두에 돌진하는 역할 등을 수행했다.

몽골군의 구성은 다른 동아시아 국가들과 큰 차이가 없었다. 우선 경기병은 활을 이용한 사격을 위주로 하기 때문에 두 개의 활을 지니고 다녔다. 이들은 때로 말에서 내려 상대방에게 집중적으로 활을 쏘기도 했다. 그리고 중장기병은 중국과 마찬가지로 돌격을 위주로 하며, 칼과 도끼 등 다양한 무기를 소지한다.

한편 몽골군의 강점은 점령지에서 군인들을 동원하는 것 이상으로, 새로운 무기와 기술자를 빨리 흡수한다는 점이었다. 특히 중국 공략에 필요한 공성무기들을 받아 몽골군은 적극적으로 이것을 활용했다. 대표적인 것이 아랍 지역에서 획득한 회회포回回包였다. 이것은 서양의 투석기인 트리뷰셋(trebuchet)과 같은 형태로서 중국의 투석기가 사람의 인력을 이용해서 줄을 잡아 당겨 돌을 날려보내는 방식인데 비해 이 투

---

3 김순규 편역, 앞의 책, 1997, 8~9쪽.
4 스기야마 마사아키 지음, 임대희 김장구 양영우 옮김, 『몽골세계제국』, 신서원, 1999, 284쪽.

석기는 지렛대의 원리로 발사하는 것이 특징이었다. 몽골군은 이 신형 투석기를 이용해서 남송의 양자강 방어선의 거점이던 양양성을 격파했다.

그 밖에 공성에 대한 여러 가지 기술, 예컨대 토산을 쌓는 것과 같은 새로운 기술도 전투에 활용했다. 말할 것도 없이 이런 기술과 무기들은 현지에서 얻은 포로들 때문에 가능했다.

몽골군의 최고 강점은 말을 이용한 기동력이었다. 몽골의 말은 체구는 작고, 외모도 별로 아름답지 않지만, 타고난 지구력과 몽골인의 독특한 조련으로 최고의 군마가 되었다. 몽골말은 3살 이후부터 사람이 타기 시작하며, 4살이 되면 거세를 한다. 거세된 말은 힘이 좋고 유순해져서 소란을 떨지 않으며, 바람과 찬 날씨를 견디는 능력을 갖는다. 특히 평소에도 소리를 내거나 함부로 울지 않도록 엄하게 조련했다. 물을 마실 때 소란을 떨거나 밤에 무섭다고 우는 말은 채찍으로 심하게 맞았다.

이런 기도비익 훈련으로 몽골말들은 수백 마리가 입에 재갈을 물리지 않고도 매복작전을 수행할 수 있었다. 또한 몽골인들은 전쟁이 끝나는 봄부터 가을이 될 때까지 말을 타지 않는다. 가을이 되면 몽골에서는 말들을 천막 주위에 묶어 두고 소량의 물과 풀을 주어 비계를 뺀다. 몽골에서는 이런 방식으로 말을 길들여, 이들이 전쟁터에 나가서 지치지 않고 달리도록 만들었다. 건강한 몽골말은 100~200km를 쉬지 않고 달릴 수 있었다.

특히, 병사들은 전쟁에 나가게 되면 한 사람 당 4필 이상을 준비하여 번갈아가면서 타기 때문에 말들이 장거리를 이동해도 체력을 유지할 수 있다. 말할 것도 없이 몽골인들은 어릴 때부터 말 위에서 생활하기 때문에 말을 다루는 기술에서 최고 수준을 지닐 수 있었다. 또한 몽골인들은 오랫동안 말과 같이 생활하며 서로 친밀한 관계를 지녔다. 이들은 말 위에서 견뎌낼 수 있는 시간 역시 최고였다. 따라서 작전의 필요에 따라 이들은 식량 휴대 없이도 말젖만으로 버티며 여러 날을 유지할 수 있었다.

이로 인해 말을 이용한 몽골군의 진격 속도는 당시까지 전 세계에서 가장 빨랐다. 하루 평균속도는 11~12km, 하루 최대 이동 거리는 128~200km였다. 따라서 기동력을 이용한 전술은 공간 활용 능력을 최대한으로 끌어 올릴 수 있었다.[5] 이들은 이동

---

5 임용한, 『전쟁과 역사3 : 전란의 시대』, 혜안출판사, 2008, 115쪽.

게르(경기 남양주 몽골문화관)
몽골족은 이동식 집인 게르를 설치하여 살았다.

속도가 빠르기 때문에 작전 지역의 활용 범위가 넓어지고, 보병만으로 할 수 없는 다양한 전술을 구사할 수 있었다. 즉 몽골군은 빠른 기동력을 이용하여 상대방을 유인하여 포위 압박하거나, 이들을 추격 섬멸하는 것에 위력을 발휘했다.

몽골군의 가공할 기동력은 속도만 의미하는 것이 아니다. 몽골의 사람과 말은 혹서와 혹한을 겪는 초원과 고원에서 자라는 덕에 어떠한 기후나 지형에도 적응력이 뛰어났다. 이것이 소위 몽골군의 기동력의 중요한 비결이었다. 그들은 사막, 고원, 초원, 험지, 정글 등 온갖 험한 지형과 악천후에서도 작전이 가능했다. 고려와 같이 산악 지형이 많고, 여러 곳에 성이 있는 경우에도 몽골군의 기동능력은 꺾이지 않았다. 고려의 지형에서는 병력의 분산이 필연적이고, 병력의 분산은 전투에서 치명적 약점이 된다. 그러나 전투의 대상자인 쌍방이 모두 분산이 된다면, 기동력을 뛰어난 부대가 유리할 수 있었다. 특히 고려측에서는 몽골의 움직임에 대해 파악했다고 해도, 이를 대응할 시간적 여유가 없어지게 된다. 이 점은 고려측의 전체 전략 수립에 일정한 영향을 주었을 것이다.

몽골은 유목이 기본적 생활이며, 이동이 잦았다. 이 점은 몽골의 점령지 정책과 군수軍需에 큰 영향을 미쳤다. 몽골의 부족은 다른 부족과의 전투를 치르면서 약탈을 감행했다. 이동이 일상화되었기 때문에 이들은 땅의 점령과 유지보다 약탈을 선호했다. 또한 부족원들의 단결을 위해 복수가 일상화되었다. 따라서 갈등처리 방식은 평화적 항복이 아니면 전투였다. 그러나 복수가 일상화되어 있기 때문에, 상대방이 전투를 벌였다면 이를 놓아둘 수 없다.

특히, 주변 부족들에게 자기 부족의 강대함을 과시하기에 잔혹함과 공포는 좋은 선전 도구였다. 몽골군은 유라시아 대륙의 정벌에서 이런 잔혹함을 널리 떨쳤다. 이것은 상대방에게 공포심을 유발시켜 항복을 유발시키는 하나의 수단이었다.[6] 그 결과 복종한 국가와 그렇지 않은 국가들에 대한 대우는 커다란 차이를 가져왔다. 1213년 몽골이 처음으로 북중국 지역으로 들어갔을 때 90여 개의 도시를 폐허를 만들었다. 아울러 1215년 여진족 수도인 베이징이 약탈당했을 때, 이 도시는 한 달이 넘도록 불에 탔을 정도였다.[7] 이러한 전략은 고려에 침략했을 때에도 그대로 적용되었다.

2. 거란족의 침공과 고려, 몽골의 만남

테무친은 중국으로 세력을 뻗쳐 먼저 서하를 쳐서 굴복시켰다. 이어서 그는 금의 정벌을 추진하여, 수도였던 연경을 점령했다. 금은 몽골의 위협 때문에 수도를 남쪽의 변경汴京으로 옮겼다. 금나라 약화되자 금의 영토 내에서 수많은 반란이 일어났다.[8] 결국 금은 1233년(고려 고종 21)에 몽골에 의해 망할 때까지 끊임없는 반란에 시

---

6 몽골이 자신들에 대한 공포 이미지를 퍼뜨려 싸우지 않고 적을 항복시키기 위한 전술을 구사했기 때문에, 오히려 그들의 파괴와 살육이 실제보다 과장되었다는 견해도 있다(스기야마 마사아키 지음, 앞의 책, 1999, 50~51쪽) 그러나 몽골군이 아니라도 이 시대의 전쟁에서 약탈과 살육은 방지하기 어려웠고, 거의 일상적으로 진행되었다. 다만 몽골군이 간간이 다른 곳에서는 볼 수 없는 엄청난 파괴와 살육을 저질렀던 것은 사실로 보인다. 특히 강하게 저항하는 도시에 대한 보복성 약탈은 엄청났다. 고려에서도 철산과 평산에서 잔혹한 파괴가 자행되었다.
7 패트리샤 버클리 에브리 지음·이동진 옮김, 앞의 책, 시공사, 2001, 187쪽.
8 예를 들어 1218년(고종 5)에 여진족인 賈裕는 반란을 일으킨 후에 고려 국경 근처인 大夫營에 와

달렸다.

원래 금은 만주에서 일어나 단시간에 화북지방을 점령했다. 여진족의 인구는 800만이 안되는 것으로 추정되는데, 화북 북쪽의 인구는 4,000만명 이상이었다. 이처럼 넓은 지역을 통치해야 하므로 한족과 거란족을 관료로 등용했다. 여진족들은 점차 중국사회에 동화되어 갔다.[9] 이런 상황은 만주 지역의 거란과 여진부족 내부의 불만을 가져왔을 것이다. 이를 기회로 삼아 1211년 거

혜종의 능(조선고적도보)

란족의 야율유가耶律留哥는 부하 10여만을 거느리고 몽골에 투항했다. 그는 몽골의 지원을 받아 스스로 요왕遼王으로 부르면서, 요 제국의 부활을 시도했다.

그러나 야율유가는 자신의 국가에서 부하들에 의해 쫓겨나게 되면서 몽골에게 넘어가 버렸다. 이후 그는 몽골의 테무친에게 군대를 얻어 자신을 쫓아낸 거란족을 공격하게 된다. 몽골군에 쫓긴 거란족은 요하를 건너 중국으로 들어가려다가 금나라에게 저지되었다. 북쪽에서는 몽골군, 서쪽에서는 금나라군에 쫓긴 거란족은 동쪽으로 방향을 바꿔 고려쪽으로 이동했다. 봉황성에서 금나라 군을 격퇴한 거란족은 1216년 8월에 고려 경내로 진입했다.

최초의 침공은 거란족의 일부가 들어온 것인데, 평안북도 일대와 함남 지역을 약탈하고 회군했다. 거란족은 고려의 북변을 거의 무인지경으로 휩쓸었는데, 고려군이 거란족의 침공을 예측하고 미리 대비하지 못했던 탓이다. 일설에는 현지에서는 계속 병

서 진을 치고 고려군과 만나기를 청했다. 이때 북계 장군인 정공수는 이들을 유인하여 잔치를 베풀고 죽였다(『고려사절요』 권15, 고종 5년 6월).

9 패트리샤 버클리 에브리, 『사진과 그림으로 보는 케임브리지 중국사』(이동진 등 옮김), 시공사, 2001, 184~185쪽.

력동원을 요청했으나 최충헌이 반란을 우려해서 적의 침공 이전에 병력을 동원하는 것을 거부했기 때문이라고 한다.[10]

결국 고려군은 거란의 침공이 시작된 뒤 한달 후에야 조직되었다. 9월에 조직된 고려군은 연주(개천) 조양진과 개평역 전투에서 거란군을 격멸했다. 그러나 이어 거란군 본대가 밀려 들면서 고려군이 고전하게 된다. 전황은 분명치 않지만 거란족은 특유의 기동력을 이용해서 여러 고을을 동시에 공격하는 분산작전을 편 듯하다. 그들은 고려군 보다 앞질러 남하해서 황주, 평산, 배천을 함락하고 개경에 접근했다. 이들은 개경을 공격하지는 않았지만 주변을 약탈하고 혜종의 능까지 도굴했다.

최충헌은 정예 부대를 개경에서 움직이지 못하게 하고 개경을 사수했다. 그러나 그 사이에 개경에서 승군의 반란이 일어나는 등 개경의 정세는 어지러웠다. 거란족은 이런 고려의 약점을 이용해서 고려의 여러 군현을 유린했다. 고려군은 간신히 남도에서 병력을 추가로 징병하여 거란군을 토벌하려고 했으나 거란군도 3만이 추가로 진입하면서 전황이 더욱 불리해졌다. 결국 1217년 3월 최초의 토벌군에 새로 징집한 남도병이 가세한 고려의 5군이 박천의 태조탄에서 거란족과 조우했다. 그러나 훈련이 부족하고, 비오는 날씨라 방심하여 군장을 풀고 쉬던 고려군은 거란족의 기습을 받아 궤멸되었다. 총사령관 정방보와 조충은 간신히 달아났으나 반격하던 김취려는 중상을 입었고, 대장군 이의유, 백수정, 장군 이희주가 전사했다.

거란족은 개경은 공격하지 않고 원주를 약탈하고 충주로 진출했다. 고려군은 다시 전열을 정비하고 최원세와 김취려를 사령관을 삼았다. 거란족을 추격하던 고려군은 7월에 박달재에서 거란군을 포착해서 대승을 거두었다. 이 승리로 비로서 전세가 역전되었다. 그러나 거란군은 1217년 말에 다시 대거 침공하면서 전황이 다시 복잡해졌다. 이때부터는 고려군이 크게 당하지 않고 각지에서 방어도 비교적 성공적으로 진행되었다. 1218년 9월 고려는 다시 대대적인 토벌군을 동원한다. 이전의 실패를 딛고 다시 사령관이 된 조충은 병사들을 강하게 훈련시켜 전력을 다듬었다. 고려군은 서흥과 성천에서 금산, 금시 왕자가 인솔하는 거란군 주력을 격파했다. 고려군에 쫓긴 거

---

10 『고려사절요』 권14, 고종 3년 8월.

란군은 강동성으로 들어가 농성했다.[11]

김취려 묘(한국학중앙연구원)

그 동안 만주의 정세는 새로운 전기를 맞고 있었다. 금의 장군인 포선만노浦鮮萬奴는 거란족을 데리고 반란을 일으켰던 야율유가를 진압하기 위해 출동했다. 포선만노는 진압에 실패한 후에 요양지역에서 자립했다. 그러나 야율유가와 몽골 연합군에 의해 포선만노는 쫓겨나 요양에서 지금의 간도 지역으로 근거지를 옮기면서 동하東夏라는 나라를 세우게 되었다(1217년). 동하는 흔히 동진東眞으로 불리는데, 몽골의 테무친은 만주지역을 경략하기 위해 합진哈眞, 찰랄札剌에게 동진 정복을 명령했다(1218년). 이들은 원정에 성공하고 동진국을 몽골에 복속시켰다.

다음 해에 몽골의 합진 등은 몽골군 1만과 동진의 2만명의 병력을 동원하여 거란족을 토벌하기 위해 고려의 영역으로 들어왔다. 이들은 고려 영내의 화주, 맹주, 순주, 덕주의 네 성을 격파면서, 거란의 주력부대가 있던 강동성으로 향했다. 그러나 몽골과 동진 연합군은 마침 겨울의 큰 눈을 만나 군량미 보급에 문제가 생겼다. 몽골군은 고려에 식량 원조를 요청했다. 고려는 조충趙冲을 지휘관으로 하여 1천명의 병력으로 쌀 1,000석을 운반해 주었다. 결국 강동성에서 농성 중이던 거란군은 이들의 포위작전으로 인하여 항복했다.[12] 그리고 몽골과 고려는 서로 형제관계를 맺게 되었다. 이처럼 양국의 관계는 우호적인 관계에서 시작되었다.

그러나 고려는 내부적으로 몽골을 경계하고 있었다. 양국이 형제 관계를 맺은 그 해에도 고려는 호부시랑 최정분 등 여러 사람에게 북계의 성들을 순찰하게 했고, 또한 무기, 군량 등에 대한 점검을 했다. 이것은 몽골이 가을에 다시 온다는 첩자의 보고 때문이었다.[13] 이

---

11 『고려사절요』 권15, 고종 5년 5월.
12 『고려사절요』 권15, 고종 6년 1월.
13 『고려사절요』 권15, 고종 6년 7월.

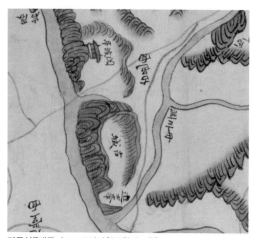
강동성(「해동지도」, 규장각한국학연구원)
삼면이 강으로 둘러싸인 요새이다. 조선시대 지도에는 고성으로
표시되어 있다.

처럼 고려는 몽골에 대해 경계하고 있
었지만, 미래의 양국 관계에 대한 장기
적인 비전이나 대책을 가지고 있었던
것은 아니었다.

몽골은 형제관계를 맺은 직후부터 고
려 정부에 공물을 요구했다. 고려는 몽
골의 요구를 들어주었는데, 이 때가 최
충헌이 죽게 되면서 그의 아들인 최우
崔瑀에게 정권이 넘어가던 시점이었다.
또한 그 해 10월 의주 지역에서 별장別
將 한순韓恂과 낭장郎將 다지多智 등이
방수장군 등을 죽이고 반란을 일으켰는데, 여러 성들이 여기에 호응하는 사건이 벌어
졌다.[14] 이들의 반란은 여러 달을 끌었다. 한순과 다지 등은 청천강을 경계로 하여 동
진에 투항하여 몰래 금나라 원수 우가하于哥下를 끌어들이려 하다가 결국 진압되었
다.[15] 최우는 이런 상황에서 정권 안정을 최우선시했으며 몽골과 싸울 의사가 없었다.

고려와 몽골은 우호관계를 맺었다. 1216년(고종 6)부터 1224년까지 몽골 사신이
모두 총 14번에 걸쳐 고려로 파견되었다. 그러나 이 과정에서 몽골이 고려에 요구하
는 내용이 점점 커졌다. 1221년(고종 8) 사신으로 온 저고여著古與는 수달피 가죽 1
만개, 가는 명주 3천 필, 가는 모시 2천 필과 그 외에도 부수적으로 많은 공물을 요구했
다. 이들은 공물의 품질에 대해서도 자주 트집을 잡았다. 고려 정부는 이들의 요구에 대
해 어떻게 처리할 것인지를 고민하게 되었고, 몽골에 저항하자는 강경론도 대두했다.

몽골과의 관계 악화를 대비해 고려정부는 남부 지역의 정용군과 보승군을 소집하
여 함경남도 의주, 화주, 철관 등의 요새지에 성을 쌓아 몽골 침입에 대비했다.[16] 그렇
지만 고려정부가 몽골과의 전면전에 지속적인 관심을 기울였던 것은 아니다.

---

14 『고려사절요』 권15, 고종 6년 10월.
15 『고려사절요』 권15, 고종 7년 2월.
16 『고려사절요』 권15, 고종 8년 윤12월.

1219년 칭기즈칸은 막내 동생인 옷치긴에게 몽골 고원의 수비를 맡긴 후에 서방 원정을 감행했다. 이후 1226년 그는 다시 서하 원정에 나섰고 여기에 성공했다. 그러나 그는 1227년 8월에 육반산 남쪽에서 사망했다. 이런 상황변화 속에서 몽골은 고려에 사신을 계속 파견해 왔으며, 공물 요구가 지속되었다. 몽골은 고려의 복속을 확인하기 위한 의도가 있었고, 또한 고려측에 사신으로 온 몽골인들의 개인적 욕구가 과도한 공물 요구에 반영되었을 것이다.

그러나 1225년 몽골 사신 저고여가 피살됨으로 인해 양국의 관계는 단절되었다. 고려정부는 도적에게 피살되었다고 주장했지만, 몽골은 이를 고려의 소행으로 의심했다. 이 사건 이후 몽골은 무력 침략을 시작하는 1231년(고종 8)까지 6년 동안 고려와 국교를 단절하고, 사신을 보내지 않았지만, 그 외에는 별다른 조치도 취하지 않았다. 고려는 저간의 사정에 대해 잘 모르고, 몽골의 위협에 해이하게 대처했다. 몽골이 즉각적인 보복조치를 취하지 않은 것은 몽골 내부의 국내적 사정, 특히 칭기즈칸의 후계자 계승 문제 등이 작용했다고 보여진다. 이후 몽골이 금나라 침략을 다시 시작하면서 고려에 대한 처리가 문제로 등장하게 된다. 다시 말해서 금과 고려에 대한 외교관계를 고려해 보았을 때, 몽골은 고려가 금과 연합하는 것을 막아야 했다.

제2절

고려의 대몽전략과 항전의 모습

1. 전쟁의 시작과 강화 천도

몽골은 1231년(고종 8)부터 1259년(고종 46)까지 여러 차례 고려를 침략했다. 침입 횟수에 대해서 때로는 기록의 소략함 때문에 6차부터 9차까지로 의견이 나뉘고 있다. 그러나 대체적으로 6차전쟁으로 정리되고 있다.[17]

이를 간략히 정리하면 〈표 6-1〉과 같다.[18]

〈표 6-1〉 몽골과의 전쟁 일람

제 1차 전쟁	1231년(고종 18)~1232년(고종 19)	살리타이撒禮塔
제 2차 전쟁	1232년(고종 19)	살리타이
제 3차 전쟁	1235년(고종 22)~1239년(고종 26)	당고唐古
3(1)차	1235년(고종 22)	
3(2)차	1236년(고종 22)~1237년(고종 23)	
3(3)차	1238년(고종 25)~1239년(고종 26)	
제 4차 전쟁	1247년(고종 34)~1248년(고종 35)	아모간阿母侃
제 5차 전쟁	1253년(고종 40)~1254년(고종 41)	야굴也窟
제 6(1)차 전쟁	1254년(고종 41)~1255년(고종 42)	
6(2)차	1255년(고종 42)~1256년(고종 43)	
6(3)차	1257년(고종 44)	
6(4)차	1258년(고종 45)~1259년(고종 46)	

---

17 윤용혁,『고려대몽항쟁사연구』, 일지사, 1991, 40쪽.
18 윤용혁, 앞의 책, 40~41쪽에서 재인용.

이처럼 몽골의 침입은 때로는 시간적 간격을 두고 이루어졌지만, 30년 가까이 지속되었다. 그리고 1, 2차 전쟁을 제외하고, 몽골군 사령군은 교체되었다. 전쟁 기간 동안에 몽골군의 기본 전략도 변화했으며, 고려정부의 대응 역시 무력만으로 이루어지지 않았다. 여기서는 모든 전쟁을 자세하게 서술할 수는 없으므로, 1차부터 3차 전쟁을 묶어서 살펴본 후에 이후 부분을 간략히 볼 예정이다.

황주 동선역(『해동지도』 황주목, 규장각한국학연구원)
지도 좌측이 황주, 우측이 절령(정방산성).
정방산성 우측길이 동선령으로 동선역은 이 언덕 아래에 있었다.

몽골이 고려에 대해 처음 침략을 시작한 것은 1231년(고종 18) 8월이었다. 앞서 보았듯이 고려는 몽골의 사신인 저고여의 피살 사건 이후 몽골과 외교적 관계를 아직 복구하지 않은 상태였다. 당시 고려국내에서는 최충헌의 아들 최우가 권력을 장악하고 있었지만, 여러 차례 반란 모의가 발각되고 있을 정도로 국내 정세가 불안했다.[19] 심지어 최우의 동생인 최향崔珦이 홍주에서 반란을 일으키기도 했다. 대외적으로는 동진이 고려 국경을 침범하여 고려정부는 동진의 동향파악과 대책에 신경을 쓰고 있었다.

그런 가운데 몽골의 살리타이는 함신진(평안북도 의주)을 포위하고 항복을 요구했다.[20] 이에 대해 함신진을 지키던 조충의 아들 조숙창은 그들의 요구를 받아들였다. 몽골군의 압도적 위력과 선대로부터 수합해 온 몽골군에 대한 정보가 이런 결정에 영향을 주었던 것으로 보인다. 이후 몽골군은 조숙창의 협조하에 북계 지역의 여러 성

---

19 1227년(고종 14)에는 전왕이던 희종을 복귀시키려는 움직임이 포착되었다. 이 사건으로 최우의 심복이던 장군 김희제가 연루되어 죽었다. 김희제는 전 해에 서북면병마부사의 직책으로 금나라 장군 우가하의 침입을 막기 위해 압록강을 건너 石城을 공략하여 성공했다(『고려사절요』 권15, 고종 13년 1월 계미).

20 『고려사절요』 권16, 고종 18년 8월.

을 공략하여 점령했다.

몽골군은 세 개 부대로 나뉘어 작전을 수행했다. 우선 선봉부대는 최단 노선으로 남하를 했다. 그리고 사령관 살리타이가 거느린 주력부대는 서해안에 붙어 있는 평탄한 지형을 따라 용주, 철주, 곽주, 안주, 서경으로 남하하는 길을 택했다. 그리고 다른 한 부대는 귀주, 자주를 거쳐 북계 지역을 점령하여 후방을 안정화시킨 후에 남하하려고 했다.[21] 그 결과 살리타이의 주력부대는 정주靜州, 인주, 용주, 선주, 곽주 등지를 우선 점령했다.

몽골군의 침입이 알려지자 고려정부는 9월 9일 삼군三軍을 출발시켰다. 이들은 황해도 절령이 있던 동선역洞仙驛에서 처음 전투를 벌였다. 고려군은 동선역에서 쉬다가 몽골군의 기습공격을 받아 고전했지만, 자원해서 종군한 마산 초적들의 분전으로 이들을 격퇴했다.

> 마산의 초적 괴수 2명이 스스로 항복했다. (이들은) 최우에게 가서, "우리들이 정예로운 병사 5천으로 몽골군의 격퇴를 돕고자 합니다."하니, 최우가 크게 기뻐하여 상을 매우 후하게 주고, 백관帛冠과 금환자金環子를 만들어 착용하는 것을 허락하여 이를 위로했다.[22]

이들은 유랑 농민으로 도적이 되었을 것이다. 마산은 경기도 파주 지역이다.[23] 초적들은 몽골의 침입에 맞서 스스로 정부에 협조했다. 5천명의 숫자는 과장되었을 것이지만, 이들의 활약은 전세를 바꿀 정도였다. 특히, 마산 초적 두 사람은 동선역 전투에서 훌륭한 활솜씨로 몽골병 격퇴에 큰 공을 세웠다. 이후로도 여러 초적들이 최우 정권에 투항하여 정부군에 합류했다. 예컨대 광주廣州 관악산, 백악白岳 등의 초적 등이 그런 경우이다.

고려군은 10월 21일에 북계의 중요 거점인 안북부(안주)에 도착했고, 이곳에서 살

---

21 윤용혁, 앞의 책, 1991, 44쪽.
22 『고려사』 권129, 열전42, 반역3, 최충헌 부 최이.
23 윤용혁, 앞의 책, 1991, 363쪽.

리타이가 이끄는 주력부대와 전투를 벌이게 되었다. 그러나 고려군은 몽골군에게 패배했다. 몽골군은 3군을 성밖으로 유인한 후에 경기병을 이용하여 처음에는 우군을, 그리고 이를 구원하려는 중군을 차례로 격파했다. 고려군은 최우와 가까웠던 후군진주後軍陣主 대집성大集成이 성 밖으로 나가 싸우자는 무리한 작전을 주장하는 바람에 야전에서 몽골군의 유인작전에 걸려 많은 병력을 잃었다.[24] 이것은 고려 중앙군이 치른 마지막 전투였다. 이후 고려정부는 몽골군과 정면대결을 벌이지 않는 전략으로 전환했다.

야전에서는 패배했지만 고려군의 장기인 수성전에서는 괄목할 전과가 있었다. 귀주성 전투였다. 일반적인 오해와 달리 몽골군은 공성전도 결코 약하지 않았다. 중국과 중앙 아시아의 요새에서 수많은 공성전을 경험했고, 공성구 제작기술을 습득했다. 귀주성 전투에서 몽골군은 그간에 습득한 자신들의 역량을 최대한 발휘했다.

귀주성 공격은 살리타이의 주력부대가 아닌 북계지역을 공략하던 다른 부대가 맡았다. 귀주성에는 병마사 박서朴犀, 정주 분도장군 김경손金慶孫, 삭주분도장군 김중온金仲溫과 안북, 태주, 위주의 병사들이 집결했다. 귀주성의 총병력은 약 2천 명이었고,[25] 귀주성의 별초 50명과 여타 지역의 별초 200명이 있었다. 북계 방어를 맡았던 고려군은 귀주성을 중심으로 방어한다는 전략을 수립했던 것으로 보인다. 이 때 김경손은 일부 결사대를 이끌고 처음 공격하여 어느 정도의 성과를 올렸다. 이것은 그가 전체 부대의 사기를 올리기 위해 시도했을 것으로 추정된다.

이후 몽골군은 성문을 중심으로 여러 공성 기구를 이용하여 공략했다. 그러나 고려군도 그때마다 적절하게 대처하여 몽골군의 공격을 격퇴했다.

---

24 대집성은 최충헌이 무사들의 인심을 얻기 위해 낭장이던 대집성에게 임시 장군 벼슬을 부여하면서 출세하게 되었다. 이후 대집성은 최우 아래에서도 계속 출세를 했다. 대집성은 안북부 전투에서 3군이 성 밖으로 출전해야 한다고 강요한 후에, 자신은 다시 성 안으로 들어왔다. 그는 정부군의 최고 지휘관은 아니었지만, 최우와의 관계 때문에 다른 지휘관들이 그의 의견을 무시할 수 없었을 것이다. 이 전투 이후 집권자 최우는 대집성의 딸을 첩으로 맞아들였다.

25 『동문선』 권26, 이장용, 「除宰臣朴文成李子晟宋恂任景肅敎書」.
윤용혁, 앞의 책, 1991, 239쪽.

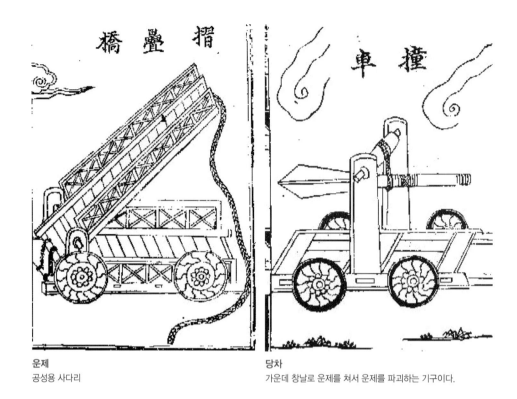

운제
공성용 사다리

당차
가운데 창날로 운제를 쳐서 운제를 파괴하는 기구이다.

몽골군이 누차樓車와 큰 대상臺床을 만들어 소가죽으로 겉을 싸고 그 속에 병사들을 감추고 성 밑까지 다가 와서 굴을 파고 성안으로 들어오려고 하였다. 박서는 성 안에서 굴을 뚫고 쇳물을 끓여 부어 누차를 불태워 버렸으며 또 적군이 굴착한 굴의 지반이 함락되게 하여 몽골병 30명이 깔려 죽었다. 그리고 또 묵은 띠茨에 불을 붙여서 큰 침상을 불태우니 몽골병이 당황하고 놀라 흩어졌다. 몽골군이 또 대포차 15문으로 성남쪽을 맹렬히 공격하였으나 박서는 성 위에 높이 대를 쌓고 그 위에서 포차로써 돌을 내려 쏘아서 적을 물리쳤다. 몽골군이 이번에는 섶나무에 사람의 기름을 적시어 많이 쌓아 놓고 불을 지르며 성을 공격하였다. 박서는 물로써 그 불을 끄려 하였으나 불이 더 타올랐으므로 군사들에게 진흙을 가져다가 물에 풀어서 뿌리니 불길이 꺼졌다. 몽골군이 수레에다 건초를 적재하고 불을 질러 성 문루를 공격했다. 그러나 박서는 미리 준비하

여 두었던 물을 퍼부어 불을 껐다.[26]

이후에도 몽골군은 대포(투석기)와 운제를 이용하여 쉬지 않고 공격했다. 그러나 박서는 성벽이 뚫리면 쇠사슬로 막고, 운제를 대우포(당차)로 파괴했으며, 성안에서도 포차로 응수해서 적을 격멸했다.

귀주성 전투는 9월부터 12월까지 4차에 걸쳐 진행되었으나 귀주성은 끝까지 함락되지 않았다. 마침내 몽골군은 공략을 포기하고 철군했다. 몽골군 진영에 70세나 되는 노장이 있었는데, 그는 귀주성 전투를 보고 "내가 어려서부터 종군하여 천하의 공성전을 두루 보았으나 이런 맹렬한 공격에 항복하지 않는 것은 처음 보았다"고 탄식했다고 한다.[27]

그러나 귀주성의 선전도 몽골군의 진격까지 막지는 못했다. 몽골군 주력은 남진을 계속, 몽골군 선봉대가 개경 선의문 앞까지 진출했다. 고려정부는 외교적 교섭을 통해 난국을 타개하려고 했다.[28] 고려측은 왕족 회안공 정挺을 살리타이에게 보내 화의를 요청하는 한편, 몽골측 사신에게 표문을 올려 화의를 맺기 위해 노력했다.

이런 가운데 북계의 귀주와 자주성은 계속 전투를 진행하고 있었다. 귀주는 결국 이듬해 정월에 되어 고려정부의 사신을 맞이한 후에 항복을 했다. 반면 자주부사였던 최춘명은 귀주보다 늦게 항복했다. 이런 면은 몽골과의 방어전이 초반부터 각 지역의 독자성에 맡겨졌음을 보여준다.

---

26 『고려사』 권103, 열전 16 박서.
27 『고려사절요』 권16 고종 18년 12월.
28 고려정부는 상당한 양의 폐물을 몽골사신에게 주고, 몽골황제에게 표문을 주어 이전의 저고여 살해 사건의 오해를 풀려고 노력했다. 아울러 정부는 귀주에도 사람을 보내어 항복하도록 권유했다.

〈표 2〉 몽골침공기의 주요 전투

시기	전투
1232(고종 18)년 8월	철주성 전투
9월-12월	귀주성 전투(4차)
9월	동선역 전투
10월	안북성 전투
?-12월	자주성 전투
1232년 10월	한양산성 전투
10월	광주(廣州)성 전투
12월	처인성 전투(살례탑 전사)
12월	충주성 전투
1235	지평현 전투
1236년 8월 경	2차 자주성 전투
9월	죽주성 전투
8월-12월	공주, 대흥 전투
12월	경주 침공(황룡사 소실)
1253년 8월	양산성(椋山城) 전투
8월	동주산성 전투
9월	춘주성 전투
10월	충주산성 전투
1254년 8월	진천 전투(임연)
9월	다인철소(충주) 전투
9월	충주산성 전투
10월	상주산성 전투
1255년 2월	철령 전투
12월	조도 전투
1256년 3월	입암산성 전투
4월	의주 전투
4월	인주 전투
4월	월악산성 전투
4월	압해도 전투
6월	온수(온양) 전투
10월	애도 전투
1257년 5월	태주 전투
6월	직산, 신창 전투
8월	신위도 전투
8월	창린도 전투
1258년 8월	상원 전투
10월	박달현 전투
12월	기암성 전투
1259년 1월	금강성 전투
1월	한계성 전투

『여지도서』에 보이는 귀주(육군본부, 『고려·몽골 전쟁사』, 2007, 육군본부, 23쪽)

구주성(ⓒ 정창현)

강화성(1232~1270) 지도

한편 몽골군의 일부는 개경을 지나 남쪽으로 진격했다. 이들은 경기도 광주를 포위했지만, 광주민들의 결사적인 저항으로 함락시키지 못했다. 이 광주성은 남한산성으로 추정하고 있다. 결국 몽골군은 이곳을 지나쳐 충주성까지 도달하게 되었다. 충주에서는 별초군을 조직해서 저항했다. 이들은 특수한 부대가 아니라 전 신분층에서 징발한 거군적인 군대였다. 그러나 충주부사 우종주는 양반별초를 거느리고 도망을 갔다. 결국 남아있던 노군奴軍과 잡류별초雜類別抄가 몽골군을 쳐서 물리쳤다. 충주성의 승리로 몽골군의 진격이 충주에서 저지되었다.

그 사이에 양국의 화해가 성립되어 몽골군은 1232년 1월에 퇴각했다. 몽골은 고려에 72명의 다루가치達魯花赤를 두어 고려정부를 감시했다.

몽골의 전략적 의도는 고려왕조의 소멸이 아니라 자신에 대한 복속이었다. 그들의 세계전략은 어느 곳이나 동일했다. 이들은 빠른 기동력을 활용하여 부대를 여러 개로 나누어 작전을 전개했다. 첫 번째 목표는 수도 개경에 빠르게 도달하여 고려정부의 항복을 받아내는 것이었다. 이 목표는 달성되었다. 그러나 계절이 한 겨울이었기 때문에 몽골군은 철수했다.

몽골군의 전술과 전투력을 경험한 고려 정부는 이제 그에 합당한 방어전략을 수립해야 했다. 1차 침공의 전투를 분석하면 고려군이 방어에 성공한 곳은 귀주성과 자주성, 광주와 충주성 등 일부 지역뿐이었다. 특히 중앙군의 패배와 몽골군의 빠른 진격 속도는 이들과의 정면 승부를 피해야 한다는 인식을 불러왔다. 게다가 몽골군은 지역의 거점을 차례로 점령하는 방식 대신에, 상대방이 강할 경우에 이를 우회해서 후방

전 고려 궁궐터(인천 강화)
조선시대 행궁이 있었다.

을 습격하거나 유린하는 전술을 사용했다. 고려의 중앙군은 여기에 대응할 수 있는 기동력이 부족했다. 무엇보다도 충격적인 사실은 몽골군이 개경까지 진격했고, 마음만 먹었으면 충분히 개경을 위협할 수 있다는 사실이었다.

따라서 몽골군이 철수하자마자 천도론이 제기되었다. 천도론은 1232년(고종 19) 2월에 제기되었고, 같은 해 7월에 강화도로의 천도가 이루어졌다. 그러나 천도론의 시행까지는 강한 반대에 부딪쳤다. 천도론을 강경하게 주장하고 추진했던 인물은 집권자였던 최우였다.[29] 6월에 최우의 집에서 이 문제를 논의했는데, 천도 논쟁의 본질은 몽골과 화친하자는 주장과 계속적 대결해야 한다는 주장의 대립이었다.

화의론은 유승단愈升旦이 제기했다. 그의 논리는 작은 국가는 큰 국가를 섬겨야 하며, 몽골과의 전쟁을 택하면 백성들이 죽거나 포로가 된다는 현실인정론이었다.[30] 반

---

29 천도론을 처음 제기한 사람은 鄭畝와 대집성 등이었다. 대집성과 최우의 가까운 관계를 볼 때, 그 자신의 의견은 아니었을 것이다.
30 『고려사』권102, 열전15, 유승단.

2차 고려-몽골 전쟁도

면에 야별초 지유였던 김세충金世沖은 개경이 수도로서 지니는 위상을 강조하고, 개경 방어가 가능하다는 논리를 내세웠지만, 천도론을 뒤엎기는 어려웠다.[31]

---

31 『고려사절요』 권16, 고종 19년 6월.

당시 최우의 강화천도와 대몽 항쟁에 대해서는 평가가 엇갈린다. 이것이 대몽항쟁의 적극적 자세를 보였다는 점에서 이를 긍정적으로 보는 평가가 있기도 하고,[32] 오히려 천도가 무신정권의 보존을 위한 것이기에 부정적으로 보는 입장[33]도 있다.

강화도로의 천도결정은 수전水戰에 약한 몽골군의 약점 때문이라고 보아왔지만, 이런 시각이 잘못된 것이라는 지적이 있었다.[34] 몽골군이 강화 공략을 위해 배를 준비했다는 설도 있다.[35]

몽골은 제1차 전쟁 이후 동진 정벌을 위해 고려정부에 군대를 요청했다.[36] 그러나 고려정부는 강화도로 옮긴 이후에 다루가치의 무장을 해제시키는 등, 몽골에 적대적 태도를 취하기 시작했다. 결국 몽골군이 1232년(고종 19) 8월부터 4개월에 걸쳐 고려에 다시 침략했다. 이 때 몽골은 사신을 파견해서 국왕과 집권자인 최우의 몽골 입국을 요구했다. 요컨대 이것은 고려정부의 철저한 항복 요구였다. 그리고 이 요구는 이후 전쟁이 끝날 때까지 몽골의 가장 핵심적인 요구사항이 되었다. 한편으로 일부 몽골군 부대는 경상도 지역까지 남하하기도 했다. 이 때 대구 부인사에서 보관 중이던 현종대에 만든 대장경 판본이 불타버렸다.

그러나 몽골군 사령관 살리타이가 남하하는 도중에 용인 근처의 처인성處仁城에서 전사하는 일이 발생했다. 처인성은 주변을 지나가다가 머물게 된 승려 김윤후金允侯와 처인부곡민들이 방어를 맡았다. 그런데 살리타이가 이곳에서 화살을 맞고 사망함으로써, 몽골군 주력부대는 남하를 중단하고 모두 철수하게 된다. 당시의 전투 상황에 대해서는 자세한 기록이 없다. 오랫동안 김윤후가 살리타이를 사살했다고 알려졌지만,

32 민병하,「고려 무신집권시대에 대한 일고-무신정신의 성격과 문신의 지위를 중심으로-」『사학연구』6, 1959 ; 이병도,『한국사 중세편』, 을유문화사, 1961.

33 윤용혁,「최씨무신정권의 대몽항전자세」『대구사학』15·16, 1978.

34 주채혁,「몽골-고려사 연구의 재검토」『애산학보』8, 1989.

35 『세종실록』지리지, 평안도 태천군 인물, "고종 19년 몽골별이 송경(松京)을 포위하여 왕이 강화도로 피난했는데 적이 배를 만들어 치려고 할 때 邊呂가 향리로 포로가 되었다. 적이 강화도로 가는 수륙의 길을 물으며 불로 단근질까지 했지만 변려는 육로는 불통이고 수로는 매우 험하다고만 하고, 끝내 말하지 않았다. 이에 적은 그것을 믿고 배를 불사르고 물러났는데 나라에서 즉시 상장군의 벼슬을 주었다."

36 주채혁,「고려내지의 達魯花赤 치폐에 관한 소고」『淸大史林』1, 1974.

부인사(대구)

김윤후 스스로 자신은 활을 가지고 있지 않아서 살리타이를 직접 쏘아죽이지는 않았다고 했다. 그러나 처인성 전투를 지휘한 공으로 그는 섭낭장攝郞將이란 벼슬을 받고 이후에도 몽골과의 전투에 투입된다.

몽골은 1233년(고종 20) 5월 금의 수도였던 변경을 함락시켰다. 곧이어 몽골은 동진을 멸망시키고, 포선만노를 사로잡았다. 1234년에는 금을 완전히 정복했다고, 그에 따라 몽골은 잠시 고려 침략을 유보하고 있었다. 그러나 이제 몽골은 고려에 대해 후방에 대한 두려움 없이 침략에 나설 수 있게 되었다.

1235년 몽골은 살리타이 휘하에서 부사령관 역할을 하던 당고唐古를 새로운 사령관으로 임명해 고려를 침략했다(3차 침략). 당고 이하 각 지휘관들은 이전부터 고려 침략을 맡아왔기에 경험이 많은 상태였다. 여기에 더해 1233년(고종 20) 서경에서 축출되었던 고려사람 홍복원洪福源이 이들의 길잡이 역할을 했다.[37]

이들의 목표는 고려의 완전한 항복이었다. 따라서 이전과 달리 몽골군은 쉽게 철수하지 않았다. 부대의 구성은 몽골군과 함께, 다른 부대로 이미 복속한 동진 지역의 군대

---

37 윤용혁, 앞의 책, 1991, 66쪽.

황룡사 목탑지(경북 경주)

가 포함되어 있었다. 이 부대는 주로 함경남도의 동계 지역을 공략했고, 몽골군 부대는 북계 지역을 점령한 이후 계속 남하했다. 고려군은 각 지역의 유격전으로 이들을 괴롭혔다. 예컨대 경기도 지평현에서는 고려의 야별초가 지역민들과 함께 한밤 중에 몽골군을 기습했다. 이들 몽골군은 서해도 동주성(서흥)을 공략했던 부대로 추정된다.[38] 자비령 남쪽에 위치한 동주는 서경으로부터 개경에 이르는 중간의 요충지였다.

이후 몽골군 중에서 일부는 1235년 9월에는 경상도 지역까지 진출했다. 이로 인해 몽골군은 동경(경주)에 이르러 신라 때부터 내려온 황룡사와 불탑을 불태우기도 했다.

고려 정부는 5군을 소집하여 강화도 연안 방어를 맡겼으며, 이곳과 가까운 광주廣州, 남경南京의 백성들을 강화도에 들어오게 하여 주로 강화도 방어에 주력했다. 즉 고려의 전략은 1차 전쟁 이후부터 정부군에 의한 정면 충돌을 회피한다는 것이었다. 아울러 고려정부는 부처의 힘에 의해 의지하여 몽골군을 물리치기 위한 불교 행사를 열었다. 이런 행사의 확대가 팔만대장경의 조판 사업으로 이어지게 되었다.

몽골군은 겨울이 되면 물러갔다가 다시 봄이나 여름에 침략하는 방식을 계속 유지

---

38 윤용혁, 앞의 책, 1991, 262쪽.

죽주성의 성벽(경기 안성)

했다. 3차 침입이 5년 동안 계속되면서, 이들은 전라도와 경상도 지역까지 진출하기도 했다. 기록이 소략하여 자세한 활동까지는 알기 어렵지만, 이들은 거점 지역을 점령한 이후 이곳을 방어하기 위한 수비 병력을 남기지 않았다. 이들은 약탈 등을 통해 몽골군의 무서움을 전파하면서 고려정부를 압박했다. 그것은 강화도로의 직접적인 공격을 통해 많은 희생을 감수하면서 승리하기 보다는 외곽 압박을 통한 항복을 유도하려는 의도였던 것으로 보인다. 여기에는 파견된 몽골군 병력의 부족과 고려의 끈질긴 저항, 그리고 고려의 전략적 가치에 대한 인식 등이란 요인이 깔려 있다.

실제 몽골군의 병력이 어느 정도 규모였는지는 기록의 미비로 파악되지 않는다. 또한 몽골의 입장에서 고려는 신속하게 정복해야 할 대상이 아니었을 것이다. 그들의 주요한 전략적 관심은 이때까지 중국의 남송 공략이었으며, 고려 침략의 목적은 남송과 고려의 연계를 차단하는 정도였다. 몽골의 확실한 점령 정책과 목표가 있지 않는 한, 고려에 온 몽골군은 약탈 등을 통해 전술적인 목표만을 추구했을 가능성이 크다.

한편, 고려군은 경기도 안성 근처의 죽주에서 공성전을 통해 이들을 격퇴하는 것처럼 일부 승리를 얻기도 했다. 이곳을 지켰던 방어별감 송문주는 몽골의 1차 침략 당시 박서를 따라 귀주성 전투에 참여했던 인물이다(박서의 고향이 죽주였다). 따라서 그는 몽골의 공성 전술에 대한 이해가 풍부했고, 그에 따라 방어책을 잘 세울 수 있었다.

> 몽골이 죽주성에 이르러 항복을 권유하자, 성 안의 병사들이 출격하여 이를 쫓았다. 몽골이 대포로 성의 사면을 공격하여 성문이 곧 무너지려하자 성안에서도 포로써 역습을 가해 몽골이 감히 가까이하지 못했다. 몽골이 또 사람의 기름을 준비하여 짚에 뿌리고 불을 놓아 공격했다. 성안의 병사들이 일시에 성문을 열고 돌격하니, 몽골의 전사자가 이루 헤아릴 수 없었다. 몽골이 여러 방법으로 공격하기를 무릇 15일이나 했지만 마침내 함락시키지 못하자 공성기구들을 불태우고 물러났다.[39]

송문주는 방어별감으로 파견되어 이곳 죽주민들과 같이 몽골에 항전을 했다. 이처럼 몽골병과 맞서 싸웠던 사람들은 각 지역의 향리가 조직한 지방군이나 또는 중앙의 별초였다. 따라서 지역의 방어전은 각 지역민에게 맡겨진 셈이기 때문에, 구조적으로 취약할 수 밖에 없었다. 사실 이들은 몽골군의 소부대 규모의 경우에만 감당할 수 있었을 것이다. 죽주 전투와 같은 승리는 점차 어려운 일이 되어 가고 있었다. 그 결과 3차 침입부터는 몽골에 항복하는 고려인들이 증가하기 시작한다.

2. 전쟁의 장기화와 몽골의 전략변화

고려정부는 몽골에 대해 일관된 전략으로 맞서고 있었다. 그것은 청야전술로서 논밭을 불태우고, 백성을 산성과 해도海島로의 이주시키는 것이었다. 이를 입보入保라고 했다. 1차 침공 직후에 행해진 강화도 천도 역시 이와 같은 전략의 일환이었다. 강화천도와 함께 전국적으로 입보 명령이 하달되었다. 고려정부는 몽골군이 여름 이후 침

---

39 『고려사』 권103, 열전16, 박서 부 송문주.

죽주산성 내의 송문주 장군 사당인 충의사(경기 안성)

략하여 남하하면서 몇 개의 부대로 나뉘는 것에 주목했다. 고려정부는 큰 규모의 중앙군이 몽골의 대부대와 직접 맞서는 것이 적합하지 않으며, 각 지역으로 적을 분산시키는 것이 낫다고 보았다. 따라서 각 지역민들은 대피를 통해 직접 적과 마주치는 것을 피하고, 청야전술로 인해 적들이 물러가기를 기다리는 소극적 방어전략을 구사했다. 입보는 보통 행정기구를 중심으로 행해졌는데, 몽골의 3차 침공부터는 방호별감이 파견되어 보다 조직적이고 강력하게 입보정책을 수행했다.[40] 주민들이 입보하면 일부 별초군은 유격전 등을 통해 몽골군의 배후를 위협하여, 이들의 철수를 유도하는 역할을 담당했다.

몽골과 같은 강력한 군대와 싸우기 위해서 청야전술과 게릴라전은 전술적으로는 옳은 결정이다. 그러나 청야전술 역시 백성들에게는 직접 전투를 벌이는 것보다 더 극심한 고통을 안겨주는 전술이라는 점을 간과해서도 안 된다.

---

40 윤용혁, 앞의 책, 1991, 187~188쪽.

최항은 여러 도에 사자를 보내 주민을 모두 몰아 섬으로 들여 보내게 하고, 따르지 않는 자는 집과 전곡을 불태우게 했다. 이 때문에 굶어죽는 자가 10에 8, 9였다.[41]

대부분 굶어죽었다는 것은 과장일 것이다. 그러나 해도와 산성입보는 식량부족과 고통스러운 생활을 요구하는 것이었다. 또 과연 전 주민이 해도와 산성에 입보할 수 있었는 지도 의문이다. 일단은 군현의 행정기구와 향리가 입보하여 행정력과 군현에 대한 통제력을 확보하는 것이 우선이었다. 해도로 들어가지 못한 주민도 많았다고 생각된다. 10명에 8, 9이 굶어죽었다는 기사도 이런 사정을 배경으로 한다.

강제적인 청야전술과 소개, 해도 생활의 어려움으로 인해 주민들의 저항도 발생했다. 태조 이성계의 선조인 이안사는 전주에 거주했는데, 방어정책을 주도하던 지방관과 알력을 일으켜 주민을 인솔하고 함경도로 이주했다. 사건의 계기는 기생 때문이었다고 하지만, 주민들이 대거 그를 따라간 것을 보면 그 배후에는 전쟁과 청야전의 고통이 놓여 있었을 것이다. 1258년 동북면에서는 조휘와 탁청이 반란을 일으켜 동북면 병마사 신집평을 살해하고 몽골로 투항했다. 이것이 쌍성총관부의 시작인데, 이 반란도 신집평이 동북면 15주의 백성에 대해 가혹하게 해도 입보 정책을 편 것이 원인이었다고 한다.[42]

청야전술과 함께 고려정부는 몽골과의 외교 교섭을 통한 문제 해결에도 노력했다. 그러나 이 문제는 몽골측의 요구, 즉 국왕의 직접적인 조회와 강화도에서 개성으로의 환도 등과 같은 조건 등으로 인해 난항을 겪었다.[43] 게다가 1241년 오고타이가 사망함에 따라 황위 계승을 두고 심각한 갈등이 발생해서 고려에 신경을 쓸 여지가 없었다. 이로 인해 약 8년 동안 양측에서는 특별한 무력 충돌이 일어나지 않았다.

1246년이 되어서야 몽골은 오고타이의 장자인 구육을 차기 칸을 선출했다. 그러자 고려 침공이 재개되었다. 1247년(고종 34) 7월 몽골군은 아모간阿母侃의 지휘 아

---

41 『고려사절요』 권17, 고종 43년 8월.
42 『태조실록』 권1, 총서.
43 1238년(고종 25)부터 1245년(고종 32)까지 고려정부는 12회, 몽골측은 7회에 걸쳐 사신을 파견했다(윤용혁, 앞의 책, 1991, 83쪽).

춘천 봉의산성(춘주성)(규장각한국학연구원)

래 본격적으로 침략을 재개했다. 이미 그 전 해에 몽골군 400명이 북계 지역으로부터 황해도 수안현까지 수달을 잡는다는 핑계로 각 지형을 살피고 돌아갔다.[44] 아모간의 몽골군은 북계 지역을 공략한 후에 남진하여 7월에 개경과 강화도 인근 지역까지 이르게 된다. 그러나 1248년 구육이 사망하는 바람에 몽골군을 다시 철군했다.

이후 고려 쪽에서는 북계의 여러 군현을 남쪽의 서해도나 경기지역으로 이전하게 된다. 이것은 북계지역의 피해가 커지면서, 지역에서의 거주가 어려졌던 것에서 기인한다. 북계지역에서는 홍복원과 같은 몽골에 협조하는 세력들이 출현하고, 이 현상은 전쟁이 지속될수록 심화되어 갔다.[45] 이로 인해 양계의 행정 및 군사조직은 점차 와해되어 갔다.[45] 따라서 북계지역은 과거와 같은 방어력을 상실하게 되었다.

한편, 몽골에서는 1251년(고종 38) 7월에 열린 쿠릴타이에서 바투의 지지를 받은 툴루이의 아들인 몽케蒙哥가 새로 황제인 헌종憲宗이 되었다. 헌종은 즉위 직후 고려에 사신을 파견하여 이전과 같이 고종의 직접적인 조회와 함께, 다시 개경으로 수도를 옮기도록 요구했다. 그러나 고려정부는 이를 거부하고 각 산성에 방호별감防護別監을 파견하고, 군대를 보충하는 등의 준비를 서둘렀다.

몽골은 야굴也窟을 사령관으로 하여 1253년(고종 40)에 제 5차 침략을 개시했다.

---

44 『고려사』 권23, 세가23, 고종 34년 8월 을사.
45 변태섭, 『고려정치제도사연구』, 일조각, 1971, 226~229쪽.

이들은 7월 8일에 압록강을 도강한 이래 15일에는 대동강을 건넜다. 다음 달에는 서해도, 철원 등을 거쳐 춘천, 양평, 양양, 충주 등지까지 여러 곳으로 분산되어 공격을 감행했다. 따라서 5차 전쟁에서는 강원도 지역에서 주로 큰 전투가 벌어졌다. 이 점은 전투 지역이 점차 한반도 전체로 커져감을 의미한다. 고려군은 지금까지와 마찬가지로 유격전과 지역의 거점성을 통해 방어에 임했다. 황해도 금천이나 전주 반석역의 전투는 전형적인 유격전이었다. 전주 전투는 몽골군이 전주성을 우회하여 남진하다가, 전주 별초군에 의해 요격 당했다.

춘주성(춘천)의 전투는 야굴이 지휘하던 주력부대에 의해 이루어졌다. 당시 몽골군은 춘주성을 여러 겹으로 포위하고 계속적인 공격을 감행했다. 춘추성에서는 우물이 말라서 병사들이 소와 말을 잡아 그 피를 마실 정도였다. 결국 방어를 맡은 안찰사 박천기는 성안의 재물과 양곡을 불사른 후에 결사대를 거느리고 몽골의 포위망을 돌파하려 했다. 그러나 몽골군은 목책을 2중으로 쌓아 놓고, 2미터에 가까운 참호를 파놓은 상태였다. 결국 한 사람도 탈출하지 못했다.[46] 이후 몽골군은 성안을 도륙했다.

원주성의 경우는 몽골군에 투항했던 양평성(경기도 양평)의 방호별감 윤춘이 공격에 참여했다. 그가 이끄는 6백명의 병사는 몽골군과 함께 원주에 도달했다. 당시 원주 방어는 고려정부에서 파견한 방호별감 정지린鄭至麟이 지역민들과 함께 맡고 있었다. 정지린은 윤춘의 항복 권유를 듣지 않고 방어를 계속했다. 당시 전투가 어느 정도였는지는 알 수 없지만, 몽골군은 원주를 포기하고 남하하게 된다.

이처럼 고려군은 각 지역의 산성에서 지방관이나 방호별감의 지휘 아래 이들과 대항했다. 그러나 각 지역의 산성은 이들의 공격에 무너졌다. 이 해 10월에 몽골군은 충주까지 남하했다. 이들은 충주산성을 포위하여 공격했지만, 고려군은 방호별감 김윤후의 지휘 아래 이들의 공격을 막아냈다.[47] 충주산성은 충주 시내에서 동남쪽으로 약 4킬로미터, 해발 636미터 남산의 정상에 만들어진 둘레 약 1.2킬로미터의 돌로 된 성이다.[48] 방어별감 김윤후는 이곳에서 다음과 같이 전투했다.

---

46 『고려사』 권121, 열전34, 충의, 曹孝立.
47 『고려사』 권103, 열전16, 金允侯.
48 윤용혁, 앞의 책, 1991, 285쪽. 다만 김윤후가 싸운 지점이 이 남산성이 맞느냐는 점에 대해서는

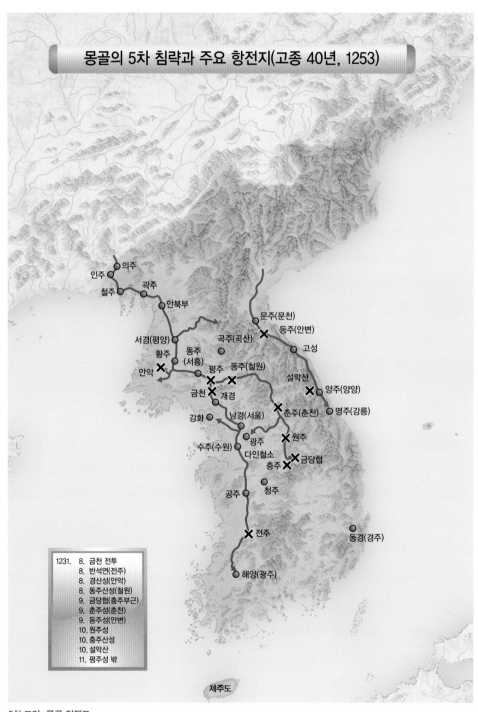

몽골의 5차 침략과 주요 항전지(고종 40년, 1253)

의주
인주
곽주
철주
안북부
문주(문천)
서경(평양)
곡주(곡산)
등주(안변)
고성
황주
동주 (서흥)
평주
동주(철원)
설악산
안악
금천
개경
춘주(춘천)
양주(양양)
강화
남경(서울)
명주(강릉)
수주(수원)
광주
원주
다인철소
금당협
충주
공주
청주
동경(경주)
전주
해양(광주)
제주도

1231.	8. 금천 전투
	8. 반석연(전주)
	8. 경산성(안악)
	8. 동주산성(철원)
	9. 금당협(충주부근)
	9. 춘주성(춘천)
	9. 등주성(안변)
	10. 원주성
	10. 충주산성
	10. 설악산
	11. 평주성 밖

5차 고려–몽골 전쟁도

몽골의 6(1)차 침략과 주요 항전지(고종 41~2년, 1254~5)

의주
인주
곽주
철주
안북부
문주(문천)
등주(안변)
서경(평양)
고성
황주
동주(서흥)
철령
개경
춘주(춘천)
명주(강릉)
강화
남경(서울)
광주
원주
수주(수원)
다인철소
충주
진주(춘천)
충주산성
괴주(괴산)
상주
상주산성
전주
대구
동경(경주)
해양(광주)
진주
제주도

1254. 8. 귀주성 전투
       8. 진주(진천)
       9. 다인철소
       9. 충주산성
      10. 상주산성

1255. 1. 교하
       2. 철령

6차 고려-몽골 전쟁도(1)

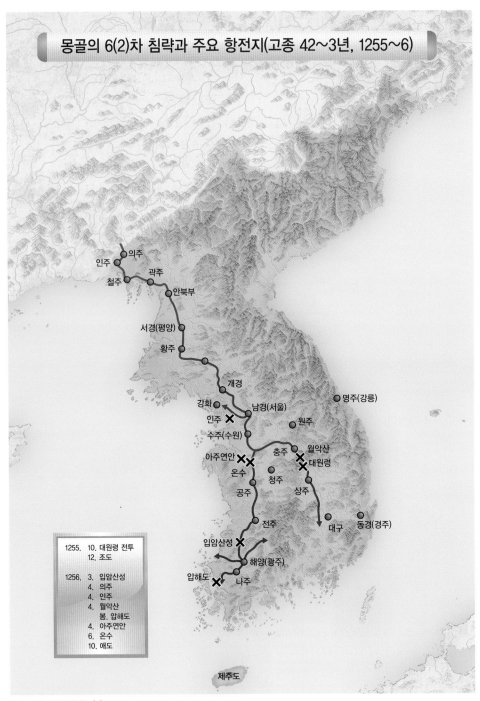

몽골의 6(2)차 침략과 주요 항전지(고종 42~3년, 1255~6)

의주
인주
철주
곽주
안북부
서경(평양)
황주
개경
강화
인주
남경(서울)
명주(강릉)
수주(수원)
원주
아주연안
충주
월악산
온수
대원령
공주
청주
상주
전주
대구
동경(경주)
입암산성
해양(광주)
압해도
나주
제주도

1255. 10. 대원령 전투
    12. 조도

1256. 3. 입암산성
    4. 의주
    4. 인주
    4. 월악산
    봄. 압해도
    4. 아주연안
    6. 온수
    10. 애도

6차 고려−몽골 전쟁도(2)

충주산성(충북 충주)

> 몽골병이 주성州城을 포위하기를 무릇 70여일에 성내의 식량이 거의 다하게 되었다.
> 김윤후는 사졸들을 독려하여 말하길, "만약 힘을 다한다면, 귀천을 가리지 않고 모두
> 관작을 내리겠으니 그대들은 이를 믿으라."하고 드디어 관노비의 장부를 가져다가 불
> 태워버리고 또한 노획한 소와 말을 나누어 주었다. 사람들이 이에 모두 죽음을 무릅쓰
> 고 대적했다.[49]

몽골군은 김윤후의 지휘력과 충주민들의 항전의지로 인해 물러날 수밖에 없었다.
이로 인해 몽골군은 남진하기가 어려워졌다. 또한 계절이 12월로 접어들면서 몽골군
은 철수하게 되었다. 충주는 경상도 일대로 남하하기 위한 요지였지만, 몽골군은 한
번도 충주성을 점령하지 못했던 것이다.

6차 고려-몽골전쟁은 6년 동안 장기간에 걸쳐 지속되었다. 차라대車羅大는 5천명
의 병력을 거느리고 1254년(고종 41) 여름인 7월에 압록강을 건넜다. 이들은 다음 달
에 충청도 진천까지 진출했으며, 9월에는 충주성을 공략했다가 완강한 저항에 이를
포기했다. 이후 이들은 경상도 지역으로 내려가 진주 근처까지 진군했다.

49『고려사』 권103, 열전16, 김윤후.

이처럼 몽골군이 경상도 남쪽 지역까지 내려간 것은 처음 있는 일이었다. 이것은 몽골군의 의지가 이전과 달라지고 있음을 보여준다. 이 전환의 계기는 명확하지 않지만, 고려의 저항이 장기화하면서 몽골이 고려의 상황을 예전보다 심각하게 고려하게 되었다는 것과 칭기즈칸 사망 이후 아들 형제 간의 갈등으로 몽골의 정계가 계속 불안정했던 점을 들 수 있다. 또 그동안 몽골이 중국과 서방원정에 주력하면서 상대적으로 동방에 대한 관심이 약화되었다. 그러나 4대 황제 헌종은 몽골사에서 드물게 뛰어나고 결단력 있는 황제였다. 그는 대숙청을 통해 정권을 안정시키고, 계획적이고 체계적인 정복 계획을 세웠다. 몽골군은 여전히 세계를 향해 발진했지만, 중국에 대한 정복 계획의 비중이 높아졌다. 몽케는 동생인 쿠빌라이를 남송정복의 총책임자로 임명하고 동방경략의 목표를 세웠다. 이렇게 되자 고려의 전략적 비중과 관심도 높아질 수 밖에 없었다.

차라대 지휘 하에 몽골군은 사적인 약탈보다 고려의 항복을 요구하는 전략적 목표에 집중하게 되었다. 그렇게 해서 약탈이 줄어든 것은 아니다. 고려의 저항력을 제거하고 항복을 유도하기 위해 더욱 철저하고 조직적이 되었다. 이전에는 뇌물을 받고 도시 약탈을 포기하는 경우도 있었으나 차라대에겐 이 방식도 통하지 않았다. 이로써 고려는 커다란 피해를 입게 된다. 이 해에 몽골군이 잡아간 고려인 포로는 20만 6천 8백여명으로 역대 최고였다. 사망자 역시 상당히 많았다. 이로 인해 고려정부는 심각한 타격을 입게 되었으며, 이전보다 몽골과의 강화론이 더욱 힘을 얻게 되었다. 결국 몽골과의 평화교섭을 위한 사신 파견이 이루어지게 되었다.

6차 침략 때부터 몽골군의 공격목표와 전술도 달라졌다. 몽골군은 이전에 7, 8월에 주로 침략하여 12월이나 1월에 철수했다. 그러나 1255년(고종 42)부터 이 양상은 달라진다. 이들은 8월부터 시작하여 다음해 10월까지 계속 고려에 거주하면서 침략했다. 이것은 몽골군이 과거와 다르게 보다 광범위한 지역으로 침략하고, 고려 중요 지역에 대한 지속적 확보라는 목표 하에 움직였던 것으로 보인다. 그 결과 고려측의 피해는 이전보다 커졌으며, 몽골군에 투항하는 고려인들의 숫자 역시 증가했다.

더욱 충격적인 것은 그동안 전투의 어려움과 수전에 대한 약점으로 공격을 회피하던 해도에 대한 공격까지 감행하게 되었다는 것이다. 몽골군은 전라도의 목포 근처의 압해도에 대한 침공을 시도했다.[50] 이 공격을 위해 몽골군은 70척의 수군을 동원했다. 이는 과거와 같은 고려인들의 섬으로 도피에 대해 묵과하지 않겠다는 자세의 변화였다. 그리고 해도 공격의 최종 목표는 강화도였다. 이후 몽골의 침입은 동계 지역에 대해서도 집중적으로 이루어졌다.

3. 개경 환도와 강화

몽골의 강도 침공이 점점 가시화되고, 출륙 요구도 거세지자 국왕과 관료, 강도의 주민사이에서는 화의론이 힘을 얻게 되었다. 1249년 최우가 죽고 최항이 집권하면서 최씨 정권의 권력이 약화된 것도 이런 추세를 뒷받침 했다. 따라서 최항 집권기부터 강도 정부는 보다 적극적으로 대몽화의론을 제시하기 시작한다.[51] 그러나 처음에는 고려의 행동이 몽골의 기세를 늦추기 위한 일종의 기만책 비슷하게 진행되었다. 1250년 고려는 강화도 북쪽 해안과 마주하는 승천부 임해원터에 출륙을 대비한다는 명분으로 궁궐을 지었고, 1253(고종 40)년에는 국왕이 승천부로 나가 몽골 사신을 접견하고, 왕의 둘째아들 안경공 창을 몽골로 파견했다.[52] 아직 이런 정책은 시간끌기에 불과했지만, 진심으로 강화를 생각해도 최씨 정권의 눈치를 보느라 주저했을 가능성도 있다. 1257년(고종 44) 최씨 가문의 3번째 집권자였던 최항崔沆이 사망하고 최의가 집권하면서 삼별초 내부에서도 최의에 불만을 품은 세력이 등장했다. 결국 1258년 김준과 임연, 유경이 정변을 일으켜 최의를 살해함으로써 최씨 정권이 몰락하고, 국왕에게 권력이 환원되었다.

최의가 죽자 강화론이 급진전 되었다. 1259년 1월 평장사 최자崔滋가 "강도는 땅이 넓고 사람이 부족해 방어가 불가능하므로 출륙해서 강화하는 것이 좋겠다"는 의견을 제시했다. 4월에 일부 주민을 출륙시켰고, 6월에는 부터는 강도에 쌓은 내성과 외

50 『고려사』 권130, 열전43, 반역4, 韓洪甫.
51 이익주, 「고려 대몽강화론 연구」 『역사학보』 151, 1996.
52 윤용혁, 『고려 삼별초의 대몽항쟁』, 일지사, 2000, 94쪽.

홍릉(인천 강화)
고종의 릉으로 전해진다.

성을 파괴했다. 동시에 4월에 국왕인 고종을 대신해서 태자인 왕전王佛이 몽골에 입조했다.

그런데 태자가 몽골로 떠난지 두 달 후인 6월에 고종이 사망해 버림으로써 태자가 원종으로 즉위하게 된다. 거의 같은 시기에 남송원정 중이던 헌종도 사천성에서 사망했다. 헌종이 급사함으로써 다음 제위를 놓고 헌종의 동생인 쿠빌라이와 아리부카가 대립함으로써 몽골은 내전의 위기에 봉착하게 되었다. 원종은 즉시 개봉으로 가서 길가에서 남송 정벌을 중단하고 급거 북상 중이던 쿠빌라이를 만나 강화를 제의했다. 쿠빌라이는 아리부카와 대결을 준비해야 하는 상황이었고, 몽골의 침공에도 오랫동안 굴하지 않던 강력한 고려가 자신의 힘이 될 수 있다는 사실에 크게 고무되었다. 결국 쿠빌라이와 원종에 의해 60년이나 지속된 몽골전쟁이 종식되었다.

비록 항전을 포기했다고 하지만 절묘한 정세와 오랜 저항으로 인해 고려는 몽골로부터 상당한 대우를 받았다. 비록 몽골에게 복속하기는 하지만 과거의 중화체제와 마찬가지로 원 중심의 세계 질서를 인정하고 그 체제 안의 동맹국이 된다는 것으로 항

농교(충북 진천)
농다리라고도 부른다.

복이나 복속과는 의미가 다른 것이었다.

한편 원종이 몽골에 있는 동안 강화도에서는 출륙을 기정 사실화하고 개경의 복구에 착수했다. 1258년 몽골의 헌종은 고려의 사신 박희실을 만나 궁궐을 짓고 출륙을 준비하는 기간으로 3년을 약정했다고 한다. 1260년 고려로 귀국한 원종은 다시 몽골 지휘관 야속달로부터 이 해 3월까지 출륙을 완료하라는 재촉을 받았다.

그러나 최씨 정권이 몰락했다고 하지만 무신정권이 완전히 종료된 것은 아니었다. 최의를 제거한 김준은 최씨 정권보다는 못했지만 여전히 강력한 권력을 장악하고 있었다. 그는 처음에는 출륙에도 호의적이었지만 점차 출륙과 강화론에 반대하게 된다. 쿠빌라이(세조)도 몽골의 정국과 권력이 안정되지 않아 고려에 대해 유연한 자세를 취하였다. 따라서 고려의 출륙도 다시 지지부진해졌다. 그러나 1268년 몽골 정국이 안정되고 쿠빌라이가 남송 정복을 추진하게 되면서 몽골은 다시 강력하게 출륙을 요구하게 되었다.

김준은 출륙에 강력하게 반대하고 원종을 폐위시키고, 수도를 다른 섬으로 옮

선원사지(인천 강화)
일연이 거주했고, 한때 팔만대장경을 보관하기도 했던 곳으로 알려져 있다.

겨 몽골에 대한 저항을 재개하는 계획까지 세우게 되었다. 위기감을 느낀 원종은 김준의 부하였던 임연을 설득하여 김준을 제거했다. 그러나 새로 집권자가 된 임연도 출륙을 반대했다. 결국 고려의 출륙과 몽골과의 완전한 강화는 1270년 임연의 후계자인 임유무를 제거하여 무신정권이 완벽하게 종식됨으로써 실현되었다.

고려가 몽골과의 긴 전쟁을 버틸 수 있었던 것은 우선 몽골의 전략에 대한 이해를 통해서였다. 몽골이 침략 초반기에 기동력을 이용하여 빠르게 남진하지만, 점령지역에 대한 확고한 통치 의지를 발휘하지 않았다. 이들은 기동을 통해 남하하면서 보급 등의 문제도 현지에서 해결하려 했다. 따라서 고려정부는 몽골의 공격을 각 지역의 자율적 방어에 맡겨 두었다. 여기에는 중앙 정부가 무신정권을 지탱하는 우수한 무사들을 자기 주변에 묶어 두려는 의도도 작용했다. 그러나 집권자들은 몽골군이 시간이 지나면 돌아가야 한다는 사실을 알고 있었다. 그에 따라 정부는 때로 화친 요구를 내세우면서 지연책과 함께, 청야전술을 통해 몽골군에 대

인각사(경북 군위)
일연이 『삼국유사』를 저술한 곳이다.

응했다.

몽골과의 전쟁은 고려사회에
많은 영향을 미쳤다. 외적 침입
을 방어하는 가운데, 고려사회의
특징인 지역적이고 분산적인 공
동체 의식이 달라지게 되었다. 원
래 고려가 통일할 때에는 삼한 三
韓의식이 있었다. 물론 이 의식은
하나의 국가공동체를 전제로 한
것이지만,[53] 실제로는 지역사회
내부에는 삼국 계승 의식이 존
재했다. 삼국계승의식은 무신정
권기 아래에서 삼국부흥운동으

인각사 보각국사비(경북 군위)
『삼국유사』를 저술한 일연의 비이다.

---

53 김광수, 「고려건국기 일국가의식의 이념적 기초」 『고려사의 제문제』(변태섭 편), 삼영사, 1986.

로 이어질 수 있었다. 이 운동은 지역적 공동체 의식이 강하게 잔존하고 있음을 보여준다.

그러나 몽골과의 전쟁은 공동체 의식을 하나로 묶는 단일 민족의식을 낳게 했다.[54] 이 의식은 단군을 민족의 시조로 하는 역사공동체에 주목하는 현상을 낳았다. 『삼국유사』 등의 단군 수록은 몽골과의 전쟁으로 인한 부산물이라고도 할 수 있다.

4. 군사조직과 방어방식의 변화

1) 2군 6위 번상체제의 해체

2군 6위로 구성된 중앙군 조직은 점차 해체되어 갔다. 이것은 군인 선발과 함께 이들에게 주어지던 군인전 지급이 점차 어려워지고 있었기 때문이다. 군인으로 선발되면 이들은 토지를 받고, 그와 함께 개경에서 국왕을 시위하고, 개경수비를 담당해야 했다. 물론 경군은 외적의 침입이나 반란을 진압하는 임무를 맡고 있음도 주지의 사실이었다. 여기에는 개경에 거주하면서 시위를 맡았던 군인들과 함께, 지방에서 올라오는 번상番上을 담당했던 군인도 있었다.[55] 군인전은 선군도감에서 처리했다.

그런데 군인전이 지급되지 못하게 되면, 군인 선발이 어렵게 될 것은 당연했다.

> 선군選軍을 하면 땅을 준다는 법이 있으나, 근래에 토지제도가 문란해져서 부병府兵이 땅을 받을 수 없게 되었다. 이것은 군인을 모으려는 뜻을 크게 잃은 것이다. 마땅히 이전 제도를 회복할 것이다.[56]

---

54 하현강, 『한국중세사연구』, 일조각, 1988, 397쪽.
55 김당택, 「고려 초기 지방군의 형성과 구조-주현군의 성격」 『고려군제사』(육군본부 편), 육군본부, 1983.
56 『고려사』 권81, 지35, 병1 병제, 공민왕 20년 12월.

이것은 고려말인 공민왕 20년에 나온 논의로서 이전 제도로의 회복은 군인전을 고려전기처럼 지급하려 한다는 의미이다. 즉 공민왕의 의도는 과거와 같은 선군제의 회복을 추구하려는 것이었다.

이런 현상은 이미 무신집권기에서부터 심각해져 있었다. 군인전의 부족과 탈점으로 군인제도를 법제대로 시행하기가 어려웠다.

> ① 선왕先王의 제도에 따르면 토지는 공전을 제외하고 신하와 백성들에게 차등 있게
> 나누어 주었는데 (관리의) 자리에 있는 사람들이 탐오하여 공전과 사전을 빼앗아
> 차지하여 한 집이 가진 기름진 땅이 여러 주군에 걸치게 되었습니다. 그 결과 국가
> 의 조세 수입이 줄어들고 군사들이 없어지게 되었습니다.[57]
>
> ② 군대로 말하자면 모두 각기 받는 분전分田이 있으니, 지금 어디에 간들 대오가 차지
> 않겠는가? 그런데 반드시 토지가 있는 곳으로 흩어 보내놓고 만약 담당 관청이 살펴
> 서 돌아오게 하면, 단지 굶주리고 추워하며 구원받지 못한 사람들만이 오게 된다. 역
> 이 고되고 먹을 것이 떨어지면 후환을 생각하지 않고 바꾸어 돌아가는 사람이 많다.[58]

①은 1196년(명종 26)에 최충헌이 권력을 장악한 직후에 올린 봉사 10조 중에 일부이다. 그리고 ②는 1234년(고종 21)에 이규보가 출제했던 과거 시험의 책문 문제 중에 하나였다.

최충헌은 봉사 10조를 통해 급박한 당면과제를 국왕에게 요구했다. 그는 당시 권세가들이 토지를 확대하면서 군인전의 탈점이 많이 이루어지고 있음을 주목했다. 군인들이 땅을 잃어버리고 그에 따라 생계를 유지할 수 없어 군역에서 도피하고 있음을 보여준다.

이규보의 문제의식 역시 이와 유사하지만 약간 차이가 있다. 그는 토지를 받은 군인들 중에서 힘 없는 사람들만이 군대 소집령에 응한다는 것이다. 그런데 응하지 않는 군인들은 권세가와 일정한 관련이 있는 경우가 많을 것이다. 반대로 소집에 응한

---

57 『고려사』 권129, 열전42, 반역3, 최충헌.
58 『동국이상국후집』 권11, 同前策問.

군인들은 군인전을 제대로 지급받지 못하거나 황폐화된 땅을 받았을 가능성인 큰 사람들이다.[59] 결국 문제는 군인들의 소집이 제대로 이루어지지 못하고 있으며, 이것은 고려전기로부터 계속되어온 군인 선발과 유지 방식의 변질을 의미하는 것이었다. 따라서 과거와 같은 번상 시위는 이루어지기 어려운 상태가 되어 갔다. 특히, 무신정변 이후 선군급전제는 상당히 기능을 상실했다. 그에 따라 중앙군은 군인을 정원대로 보충하기 어렵게 되었다.

1264년(원종 5)에 원종은 몽골의 요청으로 중국을 방문했다. 이 때 따라갔던 영녕공 왕순은 고려가 38령의 군대가 있어 병력이 총 3만 8천명이라고 주장했다. 그러자 몽골은 수행한 신하 이장용李藏用을 중서성으로 불러 이에 관해 질문했다. 그러자 이장용은 다음과 같이 대답했다.

> 우리나라 태조 때의 제도는 그러했다. 그러나 근래 전란과 흉년으로 죽어 한 령이 천명이라고 하지만 실지는 그렇지 못하다. 이것은 너희 나라의 만호萬戶 패자두牌子頭의 실제 숫자도 꼭 정해진 것처럼 있지 못한 것과 마찬가지이다.[60]

이장용의 설명을 몽골에게 고려의 병력을 그대로 알리지 않으려는 변명으로 보는 견해도 있다. 하지만, 어느 정도 사실을 반영했을 것이다. 실제 군인 징발은 무신정변 이후 계속되는 농민봉기, 뒤이은 몽골과의 전쟁으로 어려워졌다. 특히 몽골과의 전쟁에 대한 대응방식이 산성과 해도로 입보하는 것이기 때문에, 이 과정에서 유망하거나 몽골에 포로가 되는 경우가 시간이 지날수록 많아졌다.

물론 군역으로부터 도주하거나 종군하지 않는 경우도 늘었을 것이다. 예를 들어, 삼별초의 항쟁을 진압하려 했을 때, 소집된 군사를 검열했더니 당시 재추와 같은 재상급의 관료 자제들은 종군한 사람들이 없었다고 한다. 그래서 이들에게 종군하는 대신 각기 말을 내어 관군에게 주도록 한 적도 있었다.[61] 또한 고려군이 제주도로 피신

---

59 윤훈표, 『여말선초 군제개혁연구』, 혜안, 2000, 25~27쪽.
60 『고려사』 권102, 열전15, 이장용.
61 『고려사절요』 권19, 원종 12년 5월.

한 삼별초를 진압하러 갔을 때에도 경외 별초 중에서 도망한 사람이 많아 그 징벌로 나누어준 땅을 환수하게 한 조치도 있었다.[62]

나아가 몽골군이 약탈한 지역의 행정체계가 그대로 유지되지 못하거나 호적 등의 관리가 이루어지지 못할 경우도 점차 많아졌을 것이다. 그 결과 군액을 채우지 못하는 경우가 많아졌다. 1271년(원종 12)에는 사공司空 전분과 좌복야 윤군정 등이 부위병府衛兵을 점검해 보니 정원보다 부족해서 문무 산직, 백정, 잡색, 승려들을 검열하여 보충했다는 기록도 있다.[63] 군인의 선발 인원이 모자라 몽골의 일본 원정에 동원되기에도 어려운 처지였다.

그러나 이 시기에 군인 선발체계 자체가 완전히 무력화되거나 없어진 것은 아니었다. 덕원德原의 아전이었던 박송비는 군대에 적을 올렸는데, 최의를 죽인 공으로 관직이 계속 올라 참지정사로 승진했다고 한다.[64] 그가 덕원 향리로서 군적에 이름을 올렸다는 것은 몽골과의 전쟁 기간 동안에도 고려정부의 군적이 아직 기능하고 있음을 보여준다. 고려정부가 삼별초의 항쟁을 진압할 당시에 경상도 등지에서 군인을 징발하도록 했는데, 그것은 군인징발체계가 완전히 붕괴되지는 않았음을 보여준다.

그러나 무신집권기 이후 이들의 번상 방식은 상당히 어려워졌다. 특히 별초군이 많아지면서 이들이 직업군인과 비슷한 방식으로 전환되었기에, 개경으로 번상하는 일이 점차 필요없게 되었다. 나아가 개경 별초군 등이 권세가의 사병화 함으로써 번상하는 대신 권력자 주변에서 일상적으로 거주하는 방식으로의 전환되었다. 특히 최씨 정권 하의 도방에 속한 우수한 군인들은 상황이 더욱 그러했다. 2군 6위군 자체가 점차 해체되어 가는 경향 속에서 별초와 같은 조직이 이를 대신하게 되었던 것이다. 이것은 과거보다 더욱 개인적 관계로 군인들의 인적 물적 관계로 엮이게 만들었다.

나아가 각 지역의 농민 봉기에는 지역 군인들이 참여하는 경우가 많았다. 당연히 이들은 번상하지 않았고, 봉기가 진압한 다음에도 인적 자원의 손실을 감수해야 했다. 새로운 군대 조직과 징발체계가 점차적으로 요구되는 시점이 된 것이다.

---

62 『고려사절요』 권19, 원종 12년 9월.
63 『고려사』 권81, 지35, 병1 병제, 원종 12년 4월.
64 『고려사』 권130, 열전43, 반역4, 김준.

2) 군령 체계의 변화

무신집권기 이후 별초가 중요한 군사 조직으로 성장하면서 군령체제 역시 변화가 불가피해졌다. 물론 기존의 2군 6위와 주현군이 전면적으로 해체된 것이 아니었기 때문에 완전히 새로운 군령체제를 요구하는 것은 아니었다.

군령체제의 변화를 요구한 첫번째 요인은 무신정권의 출현에 따른 국왕 권력의 약화와 독점적인 권력의 형성이었다. 무신집권으로 이 시기 국왕은 실권을 거의 발휘할 수 없었다. 무신들에 의해 세워진 명종은 물론이고, 최충헌 집권 이후의 국왕들은 더욱이 인사권을 발휘할 수 없었다. 예를 들어 장교 임용에서 국왕은 무신들의 올린 인사안에 자신의 의견을 반영하기 어려웠다. 나아가 권력자들은 각기 사병을 거느리고 있었으며, 이 병사들은 국왕의 명령보다 자신을 데리고 있는 권력자들의 명령을 우선으로 생각했다.

군령체제의 문제는 먼저 국경 지휘관의 자의적 일처리와 중앙에 대한 보고 체제의 부실에서 발생했다. 무신정변이 일어나기 5년 전인 1165년(의종 19) 국경 문제가 금에 의해 발생했다. 금의 대부영주大夫營主가 정예병 70여 명을 보내어 인주麟州·정주靜州 관할의 섬을 공격해서 정주를 지키던 별장 원상元尙 등 16명을 납치한 사건이 발생했다. 이 섬은 압록강 하구에 발달한 하중도로 보이는데, 육지와 멀리 떨어져 있지 않아서 고려 백성들이 왕래하면서 농사짓던 곳이다. 또한 금의 백성들 역시 때때로 나무를 하고 가축을 먹이면서 이곳에 정착했다. 그런데 사건이 있기 2년 전에 병마부사로 발령받은 급사중 김광중金光中이 땅을 수복했다는 공을 세우고 싶어 했다. 그는 자기 마음대로 군사를 동원해 금나라 사람들을 공격했고, 이곳에 수비대를 두고 둔전을 설치했다.

금은 고려의 사신에게 이 사건을 항의하고, 만약 이 사건이 변방 관리의 자의적 행동이라면, 그를 처벌하라고 요구했다. 의종은 섬을 반환하고 수비대가 철수하도록 했지만, 서북면 병마부사 윤인첨 등은 국토가 줄어드는 것을 부끄럽게 여겨서 이 명령에 따르지 않았다. 결국 이로 인해 금이 고려를 공격하기 직전 상황까지 갔는데, 윤인첨이 금의 대부영大夫營에게 모든 포로를 반환한다는 문서를 보내 사태를 진정시켰

압록강의 하중도
박작성 아래 하중도(철조망 건너편). 현재 북한의 농토로 이용되고 있다.
사진 아래쪽에 보이는 강은 중국과의 폭이 10m 정도에 불과하다.

다. 그러나 윤인첨은 끝내 이 일을 비밀에 붙이고 중앙에 보고하지 않았다.[65] 이 사건은 변경 지휘관의 자의적 처리 때문에 금과 외교적 마찰을 불러 일으킨 경우였다.

무신 권력자가 자의적 권력 행사가 가능했기 때문에 지휘관들도 권력자의 비위를 맞추어야 했다. 예컨대 최충헌은 주변에 나라가 부유하고 병력이 강대하다고 선전했다. 따라서 국경 지대의 지휘관이 적의 침입을 급하게 알릴 때마다 이를 묵살했다. 나아가 그는 사소한 사건으로 조정을 놀라게 한다는 이유로 보고하러 온 사람을 귀양 보냈다. 그 결과 국경 지휘관들은 적들이 2, 3곳 정도의 성을 함락시킬 때까지 기다려서 보고하는 것이 좋겠다는 결론을 내렸다. 이로 인해 거란군들이 쳐들어오게 되었을 때, 개경의 방비가 없을 지경이 되었다.[66] 물론 이것은 최충헌의 독재를 비난하기 위한 설명으로 거란군이 개경까지 육박하게 된 근본적인 이유는 아니었다고 보여진다. 서경(평양)을 중심으로 한 방어체계가 조위총의 반란으로 거의 무너진 상태가 되었다

---

65 『고려사절요』 권11, 의종 19년 3월.
66 『고려사』 권129, 열전42, 반역3, 최충헌.

는 것이 이런 상황을 초래한 근본적인 원인이었다. 그러나 군령과 보고체제에 이상이 생긴 것도 사실이었을 것이다.

최충헌을 포함하여 최씨 가문은 능력 있는 군인들을 자신의 병사로 만들어 사병화했다. 최충헌은 거란의 침입 당시에 가병을 포함하여 중앙군을 동원해서 자신의 신변 보호를 위해 노력했다.[67] 이 점은 몽골과의 전쟁에서도 마찬가지였다. 최충헌은 자신이 거느린 사병 중에서 전쟁에 나가려고 자원하는 사람이 있으면 귀양을 보냈다. 따라서 이들은 최씨 가문에 개인적으로 충성을 다했기 때문에 국가의 공병 역할을 하지 못했다.

따라서 중앙군이 출정하더라도, 최충헌 등은 이들에 대한 감시와 견제를 했다. 예컨대 조충趙冲은 강동성 전투에서 거란병들을 격파하고 개선했다. 그러나 최충헌은 조충의 공이 알려지는 것을 두려워해서 개선 의식을 생략하고, 자신이 직접 출정 장군들에게 개인적인 연회를 베풀었다.

그러나 연회비용은 관료들에게 은을 거두어 충당했다. 또한 조충이 서경에서 계속 머무르려고 하자 최충헌은 그가 반란을 일으키지 않을까 두려워서 개경으로 급히 돌아오라고 했다. 또한 군공을 평가할 때에도 최충헌이 이를 주관하여 자의적으로 처리했다. 이로 인해 참전했던 장교 등이 뇌물로 벼슬을 얻는다고 불평을 하여, 100명이 죽게 되는 결과를 낳기도 했다.[68] 이러한 행태는 모두 최충헌에게 권력이 집중되었기에 생기는 현상이고, 이로 인해 군령체제는 권력자의 자의로 이루어지게 되었다.

인사권의 장악은 최씨 가문에 충성하는 인물들을 등용하면서, 인사 행정체계를 손상시켰다. 최충헌은 여종인 동화桐花가 원하는 남자인 흥해興海의 공생貢生 최준문崔俊文을 자신의 집으로 데려왔다. 최준문은 처음에 사환노릇을 했다. 이후 최준문은 군 장교인 대정으로 임명되었다가 뒤에 대장군까지 승진했다.[69] 이러한 승진은 최충헌의 개인적 총애를 이용해 가능했던 것이다.

이처럼 무신집권 이후 군령체제는 보고체계의 이완, 인사행정의 문제, 상벌의 평가

---

67 『고려사』 권129, 열전42, 반역3, 최충헌.
68 『고려사』 권129, 열전42, 반역3, 최충헌.
69 『고려사』 권129, 열전42, 반역3, 최충헌.

등에서 문제를 지니면서 점차 변화하기 시작했다. 여기에는 군인들을 뒷받침하는 토지제의 문란, 별초와 같은 임시적 군사조직의 공병화와 함께, 당시 국왕을 대신하는 절대권력자의 등장이 이를 뒷받침하는 요인이었다.

3) 양계 방어체제의 붕괴

양계의 방어체제는 무신 정변 이후 계속된 농민봉기 속에서 일차적으로 커다란 위기에 직면했다. 양계 지역은 잘 알려진 것처럼 국경 지역이기 때문에 남쪽의 5도와는 다른 통치체계를 지녔다. 즉 이 지역은 일반적인 지방행정 단위인 주현이 아닌 군사적인 방어를 위한 주진으로 편제되었다. 특히 1018년(현종 9) 지방제 개편 이후 서북계에는 점차 안북대호부와 10개의 방어사가 파견된 주州로, 동북계는 안변도호부와 3개의 방어사가 파견된 주와 주지사가 있는 동주東州, 3개의 현으로 이루어지게 되었다.[70] 따라서 이곳에는 행정을 군대조직과 연관시켜 방어사, 진사鎭使, 진장鎭將 등을 두었다. 이와 같은 조직은 이 지역이 거란, 말갈, 여진 등과 맞닿아 있는 국경지역이기에 군대 동원이 쉽도록 군지휘관이 행정직을 겸직하면서 주민들을 편제하기 위한 것이었다.

양계지역의 병마사는 남쪽 지역의 안찰사와 유사하게 이곳의 행정을 총괄했다. 또한 양계에는 분도分道를 두었는데, 여기에는 감창사監倉使 등이 파견되었다. 이를 통해 고려정부는 양계 지역에 군지휘관을 어느 정도 견제할 수 있도록 했던 것이다.[71]

양계 지역의 방어는 각 주진의 군대가 담당했다. 그런데 이 지역들은 단지 위와 같은 병마사, 방어사, 진사, 진장 이외에 장교로 도령都領이 있었다. 이들은 중간과 하급 장교인 중랑장, 낭장, 별장 등의 앞에 붙어진 이름이다.

원래 도령은 고려에 귀화한 여진인의 두령에게 주어진 이름이며, 지방군에 편입되는 경우 여진집단의 우두머리가 이들을 지휘하기 위해 주어진 것이라는 주장이 있

---

70 변태섭, 「고려양계의 지배조직」『고려정치제도사연구』, 일조각, 1984, 200~201쪽.
71 김남규, 『고려양계지방사연구』, 새문사, 1989, 44쪽.

다.[72] 반면에 여진에게 이 칭호를 주는 것은 잘못이며, 도령이란 양계 각 주진군에서 관직이 높은 무관이라고 보기도 한다.[73] 물론 도령은 여진인에게만 주어지는 호칭은 아님이 분명하다. 따라서 도령들이 이 지역에서 차지하는 위상은 적지 않았다. 그리고 무엇보다 이들은 지역인들의 지도자급 인물들이기도 했다. 따라서 도령들은 지역민들을 동원하여 외적을 방어하거나, 또는 정부에 반란을 일으킬 수 있는 존재들이었다. 원래 도령과 지역민들은 군사 체계 상으로 일종의 사병과 비슷한 관계가 되기 때문이다.

양계 지역 중에서 서북계는 항상 만주 지역으로부터 침략 위협에 대비해야 할 곳이었다. 특히 평안북도 지역은 거란의 1차 침공 당시 강동 6주를 확보한 이후 군사 상으로 가장 중요한 곳이 되었다. 아울러 서경은 잘 알려졌듯이 3경 중의 하나로 서북계에서 가장 중요한 도시였다. 따라서 서경은 지역 방어의 거점으로 각 지역을 연계시키고 보급 등에 이르기까지 여러 역할을 맡아했을 것이다.

이러한 양계의 방어체계는 각 지역에 건축된 성을 중심으로 정부에서 파견된 외관격의 지휘관이 도령 등과 같은 지역출신 지휘관의 협조를 받아 지역주민을 지휘하는 방식이다. 이후 정부가 파견한 중앙부대가 도착하여 협동작전을 구사한다.

양계 방어가 일차적으로 지역민들에게 맡겨진 만큼, 지역민들과 중앙정부의 관계는 중요했다. 지역민들이 중앙정부와 대립하게 되면, 지역 방위체계가 무너질 가능성이 커지게 될 것이다. 이런 점에서 지역민을 이끄는 도령들의 역할이 중요하지 않을 수 없었다.

양계 방어체계의 문제는 인종대 묘청의 반란으로부터 시작되었다. 묘청의 반란은 2년 가까운 세월이 소요되었고, 서경과 주변 지역민들의 참여로 인해 그들의 피해가 컸다. 특히, 이 반란 이후로 서경은 지역의 군사 거점이자 행정 중심지로서의 역할을 상당히 제한 받게 되었다. 그러나 이 때 양계 방어체계가 완전히 무력화되었던 것은

---

72 江原正昭, 「高麗の州縣軍にする一考察」『朝鮮學報』 28, 1963. 도령은 1073년 동여진의 부족장들이 고려에 귀순하여 고려 군현에 편입될 당시에 이들의 호칭이었다(『고려사』 권9, 세가9, 문종 27년 2월 을미).

73 이기백, 『고려병제사연구』, 일조각, 1968.

아니었다.[74] 또한 병마사에 의한 지휘체계 자체가 변화한 것도 아니었다.

> 어사대에서 아뢰기를, "압강도부서부사鴨江都部署副使 윤수언과 병선 11척과 군졸 2백
> 명이 익사한 것은 병마사가 제대로 지휘하지 못한 까닭이니 죄주시기를 청합니다." 하
> 니 따랐다.[75]

이 기사는 병마사의 잘못된 지휘 탓으로 수군이 익사한 사건이다. 이 사건이 일어
난 계기는 명확치 않지만 병마사의 지휘방식이 문제였던 것은 분명하며, 병마사가 지
휘권을 행사하고 있음을 보여준다.

병마사의 권한을 잘 보여주는 사건이 1163(의종 17)년에 있었던 서북면 병마부사
김광중의 압록강의 하중도 점령과 윤인첨 등의 항명사건이다. 지금의 의주 부근에 있
었던 정주, 인주 북쪽을 흐르는 압록강의 하중도는 고려와 금나라 사람들이 공유하고
있었는데, 김광중이 이 섬들을 수복하고 수비대와 둔전을 설치했다. 2년 후에 금나라
가 반환을 요구하자 의종은 이 섬을 반환하라고 명령했지만 윤인첨 등은 이 명령을
따르지 않았다. 결국 금나라 대부영주가 공격해서 섬을 지키던 수비대를 격파하고,
정주 방어별장 원상 등을 납치해 가는 사건이 터졌다.[76]

그러나 무신정변 이후 양계 지역의 방어체계는 흔들리게 되었다. 우선 서북면 지역
에서는 서경유수였던 조위총의 봉기가 일어났다. 이미 1172년(명종 2년) 창주(평안북
도 창성)와 철주(철산) 주민들의 봉기가 있었다. 그 뒤를 이어 1174년 조위총은 양계
지역에 봉기문을 돌리면서 중앙정부가 북계 지역민을 토벌하기 때문에 자위적 차원
에서 일어나야 한다고 지역감정을 자극했던 것이다. 당시 서북지역에서 연주를 제외
한 40여개 성이 호응할 정도로 중앙정부와 지역사회와의 갈등은 커져 있었다.

조위총 봉기의 진압은 2년 정도의 시간이 걸릴 정도였으며, 그만큼 지역 군인들이

---

74 동계에 있던 春州道가 인종대에 안찰사가 맡게 되는 道로 전환되었다. 이로 인해 양계지역 중의
일부가 감축되었다고 보기도 한다(변태섭, 『고려정치제도사연구』, 일조각, 1984, 226쪽).
75 『고려사절요』 권10, 인종 24년 11월.
76 『고려사절요』 권11, 의종 19년 3월.

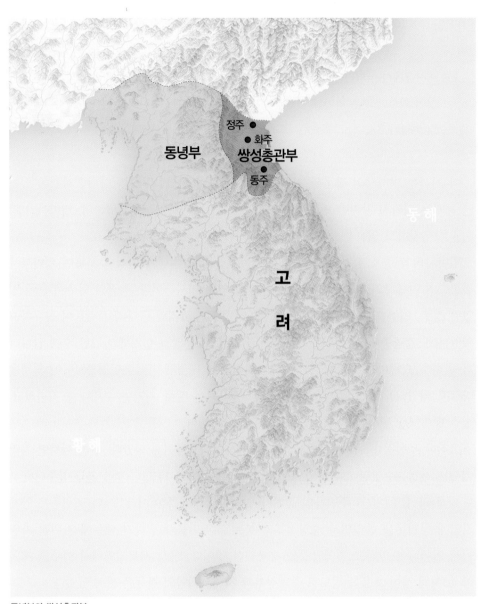

정주 ●
● 화주
쌍성총관부
● 동주

동녕부

동 해

고
려

황 해

동녕부와 쌍성총관부

여기에 동원되었다. 이 중 양계 지역의 도령들이 조위총의 봉기에서 맹활약했다. 이
로 인해 조위총의 봉기가 진압된 후 1178년(명종 8)에는 국왕이 양계 지역의 상장上

長과 도령들을 접견하고 이들에게 많은 선물을 내렸다.[77] 이것은 당시 이 지역의 불안이 계속되고 있기 때문에 봉기를 방지하기 위한 미봉책이었다.

나아가 양계 지역의 방어체계가 무너지게 계기는 몽골의 침입이었다. 1차 침입 당시 서북계 일부 성은 몽골군과 맞서 싸우기도 했다. 그러나 귀주성을 제외하고 북계 지역의 상당수는 항복하거나 쉽게 무너졌다. 몽골군의 힘이 강했기도 했겠지만, 이미 이 지역의 군사력과 중앙정부에 대한 충성도가 약화되어 있는 것이 이런 사태를 만든 한 요인이었다고 본다.

양계 지역의 붕괴는 고려정부가 강화도로 수도를 옮긴 이후 전국적으로 몽골침략에 대한 해도입보책海島入保策을 시행하면서 더욱 가속화되었다. 해도에 모든 주민들이 들어갈 수는 없었을 것이다. 시간이 지나면서 해도입보책은 한계를 가져왔으며, 양계 지역민들의 몽골 투항은 늘어갔다. 그에 따라 몽골은 양계 지역을 점차적으로 점령하게 되었다. 즉 1258년(고종 45) 용진현에서 조휘趙暉, 탁청卓靑 등이 무리하게 해도 입보를 추진하는 지방관에 대한 주민들의 불만을 이용해서 반란을 일으켰다. 이들은 고려의 지방관을 살해하고, 화주和州 이북의 땅을 가지고 몽골에 투항했다. 몽골은 이곳에 쌍성총관부를 설치했다.

또한 1269년(원종 10) 서북면 병마사기관인 최탄崔坦 등은 반란을 일으켜 북계 지역을 몽골에 넘겨주었다. 몽골은 역시 이곳에 동녕부를 둠으로써 양계 지역은 모두 몽골의 통치 하에 들어가게 된 것이다. 따라서 양계 지역의 기존 방어체계는 전혀 기능하지 못하게 된 것이다. 이곳의 복귀는 시간이 필요하게 되었다.

4) 치소성 중심에서 요해처 위주로의 방어방식 전환

몽골과의 오랜 전쟁은 방어 전술의 전환을 가져왔다. 그 이전의 방어는 병마사와 군지휘관 내지 지방관이 파견된 치소성을 중심으로 이루어졌다. 따라서 외적의 침입 시에는 한 개의 치소성을 중심으로 하여 주변 여러 지역민과 군인들을 결집시켜 적을

---

77 『고려사』 권19, 세가19, 명종 8년 9월 무자.

방어하면서 중앙부대의 구원을 기다리는 방식이었다. 그러나 이 방식은 외적이 거점 지역을 공략하면서, 그곳을 점령할 때까지 발이 묶이게 되는 것을 전제로 한 방어 형태였다. 또한 주변 지역민들이 치소성에 위치한 지휘관의 동원 명령과 협조에 따라야 한다는 것을 전제로 한 것이다. 특히 양계 지역의 방어시스템이 제대로 작동하고 있어야만 치소성 중심의 방어 방식이 효율성을 발휘할 수 있었다. 그렇다고 치소성 이외의 지역에서 고려군이 방어전을 펼치지 않은 것도 아니었다. 거란과의 전투에서 보였듯이, 고려군이 지역단위로 주변의 산성에 들어가 방어를 하기도 했다.

그러나 양계 지역의 방어체계가 무신정변 이후 약화되었다. 여기에 더해 몽골군의 전술은 기존의 치소성 중심의 방어방식을 전환하게 하는 계기를 마련했다. 몽골군은 장기 포위전을 기피하고, 거점을 우회해 한꺼번에 여러 지역을 공략하기도 했다. 그들은 빠른 기동력을 이용해 병가에서는 금기로 알려진 병력의 분산을 두려워하지 않았다. 이들이 주변 군현을 동시에 공략하므로 치소성 주변 군현의 지원병력이 성으로 들어갈 시간적 여유를 갖기 어려웠다.

몽골과의 전쟁에서 초반기에 고려정부도 기존의 전술을 답습했다. 1231년(고종 18) 몽골의 1차 침략 당시 북계 지역에서 방어를 하고 있는 동안에, 정부는 3군을 편성하여 정면 대응을 시도했다. 그러나 안북성에서의 패배 이후에 고려정부는 정면 승부를 포기하게 된다. 다만 귀주성은 치소가 있는 읍성이지만,[78] 한 달 정도 전투를 지속하면서 방어에 성공했고, 또한 충주성 역시 노군별초에 의한 방어전에서 승리를 거두었다. 이곳 역시 이후에 벌어지는 충주산성이 아닌 치소성으로 추정되고 있다.[79] 그러나 1차 침공 당시부터 몽골군은 수도였던 개경을 위협했던 것이다. 그리고 앞서 보았듯이 고려정부는 기존의 전략을 포기하고 강화도로의 천도를 시도하는 한편, 각 지역에 산성 및 해도입보책을 시행했음은 잘 알려진 바이다.

그 결과 치소성 중심의 방어방식은 새롭게 재검토될 수밖에 없었다. 해도입보책은 중앙군의 지원이라는 전제가 없어지고, 각 지역에 방어를 자율적으로 맡기는 방식이 되었기 때문이다. 더구나 치소성의 상당수가 평지에 자리잡고 있었기 때문에 방어방

---

78 윤무병, 「고려 북계지리고」 하, 『역사학보』 5, 1953, 41쪽.
79 윤용혁, 『고려대몽항쟁사연구』, 일지사, 1991, 249쪽.

광주성(남한산성) 북쪽성벽(경기 광주)
이세화가 몽골과의 전투에서 승리한 곳으로 추정된다.

식은 산성, 특히 요해지를 중심으로 이루어져야 했다.

이미 수도로 옮긴 강화도 자체가 조운의 중심지라는 측면에서 중요한 요해처이기도 했다. 강화도는 한강, 임진강, 예성강의 하류지역을 관제할 수 있는 요충지였다. 그와 마찬가지로 몽골의 2차 침략부터 요해지를 지키는 방어방식을 이용하려 했다. 예를 들어 경기도 광주의 경우에는,

이해 여름 국가가 오랑캐의 침략 때문에 도읍을 옮기게 되었는데 광주廣州는 중도中道의 거진巨鎭이었기 때문에 조정에서 적임자를 논하고 공(이세화李世華)을 파견하여 지키게 했다. 겨울 11월에 몽골의 대병력이 수십 겹으로 포위하고 온갖 계략으로 공격해오기를 수개월에 이르렀다. 공은 밤낮으로 성을 수리하고 방비하며 사기事機에 따라 응변하되 뜻밖의 계책을 내어 혹은 사로잡고 죽임이 심히 많으니 오랑캐들이 불가능함을 알고 드디어 포위를 풀고 물러갔다. 광주는 남쪽 길의 요해지에 해당하니, 이 성이

함락되었다면 나머지의 일은 알 수 있는 것이다.[80]

송문주 위패(경기 안성 죽주산성 내 충의사)

라고 했다. 이세화는 고려정부의 명령에 따라 요해지인 광주를 방어하기 위해 파견되었던 것이다. 그는 1232년 당시에 예빈소경 어사잡단의 중앙관리로 이곳에 부임했다. 또한 이세화가 지켜낸 광주성은 일장산성日長山城, 즉 현재의 남한산성이고 치소가 있는 곳에서 5리 정도 떨어져 있었다.[81] 따라서 이곳의 방어부대는 약간의 중앙군과 광주민, 지역군이었을 것이다. 이들은 산성으로 입보하여 방어를 맡았을 것이며, 이는 요해처로의 방어방식 전환의 한 사례로 보인다.

이후 안성 지역의 죽주산성과 같이 방어별감이 파견된 요해처에서는 몽골군에 대적하며 방어전을 수행했다. 이 점은 깊은 산 속에 자리잡고 피난에 이용했던 강원도 설악산의 권금성 등과는 그 성격을 달리하는 것이다. 죽주산성의 경우는 경기 남부 지역의 교통 요지로 현재의 용인, 안성과 충청지역으로 내려가는 길목에 자리잡고 있었다. 주지하듯이 이곳은 몽골의 1차 침략 당시에 귀주성 전투의 지휘관 박서 아래에 있던 송문주宋文冑가 방어별감으로 파견되어 몽골군을 막아내는 것에 성공했다.

그리고 1253년(고종 40)의 충주산성 전투 역시 위와 비슷한 경우이다. 몽골군 총사령관이던 야굴也窟이 충주를 공략했는데, 당시 이곳 방어의 책임자는 처인성 승리의 주역인 김윤후金允侯였다. 그는 충주산성의 방호별감으로 임명되었다. 그가 맡은 충주산성은 충주시내에서 동남쪽 약 4Km 떨어진 곳에 위치한다. 몽골군은 이곳을 70여일을 포위하고 공략했지만, 결국 함락시키지 못했다. 충주산성의 승리는 결국 몽골군의 경상도 침략을 막을 수 있는 계기가 되었다. 이처럼 요해처 방어로의 방식 전환은 나름대로 효과가 없었던 것은 아니었으며, 대규모 정규군이 동원될 수 없는 상황에서

---

80 이규보, 「고조의대부 사재경 우간의대부…」『동국이상국후집』권12.
81 윤용혁, 앞의 책, 1991, 255쪽.

가능한 것이었다. 물론 이것은 최씨 정권 자체가 정권의 보위를 우선적으로 고려하여 중앙군을 동원하지 않으려는 결과 때문이기도 했다. 또한 2군 6위라는 중앙부대의 점차적 해체가 요해처 위주의 방어방식으로의 전환을 가져왔다.

이처럼 몽골과의 전쟁은 고려전기까지 고수해왔던 고려 군제의 여러 형태에 변화를 요구했다. 특히 무신정권의 붕괴와 왕정 복구는 몽골과의 전쟁의 결과이면서, 과거와 다른 새로운 군제를 요구하게 되었던 것이다.

제3절

삼별초의 봉기와 활동

몽골과의 화해가 성립하고 고려 정부가 개경 환도를 결정하자 삼별초가 동요했다. 삼별초는 최씨 정권의 군사기반이었지만 최의의 살해, 이어지는 김준의 제거에서 주도적 역할을 한 부대도 삼별초였다. 최씨 정권이 오래 지속되면서 그 내부에서 결속력이 약화되었다. 특히 야별초와는 설립동기가 다른 신의군이 야별초와는 거리감이 있었던 모양으로 이 두 번의 정변에 주도적 역할을 한 부대는 신의군이었다.

김준을 죽이고 새롭게 권력자가 된 임연은 삼별초와 6번 도방을 자신의 휘하에 두었다. 그런데 임연은 1269년 국왕인 원종을 폐위시키고, 아우인 안경공 왕창에게 왕위를 넘기도록 했다. 몽골은 왕위 계승을 인정하지 않고 폐위경위를 정확히 밝히라고 요구했다.[82] 그 결과 임연은 원종을 복위시키지 않을 수 없었다. 몽골은 몽가독蒙哥篤에게 군대를 거느리고 서경에 주둔케 했다. 이들은 고려 세자(후일 충렬왕)의 요청으로 파견된 군대였다.[83]

임연은 원종이 개경으로 돌아갈 것을 염려했다. 그에게 개경 복귀는 곧바로 권력의 상실을 의미했기 때문이다. 그는 일부 군대를 황주黃州, 신의군을 초도椒島에 배치했다. 당시 평안도 지역에서 반란을 일으켰던 최탄 등은 임연의 무리가 제주도로 들

---

82 『고려사절요』 권18, 원종 10년 8월.
83 『고려사절요』 권18, 원종 11년 1월.

삼별초 사당과 배중손 동상(전남 진도)

어갈 것이라고 몽골군 사령관 몽가독에게 알려주었다.[84] 임연은 원종과 세자가 몽골의 수도 연경에 들어간 사이에, 야별초를 여러 도에 보내 백성들을 섬으로 이주시켰다. 그는 다시 한번 몽골과 항전을 단행할 태세였지만, 원종이 쿠빌라이의 군대를 빌려 고려로 진입하자 근심하다가 사망하고 말았다. 임연이 사망하자 그의 아들 임유무가 권력을 계승했지만, 1270년 5월 그의 매부인 홍문계와 송승례가 삼별초를 동원하여 임유무를 살해하고 그의 일당을 소탕했다.[85] 이로써 무인정권은 완전히 종식되고 왕정 복구가 이루어졌다.

왕정 복구 후 첫 번째 조치는 무신정권의 측근기구인 서방 3번의 폐지였다. 서방은 최충헌대 이후 문사들이 근무하던 기구였다. 고려정부는 원종이 아직 돌아오지 못했지만, 곧바로 옛 서울인 개경으로의 환도를 사람들에게 알렸다. 그러나 이 조치는 삼별초의 동요를 불러일으켜, 국가의 창고를 약탈하는 결과를 가져왔다.

84 『고려사절요』 권18, 원종 11년 1월.
85 『고려사절요』 권18, 원종 11년 4월 ; 『고려사』 권130, 열전43 반역 임연 임유무.

뒤이어 원종은 개경으로 돌아와 장군 김지저를 강화도에 파견하여 삼별초를 해산하는 조치를 취하게 된다. 김지저가 삼별초의 명부를 개경으로 가져가려 하자 삼별초는 봉기를 결심하게 된다. 이들은 명부가 몽골의 손에 넘어가는 것을 두려워했다. 삼별초는 2군 6위가 거의 해체된 가운데 몽골과의 항쟁에 동원되었으므로 그에 따른 보복을 두려워했던 것이다. 설사 보복의 차원이 아니라고 해도, 삼별초는 개경 환도로 인해 기존 특권을 모두 빼앗기게 될 것이라고 생각했다.[86] 이들은 몽골이 고려정부의 무력기반을 그냥 두지 않을 것이라는 점을 잘 알고 있었다. 특히 삼별초는 김준이 최씨 정권의 마지막 집정자인 최의를 죽일 때나 임연인 김준을 죽였을 때 등과 같은 정치적 고비에 중요한 역할을 했다. 이런 와중에서 삼별초는 자신들의 생계는 물론이고, 때로는 숙청 대상자의 물건 등을 챙길 기회가 있었을 것이다.

결국 삼별초는 해산명령이 전달된 다음날인 6월 1일에 장군 배중손裵仲孫, 야별초지유 노영희盧永僖등을 중심으로 반란을 일으켰다.[87] 다만 삼별초 전원이 반란에 가담한 것은 아니었다. 특히 임유무 등의 제거에 주도적으로 활동했던 장병들 일부는 이미 국왕편에서 활동하고 있었다.

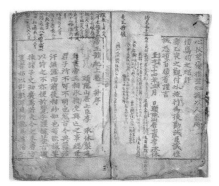

『제왕운기』
제왕운기의 저자인 이승휴도
삼별초군에게 잡혔다가 탈출했다.

삼별초는 몽골군이 인민을 살육하고 있다는 명분으로 사람들을 모았다. 상당수의 관료들은 삼별초의 반란소식을 듣고 배를 타고 강화도를 탈출하려고 했다. 이 때 삼별초는 승화후 왕온王溫을 국왕으로 삼아 새로운 정권을 만들었다. 이것은 원종과 현 정권을 인정하지 않겠다는 의지의 표현이었다. 따라서 이들은 독자적인 정권을 수립하여 몽골과의 전쟁을 계속 수행하려 했다. 결국 삼별초의

---

86 삼별초 반란의 원인은 지금까지 환도 반대와 몽골에의 저항으로 알려져 왔다. 그러나 최근에는 삼별초의 해체에 따른 특권의 박탈 등과 같은 내부적 요인에서도 찾으려는 경향이 있다. 그렇다고 몽골에의 저항이 중요한 요인이 아니었다는 의미는 아니다.
87 『고려사』 권26, 세가26, 원종 11년 6월 기사.

교동도

▲ 별립산(부락사)

강도

● 강화고읍

◎ 구포

● 외포

석모도

삼별초의 남행 시발지 구포항

봉기는 몽골과의 유화정책에 대립하는 강경론자들의 실질적인 행동이었다.

그러나 원종 초반기에 이루어진 강화도의 내, 외성 파괴와 육지로 나가기 위한 여러 조치로 인해 강화도에서 몽골과의 전쟁을 지속할 수 없었다. 삼별초는 당시 퍼지고 있었던 해도재천론海島再遷論에 주목했을 것이다. 해도재천론은 1260년(원종 1) 고려가 급박해지면 제주도로 옮길 것이라는 소문이다.[88] 삼별초 역시 새로운 항쟁기지로 섬에 주목했다.

삼별초는 강화도 내부에 있던 관료들 뿐만이 아니고 군인들에게 선택을 요구했다. 반란에 동요하지 않는 많은 관료나 장교, 군인들이 강화도를 탈출했고, 이를 막아서는 삼별초군에게 사로잡히거나 죽임을 당했다.[89] 또 삼별초는 섬에 남아 있던 관료의

---

88 『고려사절요』 권18, 원종 원년 2월. 이에 대해서는 윤용혁, 『고려 삼별초의 대몽항쟁』, 일지사, 2000, 113쪽 참고.

89 장군 현문혁의 경우가 대표적이다. 그는 적선 4, 5척이 추격하자 활을 뽑아 이들을 제지하지만 끝내 사로잡히고 말았다. 이 때 그의 아내는 두 딸을 이끌고 스스로 강에 빠져 사망했다. 이후 현문혁은 결국 탈출하여 개경으로 돌아왔다(『고려사』 권121, 열전34, 열녀 玄文奕妻).

용장산성(전남 진도)

처자를 사로잡고 재산을 몰수했다. 특히 부인과 딸은 자신들의 아내로 삼았는데, 여기에는 일종의 인질적 의도도 있었던 듯 하다.

삼별초는 강화도에서 많은 군사들이 탈출하여 병력이 부족하게 되자, 모든 배를 모아 재물과 가족을 싣고 남쪽으로 향했다. 그 규모는 1,000여척이었던 것으로 보아 1만명 이상의 인원이 움직였을 것이다. 물론 여기에는 자발적이 아닌 협박 등에 의해 끌려간 인물들도 상당히 많았다.

고려정부는 신속히 움직였다. 정부는 김방경을 역적추토사逆賊追討使로 임명하고 군사 60여명으로 추격하게 했는데, 여기에는 몽골군 1천여 명이 참여했다. 삼별초군의 배는 영흥도[90]에 머물러 있었다. 김방경은 돌격을 하려 했지만, 몽골군 사령관이 이를 두려워서 말렸다. 삼별초군은 포로로 잡고 있던 사람들을 일부 놓아둔 상태로 도망할 수 있었다.

========

90 이곳은 경기도에 있는 대부도 서쪽에 있으며, 조선시대 목장이 있었다(『신증동국여지승람』권9, 경기 남양도호부).

삼별초군이 최종적으로 도착한 곳은 진도였다. 진도는 옆의 완도에 청해진이 설치되었던 것처럼 서해와 남해를 잇는 해상 교통의 중심지였다. 이곳은 양쪽을 잇는 조운로를 제압할 수 있는 장소였다. 특히 섬의 규모가 강화도보다도 크기 때문에 입지적인 면에서는 이전의 강화도와 유사한 면이 많았다. 다만 진도가 너무 넓어서 해안선의 전역 방어가 어렵다는 단점도 있었다. 삼별초군은 규모는 알 수 없지만, 해군력을 바탕으로 하여 진도를 거점으로 한 전라도와 경상도 일부 지역에 영향력을 행사하는 것에 문제가 없을 것으로 보았다.

조선 세종 때 편찬된 『삼강행실도』의 「홍송주역」

그들은 진도 내에서 용장사가 있던 주변에 용장산성을 중심으로 궁궐을 지었다. 아울러 삼별초군은 전라도 안찰사에게 거짓으로 황제의 명령이라고 꾸며서 백성들을 섬으로 옮기도록 했다.

9월에 이르러 삼별초군은 전라도 지역의 공략을 시작했다. 전라도 토적사인 신사전이 전라도 나주에 도착했지만, 삼별초군이 공격한다는 소문을 듣고 도망쳤다. 또한 전주부사 역시 성을 버리고 도망쳤다. 고려 정부는 이 두 사람을 파면했다. 삼별초군은 장흥부에서 정부군 20여명을 죽이고 재물과 곡식을 약탈했으며, 점차 나주 등지

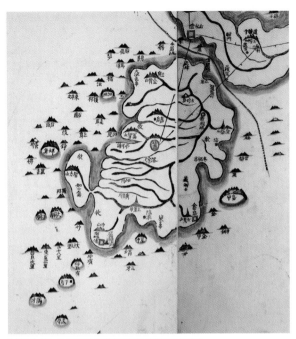
『대동여지도』의 진도와 용장성(규장각한국학연구원)

로 진출할 기세였다. 이들은 전라도 남부지역을 점령하면서 점차 북상하고 있는 중이었다.

그러나 전라도 나주는 고려 초 이래 왕실과 깊은 관련을 맺고 있는 지역이었다. 나주부사 박부朴琈 등이 항복을 망설이고 있을 때, 나주 호장인 정지려鄭之呂와 사록 김응덕金應德 등이 중심이 되어 삼별초군과의 전투를 준비했다. 이들은 금성산성을 중심으로 목책을 만들고 방어전을 치렀다. 결국 삼별초군은 나주를 점령하지 못했다.[91]

삼별초군은 나주를 포위하면서 일부부대를 전주까지 진군시켰다. 놀란 전주사람들이 나주사람들과 항복을 논의한다는 첩보가 고려정부군 사령관인 김방경에게 알려졌다. 김방경은 토벌군을 모아 지름길을 통해 전주 근처까지 나아갔다. 그리고 그는 전주에 곧 1만명을 거느리고 들어갈 것이기에 군량을 준비하라고 통보했다. 이로 인해 나주까지 이 일이 알려지게 되었고, 삼별초군은 이 첩보를 입수하고 나주의 포위를 풀어야 했다.[92] 삼별초군의 나주와 전주 점령의 실패는 이후의 세력확장에 커다란 장애가 되었다. 점령 실패로 인해 삼별초군은 전라도에서 세력확장의 요지를 얻지 못한 것뿐만 아니라, 지금까지 추이를 관망해 오던 전라도의 다른 지역민들을 정부측에 서도록 만들었던 것이다.

---

91 『고려사절요』권18, 원종 11년 9월.
92 『고려사절요』권18, 원종 11년 9월.

금성관(전남 나주)

11월에 삼별초군에서 도망쳐온 홍찬 등은 김방경 등이 삼별초와 내통한다는 거짓 정보를 흘려서 정부군 내부에서는 일시적으로 혼란이 있었다. 삼별초군은 이 틈을 이용하여 제주도를 점령했다.[93] 삼별초군은 기존의 내륙 진출에서 제해권의 장악과 함께, 후방기지의 확보를 노렸던 것으로 보인다. 정부측에서도 삼별초의 제주 침공을 예상하고 270여명을 제주도에 파견해 두었지만, 모두 삼별초군에게 전멸을 당했다.

김방경은 토벌군을 이끌고 그 달에 진도에 도착했다. 삼별초군은 해군력에서 정부군을 압도했다. 몽골군 사령관인 아해阿海는 전투를 포기하고 전라도 나주로 후퇴하려 했다. 김방경은 이를 말리고 혼자서 군함을 돌진시켰다. 김방경의 군함은 적에게 포위되어 화살 등도 다 떨어지고, 군인들도 거의 부상당한 상태로 커다란 위기에 놓였다. 김방경은 스스로 바다에 떨어져 자살하려고 했지만, 주변의 위사衛士들이 이를 말리면서 결사적으로 싸웠다. 이 때 고려군의 일부가 돌진하여 김방경은 겨우 포위를 빠져 나올 수 있었다.[94] 이로 인해 고려군의 해상 전투에서 적극적이지 못하다는 취약

---

93 『고려사』 권26, 세가26, 원종 11년 11월 기해.
94 『고려사』 권104, 열전17, 김방경.

남도 석성(전남 진도, 한국학중앙연구원)
삼별초군 최후의 항전지 중 하나로 알려져 있다.

점이 드러났다. 고려군은 해전에서 삼별초군에 열세였다. 고려정부는 이 때 돌진하지 않았던 장군들을 교체하는 한편, 진도에 사신을 보내 회유책을 구사했다.

정부군의 토벌작전이 지지부진해지면서, 삼별초군의 동조자들이 각 지역에서 생겼다. 경상남도 밀성(지금의 밀양)에서는 그 지역의 관인 신분층과 지역세력가들이 진도의 삼별초군과 호응하기 위해 반란을 일으켰다. 이들은 공국병마사功國兵馬使라고 부르면서 각 지역에 공문을 보내 지방관을 죽인 후에 참여하라고 권유했다. 이들의 반란은 같은 지역출신의 조천趙阡의 배신으로 진압되었다.[95] 특히 이 사건은 주모자급만 200명에 달하는 큰 규모였다.[96]

또한 관노官奴인 숭겸, 공덕 등은 개경에서 무리를 모으고 다루가치와 관료들을 죽이고 진도로 가려 했다. 이들에 대한 정보는 곧 정부에 알려졌는데, 재상들과 무관들이 이들의 움직임에 크게 당황할 정도였다. 원종은 몽골의 틸타아에게 도움을 요청했

---

95 『고려사』 권27, 세가27, 원종 12년 1월 병술.
96 김윤곤, 「삼별초정부의 대몽항전과 국내외 정세 변화」 『한국중세사연구』 17, 2004, 66쪽.

고, 그는 숭겸 등 10여 명을 체포했다.[97] 이런 사건들은 고려정부의 환도와 몽골과의 화해에 반대하는 세력과 민심이 상당했음을 보여준다. 이에 따라 삼별초군은 남해안에 상당한 지지기반을 구축할 수 있었다. 이 지역민들의 지지가 없었다면 불가능한 일이었다. 그래서 1271년(원종 12) 고려정부가 몽골에 보내는 진정표에서 삼별초의 피해로 인해 경상도 금주(김해), 밀성

진도 벽파진에서 본 해협
건너편 포구에 김방경의 관군이 주둔했다.

(밀양), 남해, 창선, 거제, 합포 등이 모두 약탈을 당해 곡물의 수송이 불가능할 지경이라고까지 말하고 있었다.[98]

그럼에도 삼별초군은 이들 지역을 점령하여 지배할 정도까지 이르지는 못했다. 주로 삼별초군은 남해안의 몇 지역을 침입하는 게릴라식의 전술을 구사했다. 전라남도 장흥부 조양현(보성), 경상도 합포(마산) 등이 그러한 사례였다. 이 외에도 여러 지역이 이들의 약탈 대상이 되었을 것이다. 그러나 삼별초군의 문제는 게릴라식의 전술 이상을 구사하기 어렵다는 점에 있었다. 이들은 장기적 계획에 따라 자신들의 세력을 확장하려는 전략이 없었다. 따라서 정부군의 토벌이 본격화한다면 이 문제는 자신들의 존립에 최대의 위협이 되는 요소였다.

이 무렵 삼별초군은 1271년(원종 12) 일본의 가마쿠라 바쿠후에 문서를 보내 일본과 연계를 맺으려 노력했다.[99] 당시 삼별초군은 몽골과 고려정부가 대규모 토벌을 준비하려는 점을 인식하고 있었다. 삼별초군은 몽골과 고려연합군이 일본을 정벌하려 한다는 점을 이용하여, 일본과 연계하려 했다. 그러나 일본의 원조는 이루어지지 않

---

97 『고려사』 권27, 세가27, 원종 12년 1월 계사.
98 『고려사』 권27, 세가27, 원종 12년 3월.
99 유영철, 「「高麗牒狀不審條條」의 재검토」 『한국중세사연구』 창간호, 1994.

전 승화후 왕온 묘(전남 진도, 한국학중앙연구원)
삼별초군이 왕으로 추대한 승화후 왕온의 묘라 전한다.

앉다. 진도의 삼별초군이 고립을 위해 노력하려 했지만, 실패로 돌아간 것이다.

고려정부와 몽골은 진도 공략을 위한 준비에 들어갔다. 몽골은 고려에 파견된 아해를 흔도忻都로 교체했는데, 흔도는 더위와 장마가 있기 전에 병력을 출동하도록 했다. 당시 삼별초군은 30여 개 섬을 점거하고 있는 상태였다. 몽골은 진도 부근의 260척 이외에 140척과 6천명을 더 동원하도록 고려측에 요구했다.[100] 고려정부는 군대를 점검한 후에 정원에 모자란 부분을 문무관 산직과 백정, 잡색雜色, 승려를 검열해서 여기에 충당했다. 나아가 충청도와 경상도 지역의 군인을 징발했다.

5월 1일 몽골에 붙어 있던 홍다구가 자신의 부대를 데리고 진도로 출발했다. 당시 동원된 몽골군은 6천명이었다. 고려측에서는 곧이어 3군이 토벌에 참여했다. 여기에는 해군 3백명이 동원되었는데, 노를 젓는 수수水手가 부족하여 4품관 이상의 집에서 종을 한 명씩 뽑아내 여기에 충당했다.

고려측 총사령관 김방경은 중군을 거느리고 진도의 벽파정碧波亭을 향해 진격했다. 희옹과 홍다구는 좌군을 이끌고 장항樟項으로, 대장군 김석 등은 우군으로 동면東面에서 들어갔다. 이 때 동원된 전투함이 100여 척이었다.

삼별초군은 벽파정에서 중군과 맞섰다. 홍다구는 먼저 진격하여 불을 놓아서 협공을 하자, 삼별초군의 함대는 흩어지면서 우군 측으로 이동했다. 우군은 삼별초과 싸우지도 못하고 두려워서 중군 쪽으로 가려다가 배 두 척이 사로 잡혔다. 이후의 전투과정은 기록이 자세하지 않는데, 삼별초군이 정부군을 업신여겨 방비를 하지 않았기에 결국 패배했던 것

---

100 『고려사』 권27, 세가27, 원종 12년 4월 정사.

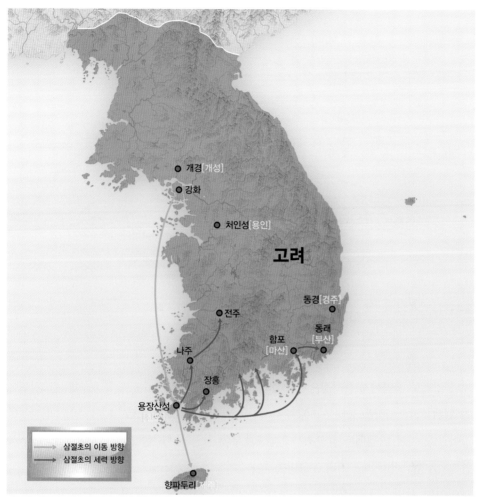

삼별초의 항쟁

으로 되어 있다.[101] 진도는 함락되었으며, 삼별초군의 왕이었던 승화후 왕온이 살해되었다.

살아 남은 삼별초군은 김통정金通精을 따라 제주도로 들어갔다. 남해현에 있던 삼별초군 역시 80여 척의 배를 타고 제주로 들어갔다. 제주도로 들어간 삼별초군은 내성과 외성을 쌓고 해안 지역을 약탈했다. 예컨대 이들은 회령군(전라도 강진)에서 조운선 4척을, 그리고 대포大浦(지금 전라도 고부)에서는 조운선 13척을 약탈하기도 했다. 이들은 6월에 안행량을

---

101 『고려사절요』 권19, 원종 12년 5월.

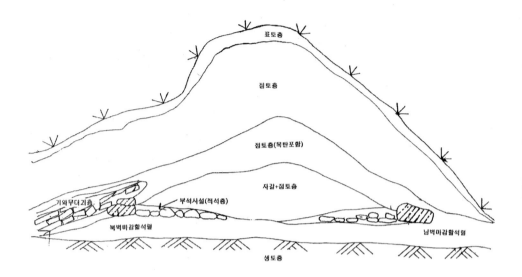

항파두리 성벽 축조상태(토성 단면)
북제주군·제주문화예술재단 문화재연구소, 앞의 책, 2002, 79쪽.

지나 경기도 지역까지 올라감으로써 개경을 공포에 빠트리기도 했다.[102] 9월에는 고란도에 침입하여 전함 6척을 불태우고 홍주부사인 이행검과 결성(충청남도 홍성)·남포의 감무를 잡아갔다. 이어 11월에는 삼별초가 안남도호부에 침입하여 전함 20척을 불태우고 몽골 봉졸烽卒 4명을 잡아갔다. 그리고 삼별초군이 경기도인 영흥도에 와서 정박할 정도였다.

이처럼 삼별초군은 진도가 함락되었음에도 활동 영역은 오히려 더욱 넓어지고 대담해지고 있었다. 이 때 몽골에 보고된 것에 따르면 삼별초군은 전함 11척에 군사 390명을 태우고 경상과 전라도의 조운선을 공략하려고 했다고 한다. 당시 피해상황은 빼앗긴 배가 20척, 식량 3,200석, 피살자 12명, 포로가 된 자가 24명으로 보고되었다.[103] 이들은 다음 해 1월에 합포(마산)에 침입하여 전함 32척을 불태우고 몽골군 10여명을 죽이기도 했다.

102 『고려사절요』 권19, 원종 12년 6월.
103 『고려사』 권27, 세가27, 원종 13년 6월 임자.

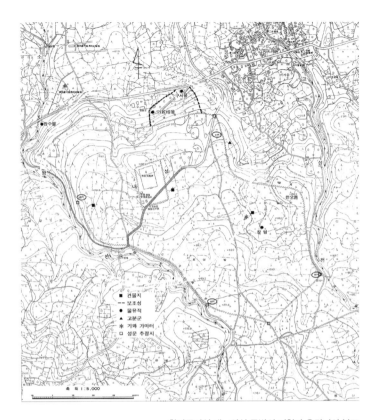

항파두리성 내·외성 주변의 지형과 유적지의 분포
북제주군·제주문화예술재단 문화재연구소, 앞의 책, 2002, 28쪽.

항파두리성 남문지 동편 토성
북제주군·제주문화예술재단 문화재연구소, 앞의 책, 2002, 80쪽.

항파두리 항공유적지 항공촬영(500m 상공, 접합사진)
북제주군·제주문화예술재단 문화재연구소, 앞의 책, 2002, 전체 세부 항공촬영도.

항파두리 항몽유적지 전경
북제주군·제주문화예술재단 문화재연구소, 앞의 책, 2002, 전체 세부 항공촬영도.

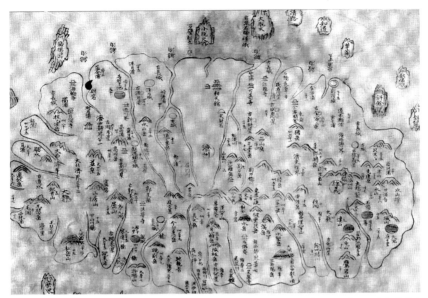

『고지도첩(古地圖帖)』 중 탐라전도(耽羅全圖)에 나타난 옛 장성
북제주군·제주문화예술재단 문화재연구소, 앞의 책, 2002, 188쪽.

『조선강역총도』 중 제주에 나타난 옛 장성
북제주군·제주문화예술재단 문화재연구소, 앞의 책, 2002, 188쪽.

현 애월초등학교 뒤편에 있는 애월진성
북제주군·제주문화예술재단 문화재연구소, 앞의 책, 2002, 191쪽.

고려정부는 이들을 토벌하기 위해 전함병량도감을 만들어 전투함을 만드는 한편, 장군 나유羅裕를 파견하여 군사 1,550명을 모집하여 전라도 지역에서의 토벌을 계획했다. 드디어 몽골은 군사 6천명과 노잡이 3천명을 동원하도록 했으며, 그에 따라 고려정부는 초군별감招軍別監을 여러 도에 파견했다.

1273년(원종 14) 1월에는 문하시랑평장사인 김방경을 다시 판추토사判追討使에 임명했다. 그는 중군행영 병마원수라는 직책으로 자신은 정예 기병 8백명 등을 거느리고 출발했다. 이후 김방경은 몽골의 흔도, 홍다구와 함께 반남현(전라도 나주)에 도착했다. 이들 연합군의 총 병력은 1만명이었다. 제주로 항해하려 할 당시 바람 때문에 상당수의 전함이 크게 흔들리게 되자, 그는 전라도에서 온 160척을 데리고 출발했다.

추자도를 출발한 고려 몽골 연합군은 중군은 제주 남쪽의 함덕포로 진입했다. 삼별초군은 상륙을 기다리면서 암초 사이에서 기다렸으나 중군을 막아내지 못했다. 또한 고려 좌군의 전함 30척은 비양도로 거쳐 진입했다. 삼별초군은 외성 안으로 후퇴했는데, 몽골군과 고려군은 새로 선보인 화약무기와 화공으로 이들을 공략했다.[104]

---

104 『고려사』 권104, 열전17, 김방경.

「탐라순력도」「애월조점」 중 애월진성(삼별초 축조)
북제주군·제주문화예술재단 문화재연구소, 앞의 책, 2002, 190쪽.

삼별초군은 혼란에 빠졌고, 지휘자인 김통정은 70여 명을 거느리고 한라산 방향으로 도주했다. 외성이 무너지면서 내성의 삼별초군은 항복했다. 이 때 포로가 된 사람들은 1,300여명이었다. 흔도는 몽골군 5백명을, 김방경은 1천명을 이곳에 주둔시켰다. 홍다구는 제주도에 남아서 한라산으로 도망친 잔당을 소탕했다. 얼마 후 김통정은 동굴에서 자살한 시체로 발견되었다. 그러나 완전한 소탕을 불가능했다. 일부 생존자들은 여러 섬이나 일본으로까지 이주했다는 전설이 전해지고 있다. 김방경은 토벌군을 이끌고 전라도 나주에 온 후에 삼별초군의 주모자급 35명을 처형한 후에 지방군을 해산시켰다. 이로써 삼별초군의 항쟁은 끝나게 되었던 것이다.

삼별초의 항쟁 결과는 오랫동안 정예군으로 활약해 왔던 인적 자원의 상실을 의미하는 것이기도 했다. 2군 6위의 중앙군이 약화되고, 최씨 무신정권 하에서 삼별초는 군사조직의 상당 부분을 차지했다. 이들 중의 상당수가 반란에 참여했을 것이기에, 고려 군사력은 상당한 손실을 입었다고 할 수 있다. 이들의 전투력은 상당할 정도였다. 고려정부는 이들의 진압이 끝난 후에 제주도의 반란군이 제압하기 어려워 몽골군을 불렀다고 할 정도였다. 고려정부는 군대 동원이 쉽지 않게 된 것이다. 1차 일본 원정에 동원된 8,000명 정도를 동원한 후에, 고려정부는 제주의 다루가치가 제주를 수비할 병력으로 4천명을 요구했을 당시에 근시近侍를 맡은 병졸까지 징발해야 정도였다.[105] 결국 고려군 조직은 새롭게 바뀌어야 할 처지에 놓이게 되었다.

---

105 『고려사』 권28, 세가28, 충렬왕 원년 8월 정미.

제7장

원 간섭기
고려와 군사제도

제1절

개 관

고려후기에 해당하는 원간섭기 군제에 대해서는 광복 이전의 연구와 광복 이후의 연구에서 큰 차이를 보인다. 광복 이전의 연구에서는 고려정부의 독자성 상실로 고려 병제가 와해되었고, 몽골의 병제가 이식된 숙위군제만 명목상으로 유지하는 것으로 이해했다.[1] 광복 이후의 연구에서는 무인집권기를 기점으로 군제 상에 큰 변화가 일어나는 전환기로 이해하기 시작했다. 무신정변을 전후한 시기에 사회 경제적, 또는 정치계의 변동으로 인해 전기 군제가 크게 변질되었다고 보았다.

고려전기의 군제는 이미 별무반을 조직하는 것에서부터 변화의 단서가 나타난다. 무인집권기에는 2군 6위 중심의 기존 군사조직은 유지되었지만, 이미 형식적이 된 것으로 이해했다.[2] 즉 무신정권을 기점으로 고려의 군제를 전기와 후기로 구분할 수 있으며, 무신정권기에 전기의 군제가 변질·붕괴되는 과정에서 생긴 힘의 공백상태를 메우기 위해 사병제가 크게 발달했다는 점이 강조되었다. 군역제도 이 기간 동안 징병제가 해체되고 소모병제 또는 사병제로 전환되어가는 시기로 이해하거나 군호제가 붕괴되고 병농일치로 이행하는 과도기로 이해했다.

고려 전기의 군제는 무신집권기를 전후로 이미 변화의 과정을 밟지만 몽골과의 30

---

1 內藤雋輔, 「高麗兵制管見」『청구학총』 15·16, 1934 ; 백남운, 「제11편 고려의 병제」『조선봉건사 회경제사 상』, 1937.
2 이기백, 「한국의 전통사회와 병제」『한국학보』 6, 1977 :『한국사학의 방향』, 1978.

여 년에 걸친 오랜 전쟁에 의해 크게 변화된 것으로 보인다. 그러나 위의 견해와 달리 무인정권이 수립될 당시 군제 운영에서 커다란 변화를 발견할 수 없다는 견해도 제시되었다. 김대중은 경군인 2군 6위만이 아니라 주현군도 변함없이 운영되었다고 주장했다.[3] 권영국은 무인집권기에 전기의 군사조직이 유명무실해진 상태가 되었다면 어떻게 거란 유민의 침입과 몽골의 침공에 대항하여 오랜 전쟁을 수행할 수 있었는지가 의문이라며 적어도 군사적인 면에서 볼 때 이전보다 약화되었지만, 몽골에 대항할 수 있는 군사조직이나 동원체제, 군사력 등이 대체로 유지되고 있었다고 보았다.[4]

고려후기 군제에 있어서 원의 간섭이라는 외적인 조건을 중시한 연구 성과로는 송인주, 권영국, 최재진 등의 것을 들 수 있다. 송인주는 '간섭' 대신에 '압제'라는 용어를 사용하여 원의 군사적 압력에 의해 고려는 대외적인 국방문제와 대내적인 치안 유지에까지 의존할 수밖에 없는 상태였다고 주장했다. 고려도원수부와 진변만호부의 설치도 종속을 제도적으로 보장해 주기 위한 것이라고 했다.[5] 권영국은 무신정권기의 군사제도 변화설을 부정하고, 변화의 기점과 원인을 원간섭기라고 보았다. 대몽전쟁과 강화 후 원의 군사력 통제정책에 의해 고려의 군사력은 크게 파괴되고, 그 체제도 변질되었다고 했다.[6] 최재진은 원간섭기로부터 공민왕대에 이르기까지 군제 운용을 중앙군과 지방군 그리고 반원정치기의 군제 개혁 문제 등을 중심으로 검토했다.[7]

원 간섭기의 변화를 지지하는 견해로서 원 간섭기에 새로운 군사조직으로 체제를 갖추는 만호부에 주목한 연구들이 있다. 만호부 연구는 크게 만호부의 최고지휘관인 만호 자체에 초점을 둔 연구와 만호부의 설치배경에 초점을 둔 연구로 나눌 수 있다.[8] 세부적으로는 만호부의 설치과정과 체제, 설치배경·조직·기능과 직제, 그리고 공민왕대 이후의 변화상을 추적했다. 이 연구들은 원 간섭기 진변만호부의 이해에 많은

3 김대중, 「고려 무인정권의 병제운영」『학예지』 2, 1991.
4 권영국, 「무인집권기 지방군제의 변화」『국사관논총』 31, 1992.
5 송인주, 「원압제하 고려왕조의 군사조직과 그 성격」『역사교육논집』 16, 1992.
6 권영국, 「원 간섭기 고려 군제의 변화」『14세기 고려의 정치와 사회』, 1994 ; 「고려말 지방군제의 변화」, 『한국중세사연구』 1, 1994.2.
7 최재진, 「고려말 군제의 운용에 관하여-원 간섭기를 중심으로」『동서사학』 1, 1995.
8 최일성, 「고려의 만호」『청대사림』 4·5합, 1985 ; 최근성, 「고려만호부에 관한 연구」『관동사학』 3, 1998 ; 변동명, 「고려 충렬왕대의 만호」『역사학보』 121, 1989.

기여를 하였다. 이 외에 원 간섭기 진변만호부와는 별도로 개경에 설치된 순군만호부에 대한 연구는 조선 초 관부인 의금부의 성립 경위를 추적하는 과정에서 이루어졌다. 이 연구는 고려 초 원래의 순검제 유래를 살피는 데서 시작하여 몽고지배하의 몽골순군제의 이식과 순마소 설치 이후 그 관서와 직제의 변천과정, 그리고 그 실제적인 기능의 전모를 구명한 연구이다.[9]

원 간섭기에 크게 활약한 지방군인 지방별초는 그동안 무인집권기 삼별초에 곁들여서 간단히 언급될 정도로 연구자들의 주목을 받지 못하였다. 이에 신안식은 고려초기의 군사제도가 무인정권 아래서 붕괴되는 것과 동시에 이를 계기로 새로운 제도가 싹튼다고 본 이기백의 견해를 계승하여, 새롭게 탄생한 대표적인 조직으로 별초를 들었다.[10] 별초는 용맹한 자들을 가려 뽑는다는 뜻에서 알 수 있듯이, 전기에는 임시로 편성된 부대를 의미했으나 무인정권이 수립되고서는 전국을 장악해나가는 친위대적인 성격으로 변모되었고, 고종대 이후 대외항쟁이 격화되자 특수부대에서 벗어나 유명무실화한 정규군의 역할을 대신하여 조직되었다고 보았다. 정규군화한 별초는 후기에 익군이 조직되기 전까지 정규군적인 역할을 수행하게 된다는 것이다. 그러나 원 간섭기 진수군 조직으로서의 진변만호부와 관련하여 지방별초의 존재를 어떻게 이해해야 할 것인가도 원 간섭기 군제사 연구와도 밀접한 관련이 있다.

14세기 후반 공민왕이 즉위하고 새로운 정치세력이 성장함으로써 원의 간섭으로부터 벗어남과 동시에 그동안 고려 내부에 누적되어온 모순을 극복하기 위한 개혁이 시도되었다. 특히 원에 대항하여 고려의 자주권을 회복하고 이민족의 침략을 막아내기 위해서는 고려전기 이래의 군사제도의 회복이 필요하였다. 공민왕대 이후는 홍건적의 침입, 왜구의 잦은 침략 등으로 약화된 군사력을 정비 강화해야 할 시기였다. 고려 본래의 군제인 2군 6위 시위제의 복구가 절실하였다.

고려말 군제사 연구 가운데 주목되는 것은 민현구의 연구로 공민왕대 군인전을 기반으로 하는 군호제의 복구가 현실적으로 불가능한 상황에서 공민왕 13년의 2군 6위 보충 조처와 22년의 군호의 녹적錄籍을 시작으로 하여 지방농민층을 선발하게 되

9 한우근, 「여말선초 순군연구」 『진단학보』 22, 1961.
10 신안식, 「고려 중기의 별초군」 『건대사학』 7, 1989.

는데, 이로써 상경시위하는 시위군이 만들어져 국방의 주력을 담당하게 되었다고 한 것이다. 이 연구에서는 군역제도의 재편성은 토지관계를 개의치 않고 지방농민들 가운데 일부를 군호로 삼게 되어 사실상 의무병제에 입각하여 군인을 선발하게 된 새로운 변화를 지적한 것이다.[11] 김대중은 공민왕이 군제를 개혁하고 경군을 재건하려고 한 것은 반원개혁 정치에 필요한 실질적 무력기반을 확충하기 위해서였다고 해석했다.[12] 홍영의는 공민왕 5년의 국방개혁은 초기의 군사체제를 그대로 복구한 것이 아니라 시급한 군사력 증강을 위해 군인을 확보하고, 이에 따른 군전의 확대, 역제의 재정비를 해결하는 것이 목적이었다고 이해하였다.[13]

한편, 고려말 계속되는 외적의 침략에 대응해서 여러 지방군제가 정비되는데 그 가운데 중심적인 역할을 하였던 것은 동서북면의 만호부, 남도의 진수군과 수군이었다. 동서북면의 만호부는 공민왕대 반원개혁과정에서 원 간섭기 만호부와는 별개로 설치되고 확대 정비되었다. 이를 익군이라 하였다. 익군제는 군반제가 해체됨에 따라 일반농민을 주구성원으로 한 전국적인 상비조직을 건설한 것으로, 익군제의 출현은 군반제에서 병농일치제로 전환하는 데에 역사적 의미가 있다고 평가하기도 했다.[14] 익군은 한 지역의 양반에서 백성, 재인, 화척까지 포함하는 모든 장정을 군사력으로 파악, 확보하는 제도로서 병력증강에 가장 큰 목표가 있었다. 이는 고려초기 주군제의 체제를 계승하면서도 그 지역의 모든 인정을 군인으로 삼는 다는 점에서 병농일치의 군제를 지향한 것으로 이해한 연구도 있다.[15] 특히, 병농일치의 성격을 띠는 군제로서 익군의 출현은 군인을 종적 횡적으로 확대시키는 것이었다는 점에서 고려후기 군역체제의 발전에 중요한 의미를 지닌다.

이들 연구는 고려말 동서북면의 새로운 국방체제로서 조직된 만호부의 실체를 파악하는데 기여를 하였다. 고려말 남방의 왜구침입에 대처하기 위해서 주요 지역에 진수군이 증설되는 것 역시 익군과 마찬가지로 광범위한 일반농민을 동원하는 이외에 그 보다는 다소 높은 신분의 양반 등을 동원한 것으로 이해하였고, 또 고려말 진수군

---

11 민현구, 「고려후기의 군제」 『고려군제사』(육군본부 편), 육군본부, 1983.
12 김대중, 「고려 공민왕대 경군의 재건시도」 『군사』 21, 1990.
13 홍영의, 「공민왕의 반원정책과 염제신의 군사활동」 『군사』 23, 1991.
14 이기백, 「고려말기의 익군」 『이홍직박사회갑기념한국사학논총』, 1969.
15 민현구, 「고려후기의 군제」 『고려군제사』(육군본부 편), 육군본부, 1983.

의 증설을 국방력의 중심이 중앙에서 지방으로 변화한다는 측면에서 역사상 커다란 의의가 있는 것으로 평가하기도 하였다.

고려말 수군에 대한 연구에서는[16] 수군의 재건과정이나 조직, 수군만호부의 지휘체제 등이 밝혀졌고, 수군이 지방군으로서 국방력의 중요한 일부를 이루게 된 것은 진수군의 증설과 함께 국방력의 중심이 중앙에서 지방으로 옮겨가는 변화로서 주목하였다. 그러나 수군의 군역동원 방식과 지휘체제, 특히 수군만호와의 해도원수·해도만호 등과의 관계는 아직 제대로 밝혀진 상태는 아니다.

고려말 군사 지휘체제에 대한 관심은 오종록에 의해서 연구되었다. 그는 지방과 중앙의 군사지휘체계에 대한 검토를 통해 조선의 도별 국방책임자인 병마절도사의 전신인 도순문사를 주목하였다. 도순문사는 충렬왕때 처음 파견되었으나 이때는 임시사행으로 사명을 수행했을 따름이며, 왜구의 침입이 본격화되면서 성격이 변모하였고, 공민왕대부터 왜구에 대한 국방책임자로 활약하면서 상실적 사행으로 바뀌기 시작했다는 것이다. 나아가 우왕대를 거쳐 창왕 즉위 후 도순문사는 도절제사로 개칭되었고, 이어서 전임관으로 변환 뒤 조선왕조로 계승되었으며, 그 원형이 고려말에 생겨 조선으로 계승되었다고 하였다.[17]

고려말 공민왕대 이후에는 중앙과 지방의 군사조직을 정비하는 한편 정치·사회·경제적 토대를 기반으로 새로운 형태의 군역제도를 마련해야 했다. 고려후기 군역의 경제적 토대와 군역부담층의 변화에 초점을 둔 연구에서는[18] 공민왕대 이후 군역제의 정비는 군인전을 기반으로 하는 군호제에 입각한 군역제도로의 복구를 꾀하는 것이었으나, 토지제도의 문란으로 이것이 불가능하자 토지와 관계없이 지방농민들의 일부를 군호를 삼아 농민시위군을 조직하게 되었다고 하였다. 그런데 농민에게는 토지를

---

16 민현구, 「진관체제의 확립과 지방군제의 성립」 『한국군제사 조선전기편』(육군본부 편), 육군본부, 1968 ; 이재룡, 『조선초기의 수군』 『조선초기사회구조연구』, 일조각, 1984 ; 방상현, 『조선초기 수군제도』, 민족문화사, 1991 ; 박한남, 「공민왕대 왜구침입과 우현보의 '상공민왕소'」 『군사』 34, 1997 ; 임용한, 「조선 건국기 수군개혁과 해상방어체제」 『군사』 72, 2009.

17 오종록, 「고려말의 도순문사」 『진단학보』 62, 1986.

18 민현구, 『고려후기의 군제』 『고려군제사』(육군본부 편), 육군본부, 1983 ; 민현구, 『조선초기의 군사제도와 정치』, 한국연구원, 1983.

지급하지 않는 대신 부유하고 내실있는 군사를 확보하기 위해 한량관리에게는 군전을 지급하는 한산군을 조직했으며, 공민왕대 군역제도의 개편은 병농일치를 지향하는 농민시위군을 주력으로 하면서 한량관리에게 토지를 지급해서 군역에 종사시키는 관인시위군이라는 이원적 군역부과체계가 형성되었다고 하였다. 이외에도 고려전기 정호제에 입각한 군역부과는 공민왕대까지도 명맥을 유지하였으나, 공민왕 5년에 3가 1호제가 성립됨으로써 폐지되어 이후 병농일치 군제로 변화되는 과정을 밟는 것으로 보는 견해가 있다. 정호제의 폐기는 군역이 전부에서 신역으로 바뀌어가는 과정이었으며, 동시에 군현민 내에서 정호와 백정의 차별성이 사라지고 양자가 동일한 성격의 군역을 지게 되었다고 이해하였다.[19] 이 연구는 군역제에 관한 본격적인 연구는 아니지만 고려후기 군역제도 이해에 많은 도움을 주었다. 이밖에도 고려말 도순문사·원수 등 지휘체제의 변화를 규명한 연구 역시 고려후기 군사제도의 실상이나 조선초 군제로의 변화상을 밝히는데 일정한 기여를 하였다.[20]

원간섭기와 고려말 군제의 변화를 살핀 연구로는 권영국과 윤훈표의 것이 대표적이라 할 수 있다. 권영국은 원간섭기로부터 고려말기에 이르기까지 군제 변화의 내용과 고려후기 군역제도를 집중적으로 다루었다.[21] 홍영의와 윤훈표는 군제개혁을 여말선초의 사회변동에 대응하기 위한 국가체제의 전반적인 개혁과정의 하나로 파악하고, 이어 군제의 개혁과제를 사회변동과 국가체제의 개혁과 관련시켜 종합적으로 이해하려고 했다. 군제개혁론의 군사적 배경을 공병의 사병화 및 허설화에 두고서 군역제의 동요 및 지휘통솔체계의 혼란상과 충선왕대 이후 고려말 급진개혁파 사대부들의 군제개혁안이 지니고 있던 특성 및 제기된 요인을 검토하고 조선초에 이 문제를 어떻게 처리했는가를 살폈다.[22]

---

19 오일순, 「고려시대의 역제구조와 잡색역」『국사관논총』 46, 1993.

20 오종록, 「고려후기 군사 지휘체계」『국사관논총』 24, 1991 ; 오종록, 「조선초기 양계의 익군체제와 국방」『박영석화갑기념논총』, 1992 ; 오종록, 『조선초기 양계의 군사제도와 국방체제』, 고려대 박사학위논문, 1992.

21 권영국, 「고려말 중앙군제의 변화」『사학연구』 47, 1994 ; 「고려말 지방군제의 변화」『한국중세사연구』 1, 1994 ; 『고려후기 군사제도 연구』, 서울대 박사학위논문, 1995.

22 홍영의, 「고려말 신흥사대부의 군제인식 :《고려사》병지에 보이는 개편안을 중심으로」『군사』 32, 1996 ; 홍영의, 「고려말 군제개편안의 기본방향과 성격-공민왕·우왕대를 중심으로」『군사』 45, 2002 ; 윤훈표, 『여말선초 군제개혁의 추이』 연세대 박사학위논문, 1996 ; 윤훈표, 『여말선초 군

이 외에도 이성계의 군사집단을 검토하여 당시 군제가 어떤 식으로 운영되었는지를 파악하고, 나아가 조선을 성립시킬 수 있던 기반이 무엇인지를 검토하기도 하였으며,[23] 이후 연구가 진전되어 고려말 농민지배를 놓고 중앙정부와 지방의 토착세력 사이에 벌어졌던 갈등이 군사적인 측면에도 상당한 영향을 끼쳤고, 그것이 권력의 이동에 중요한 변수를 제공했다는 연구도 있었다.[24]

한편, 군수물자 및 방어시설에 관한 운영원리도 후기에 들어 크게 변화했다. 서종태는 군수전의 검토를 통해 군반제에서 병농일치제로 전환되었다는 것을 전제로 하여 그 경제적 기반이 어떻게 변화되었는 지를 검토했다.[25] 아울러 고려말 최신의 무기였던 화기가 중국에서 전래되어 자체적으로 제작되어 실전에 사용되기까지의 과정을 다루기도 했으며,[26] 병기의 관리체계를 다루기도 했다.[27] 이외에도 고려말 이루어진 축성을 통해 왜구를 방어하기 위한 수소戍所를 설치하고 이를 안전하게 보호하기 위해 성곽을 축성했음을 살피기도 했다.[28]

이상에서 살펴본 고려후기 군제사 연구동향은 대몽전쟁과 원간섭기를 거쳐 여말의 변혁기에 이르는 고려후기 각 시기마다의 정치·사회적 변화에 상응하는 새로운 군사조직의 출현과 군역제도의 변화에 관한 것을 규명하여 많은 시사점을 주었다. 그러나 그동안의 연구가 개별 군사조직에 대한 것이 대부분으로서 그들 개별 군사조직이 각 시기 군제 구조 속에서 차지하는 지위와 기능, 상호간의 관계, 그리고 군제상의 위치나 성격 등이 아직 밝혀지지 못한 한계를 지니고 있다.[29]

제개혁연구』 혜안, 2000.
23 유창규, 「이성계의 군사적 기반」『진단학보』 58, 1984.
24 김순자, 「고려말 동북면의 지방세력 연구」 연세대 석사학위논문, 1987.
25 서종태, 「고려후기 군수전에 대한 일고찰」『고려말·조선초 토지제도의 제문제』 서강대 출판부, 1987.
26 허선도, 「여말선초 화기의 전래와 발달(상)」『역사학보』 24, 1964 ;『조선시대화약병기사』, 일조각, 1994 재수록.
  김대중, 「고려말·조선초 화약병기의 현황과 과제」『학예지』 9, 육사박물관, 2002.
27 윤훈표, 「고려말 조선초기 병기의 제조 및 관리체계에 관한 연구」『동방학지』 77·78·79합, 1993.
28 차용걸, 「고려말 왜구방수책으로서의 진수와 축성」『사학연구』 38, 1984.
  최종석, 「대몽항쟁·원간섭기 산성해도입보책의 시행과 치소성 위상의 변화」『진단학보』 105, 2008.
  최종석, 『고려시대 치소성연구』 서울대 박사학위논문, 2007.
29 이에 대한 연구는 윤훈표, 「고려시대 군제사 연구의 현황과 과제」『군사』 34, 1997 ; 김종수, 「삼국~고려시기 군제 연구동향」『군사』 53, 2004를 참고하였다.

제2절

고려의 원 부마국화와 고려의 군사적 지위의 변화

1. 부마국 체제의 성립과 원의 간섭

14세기 전반기에 해당하는 원 간섭기는 인류역사상 최대의 영토를 가진 유목국가 몽골, 즉 원제국과 약 30여 년간에 걸친 전쟁의 결과였다. 30여 년 간의 치열한 전쟁 끝에 1259년 고려는 태자太子의 입조入朝와 개경으로의 환도를 조건으로 원과 강화를 맺게 되었다. 이 강화를 계기로 고려사회는 이른바 "팍스 몽골리카"라고 표현되는 원제국의 세계질서에 편입되었고 정치, 사회·경제, 문화 등 모든 면에서 영향과 제약을 동시에 받아야 했다.

당시 원의 고려 지배방식은 원 세조 쿠빌라이가 천명한 "한나라 법으로 사방 오랑캐를 다스리되 그 나라 풍속은 고치지 않는다以漢法治四夷 不改土風"의 원칙 위에서 이루어졌다. 이러한 지배방식은 천자와 제후라는 의례적儀禮的인 관계, 구체적으로 정삭正朔과 연호의 반포頒布, 정기적인 조빙朝聘이라는 종래 중국의 전통적인 화이관의 범주에서 크게 벗어난 것은 아니었다. 그러나 원-고려 관계에서 볼 때, 이러한 원칙은 원나라가 고려 국왕을 그들의 직접적인 통치권의 범위 내에 묶어두고 고려 국왕을 통해 고려를 지배한다는 점에서 전통적인 화이관華夷觀과는 차이가 있었다. 원의 고려 지배는 정치·군사 등 상부구조의 측면에서는 역대 어느 이민족보다도 예속의 강도가 높았다. 반면에 토지소유, 노비개혁 등 하부구조에 대해서는 원나라 정책의 침투도가 낮은 편이어서 원의 고려 지배가 고려의 전사회구조에 전면적으로 관철된 것은 아니었다.

고려는 원제국 질서에 편입되면서 여러 부분에서 많은 변화가 있었다. 고려의 중앙관제는 원의 사위가 된 충렬왕 이후 원의 간섭하에서 개편되었다. 1275년(충렬왕 1) 고려 전기이래의 2성 6부 제도를 폐지하고, 2성은 첨의부로, 6부는 다시 전리사(이부와 예부를 합침)·군부사(병부)·판도사(호부)·전법사(형부)의 4사로 개편했으며(공부는 폐지됨), 도병마사는 도평의사사로 고쳐 부르게 되었다. 또한 왕을 부를 때 쓰던 폐하도 전하로, 태자는 세자로 낮추어 불렀다. 왕의 칭호에 대해서도 왕명의 앞에 원에 충성한다는 뜻의 '충성 충忠'자를 붙이게 하고, 이제까지 독자적으로 사용하여오던 '조祖' 또는 '종宗'의 칭호 대신에 '왕王'자를 쓰게 하였다.

이제까지 중국의 왕이나 고려의 왕이 모두 다 같이 조祖나 종宗을 사용한 것은 고려왕조의 독립성을 의미하는 것이었다. 그런데 조나 종은 황제에게 쓰는 칭호인 대신에 왕王은 그보다 한 등급 낮은 군주를 의미하는 것이다. 즉 원의 황제(조 또는 종)에 대하여 고려의 왕은 제후의 격인 한 등급 낮은 왕으로 불러야만 하였던 것이다. 이런 식의 칭호가 강요된 것은 충렬왕 2년이었는데, 이 때는 이미 원종이 승하하여 묘호廟號가 원종元宗으로 정해진 이후였기 때문이었으므로 이들과 같이 충忠자와 왕王자를 사용하지 않았던 것이다. 나아가 국왕의 선지宣旨를 왕지王旨, 짐朕을 고孤로, 사赦를 유宥로, 주奏를 정呈으로 낮추어 사용해야 하였다. 이에 따라 수상인 문하시중은 첨의중찬, 장관인 상서는 판서로 격이 낮아졌다. 1279년(충렬왕 5)에 개편된 도평의사사都評議使司는 모든 국사를 합의·시행하는 최고 정무기관으로 상설되어 조선 개국 초까지 존속했다.

또한 정동행성征東行省은 일본을 정벌한다는 의미의 정동과 중서성의 지방기구라는 의미의 행중서성이 결합한 것으로 정동행중서성征東行中書省이라고도 한다. 1283년과 1285년에 원나라가 일본정벌을 위해 설치했다가, 1·2차 일본정벌이 실패하자 여·원관계를 상징하는 형식적 기구로 기능한 관청이다. 세조가 죽은 뒤 일본정벌이라는 본래의 목적이 없어지면서 원나라에 하정사賀正使를 파견하는 의례적인 기구로 바뀌었다가 1299년에는 다시 고려의 내정을 간섭하는 기구로 변하였다.

한편, 원에 대한 종속구조가 정착됨에 따라 고려의 지배세력들은 이에 순응하거나 원과 적극적으로 결탁하여 그들의 지위를 확보하려 하였다. 고려 관료들은 정동행성의 여러 관직들을 받아 활동하였으며, 만호직을 수여받아 원 및 고려국왕과 긴밀한 관계를 유지하고, 원과의 직접적인 교류를 통해 그들의 지위와 권력을 신장시켜 갔다.

대원관계가 외교의 중심을 이루게 되면서 몽고어 역관출신의 지위가 상승하고 그들의 가문을 성장시키는 계기가 되는가 하면, 응방鷹坊관계자가 출세하여 가세를 신장시키기도 하였다. 원으로 환관과 공녀를 보내는 일은 그 가족과 국가에 비탄과 모멸감을 안겨주는 것이었지만, 일부에서는 이를 통해 권력층으로 부상하는 경우도 나타나게 되면서 고려와 원 사이의 인적 교류는 급격히 확대되어 갔다. 뿐만 아니라 고려 관료들은 원과의 학문적 교류를 통해서나 원의 과거에 합격하여 그들의 지위를 향상시키려 하였다. 당시 원나라에서 활동한 유교 지식인이나 원의 과거에 합격한 인물들이 고려의 문명文名을 드날렸다는 칭송을 받고 있었지만, 이러한 활동이 긍정적인 요소만 가져다 준 것은 아니었다.[30] 세족 출신을 비롯한 관료집단은 세족출신이든 신흥관료나 역관 출신이든 출신배경에 관계없이 종속구조를 종식시키는 데 앞장서기보다는, 오히려 이를 이용하여 그들의 세력기반을 확대하려는 경향을 보였다. 원의 간섭이 장기화되면서 관료집단의 이러한 지향은 더욱 심화되어, 자주적인 모습을 보이기보다는 친원적 세계관에 매몰되고 있었다.

이러한 원의 종속은 직 간접적으로 고려의 정치와 군제, 군사적 환경에 큰 변화를 주었다. 원은 고려에 다루가치[達魯花赤]를 두고 군대를 주둔시키면서 내정에 간섭하였을 뿐 아니라, 삼별초 진압과 뒤이은 일본원정을 직접 지휘하였다. 이러한 가운데 친원세력의 존재가 부각되기 시작하고, 국왕과 친원세력에 의한 측근정치가 시작되었다. 곧 몽골과의 전쟁 중에 투항하였던 고려인들이 원의 관리가 되어 고려의 정치에 새롭고 강력한 세력으로 등장했다. 이들의 위상는 오랫동안 몽골과 전쟁관계에 있었

---

30 반대로 부정적 측면만 있는 것도 아니었다. 유교 지식인의 원나라 유학과 교류는 성리학 수용의 직접적 계기가 되었다. 성리학은 철학사상으로서만 기능한 것이 아니었다. 그것은 사회, 예법, 풍속에 대한 전반적인 변화를 의미하는 것이었다. 이와 함께 중국의 법제와 중국 역대 국가체제에 대한 이해를 높여, 여말선초 국가, 사회체제의 전반적인 개혁의 밑바탕이 되기도 했다.

던 고려의 어느 정치세력보다도 우월한 것이었다. 측근정치는 고려의 국왕이 왕권의 기반을 일차적으로 원의 후원에 힘입어 나타나게 된 정치형태였다. 원간섭기 동안 고려의 국왕들은 즉위하기 전 원에서 숙위宿衛하여야 했으므로 일단 즉위한 뒤에는 이전에 원에서 자신과 함께 생활하였던 시종신료侍從臣僚들을 이용하여 권력을 장악하려 하였고, 이것이 측근정치로 나타났던 것이다.

원이 고려의 국왕을 후원하고 이를 통하여 고려에 대한 영향력을 행사하며, 고려의 국왕은 원의 후원을 바탕으로 국내에서 측근세력을 중심으로 정치를 운영하는 측근정치의 기본적인 구조는 그대로 유지되었지만, 국왕권이 약화 과정에서 국왕의 통제력에서 벗어나 직접 원과 연결되는 정치세력, 즉 친원세력이 다시 대두하였다. 대표적인 예가 1278년에 고려에서 축출되었던 홍다구洪茶丘(1244~1291)의 후손들이다. 홍다구의 조부 대순大純과 아버지 복원福源은 1231년 몽골군이 고려에 침입하자 싸워보지도 않고 성과 1,300호를 이끌고 몽골군에 재빨리 항복했다. 그 후 복원과 홍다구는 몽골이 고려를 칠 때마다 앞잡이가 되어 갖은 횡포를 다 부렸다. 이들은 원에서 요양행성을 중심으로 세력을 유지하면서 충선왕 복위 이후에 다시 고려의 정치에 간여하였다. 이 외에도 국왕 측근세력에서 친원세력으로 전환한 경우이다. 즉, 왕위가 교체되는 경우 '개혁정치'라는 이름으로 전왕의 측근세력에 대한 숙청이 진행되었고, 따라서 이들 가운데 일부가 원으로 들어가 친원세력을 형성하였던 것이다.

또한 여원관계의 진전에 따라 형성된 친원세력도 있었다. 이들이 부각되면서 가장 두드러지게 나타난 정치적 사건은 이들에 의해 제기된 '입성책동立省策動'이었다. '입성'이란 정동행성은 물론 고려국가 자체를 없애고 새로운 행성을 두어 고려를 직접 통치하자는 것이었다. 이러한 입성책동은 모두 네 차례에 걸쳐 발생하였다. 그러나 '입성'은 곧 고려국가 자체의 소멸을 의미하였으므로, 친원세력을 제외하고는 고려의 모든 정치세력이 존립기반을 상실하는 결과를 가져오기 때문에 적극적으로 반대하였다. 친원세력은 충숙왕 이후 관리의 인사권에 영향력을 행사하였다.

비록 고려국왕이 행성관리 추천권을 가지고 있었지만, 이들이 원을 통하여 행성관리에 임명되는 사례가 점차 늘어나면서 결국 정동행성이 이들에 의해 장악되었다. 친원세력의 강화에 대한 고려의 대응으로, 충목왕 대인 1345년에 설치된 정치도감政治

都監이었다. 원에서는 정치도감의 설치를 권유하고 그 활동을 지원하였는데, 그것은 충혜왕 때에 문란해진 정치질서를 회복시켜 고려에 대한 간섭을 안정시키려는 것이었다. 그러나 정치도감의 개혁은 원의 지원에 의한 것이었으므로 한계를 가질 수밖에 없었으며, 친원세력의 지위가 원의 지원에 의한 개혁에 의해서도 강력하였음을 보여주는 것이다. 이러한 정치행태는 1351년 공민왕이 즉위하여 반원정책을 추진하면서 비로소 청산되었다.[31]

2. 원 군대의 주둔과 고려 병권의 장악

고려 조정과 군사력에 대한 원의 통제는 여러 방법을 통해 이루어졌다. 고려-몽골 전쟁이 끝난 직후 원은 군대 주둔과 다루가치의 파견을 통해 고려 조정과 군사력을 감시하고 통제하였다. 삼별초의 항쟁을 계기로 본격화된 원 군대의 주둔은 일본원정이 포기되고 만호부萬戶府가 설치되어 원나라 군대의 직접적인 주둔을 대신할 군사적인 지배장치가 마련될 때까지 계속되었다.

원은 고종 40년(1253) 5차 침입 이후 본격적으로 군대를 주둔시키고 다루가치를 설치하고자 하였다.[32] 이는 고려가 이전부터 원이 요구해 왔던 출륙과 친조의 약속이 제대로 지키지 않고 오히려 강도의 방어시설을 강화하는 등 원에 대한 적극적인 항쟁 자세를 보인 때문이었다. 그러나 고려는 원이 군대를 주둔시키고 다루가치를 설치할 경우 후환이 없을 것을 보장할 수 없으며 또 개경 환도도 어려울 것이라고 주장하며 강하게 반발하였다.

고종 41년부터 6년 동안 계속된 몽골의 침략은 고려로 하여금 더 이상의 항전을 불가능하게 할 정도로 참혹한 피해를 입혔다. 때문에 고려 조정은 출륙도감出陸還都의 설치와 태자의 입조入朝 등 몽골의 모든 요구를 받아 들이기로 하고 강화를 성립시켰

---

31 이에 대한 연구는 이익주, 「고려 후기 정치체제의 변동과 정치세력의 추이」『한국사 5』(강만길 외 편), 한길사, 1994 참고.
32 『高麗史節要』권17, 고종 40년 11월.

다. 이때 몽골은 서경·의주 등지에 군대를 주둔시키고 고려 조정의 약속이행과 고려군의 감시를 위해 장기간 주둔할 계획을 가지고 있었다.[33] 이 주둔 기간 중에 원은 고려군으로 하여금 강도의 방어시설인 내·외성을 헐도록 하였다.[34] 또한 서경에 주둔하고 있던 몽골병은 서해도의 각지에 난입하여 고려 인민을 붙잡아 가기도 하였다.[35] 그러나 고려 조정이 원 세조에게 백성의 생업안정을 위해 서경과 의주 등지에 주둔하고 있는 병력을 철수해 달라고 요청하자, 세조는 몽골군을 철수시켰다.[36]

고려에서 일단 철수한 원군은 10여 년 후부터 다시 고려에 파견되었다. 원종 10년(1269)에 서북면병마사 기관記官인 최탄崔坦 등이 반란을 일으켜 원에 귀부했다. 최탄은 반란 진압을 위해 개경에서 파견한 경군에 대항하기 위해 원에 군대의 파송을 요청했다. 원 세조는 동경(요양)東京에 주둔하고 있던 2천명을 파견했다.[37] 그 결과 이듬해 정월에 망가도忙哥都가 고려안무사高麗按撫使로서 군대를 거느리고 와서 서경에 주둔했다.[38] 원 군대의 주둔은 최탄의 반란세력을 뒷받침해 주는 동시에 당시 국왕의 강도 출륙을 반대하고, 원나라의 정책에 고분고분하지 않던 무인정권의 집정자인 임연林衍에게 압력을 가하는 목적을 가지고 있었다.

원종 11년 2월에 원은 임연을 제거하고 고려의 출륙환도를 돕는다는 명분으로 동경행성장관東京行省長官 두련가頭輦哥로 하여금 원군을 거느리고 환국하는 원종을 따라가게 했다.[39] 이때 원종을 따라온 두련가 군대는 수도 개경에 인접한 백주白州에 주둔하면서 휘하 장수 아해阿海의 군대 1천 5백으로 하여금 안무사按撫使란 명목으로 개경에 진주하여 고려 조정을 감시하게 하고, 또 한편으로 홍다구를 시켜 전라·경

---

33 『고려사절요』권17, 고종 46년 2월, "時王萬戸 率軍十領 修築西京古城 又造戰艦 開屯田 爲久留計".
34 『고려사절요』권17, 고종 46년 6월.
35 『高麗史』권25, 세가25, 원종 즉위년 7월 기사.
36 『고려사절요』권17, 고종 46년 8월 ; 『고려사』권25, 세가25 ; 원종 3년 3월 정해 및 『고려사절요』권18 원종 원년 월 무오 ; 『고려사』권25, 세가25, 원종 원년 8월 임자.
37 『고려사』권26, 세가26, 원종 11년 정월 신축 ; 『고려사절요』권18, 원종 11년 2월 ; 『元史』권6, 본기6, 세조 지원6년 11월 정미.
38 『원사』권7, 본기7, 세조 지원7년 정월 정사.
39 『고려사』권26, 세가26, 원종 11년 2월 임오.

항파두리 토성(제주)
삼별초는 제주 항파두리에서 항거하였으나 고려와 원 연합군의 공격으로 토벌되었다.

상·동계의 정황을 살피게 하였다.[40]

　이렇게 고려에 파견되어 주둔한 원군은 원종 11년 6월 삼별초의 항쟁을 계기로 더욱 증강되었다. 이때부터 원 군대는 개경을 비롯한 그 인근 서해지방에 집중적으로 주둔하면서 고려 조정과 군대를 감시하고, 경상·전라의 연해 요충지에도 진수군을 주둔시켜 삼별초와 일본정벌에 대비하였다.[41] 또 제주의 삼별초 정벌 이후에도 제주에 500명의 원군을 주둔시키기도 했다.[42]

　나아가 원은 장기주둔과 일본정벌에 필요한 군량 등 물적기반을 확보하기 위해 둔전屯田의 설치를 시도했다. 원종 11년 원은 일본정벌에 필요한 군량을 확보한다는 명분으로 개경과 동녕부東寧府·봉주鳳州 등 10여 곳에 둔전을 설치하고 경략사經略司를

---

40 『元高麗記事』 지원 7년 7월 20일 ; 『고려사』 권26, 세가26, 원종 11년 7월 신해.
41 『고려사』 권26, 세가26, 원종 11년 윤 11월.
42 『고려사절요』 권19, 원종 1년 4월.

두어 관장하려 했다.[43]

이처럼 원에서 고려에 둔전경략사屯田經略司를 설치한다는 소식이 들리자 원종은 원 중서성과 황제에게 글을 올려 둔전 설치에 따른 고려의 어려움을 토로하였다. 즉 현재 고려에 주둔하고 있는 원 군대의 공급비용으로 고려의 재정이 어려운데 또 둔전을 설치하게 되면 그에 따르는 각종 비용을 감당하기 어렵다는 것을 이유로 둔전 설치의 중단을 요청하였다.[44]

이러한 고려측의 둔전 설치 중단 요구에도 불구하고 원은 조서를 보내 장차 고려로 하여금 군량수송의 폐단을 면하게 하기 위한 조처라는 이유를 들어 둔전 설치의 필요성을 강조하고 동시에 둔전 경영에 필요한 소와 농기구, 식량 등을 공급하도록 하였으며, 봉주경략사로 하여금 둔전에 필요한 농우農牛를 구입하게 하였다.[45]

나아가 원종 12년에는 제도에 농무별감農務別監을 파견하여 농우와 농기를 황주黃州·봉주鳳州에 들이도록 독촉하였다.[46] 그러나 원의 이러한 요구는 잘 이행되지 않았다. 이에 흔도忻都는 둔전군마屯田軍馬의 식량이 계속 공급되지 않는 것에 대해 고려 국왕을 힐책하였고, 고려에 대해 군량의 운반을 독촉하였다. 그러나 길이 멀어 둔전군에 대한 군량운반이 심한 어려움을 겪자 김방경은 둔전을 가까운 염주鹽州·백주白州로 옮길 것을 요청하였다.[47] 원은 이 요청을 받아드려 둔전을 옮기기까지 하였다.[48] 둔전 설치의 명분은 일본정벌에 필요한 군량의 준비에 있었지만, 또 한편으로는 고려 조정과 군대를 감시하기 위한 목적도 있었던 것으로 보인다.

삼별초의 항쟁을 계기로 고려에 주둔하였던 원군은 약 8여년 만인 충렬왕 4년 (1278) 고려 사신의 파견과 충렬왕의 친조親朝를 통한 철군요청으로 다시 철수하였다.[49] 고려측에서는 원군에 대한 경비조달의 과중함과 주둔군의 작폐 등을 이유로 철

---

43 『원사』권98, 병지3, 둔전, 高麗國立屯.
44 『고려사』권27, 원종 12년 정월 병자.
45 『고려사』권27, 세가27, 원종 12년 3월 병인.
46 『고려사』권27, 세가27, 원종 12년 4월 병신.
47 『고려사』권27, 세가27, 원종 12년 12월 갑오.
48 『고려사』권27, 세가27, 원종 12년 12월 정미.
49 『고려사』권31, 세가31, 충렬왕 4년 7월 무술.

수를 요청하였고 그 대신 일본 원정에 자발적으로 참여할 것을 약속했다.[50] 이에 원의 세조는 고려의 요구를 받아들여 고려에 주둔하고 있던 모든 원군과 다루가치를 철수시켰다.[51] 이는 충렬왕 즉위 이후 계속된 친원정책에 대한 원의 신임에서 비롯된 것으로 군대의 주둔을 통한 직접적인 감시나 통제가 이제 더 이상 필요하지 않게 된 것을 의미하는 것이다.[52] 이를 계기로 원 군대의 주둔과 다루가치에 의한 지접적인 지배가 국왕을 통한 간접적인 방식으로 전환하게 되었다.

이후에도 일시적인 원의 군대가 고려에 주둔한 적이 있었지만, 그 규모는 극히 일부였고, 주둔 목적도 고려 조정이나 군대를 감시하기 위한 것이 아니었다. 일본의 침략에 대한 방비 목적으로 주둔지역도 개경 인근이 아닌 변방지역이었다. 이후 개경에 왕경등처관군만호부王京等處管軍萬戶府, 변방에 진변만호부鎭邊萬戶府 등이 설치되고 고려에 대한 원의 군사제도가 도입되면서 충렬왕 13년 합포合浦에 주둔하고 있던 원군이 돌아갔다. 이로써 고려에 상주하던 원군은 사실상 완전히 철수하게 되었다.

한편, 원은 고려에 주둔한 원군을 철수시킨 이후에도 고려의 병권을 장악하여 여러 가지 군사적인 통제를 가하였다. 원은 강화 직후부터 고려에 대한 지배력을 상실하는 공민왕대까지 군대의 징발, 만호부의 최고지휘관 임명, 군기의 감독 등의 여러 방법을 통해 고려의 병권을 장악하고 군사력을 견제하였다. 삼별초 토벌 때에는 원 황제가 두 차례에 걸쳐 조서를 내려 고려의 군대를 징발하였고,[53] 또 고려에 파견되어 있던 다루가치가 종군하지 않는 자제를 가진 재추들로 하여금 말을 내게 하는 한편 경군과 충청·경상도의 군대를 추가로 징발하게 하였다.[54] 1차 일본정벌 때에는 경략사를 보내어 일본정벌을 도울 군사 5천을 징발하였고,[55] 또 일본정토원수日本征討元帥 홀돈忽敦을 보내어 경군을 추가 징발하게 하였다.[56] 2차 원정시에는 정동행성에서 사신

50 『고려사』 권31, 세가31, 충렬왕 4년 7월 갑신.
51 『고려사』 권31, 세가31, 충렬왕 4년 9월 병술.
52 이익주, 「고려 충렬왕대의 정치상황과 정치세력」 『한국사론』 18, 1988.
53 『고려사절요』 권19, 원종 12년 4월.
54 『고려사절요』 권19, 원종 12년 5월.
55 『고려사』 권27, 세가27, 원종 15년 3월.
56 『고려사』 권28, 세가28, 충렬왕 즉위년 8월 기유.

김방경 묘(경북 안동)

을 보내어 군량과 군기를 준비하게 하고 사졸들을 징발하였다.[57]

충렬왕 14년 원에서 나얀乃顔대왕이 반란을 일으켰을 때에도 원의 우승右承이 고려에 사람을 보내어 군사 5천과 군량을 징발하여 건주建州로 보내도록 요구하였고,[58] 이듬해에도 해도海都의 병사들이 침입했을 때에도 사신을 보내어 군대를 징발하게 하였다.[59] 그리고 공민왕 3년에는 고우高郵의 장사성張士誠을 토벌하기 위해 이부낭중吏部郎中을 보내 유탁柳濯·염제신廉悌臣·권겸權謙 등 40여 인의 고려 장수를 소집하는 한편, 300명의 서경의 수군과 용맹한 군사들을 모집하여 연경燕京으로 모이도록 하였다.[60]

이처럼 원에서는 자신이 필요에 따라 언제든지 조서를 내려 고려군의 징발을 명령

---

57 『고려사』 권29, 세가29, 충렬왕 6년 10월 정유.
58 『고려사』 권30, 세가30, 충렬왕 14년 4월 경오.
59 『고려사』 권30, 세가30, 충렬왕 15년 7월 계묘.
60 『고려사절요』 권26, 세가26, 공민왕 3년 6월.

하거나, 다루가치나 원에서 파견된 사신들을 통해 직접 고려의 군대를 징발하였다. 원은 고려 군대의 발명권發命權과 발병권發兵權 등 징병권徵兵權을 장악하여 고려 군대의 징발을 명령하거나 직접 징발하였고, 심지어는 고려 군대의 해산까지도 도모했다.[61]

원은 또한 고려의 군대뿐만 아니라 군기까지 철저한 통제 하에 두어 원에 위협적인 요소를 제거하고자 했다. 즉 원은 고려인들로 하여금 병기兵器 및 마필馬匹의 무역은 물론 무기의 소지·휴대를 엄격히 금지하였고, 또한 수시로 사신을 파견하여 이를 점검하였다. 아울러 원은 사신을 파견하여 무기의 제작을 지시 감독하였고, 직접 원의 장인匠人을 보내어 무기를 제작하기도 하였으며, 무기의 공급 역시 원의 지시에 따라 이루어졌다.

충렬왕 4년에 있었던 김방경의 무고 사건도 일본원정 후 동정장사東征壯士들이 가지고 있던 무기를 관에 납부하지 않은 것을 빌미로 하여 일어난 것이다.[62] 축성 등 군사시설의 정비나 수축도 원의 허락이 없이는 불가능하였다.[63] 무기와 군사시설에 대한 통제는 주로 일본원정의 준비와 관련하여 실시된 측면이 많았지만 일본원정이 포기된 이후에도 고려인에 대한 무기 소지의 금지는 계속되었다.[64] 고려인의 무기 소지 감시는 당시 고려에 파견되어 있던 다루가치의 임무 중의 하나였다. 이와 같이 원은 고려의 징병권을 장악하여 필요에 따라 군대를 징발하였고, 또한 고려에 설치된 만호부의 최고지휘자인 만호의 임명에 직·간접적으로 간여함으로써 사실상 징병권도 행사하였다. 뿐만 아니라 무기에 대한 관리통제권까지도 장악하여 고려 군사력 전반에 걸쳐 철저한 지배력을 관철시켜 가고자 했다.[65]

---

61 『고려사』권28, 세가28, 충렬왕 년 3월 임진.
　　김광철, 「高麗 忠烈王代 政治勢力의 動向; 忠烈王 初期 政治勢力의 變化를 中心으로」『論文集』
　　7-1, 창원대, 1985.
62 『고려사』권28, 세가28, 충렬왕 4년 7월.
63 『원사』본기, 세조, 지원 18년 11월.
64 『고려사』권34, 세가34, 충숙왕 4년 3월. 및 『고려사』권35, 세가35, 충숙왕 후6년 5월·12월.
65 이에 대한 연구는 권영국, 『고려후기 군사제도 연구』, 서울대 박사학위논문, 1995, 27~37쪽 참고.

제3절

원 군사제도의 도입

1. 겁설제의 수용과 운용

원 간섭기에도 견룡군奉龍軍 등 고려 본래의 친위군 중 일부는 명목상 존속하고 있었으나,[66] 장교층 이외의 하층 병력은 충원되지 못했다. 때문에 본래의 기능을 상실한 채 관직체제의 일부로만 존속하였다. 더구나 무관직임에도 불구하고 군사적 능력과는 관계없는 인물들이 장교직에 임명됨으로써 그 기능이 허설화되었다.[67] 원의 겁설제가 들어오자 견룡군 등 기존 숙위군에 입대하던 권귀權貴의 자제들이 겁설조직에 충원되게 되었다. 견룡군 등은 더 허실화하였고, 매관매직 등에 이용하는 관직으로 전락했다. 이로써 고려의 본래 숙위군제는 이름만 남아 있게 되었다.

겁설제는 원래 원의 숙위군제宿衛軍制의 일부였다. 원의 숙위군은 겁설과 5개의 위로 구성된 시위친군으로 구성되어 있다. 5위의 시위군은 황제 직속으로 숙위·의장·호종·감시·순라 등 황제 신변을 호위하고 수도의 경비와 순찰을 담당했다. 이에 비해 겁설은 보다 가까이서 황제를 호위하고 근시하는 친위군 중의 친위군이었다.

겁설의 구성원도 특별했다. 칭기스칸이 몽골 고원을 통일하고 몽골제국을 건설했을 때 그와 함께 나라를 건설한 사람들을 1천명씩 나누어 96개의 천호千戶와 그 하위 조직인 백호百戶·십호十戶를 조직하고, 천호를 편성하면서 천호장·백호장·십호장의

---

66 『고려사』 권82, 지36, 병2, 숙위, 충렬왕 8년 5월.
67 『三峰集』 「經濟文鑑 下」, 衛兵 ; 『고려사』 권81, 지35, 병1, 병제, 공양왕 원년 12월.

자제들로 친위대를 구성했다. 이들을 '겁설'이라고 했는데, 이 말은 은혜, 은총이라는 뜻인 케쉬그Keshig를 한자로 표기한 것이다. 겁설은 모두 4반으로 나뉘어 교대근무를 했기 때문에 흔히 '사겁설四怯薛'이라고도 불렸다. 이들은 칭기스칸에 의해 천호장보다 높은 지위를 부여받았고, 또한 지휘관이 이들을 처벌할 때는 그의 승인을 받도록 하였다. 칭기스칸은 이들에게 특별한 지위와 의미를 부여하여 군주에 대한 개인적인 충성을 강화시켜 나가고자 한 의도였다.

원 간섭기 나타나는 홀치忽赤·아차치阿車赤·우달치迂達赤·필도치必闍赤·속고치速古赤·파오치波吾赤·소라치詔羅赤·팔가치八加赤 등이 겁설조직이다. 이 가운데 숙위군으로서 군사적인 중심 역할을 하였던 것은 홀치였다. 홀치는 충렬왕을 따라 원에 가서 독로화禿魯花가 된 의관자제衣冠子弟들이 중심이 된 조직이었다. 충렬왕 즉위 직후 원에서 조직되어 충렬왕과 함께 귀국하였다.[68] 충렬왕이 겁설제를 설치한 것은 원에 머물면서 원의 숙위제인 겁설제에 대해 익숙해 있었을 뿐만 아니라, 원의 군사적 견제가 계속되는 상황에서 기존의 친위군 조직을 정비하기에는 어려웠을 것이기 때문에 이를 통해 충렬왕의 측근세력으로 자리하면서 국왕의 무력기반으로 이용하였을 것으로 본다.

겁설을 조직하는데 원의 개입이나 간섭은 보이지 않는다. 이는 겁설의 군사력이 순수한 국왕 신변의 호위병력 정도였으므로, 군사적으로 원의 경계나 견제의 대상이 되지 못하였기 때문이다. 또한 당시 원은 고려의 효과적인 지배를 위해 고려국왕을 후원하는 입장이었기 때문에 겁설의 활동에 대해 별다른 견제를 하지 않은 것으로 보인다.

겁설의 구성원인 번사番士, 즉 겁설태怯薛歹의 직무는 원의 겁설제와 마찬가지로 주야로 국왕이 거동, 거주하는 궁중의 주요 건물을 호위하고 내정內庭에서 왕의 시중을 드는 것이었다. 원의 겁설제에서 숙위군사인 겁설태는 번을 나누어 3일마다 교대로 입위立衛하였다.[69] 즉 천자의 금군禁軍으로서 무사할 때는 각기 맡은 일에 종사하면서 궁중의 전각을 시위하고, 유사시에는 황제의 지시에 따라 움직였다. 따라서 겁설은 황제가 가장 신임하는 친위군이었다. 때문에 황제의 일상의 기거奇居, 음식, 의복 등

---

68 『고려사절요』 권19, 원종 15년 11월.
69 『원사』 권99, 병2, 숙위.

을 관장하거나, 무기를 소지하고 황제를 호위하는 일, 황제의 문서 사무를 취급하기도 하고, 황실의 가축家畜·비금飛禽의 사육까지 담당하였다.[70]

겁설태의 임무를 종류별로 세분화해서 살펴보면 홀치는 궁시弓矢와 매를 주관하는 화아치火兒赤와 같은 것으로서 3번으로 나뉘어 교대로 국왕을 숙위하였고,[71] 국왕 행차시에는 국왕을 수행하였으며, 비상시에는 외적의 방어에 차출되어 전장에 파견되었고, 경우에 따라서는 사법·경찰 기능도 수행하였다.[72] 특히 우달치는 왕의 측근에서 호위하는 숙위병의 역할을 담당했으며, 필도치는 왕의 문사文史를 주관하였다. 속고치는 왕의 의복을 관장하고, 아가치는 거처居處를 관장하며, 파오치는 왕의 여행을 담당하는 것으로 알려져 있다.

고려의 겁설로 규모만 작았다 뿐이지 원나라의 제도와 그리 다르지 않았다. 겁설 가운데 숙위군사력으로 가장 중요한 역할을 한 홀치는 왕의 연회에 배석하고,[73] 사냥을 수행할 정도로, 국왕과 항상 함께 하는 최측근 경호 및 근위부대였다.[74] 군사적으로 정예여서 왜구의 침입에 대처하기 위해 홀치에서 선발한 자들을 지방에 파견했다는 기록도 있다.[75] 이들은 국왕 뿐만 아니라 세자부 등에도 소속되어 경호임무를 담당하였다.[76] 시위업무는 3번으로 근무했는데, 고려 말기에는 4번으로 바뀌었다.[77]

홀치는 국왕시위 외에도 여러 가지 임무에 종사했다. 주로 봄에 왕과 대신을 위하여 격구시합을 공연하기도 하고,[78] 국왕의 명령을 받아 관리나 죄인을 체포하는 일에

---

70 『원사』권99, 병2, 숙위.
71 『고려사』권82, 지36, 병2, 숙위, 충렬왕 8년 5월.
72 『고려사절요』권28, 충렬왕 2년 8월, 6년 5월 ; 『고려사』권81, 지35, 병1, 병제, 충렬왕 9년 5월 ; 『고려사』권81, 지35, 병1, 병제, 공민왕 7년 5월 ; 『고려사』권28, 세가28, 충렬왕 4년 4월 기미 ; 『고려사』권82, 병2, 숙위, 충숙왕 12년 5월.
73 『고려사』권28, 충렬왕 4년 7월 계묘. 연회에서 몽고 사신에게 답례하기 위해 왕이 홀치 중 노래를 잘 하는 자 한명에게 감황은곡을 부르게 했다는 기록도 있다.
74 충숙왕은 혼자 있기를 좋아했다고 한다. 1335년 10월 왕이 국청사에 혼자 올라갔는데, 왕의 신변을 걱정해서 홀치 이서가 혼자 따라갔더니 왕이 노해서 이서를 처벌했다고 한다. 이것은 홀치가 국왕의 최근접 경호부대였음을 말해준다(『고려사』권35, 충숙왕 4년 10월 경오).
75 『고려사』권29, 충렬왕 6년, 5월 계묘.
76 『고려사』권79, 지33, 식화2, 과렴, 충렬왕 15년 3월.
77 『고려사』권82, 지36, 병2, 숙위, 원종 15년 8월, 우왕 4년 10월.
78 『고려사』권29, 충렬왕 6년, 5월 을사, 8년 5월 신유.

동원되기도 했다.[79]

하지만 이런 임무와는 별개로 국왕과 홀치의 유대관계는 특별했다. 그 점을 보여주는 사례가 홀치들이 국왕의 위해 정기적으로 연회를 베풀었다는 것이다.[80] 연회는 궁전 수축과 같은 특별한 계기를 맞아 개최하기도 했지만, 충렬왕 후반부터는 재상 이하 여러 집단이 돌아가며 연회를 배설하는 것이 상례가 되었다. 이때 윤번으로 연회를 배설하는 집단이 재추, 장군방, 홀치, 내방고와 내료였다.[81]

고려의 전통적인 숙위군제도와 비교하면, 겁설은 구성이나 직무의 범위에서 기존 숙위군과 큰 차이를 보인다. 구성에서 겁설은 주로 의관자제나 문신관료들로 구성되었지만, 견룡군은 무신과 군인층으로 구성되었다. 기능적으로 견룡군은 숙위군이라는 군사적 기능이 위주가 되어 있다. 반면에 겁설은 숙위라는 군사적 기능만이 아니라 국왕의 측근에서 다양한 업무에 종사하는 근시기구로서의 성격을 동시에 지니고 있다.

이들의 경제적 대우는 토지지급이었다. 홀치에게 토지를 지급한 기록이 있고,[82] 촌락을 분속分屬시킨 기록도 있다.[83] 이들 촌락과 토지 등은 홀치 구성원 개개인에게 지급한 것이 아니라 홀치 기구 자체에 지급되어 그들의 경제기반이 되었을 것이다. 특히 국왕의 자의에 의해 지급된 토지는 대개 사적인 것으로서 홀치 스스로의 권력에 의해 확보된 경우가 많았다.

속고적도 국왕의 측근에서 시위하는 부대인데, 장군 정지도 속고적이었다.[84] 공민왕은 특별히 두리속고적(또는 내속고적)을 편성했는데, 이들은 공민왕이 총애했던 자제위와 거의 같은 성격의 집단이었다.[85] 우달치도 우달치로 근무하다가 내속고적으로 발탁되었다는 기사로 보아 속고적과 유사한 집단이었다고 생각된다.

고려의 필도치는 충렬왕 4년(1278)이 신문색과 함께 창설했다.[86] 필도치와 신문색

79 『고려사』권28, 충렬왕 4년 4월 기미, 권91, 열전4, 종실2 강양공 자.
80 『고려사』권29, 충렬왕 5년 3월 경오, 6년 1월 병인, 2월 계유.
81 『고려사』권32, 충렬왕 28년, 6월 병인.
82 『고려사절요』권20, 충렬왕 9년 2월.
83 『고려사절요』권28, 충렬왕 4년 4월.
84 『고려사』권113, 열전26 정지.
85 『고려사』권44, 공민왕 22년 1월 을축.
86 『고려사』권28, 충렬왕 4년 10월 신미.

은 모두 근시기구지만 홀치나 속고적과 달리 시위, 경호업무가 아니라 국왕의 국정수행을 보좌하는 기구였다. 처음 필도치를 설립한 이유도 재상기구에 대항해서 국왕이 소수의 관료를 직할로 거느리고 국정을 직결하기 위해서였다.[87] 특히 필도치에서는 고려말에 출사한 실력있는 문신이나 신진사대부들이 많이 임명되었다.

원의 겁설제를 수용한 고려의 겁설제는 원의 간섭에서 벗어난 공민왕대 이후 고려본래의 숙위군제를 복구하고자 하는 과정에서 2군 6위 조직으로 통합하려는 시도가 있었다. 그러나 제대로 정리되지 않은 채 조선초까지 계승되다가 선초 군제 정비과정에서 흡수되었다.[88]

2. 순군·진변만호부의 설치와 운용

고려 정부가 몽골의 요구를 받아들여 강화도에서 다시 개경으로 환도하면서 가장먼저 착수한 작업은 기본적인 수준에서나마 도성의 치안유지와 국왕의 호위를 담당하는 무장력을 확보하는 것이었다. 따라서 기존에 이러한 역할을 담당했던 순검군巡檢軍을 복구하기 위한 노력을 기울였다. 그렇지만 이미 순검군은 그 정수도 채울 수 없을 정도로 미약해진 상태였다. 따라서 그 인원수를 채우기 위하여 문무산직을 비롯하여 백정白丁, 잡색雜色 및 승도僧徒들을 검열하여 충당할 수밖에 없는 상황이었다.[89]

그러나 몽골의 간섭 하에 있는 상황에서 고려 정치의 중심지인 개경의 순찰 및 치안 활동은 몽골군에 의해 장악될 수밖에 없었다. 심지어 국왕의 호위 역시 원종 13년 국왕이 흔도에게 기병 50명을 청하여 궁궐의 숙위를 담당하도록 하게 함으로써,[90] 몽골군에 의해 장악되었다. 비록 몽골군에게 반기를 든 삼별초 때문에, 국왕의 호위를 보다 엄밀히 하기 위하여 원종 스스로가 흔도에게 요청하여 이루어진 행위였지만, 실

---

87 『고려사』 권104 열전17 김주정.
88 『세종실록』 권3, 원년 2월 24일 기해
   이에 대한 연구는 권영국, 앞의 박사학위논문, 1995, 50~59쪽 참고.
89 『고려사』 권81 지35 병1 兵制, 원종 12년 4월.
90 『고려사』 권27, 세가27, 원종 13년 11월 무인.

제로는 고려 국왕에 대한 경호까지도 몽골군이 담당함으로써 몽골은 고려 국왕과 고려정부에 대해 훨씬 강력한 정치적 통제를 가할 수 있게 되었다. 궁궐의 숙위는 물론 개경의 순찰과 단속까지도 몽골군에 의해 주도되었으며, 고려의 순검군은 더욱 위축되어 보조적인 역할에 한정되거나 제 역할을 할 수 없는 상황이었을 것이다.

그렇지만 정치적 안정이 이루어지고 몽골군이 점차적으로 철수하면서, 고려 개경의 순찰활동·치안유지를 위한 조직의 정비가 이루어졌다. 그러나 몽골은 개경의 치안을 고려 국왕의 직속군이던 순검군이 담당하는 것을 원치 않았다. 몽골의 주도에 의해 새로운 도성 치안기구인 순마소가 창설되었다.[91] 순마소는 밤마다 도심을 순행하면서 사람들의 야간통행을 금지시켰다.[92]

순마소는 흔히 순군巡軍이라고도 불렀다.[93] 충렬왕 4년 4월 이전에 설치된 것으로 보인다.[94] 원간섭기 순군의 직제와 운영규정은 확실하지 않다.[95] 다루가치에 의해 몽골의 제도를 참작해서 창설된 순마소의 임무는 정치적 변란이나 범죄행위를 방지하기 위해 야간에 순찰활동을 하고 통행금지를 실시하는 것이었다. 충선왕 때에 순군은 본격적인 치안 및 사법기구로 성장했다. 충선왕의 전지에서 "순군부는 본래 도적을 잡기 위하여 설치된 것이므로 민간의 싸움이나 우마를 함부로 죽인 일 등은 모두 처리할 수 있다"[96]고 규정되었다. 순군부는 포도捕盜활동을 비롯하여 민간의 싸움, 우마의 도살, 몰려다니면서 다른 사람의 재물을 탈취하고 부녀자들을 희롱하거나 또는 우마를 훔쳐서 잡아먹는 등 질서를 문란하게 하는 악소배惡小輩들의 규찰 등[97] 여러 가지 치안유지 활동을 담당했다. 이러한 치안유지 활동은 최종적으로는 궁성과 국왕의 안

---

91 비록 충렬왕대에도 巡檢이 존속하고 있었지만(『고려사』 권89 열전2 后妃2 齊國大長公主), 역할은 극히 제한되어 있었고, 결국 충렬왕대 이후 어느 시기엔가 巡軍과 같은 조직에 흡수된 것으로 보인다.

92 『고려사』 권28, 세가28, 충렬왕 4년 7월.

93 韓㳵劤, 「麗末鮮初 巡軍硏究」『진단학보』 22, 1961, 26쪽.

94 『고려사절요』 권20, 충렬왕 4년 4월.

95 고려 말에 원나라 복장을 명나라 식으로 개혁하면서 순군은 나장과 함께 둥근 깃의 검은 옷과 纏帶를 착용하게 했다. 그러나 이전의 복장은 알 수 없다(『고려사』 권72, 지26, 여복, 관복, 우왕 13년 6월).

96 『고려사』 권85, 지39, 형법2, 盜賊, 忠宣王 2년.

97 『고려사』 권85, 지39, 형법2, 禁令, 忠肅王 12년 2월.

전을 담보하는 것이었다. 따라서 순군은 국왕의 시위군으로의 역할도 담당했다고 할 수 있다.[98]

그러므로 기능적으로 보면 순군은 고려전기의 순검의 기능과 일치하며, 순검군이 담당하였던 모든 기능을 장악하였다고 할 수 있다. 따라서 비록 순마소 곧 순군이 다루가치에 의해 몽골의 제도를 참작하여 창설되어 순마소라는 원의 명칭을 사용하게 되었고, 그 직제에 있어서도 순마천호巡馬千戶와 같은 몽골식 직명을 사용하고 그 지휘관을 임명하는 경우 원의 황제의 허락을 받았다[99]고 해도 그 기구의 성격은 고려전기의 순검군의 성격과 동일한 것이었다고 할 수 있다.

그렇지만 고려전기의 순검과 달리 순군은 다루가치에 의해 창설이 주도되었으므로 초창기에는 다루가치를 통해 그 운영에 몽골의 영향력이 강하게 작용하였으며,[100] 치안유지의 기능과 함께 고려정부와 고려인들에 대한 정치적인 통제를 담당했다. 이에 따라 원래의 기능인 치안기능과 더불어 고려인들을 통제할 수 있는 여러 가지 기능이 요구되었고, 실제로 그러한 기능이 집중되었다.

우선, 경찰기능 이외에 순군은 군대로서의 역할도 담당했다. 왜적이 남부 해안 지대를 침범하여 노략질을 하자, 홀치 등과 함께 순마소에서도 인원을 선발하여 왜적의 침입이 빈번한 경상도와 전라도를 수비하게 했다.[101] 즉, 순군이 왜적의 침입 등을 방비하는 방수군防戍軍으로서의 역할을 담당하고 있었음을 알 수 있다.

또한, 순군부에는 범죄자들을 투옥할 수 있는 자체의 옥이 설치되었다. 옥은 순마소가 설립될 때부터 설치되었는데,[102] 순군의 본래 임무가 도성내의 치안유지 기능을 담당하는 것이었으므로 순마옥·순군옥은 도성내의 질서를 문란하게 하는 자나 도적 등의 일반 범죄자를 수용하는 것이 목적이었다. 그러나 순군巡軍은 몽골이 주도권을 가지고 행사할 수 있는 무력이었고 이를 통해 고려 정부에 정치적 압력을 행사할 수 있는 유효적절한 기구였으므로, 일반 형사범만이 아니라 관리들을 비롯하여 정치

98 『고려사』 권81, 지35, 병1, 兵制, 충렬왕 11년 5월.
99 『고려사』 권29, 세가29, 충렬왕 8년 8월 을미.
100 尹薰杓, 『麗末鮮初 軍制改革研究』, 혜안, 2000, 39~40쪽.
101 『고려사』 권29, 세가29, 충렬왕 6년 5월 계묘.
102 『고려사절요』 권21, 충렬왕 22년 2월.

적 사건에 관련된 사람들도 투옥했다. 예를 들어 제국공주齊國公主의 겁령구怯怜口로서 몽골인이었던 인후印侯가 한희유韓希愈 등이 변란을 일으켜 왕을 납치하여 섬으로 도망칠 음모를 꾸미고 있다고 무고하는 사건이 있었는데, 왕은 한희유 등을 순마소에 가두고 문초하였다.[103]

순군이 정치적 사건에 관련된 사람들을 투옥하는 곳으로 이용된 것은 고려 국왕이 순군을 통솔하게 된 뒤에도 마찬가지였다. 조적이 반란을 일으켰다가 제거되었을 때 그 당여들은 모두 순군에 가두었으며,[104] 공민왕은 석기釋器를 국왕으로 옹립하려는 반란 음모를 꾸민 임중보林仲甫와 그 연루자들을 순군옥에 가두었다.[105] 신돈辛旽의 제거를 모의한 김제안金齊顔 역시 사전에 발각되어 순군옥에 갇히는 등[106] 고려후기에 계속된 정치적 사건의 연루자들이 순군옥에 투옥되는 경우가 많았다.

이처럼 정치적 사건에 연루된 자들을 순군옥에 투옥한 것은, 당시의 불안정한 정정 하에서 국왕 자신이나 자신의 내료內僚·폐행嬖幸들이 통솔하고 있는 무장병력인 순군이 관할하는 순군옥이 전법옥典法獄보다 훨씬 안전하였고, 또한 정치 사범들을 처리하는데 있어 국왕이 주도권을 가지고 행사할 수 있는 순군이 훨씬 더 수월하게 자신의 의도를 관철할 수 있었기 때문이라고 생각된다.

순군에 옥이 설치됨으로써 순군은 또한 재판기능까지도 구비하게 되었다. 순군옥에 투옥된 사람들을 신문할 수 있게 된 것이다. 이러한 재판기능도 순군이 만들어질 당시부터 부여된 것으로 생각되며,[107] 그 사례 중 하나로 들 수 있는 것이 조적曹頔이 난을 일으켰다가 처형된 후 조적의 당을 순군옥에 투옥하고 신문한 경우이다.[108]

순군이 재판기능까지 가지게 됨에 따라, 그리고 고려정부의 중추적인 권력기관으로 자리하게 됨에 따라 이해관계가 걸린 사건의 처리를 순군부巡軍府를 통하여 해결하려는 사

---

103 『고려사』 권123, 열전36, 嬖幸1, 印侯.
104 『고려사』 권108, 열전21, 洪彬.
105 『고려사』 권91, 열전4, 宗室2, 釋器.
106 『고려사』 권104, 열전17, 金方慶 附 金齊顔.
107 충렬왕 8년 승려 洪坦이 이상한 음모를 꾸민다고 고발한 柳璥·韓希愈 등을 순마소에 가두고 국문한 것으로 보아(『고려사』 권105, 열전18, 柳璥), 순마소에서 투옥된 사람들을 신문하고 있었음을 알 수 있다.
108 『고려사』 권110, 열전23, 金倫.

람들이 늘어나게 되었다. 다음의 충선왕의 전지가 이러한 세태를 반영하고 있다.

> 순군부는 본래 도적을 잡기 위하여 설치한 것이므로 민간의 싸움이나 우마를 도살하는
> 것 등의 일은 모두 처리할 수 있다. 그 외의 토전土田이나 노비奴婢에 관계되는 일은
> 모두 처리하지 말고 순작巡綽에만 주력하라.[109]

고려후기에 있어서 가장 중요한 이해관계가 걸린 문제는 토지와 노비에 관련된 문제였다. 토지와 노비를 둘러싼 쟁송은 당시 심각한 사회문제로 대두되어 있었다. 순군부는 이처럼 첨예한 이해관계가 걸린 토지와 노비문제의 소송에까지 개입함으로써, 그 처리에 영향력을 미치고 있을 뿐만 아니라 오히려 여러 가지 사회폐단을 야기하고 있었다. 예를 들어 순군천호를 역임한 신청申靑은 금화군金化郡의 이속인 문세文世와 익수益守 등 50여 명을 압량壓良하여 노비로 만들었는데, 전법판서典法判書 안축安軸 등이 신청의 말을 듣지 않자 왕지王旨를 사칭하여 안축 등을 순군에 가두기도 하였다.[110] 즉, 순군이 토지와 노비 등 커다란 경제적 이권이 걸린 문제에 개입함으로써 폐행·권귀 등의 이해를 대변하였고, 따라서 순군부는 토지와 노비에 관계된 일에서 손을 떼라는 위의 충선왕의 전지는 이러한 당시의 상황 하에서 나온 것으로 이해된다.

순군부가 단지 도성의 치안유지를 담당하는 기관에 머물지 않고, 국왕의 시위군 및 방수군으로서의 역할, 옥의 운영 및 재판기능, 일반 소송사건에의 개입 등 막강한 권력을 행사하게 되면서, 사적인 재원의 확보, 경제기반의 확보에도 주력하게 되었다.

우선, 국가에서는 순군부에 군현의 촌락을 분급分給하여 부세를 수취하도록 하였다.[111] 당시 순군부는 원성전元成殿, 정화원貞和院, 장군방將軍房, 홀치와 함께 가림현嘉林縣의 촌락을 분급받고 있었으며, 분급받은 촌락으로부터 조세와 역역을 수취해서, 부를 운영하는 재원을 마련하고 있었다. 그러나 순군부는 이처럼 국가로부터 지급받은 촌村으로부터의 조세수취에 머물지 않고, 사적인 전장田庄을 경영하고 이를 확대

---

109 『고려사』 권85, 지39, 형법2, 盜賊, 충선왕.
110 『고려사』 권124, 열전37, 嬖幸2, 申靑.
111 『고려사절요』 권20, 충렬왕 4년 4월.

해 나갔다. 순군은 유직인원有職人員과 전전상수殿前上守 등을 파견하여 그들이 사적으로 경영하고 있는 전장을 관리할 뿐만 아니라 타인의 토전土田을 거집據執하는 등 토지를 겸병하여 전장을 확대하고, 인민을 영점影占하고 제민齊民을 초집招集하여 토지를 경작할 노동력을 확대시켜 나갔다. 이러한 행위들은 국가의 공적인 조세기반, 재정기반의 약화를 초래했고, 조세부담을 담당하는 지방민들의 부담을 더욱 가중시켰다.

순군은 막강한 권력을 보유하여 수령이나 하계下界의 별함別銜 등 국가의 공권력이 이들의 불법행동을 제어하지 못할 정도였다. 그리하여 공민왕 2년에는 당시 순군을 비롯한 각 권력기관의 수사전受賜田과 권호들의 토지겸병 등으로 말미암아 국가의 조세수입이 강화도에 있을 때의 20~30%에 불과하다고 지적할 정도였다.[112]

충렬왕 19년 순군 지휘관들의 명칭을 지유指諭 등의 고려 원래의 직명으로 개편했다. 순마의 관원도 내료들이 겸임하게 했다.[113] 이후 부터는 순군에 대한 고려 국왕의 영향력이 강화되어 고려 국왕의 실질적인 지휘를 받게 되었다.[114] 이처럼 고려 국왕이 순군을 장악하게 되는 것과 함께 제2차 일본원정 이후 순군부가 순군만호부로 확대 개편된다.[115] 고려 국왕은 순군천호로 임명된 신청申靑[116]이나 순군만호로 있었던 김원상金元祥[117]과 같이 자신의 측근인 내료·폐행 등을 순군의 책임자로 임명하여 순군을 장악하려고 노력하였다. 따라서 순군만호부로의 확대개편은 제2차 일본원정 이후 몽골군이 철수하게 되면서 고려 왕실이 스스로를 보호할 수 있는 자체 무장력을 강화해 나간 것으로 보인다.[118] 그러나 순군만호부로 확대 개편되면서 다루가치를 통한 원의 통제에서 벗어났고 고려 국왕이 실질적으로 이 기구를 장악하게 되었어도, 순군만호부에 대한 제도적 개편은 이루어지지 않았다. 오히려 고려 국왕은 순군만호부를 장악함으로써 자신의 권력기반을 강화하려고 하였다.

---

112 『益齋亂藁』 권9下, 策問(『韓國文集叢刊』 권2, 599~600쪽).
113 『고려사절요』 권21, 충렬왕 19년 6월.
114 尹薰杓, 『麗末鮮初 軍制改革研究』, 2000, 39~40쪽.
115 한우근, 「여말선초 순군연구」 『진단학보』 22, 1961.
116 『고려사』 권124, 열전27, 嬖幸2, 申靑.
117 『고려사』 권125, 열전38, 간신1, 金元祥.
118 『고려사』 권32, 세가32, 충렬왕 33년 3월 신묘.

도성의 치안유지와 국왕의 시위를 비롯하여 감옥의 운용과 재판 기능 등 순군만호부의 기존의 기능은 집중 강화되었으며, 충숙왕 3년에는 순포巡鋪 33개 소를 두었다고 한 것처럼[119] 전국의 중요한 곳에 순포를 설치함으로써 순군부를 통하여 전국에 대한 통제권을 확보하려고 하였다. 따라서 순군부는 전국적인 기관으로 확대 개편되었지만, 공적 기구이면서도 한편으로 국왕에 의해 사적으로 운용되며 여러 정치적 사건들의 처리를 담당하게 되었다.

이러한 순군부는 폐행과 같은 국왕의 측근세력들에 의해 장악되고 운영되었다. 국왕은 가장 중요한 무력 기반인 순군부를 장악하기 위해서 내료나 폐행과 같은 자신의 측근세력을 순군부의 관리로 임명했다. 국왕의 총애를 바탕으로 순군부를 장악한 폐행들은 순군부라는 무력기반을 통하여 자신의 사적인 이해를 쉽게 관철해 나갈 수 있었다. 대표적인 예로써 공민왕대의 김용金鏞의 경우를 들 수 있다. 김용은 공민왕이 원자로서 원나라에 가 있을 때 시종한 공민왕의 측근이었다.

그는 순군만호로 임명되자 무뢰배들을 무려 천 명이나 모아 순군에 소속시켜 항상 데리고 다녔으며, 자신의 문객인 화지원華之元을 순군제공巡軍提控으로 임명하기도 했다. 그는 공민왕의 총애를 바탕으로 자신의 사적 인맥인 무뢰배들이나 문객을 순군부에 소속시켜 순군부를 장악해 나갔을 뿐만 아니라, 이 무뢰배들을 이용해 자신의 정치적·군사적 이익을 도모하였다. 흥왕사興王寺의 변란이 일어났을 때에 김용은 홀로 순군으로 가서 병력을 동원하고 있으며, 순군이라고 하는 무장력을 통해 역모를 꾀하고 있었다. 따라서 순군은 비슷한 성격을 가진 홀치 등과 경쟁관계를 가지고 서로 대립하기도 하였다. 비록 도성의 치안을 유지하거나 국왕의 숙위를 담당하는 등 상호 보완관계에 있어야 할 기구들이었으나, 사적인 경제기반·세력기반의 확대를 도모하고 이를 위한 권력의 확보·유지를 위해 서로 경쟁하고 있었으므로 쉽게 충돌할 수 있었다. 심지어는 순군과 홀치가 각기 대열을 지어 임금을 호위하다가 길을 다투어 순군이 홀치의 장군將軍을 몽둥이로 때리는 무력 충돌 사건이 발생하기도 하였다.[120]

이 때문에 고려국왕은 정국을 주도하기 위한 방편으로 순군부를 적극 이용하면서도

119 『고려사』 권81, 지35 병1, 兵制, 忠肅王 3년 8월.
120 『고려사』 권131, 열전44, 반역5, 金鏞.

몽고정(경남 창원)

한편으로는 고려정부나 국왕은 이렇게 권력이 집중되고 여러 가지 폐단을 야기하고 있던 순군부를 제어하기 위한 노력을 시도하기도 하였다. 노비와 토지 등 이권에 개입하는 것을 차단하고 순찰활동 등 순군부 본래의 임무에 충실하도록 하라는 전지를 내리거나,[121] 인민을 영점하거나 토지를 탈점한 순군부의 인물들을 원도遠島로 유배하도록 하는 조치[122] 등을 통해 순군부의 권력 확대와 불법 행위를 금지하려고 하였다.

공민왕은 "행성行省 3소, 제군諸軍 만호부萬戶府에 예속된 정구丁口를 추쇄推刷하여 융병戎兵에 사용하라"[123]라고 하여 순군만호부에 소속된 정구를 추쇄하여 국가의 공병에 소속시킴으로써 고려의 공병제를 강화하고 비정상적으로 확대된 순군부를 제어하여 본래의 임무를 충당하게 하려는 노력을 기울이고, 궁극적으로는 순군만호부를 폐지하려고 노력하였다.[124] 이러한 노력의 일환으로서 공민왕 18년에는 순군만호부를 사평순위부司平巡衛府로 개편하기도 하였다.[125]

---

121 『고려사』 권85, 지39, 형법2, 盜賊, 충선왕 2년.
122 『고려사』 권84, 지38, 형법1, 職制, 충숙왕 5년 5월.
123 『고려사』 권81, 지35, 병1, 兵制, 공민왕 5년 6월.
124 『고려사』 권39, 세가39, 공민왕 5년 10월.
125 『고려사』 권77, 지31, 백관2, 諸司都監各色, 巡軍萬戶府.

그렇지만 고려후기에 시도된 이러한 개혁들이 군제 전반의 체제를 검토하여 순군만
호부에 집중된 권한을 제한하고 각 기능을 원래 담당해야 하는 기관으로 돌리려는 것
이 아니었다. 정치적 상황이 불안정한 고려후기의 상황에서 실질적 무장력을 가지고 도
성의 치안을 유지하고, 국왕을 호위하며, 사법기능까지 집중되어 있던 순군부를 배제하
고는 쉽사리 정국을 운영할 수 없었다. 순군부는 당시 가장 확실한 무장력이었다. 따라
서 반원개혁을 주도한 공민왕대를 거쳐 고려말에 이르기까지 국왕을 비롯한 권력 주체
들은 순군부를 이용하여 정권을 유지하거나 권력을 장악하려고 시도하는 것이 가장 손
쉬운 방법이었으며, 결국 순군부에 의존하여 당시 정국 상황에 대처할 수밖에 없었다.

그러므로 순군부는 고려말에 이르기까지 도성의 치안유지라는 본래의 기능보다는
오히려 중요한 정치적 사건을 처리하는데 있어서 핵심기관으로 기능하였다. 대표적인
예를 들어 보면, 충숙왕대에는 심왕파瀋王派 조식趙湜·김온金溫 등을 순군옥에 가두고
있으며,[126] 공민왕대에는 기철奇轍 일당을 체포할 때 순군을 동원하여 수색하였는데
그 일당으로 옥이 가득찰 정도였다.[127] 신돈이 집권한 후에는 자신의 무리 오계남吳季
南을 순군경력巡軍經歷으로 삼아 최영崔瑩 등을 신문하고 있으며,[128] 석기釋器 사건 때
에는 공민왕대와 우왕대 모두 그 연루자들을 순군부(순위부)에서 처리하고 있다.[129] 우
왕대에는 염흥방廉興邦이 순군상만호巡軍上萬戶로 있으면서 순군부를 장악하고 조반趙
胖의 일을 처리하고 있으며, 염흥방이 제거될 때에는 순군의 지휘부를 교체하여 순군
부에서 염흥방 일당을 신문하게 하였다.[130] 또한 위화도 회군 이후에는 최영을 순군옥
에 가두고 국문하고 있다.[131]

공양왕 원년에는 도적을 잡고 반란을 금지시키는 것이 순군의 기능이라고 규정하
고 있는데,[132] 이처럼 반란을 금지하여 왕실을 보호하여야 한다는 순군부의 임무가 순

---

126 『고려사절요』권24, 忠肅王 15년 8월.
127 『고려사』권131, 열전44, 반역5, 趙日新.
128 『고려사절요』권28, 공민왕 14년 7월.
129 『고려사』권91, 열전4, 종실2, 釋器.
130 『고려사절요』권33, 우왕 14년 1월.
131 『고려사절요』권33, 우왕 14년 7월.
132 『고려사』권77, 지31, 백관2, "諸司都監各色, 巡軍萬戶府".

선죽교(개성)
정몽주가 격살당한 곳이다.

군부의 정치적 성격을 단적으로 보여주는 것이라고 할 수 있다. 따라서 그 이후에 발생한 윤이尹彝·이초李初의 옥사의 처리도 순군부에서 관여하고 있으며,[133] 정몽주鄭夢周를 제거할 때에도 이성계 일파는 김사형金士衡을 순군제조관巡軍提調官으로 임명하여 순군부를 장악한 후 정몽주 일파를 순군부에서 신문하고 있다.[134]

이것을 계기로 조선조 건국 직후에는 포도순작捕盜巡綽 이외에 관원의 형옥刑獄, 간쟁諫諍의 봉쇄 등을 맡았으며, 소속 사졸도 대규모화하였다. 처음에는 중군·좌군·우군의 3개 만호를 두었던 것을 후에 개성의 순군만호를 비롯하여 합포·전라·탐라·서경의 만호가 증설되었으며, 기타 지방의 중요한 곳에 33개의 순포巡鋪를 두었으며, 순군만호부는 이들을 총괄하는 기구가 되었다.

이 같은 부작용으로 태종 연간에는 간관들이 순군부의 혁파를 주장하기도 하였다. 그러나 혁파론에도 불구하고 순군부의 직능은 오히려 강화되었다. 1402년(태종 2)에는 순위부로 개칭되었다가 다시 의용순금사義勇巡禁司로 고쳐지고, 직제도 상호군·대

---

133 『고려사』 권115, 열전28, 李穡.
134 『고려사절요』 권35, 恭讓王 4년 3월.

호군·호군·사직司直·부사직副司直의 병직兵職으로 개편되었다.

순군부의 관원으로는 도만호都萬戶·상만호上萬戶·만호萬戶·부만호副萬戶·진무鎭撫·천호千戶·제공提控 등이 있었으며, 하부 군인으로 도부외都府外 약 1,000명, 나장螺匠 약 500명이 있었다. 1369년 사평순위부司平巡衛府로 고쳐 제조 1명, 판사 3명, 참상관 4명, 순위관 6명, 평사관 5명을 두었으나 우왕 때 다시 순군만호부로 환원되어 조선으로 이어졌다.

한편, 고려 본래의 지방군인 주현군은 12세기 이래로 대규모 인구 유리와 치열한 농민항쟁을 거치면서 조직 자체가 무너져 대몽항쟁에서는 새로 조직된 별초가 주로 활약하였다. 대몽항쟁이 끝난 뒤로는 왜구에 대비해 주로 남방의 국방이 강화되었으며, 해안지역에 설치된 방호소防護所의 방호별감·방호사와 수군을 지휘하는 수로방호사 등이 국방을 맡게 되었다. 이어서 두 차례에 걸친 일본정벌이 끝난 뒤 해안지역에 새로이 국방 거점으로 만호부가 설치됨으로써 지방의 군제도 원의 군제로부터 영향을 받으며 변모해 갔다.

당시 고려 자체의 지방 군사제도를 새로 갖추려는 시도가 없지는 않았다. 대몽항쟁 때 도를 단위로 하는 지방군제 운용이 나타난 데 이어 13세기 말엽에는 원이 일본정벌과 관련하여 고려에 요구한 병력과 군량, 전함의 조달을 위해 도지휘사가 빈번히 파견되어 도 단위로 군사업무를 맡는 관직으로 정착해 가고 있었다. 나아가서 충렬왕 27년(1301) 무렵 도지휘사를 원의 경우처럼 지방 군사기구인 도지휘사사都指揮使司를 관장하는 직책으로 만들고자 하였으나 결국 원의 제지를 받음으로써 좌절되었다.

도지휘사사 설치 기도가 좌절된 뒤로 고려의 지방 군사력은 남해지역의 중요한 방어 거점 세 곳에 두어진 만호부의 만호가 장악하였다. 이들 만호부는 일본정벌이 실패한 뒤 일본의 공격을 염려하여 남부에 설치된 것들이다.[135] 뒤에 합포만호부로 이름이 바뀌는 금주등처진변만호부金州等處鎭邊萬戶府가 먼저 충렬왕 7년(1281)에 설치된 데 이어서 충렬왕 16년에 전라만호부, 그 이듬해에는 탐라만호부가 설치되었다. 이 가운데 특히 합포·전라 두 만호부는 정식 명칭이 진변만호부로서 남부 해안지대를

---

135 『고려사』 권29, 세가29, 공민왕 5년 10월 무오.

지킨다는 것을 분명히 하였다. 합포는 일본으로 가는 교통의 요지로서 왜구가 빈번하게 출몰하는 지역이며, 삼별초 토벌시 원의 군대가 주둔한 곳으로, 일본정벌시에는 원정업무를 관할하기 위한 정동행성이 설치되었던 지역이었다.

원의 입장에서는 두 차례 원정을 통해서도 정벌하지 못한 일본의 침략위협에 대비하고 나아가 원의 변방의 안정을 위해 고려 군사력으로 구성된 만호부와 같은 군사조직이 필요했다. 또한 고려 군사력의 견제를 위해서도 많은 부담이 따르는 원 군대의 직접 주둔보다는 효과적인 고려 군사력 견제와 지배통제 방법이 필요했다. 이러한 목적하에 원은 고려국왕과 정동행성이 요청하는 형식을 취해 진변만호부를 설치하고, 병권을 장악하고자 하였을 것이다.

진변만호부에는 원에서와 마찬가지로 다루가치가 설치되었고,[136] 고려인 만호·부만호 등의 지휘관이 임명되었다. 만호직은 보통 원의 황제가 직접 임명하거나 고려 국왕이 임명하였으며, 임명과 함께 만호부의 표징인 호부虎符(牌面, 金牌)와 인신印信을 수여하였다. 특히 고려 국왕이 임명할 경우에는 반드시 원으로부터 이미 만호의 직위를 받은 인물을 선발하였다.[137] 원에서 만호직에 제수된 사람은 대체로 고려의 재추급 관료와 장군將軍 이상의 무관직이었다. 이러한 사실로 볼 때 진변만호직에 임명에서 고려 국왕이 행사할 수 있는 병권은 그만큼 원에 의해 제약되고 있음을 알 수 있다.

고려인 만호는 천호소千戶所 천호千戶 – 백호소百戶所 백호百戶로 연결되는 지휘체계와 소속 방호소의 지휘관들을 통하여 만호부와 방호소 소속 군사들을 지휘함으로써 국방에 임하였다. 방호소는 유사시에 대비하여 병선을 갖추는 한편 봉화를 통해서 만호부와 통신을 하였다.

진변만호부 또한 진무소를 갖추고 있었으며, 행정 실무를 맡는 만호부 녹사는 고려조정에서 어느 정도 통제하였다. 그러나 14세기 전반에는 만호가 권세가의 세습제로 변하고 원이 직접 진변만호부 만호를 임명하는 경우도 많아 그 권한은 상당히 넓었다. 이 시기 만호부와 방호소에 소속되어 있던 병력은 일본정벌에 동원되었던 군

---

136 『고려사』 권30, 세가30, 충렬왕 17년 9월 기해.
137 『고려사』 권29, 세가29, 충렬왕 6년 12월 ;『고려사』 권29, 세가29, 충렬왕 7년 10월 ;『고려사』 권29, 세가29, 충렬왕 14년 정월.

인들의 계통을 잇는 진변별초鎭邊別抄와 해안지역 농민 중심으로 구성된 진수군 등인데, 이들의 징발과 같은 군사행정에 대한 권한은 형식상 도순문사에게 주어져 있었으나 이 권한도 진변만호부 만호가 도순문사직을 겸하여 아울러 장악하였다. 때문에 이들 만호는 남부지역에 대해 막강한 권력을 행사하는 존재로 자리잡고 있었다. 그러나 1356년(공민왕 5) 반원정책의 일환으로 5만호부를 모두 혁파함에 따라 진변만호부 역시 폐지되었다. 이후 방왜防倭의 기능은 1374년에 설치된 왜인추포만호倭人追捕萬 戶가 수군이 재건되면서 1387년(우왕 13)부터 설치되기 시작한 수군만호부로 계승되었다.[138]

---

138 이에 대한 연구는 이에 대한 연구는 권영국, 앞의 박사학위논문, 1995, 57~75쪽 및 박진훈, 「고려시대 개경 치안기구의 기능과 변천」『한국사론』 33, 국사편찬위원회, 2002 참고.

제4절

원의 일본 원정과 고려의 참전

1. 일본 원정의 배경과 준비 과정

고려가 원의 일본 정벌에 동원된 시기는 고려가 원의 간섭 하에 놓여있을 때였다.[139] 이러한 고려의 현실은 충렬왕이 원 세조의 딸, 제국대장공주를 왕비로 맞아 부마국이 된 이후 양국의 왕실이 일가의 관계에 놓이면서 심해졌다. 그 첫 시련이 바로 원의 일본 정벌에 고려가 동원된 일이었다.

원의 일본 정벌은 세계 제국을 건설한다는 목표 아래 단행되었다.[140] 실제로 세조는

---

139 그동안 원의 일본 원정에 대한 연구는 고병익,「麗代征東行省研究(Ⅰ·Ⅱ)」『역사학보』14, 1961 ;『역사학보』19, 1962와 朴亨杓,「麗·蒙聯合軍의 東征과 그 顚末」『사학연구』21, 1969 ; 李銀圭,「元의 日本征伐考察」『호서사학』1, 1972 ; 金澈珉,「元의 日本征伐과 麗·元關係」『건대사학』3, 1973 ; 金渭顯,「麗·元 日本征伐軍의 出征과 麗·元關係」『국사관논총』9, 1989 ; 정순태,『여몽연합군의 일본정벌』김영사, 2007 등이 있다. 일본의『몽고습래관계문헌목록』에 따르면 1880년대부터 2001년 10월까지 약 1천 편에 달하는 논저가 발표되었다. 중국에서는 王啓宗,「元世祖招諭日本始末」『大陸雜誌』32-5, 1966 ;「元軍第1次征日考」『大陸雜誌』32-7, 1966 ;「元軍第2次征日前夕情勢的分析」『大陸雜誌』35-4, 1968 ;「元軍第2次征日考」『大陸雜誌』35-4, 1968 등이 있다.

140 몽고의 대외원정은 1227년 칭기스칸의 사망 이후에도 오코데이(太宗; 1229~1241), 구육(定宗; 1246~1248), 몽케(憲宗; 1251~1258), 쿠빌라이(世祖; 1260~1294) 등으로 계승되어 계속적인 정복전쟁이 추진됨으로써 몽고 제국의 판도는 유라시아 대륙의 대부분에 미치게 되었다. 원의 태종은 고종 17년(1231) 금에 대한 원정을 재개하고 2년 후 마침내 금의 피란 수도 변경을 함락함으로써 중원에 대한 지배를 확고히 하였다. 몽고의 고려에 대한 침략전쟁도 바

1271년 국호를 '원元'이라 개칭했고, 이미 세계 제국의 실현을 눈앞에 두고 있었다. 긴 전쟁 끝에 몽골과 강화를 맺고, 1270년 개경으로 환도한 고려는 미처 숨을 돌릴 사이도 없이 원의 일본정벌에 필요한 경제적, 군사적 부담을 안게 되었다. 원래 원이 일본을 정벌하려했던 근본적 이유는 일본과 남송의 우호관계였다. 남송의 정복은 원의 지상과제였으나 일본은 남송과 무역을 지속하고 있었다. 이를 못마땅하게 여긴 세조는 일본에 사신을 보내어 조공을 하라고 명했으나, 일본이 거부했다. 동북아시아에서 원에게 조공하지 않고 저항하는 나라는 일본뿐이었다.

원의 세조는 일본원정에서 세 가지를 노렸다. 첫째, 끝까지 저항한 고려에 대해 그 남아있는 저항력을 말살하기 위해 일본원정에 따르는 경제적, 재정적 부담을 전부 감당하게 하여 장차 있을 수 있는 저항의 뿌리를 뽑으려했다. 둘째, 일본 정벌과 일본의 조공을 받아내어 남송과의 무역을 차단함으로써, 후방의 위협을 제거하고, 동북아시아에서 원제국의 완성을 보고 싶었다. 셋째, 일본 정벌의 기회로 고려와 일본과의 친선관계를 적대관계로 변질시켜 양국이 협력하여 원에 저항하지 못하도록 하는 "오랑캐로 오랑캐를 견제케 하는 전략"을 추구했다.

고려로서는 원의 침공을 여러 차례 익히 경험하면서 왕실이 강화도로 피신한 적이 있었던 때문에 일본원정의 거부는 자칫하면 고려왕실의 위기로 이어질 수 있어서 협

로 이 금나라 정벌의 작전과 연결되어 개시되었다. 중원에 대한 지배권 확립과 함께 중앙아시아와 중동지역에 대한 지배권 강화에 치중하였으며, 특히 1236년부터는 러시아에 대한 원정을 개시, 1240년 키예프 점령을 고비로 사실상 러시아를 석권하였다. 이어 1241년에는 동유럽의 폴란드, 헝가리를 점령하고 서유럽의 기사단을 일거에 전멸시킴으로써 유럽을 공포에 몰아넣었다. 헌종대 정복전의 주요 목표는 남송과 페르시아 지역이었다. 1258년 바그다드를 함락하였으며, 남송에 대한 공격도 가열되어 거의 송을 고립무원에 빠뜨렸다. 그러나 남송의 멸망은 1279년 세조의 의해 성취되었다. 1271년 세조는 국호를 중국식 이름인 원으로 정하고 중원의 중심인 북경(北京)을 새로운 수도로 하였다. 몽고의 지속적인 정복전의 전개는 전쟁 자체가 노획물의 분배에 의한 재산증식의 공동사업이라는 경제적 욕구가 큰 활력이 되었던 것으로 여겨진다. 동시에 몽고의 대외전쟁도 처음 칭기스칸 시대의 약탈적 전쟁으로부터 점령 지역의 지속적 지배를 의도한 정복전쟁으로 변천하였는데, 13세기 몽고의 고려 침입은 이러한 몽고의 세계 정복전의 일환이었으며, 그중 특히 금·송에 대한 전략과 함께 이루어졌다. 몽고의 고려에 대한 1~3차 침략(1218~1239)이 태종 시대 금 정복전과 함께, 그리고 5~6차 침략(1253~1259)이 대남송 작전에 주력하던 헌종시대에 이루어진 것은 몽고의 고려 침략이 기본적으로 동아시아에 대한 지배권 확립의 일환이었음을 말해주고 있는 것이다.

력하지 않을 수 없었다. 그러나 결과적으로 고려는 일본원정으로 인해 그동안 조금씩 일본과의 관계를 개선하려고 노력했던 것을 물거품으로 만들었고, 일본과의 관계를 더욱 악화시킬 수밖에 없었다.

고려는 일본에 가장 근접해 있어서 전쟁 거점으로 알맞았다. 원이 고려에게서 군량미와 함께 전함까지도 얻을 수 있다면 일본정벌을 한결 유리한 조건에서 할 수 있게 된다. 원이 일본 정벌에 고려를 끌어들인 의도가 바로 이 점에 있었다. 때문에 원은 고려에게 일본을 정벌하기 위한 여러 부담을 지게 했다. 원의 간섭을 받아야했던 고려가 원의 제안을 거부하는 데는 많은 한계가 있었다.

원은 우선 고려로 하여금 그들 사신이 일본을 초유招諭하는 데 다리역할을 해달라고 했다.[141] 원의 세조는 고려와 우호를 다져가는 과정에서부터 고려를 일본의 초유에 이용할 생각을 갖고 있었다. 『원사』 일본전에 "지원 2년(1265), 고려사람인 조이趙彝 등이 일본국과 통해야 한다고 아룀으로써 사신을 뽑았다"는 내용으로 보아, 세조 쿠빌라이는 남송의 정복에 한창 여념이 없을 때 조이가 "고려의 동방 해상에 일본이라는 나라가 있는데, 남송과 교역하는 밀접한 관계인만큼 (남송을 고립시키려면) 일본을 초유하여 (몽골 편으로) 끌어들이면 좋다"는 계책을 내 놓았다는 것이다.[142]

조이의 건의에 따라 세조 쿠빌라이는 일본에 정중한 국서國書를 보내 통교를 요구했다. 그 국서가 비록 정중한 형식을 취했다고는 하지만, 일본에 대해 복속을 촉구하는 것으로서, 만약 그것을 거부하면 무력행사도 불사하겠다는 점을 은근히 암시하고 있었다. 이 같은 통교 요구가 무력행사로까지 발전하게 된 것은 일본이 끝내 복속을 거절했기 때문이었다.

한편, 고려 정부는 처음부터 원의 일본원정을 저지하려고 부심하고 있었다. 일본원정을 강행할 경우 인적·물적으로 피해가 가장 큰 나라는 고려이기 때문이다. 원의 일

---

141 『고려사』 권26, 세가26, 원종 9년 2월 임인.
142 조이는 경남 함안 출신으로서 그곳이 일본에의 門戶인 合浦 및 金海에 가까워 일본사정에 통하고 있었다고 한다. 그는 몽골군의 고려 침입 때 몽골군에 붙어 몽골로 들어가 관료가 되었는데, 進士試에 합격할 정도의 수재였는 데다 여러 나라 말을 구사했으며 행정수완도 제법 있었던 것으로 전해진다. 그는 곧 두각을 나타내어 쿠빌라이의 知遇를 받게 되었다. 그런 그가 쿠빌라이로부터 "어떻게 남송을 제압할 것인가"라는 질문을 받고 위와 같이 답변했다는 것이다.

본 초유와 그 원정을 저지하려고 비상하게 노력했던 인물은 당시 고려의 재상 이장용李藏用이었다. 그는 어떻게든 몽골 사신의 일본행부터 막으려고 했다.

조이의 진언이 있었던 다음해인 1266년 11월, 세조는 병부시랑 흑적黑的과 예부시랑 은홍殷弘을 일본초유사日本招諭使로서 고려에 파견하였다. 그들이 고려국왕 원종에게 전달한 조서의 내용은 다음과 같았다.

> 지금 그대 나라 사람 조이가 와서 일본은 그대 나라와 가깝다고 말했다.……한·당 이래 일본은 중국과 (사신을) 통했다. 때문에 지금 흑적 등을 일본에 보내 통교하려 한다. 경卿(원종)은 사신이 갈 수 있도록 길을 열도록 하라.……뱃길의 어려움風濤險阻를 이유로 사양해서는 아니 될 것이다[143]

이 초유사는 일본에 보내는 세조의 국서도 휴대했는데, 그 국서의 말미에 "서로 통호하지 않는 것을 어찌 일가一家의 이치라 하겠는가. 병력을 사용하는 데 이르러서는 그것이 누구에게 좋으랴. 왕은 그것을 깊이 생각하라"고 쓰여 있었다.

이장용은 이 국서의 내용을 알고 세조의 욕망이 쉽게 이뤄지지 않을 것을 내다보았다. 그는 몽골 사신의 일본행을 저지하기 위해 흑적 등에게 "일본 초유가 해만 있지 이익이 없고, 도중의 바다는 험난하기 때문에 결코 일본에 건너가서는 안 된다"는 서한을 보냈던 것이다.

흑적과 은홍殷弘 등 몽골사신 일행은 고려의 추밀원부사 송군비宋君斐·시어사 김찬金贊의 안내로 합포를 경유하여 거제도에까지 내려갔지만, 거기서 되돌아오고 말았다. 이에 대해 원의 힐책이 있을까 염려하여 송군비로 하여금 흑적을 따라 원에 들어가도록 했다. 이때 세조에게 올린 글에 의하면, "풍도험조風濤險阻로 상국의 사신이 상傷할까 염려되었고, 또 대마도에 이르러도 완악하고 무뢰한 무리들이 패역한 짓을 할까 두려워 하였기 때문에 귀국하게 되었다"고 했다. 이때 이장용도 세조에게 다음 내용의 변명서를 보냈다.

---

143 『고려사』 권26, 세가26, 원종 7년 11월 계축.

거제도에 이르러 멀리 대마도對馬島를 바라보니 대양만리人洋萬里, 풍도風濤가 하늘을 치고……어찌 상국의 사신을 받들어 위험을 무릅쓰고 가볍게 나아갈 수 있겠습니까. 설사 대마도에 이를지라도 그 풍속이 완고하고 추악해서 예의가 없습니다. 만약 불궤 不軌가 있으면 장차 이것을 어찌하겠습니까. 이러하여 모두 두려워함에 돌아오게 되었습니다. 일본은 본래 소방小邦(고려)과 통호하지 않고, 다만 대마도인이 때때로 무역의 일로 금주金州(김해)를 왕래할 따름입니다[144]

이러한 사정을 알아챈 원은 고려가 거짓으로 말만 둘러댄다고 여겨 일본을 친다는 명분으로 고려에 병력을 들어보냈다가 고려를 기습하여 정복하자는 계획까지 상주上奏하였다.[145]

그러나 세조의 야망은 수그러들지 않았고, 그해 8월에 송군비 등을 흑적·은홍과 같이 고려로 돌려보낸다. 이때 원의 세조는 고려가 핑계와 변명을 늘어 놓으며 꾀를 부린다고 질책하며 일본에 대한 일은 고려왕에게 일임하니 은혜에 보답하는 일이라 생각하고 성실하게 처리할 것을 재촉구 하였다.[146]

이러한 원의 책망에 대해 이장용은 흑적에게 글을 보내 "설령 고려가 향도嚮導가 되어 일본에 간다고 하더라도 당사자인 일본의 태도가 어떻게 나올 지 알 수 없는 일이며, 시간을 두고 보아서 오면 복종하는 것을 장려하고 오지 않으면 도외度外에 두어서 제대로 살아가게 내버려 두는 것이 성인의 덕일 것"[147]이라 효유하였지만 결국 아무런 변화를 가져 오지는 못했다. 결국 원종 8년(1267) 기거사인起居舍人 반부潘阜를 단독으로 일본으로 보내 원의 국서와 고려의 국서를 전달하게 하였으나,[148] 아무런 소득을 얻지 못하고 돌아왔다. 원의 세조는 원종 9년(1268) 2월 안경공安慶公 창淐이 신년하례를 하고 돌아오는 편에 다시 칙명을 내려 "고려가 그간 믿기지 않는 일을 한 것을 조목조목 들고 고려가 일본과 교통한다는 것은 원에 와서 살고 있는 고려사람들

---

144 『고려사』 권26, 세가26, 원종 8년 정월.
145 『元高麗紀事』 지원 6년 12월 2일.
146 『고려사』 권26, 세가26, 원종 8년 8월 병신삭.
147 『고려사』 권102, 열전15, 李藏用.
148 『고려사』 권26, 세가26, 원종 8년 8월 정축.

이 모르는 사람이 없는데 어째서 거짓을 꾸며대는 것인가"라며[149] 책망하고 있다.

고려는 원종 9년 7월 절일節日의 하례사로 합문사 손세정孫世貞과 낭장 오유석吳惟碩을 파견할 때 반부潘阜를 원에 보내 "반부가 양국 국서와 예물을 가지고 일본에 가서 그들을 타일렀으나 그들은 왕도에도 들어오지도 못하게 하고 서편 다자이후[太宰府]에 머물도록 한 것이 5개월이 되었으며, 사관접대舍館接待가 야박하고 조서를 전했으나 회답이 없고 국신國贐을 주고 여러 면으로 타일렀으나 듣지 않고 도리어 우리 사신을 핍박하여 돌려보냈다"는[150] 전후 사정을 알렸다. 그러나 세조는 일본이 명을 거스르고 오만불손한 태도를 보이면 정벌하겠다는 태도를 보이고 이해 10월 명위장군도통령明威將軍都統領 탈타아脫朶兒와 무덕장군총령武德將軍總領 왕국창王國昌, 무력군부통령武力軍副統領 유걸劉傑 등을 보내어 고려의 군사와 전함을 사열케 하고, 흑산도와 일본으로 가는 수로를 시찰케 하였으며,[151] 고려 조정에서 만들도록 한 배와 별도로 탐라에서 배 1백척을 만들도록 하였다. 이때 고려는 낭장 박신보朴臣甫와 도병마녹사 우천석禹天錫을 보내어 이들을 따라가서 흑산도를 시찰하게 하였다.[152]

11월에는 세조는 다시 병마시랑 흑적과 예부시랑 은홍 등을 보내어 조서를 내리고 반부의 일도 믿지 못하겠다며 "사신을 일본으로 보내길 원하니 중신重臣을 시켜 인도하되 전과 같이 지체시키고 방해하지 말라"는 강경한 태도를 드러냈다. 결국 이 해 12월 고려는 지문하성사 신사전申思佺, 시랑 진자원陳子原, 기거사인 반부潘阜 외 1인과 원측의 흑적, 은홍 외 70여인을 일본으로 보냈다.[153] 이들은 다음해(1269) 3월 흑적과 신사전 등이 대마도에서 왜인 2명을 잡아 돌아 왔고,[154] 4월에 원으로 들어가자 세조로부터 환대를 받고 왜인들도 많은 물건을 받고 풀려났다.[155] 이들은 7월에 원사 우루대于婁大 편에 돌아왔다. 이때 고려는 다시 세조의 명을 받아 김유성金有成·고유

---

149 『고려사』 권26, 세가26, 원종 9년 2월 임인.
150 『고려사』 권26, 세가26, 원종 9년 7월 정묘.
151 『고려사』 권26, 세가26, 원종 9년 10월 경인.
152 『원사』 권167, 열전54, 王國昌.
153 『고려사』 권26, 세가26, 원종 9년 12월 경진 ;『帝王編年紀』文永 6년 3월 7일.
154 『고려사』 권26, 세가26, 원종 10년 3월 신유.
155 『고려사』 권26, 세가26, 원종 10년 7월 갑자.

조양필이 머물렀던 다자이후 관청 터

高柔 등을 일본에 보내 중서성첩中書省帖을 지니고 일본 포로를 돌려보냈다.

그러나 원종 11년(1270) 12월에 세자 심諶이 고려로 돌아가는 길에 세조는 행성에 의해 보고된 남송과 일본의 교통한 사실을 들먹이며 모든 일이 거짓임을 알겠다고 위협하고, "이미 짐과 경이 한집안이 되었으니 경은 우리나라의 힘을 빙자하여 일본사람에게 위엄을 보여야 할 것이므로, 남송과 일본이건 만일 그들과 어떤 일이 생기거든 군대와 마필, 군함과 군량을 완비하여 명을 기다리라"며[156] 위협하였다. 이에 원종 12년 정월 김련金練을 원에 보내어 청혼을 하고, 또 일본·남송과 왕래한 일에 대해 변명하였다. 그러나 원에서는 비서감秘書監 조양필趙良弼을 보내 "지난번은 국경관리의 저지로 뜻을 밝힐 수 없었고, 또 임연林衍의 일 때문에 겨를이 없었는데 이제 국가가 안정되었으므로 국신사를 보내 일본에 도달하도록 할 것이니 군량을 공급하도록" 하는 강력한 뜻을 전달하였다.[157]

한편, 제5차의 사신 조양필趙良弼은 일본이 조공하지 않으면 출병한다는 세조의 의도를 통고했다. 이때 그는 이전의 4차에 걸친 초유사와는 달리 대마도를 거치지 않고 다자이후가 있는 하카라행을 주장했다. 가마쿠라 막부와 교토 조정을 은근히 갈라놓

---

156 『고려사』 권26, 세가26, 원종 11년 12월 을묘.
157 『고려사』 권26, 세가26, 원종 12년 정월 기묘.

으려는 것이었다. 서부 일본의 통괄기관이었던 다자이후가 그의 수십 회에 걸친 요청을 거부하자 그는 국서의 사본寫本을 만들어 가마쿠라 막부에 보냈다. 이때 가마쿠라 막부의 최고권력자는 호조 도키무네北條時宗(1251~1284)이었다. 도키무네는 일본의 굴복을 요구하는 세조의 국서를 보고 격노했다. 만약 세조에게 굴복해 그의 휘하로 들어간다면 가마쿠라 막부 체제는 당장 붕괴할 게 뻔했기 때문이다.

이에 도키무네는 호조 가문의 실력자들을 잇달아 등용하여 강력한 체제 구축에 전념했다. 특히 1269년 남송에서 초빙한 대휴 정념大休正念이란 선승에게 자문을 받으면서 도키무네의 대외 강경노선은 더욱 굳어졌다.

결국 답서도 받지 못한 조양필은 6개월을 지루하게 보냈지만 아무런 회답도 받지 못하고, 1272년 1월 고려의 수도 개경을 경유하여 연경으로 되돌아갔다.[158] 그때 그는 다자이후의 동의를 얻어 일본인 12명을 동행시켜 그 체면치레를 하려고 했지만, 쿠빌라이는 그 접견을 허락하지 않고 즉각 일본으로 되돌려 보내라고 명했다. 그후 조양필은 그해 4월에 고려로 돌아왔다. 고려는 어사御史 강지소康之邵를 보내어 일본사신을 보호하도록 했다.[159]

1272년 4월, 조양필은 일본인 12명의 송환을 겸하여 파견된 제6차의 초유사가 되어 일본으로 건너갔다.[160] 그는 약 1년간 다자이후에 머물면서 일본의 국정·관제 및 주군州郡의 명칭 혹은 지리·풍속·산물 등을 견문한 보고서를 작성해 세조에게 올렸다. 이때 세조는 일본 원정의 장애가 되고 있던 고려의 삼별초를 토벌하고 일본에의 출병을 결의하면서 조양필에게 의견을 구했다. 그러나 조양필은 세조의 뜻에 영합하지 않고 다음과 같이 그 무모함을 간언했다.

> 신이 일본에 머문 지 1년여 동안 그 민속을 보니, 이리처럼 용맹하여 죽이기를 좋아하고 군신·부자·상하의 예를 알지 못합니다. 그 땅은 산수가 많아, 농사의 이익도 없습니다. 그 사람들을 얻어도 도움이 되지 않고, 그 땅을 얻어도 부가 더해지지 않을 것입

---

158 『고려사』 권26, 세가26, 원종 13년 정월 정축 ; 『원사』 권7, 지원 9년 2월 경진.
159 『고려사절요』 권19, 원종 13년 4월.
160 『고려사』 권26, 세가26, 원종 14년 3월 계유.

니다. 하물며 선박이 바다를 건너는 일은 해풍으로 기약할 수 없고, 피해와 손실도 측량할 수 없습니다. 이것은 한정이 있는 민력을 가지고 끝없는 큰 구덩이를 메우는 것과 같습니다. 신은 생각건대, (일본을) 치지 않는 것이 좋겠습니다[161]

　그러나 세조는 포기하지 않았다. 세조는 제주도의 삼별초를 평정한 뒤 개경으로 개선한 장수들을 원의 대도大都에 소집, 회의를 열고 일본 정벌을 명했다. 원은 고려를 거점으로 병력과 전함과 군량미를 확보하여 일본을 정벌하려고 하였다. 이러한 목적에서 원은 원종 11년(1270)에 고려에 둔전경략사屯田經略司를 설치했다. 둔전은 현지 군인에게 농사일을 시켜 군량미를 확보하는 '병농병진兵農並進' 정책의 일환으로 실시되었다. 둔전경략사의 구성원은 왕준王綧·홍다구의 관할 하에 있는 고려호高麗戶 2천인, 중위군中衛軍에서 선발한 군사 2천인, 파사부婆娑府·함평군부咸平府軍 각 1천인 등 총 6천을 뽑아 조달했다. 그리고 이들을 둔전을 설치한 봉산鳳山과 황주黃州, 염주鹽州, 백주白州, 해주海州 등 12개 소에 각각 군사 5백인을 배치하고 둔전경략사가 관리하도록 했다.[162] 이 지역은 오늘날 황해도에서 가장 넓은 연백평야 일대의 동녕부 관할 지역이었다. 여기에 서경 방어에 투입했던 2천 명의 군인을 배치했는데, 몽골군과 만자군蠻子軍이 섞여 있었다. 만자군은 남송의 투항병으로 편성된 부대이다.

　처음에 둔전을 설치한 목적은 그동안 고려가 몽골군에 양곡을 원활하게 공급해주지 못한 데에도 있으나, 당장은 삼별초 토벌에 주안점이 있었다. 그러나 장기적으로는 일본 정벌을 위해 둔전이 필요했다. 그래서 비중 있는 인물을 경략사로 보냈던 것이다. 고려는 두 차례에 걸쳐 항의와 반대를 거듭 천명했으나[163] 원은 들은 체도 하지 않았다. 이해 3월 원나라는 흔도欣都와 사추史樞를 경략사로 보내어 봉주 일대의 둔전을 경영하게 하였다.[164] 이때 원은 둔전군의 소요 경비마저 고려에서 염출할 계획을 세우고 먼저 소 6천 두를 동경으로 보내라고 요구하였다. 특히 둔전경략사에서는 둔

---

161 『원사』 권8, 지원 10년 6월 정유.
162 『원사』 권100, 병지, 둔전 ;『신원사』 권49, 지36, 식화2, 전제, 지정 2년, "高麗國立屯曰 高麗屯田 在王京 東寧州鳳州等十處".
163 『고려사』 권27, 세가27, 원종 12년 정월 병자 ;『고려사』 권27, 세가27, 원종 12년 2월 을묘.
164 『고려사』 권27, 세가27, 원종 12년 3월 병인.

전군을 투입해 놓고 봄철인 데도 소를 구하지 못해 애를 태우고 있었다. 사료도 부족하여 이미 확보한 소와 말이 굶어 죽고 있었다. 고려는 어렵사리 3천 두를 모아 보내주었다. 원은 그 대가로 비단 12,350필을 보내면서 나머지 소 3천 두와 둔전군이 사용할 농기구와 종자와 마소의 꼴 등 일체를 보내라고 강요하였다. 고려는 여러 모로 사정을 하소연한 끝에 소 1,010두, 농기구 1,300가지, 종자 1,500섬을 마련하기로 사추와 합의하였다.[165] 하지만 고려는 간신히 소 990두를 마련하여 보내고, 나머지 약속분은 보내줄 수가 없었다. 그리고 4월에 여러 도에 농무별감農務別監을 보내어 농우·농기를 황주, 봉주 등에 바칠 것을 독촉하였다.[166]

고려로서는 토벌군의 양곡과 마소를 공급하고 있는 마당에 이런 물자를 별도로 공급할 여력이 전혀 없었다. 더욱이 강화도에서 나온 지 얼마 되지 않은 때였다. 고려는 물자가 바닥이 나고 백성들에게서 더 이상 거두어들일 수도 없는 사정을 들어 거절하였다. 하지만 그대로 넘어갈 원나라가 아니었다. 이해 6월에 단사관斷事官 지필只必 등 6인을 보내 조서를 내려 이전의 약속을 지키라고 재촉하였다.[167] 그리고 10월에는 부다루가치副達魯花赤 초천익焦天翼이 고려가 진도의 삼별초 공격 때 쓰던 병장기를 거두어 모두 염주 둔소로 이송하기도 했다.[168] 12월에는 흔도가 봉주에서 개경으로 와서 원종에게 "군마는 대부분 굶어죽는데 식량이 어찌하여 이르지 않느냐"며[169] 힐문하기도 했다. 그러나 김방경이 봉주까지는 길이 멀어서 백성들이 괴롭게 여기므로 염주·백주에 이둔移屯하기를 청하기도 하였다. 고려의 재정적 어려움 때문에 경략사가 원에 사정을 아뢰었으나 원은 또다시 독촉하였다.[170] 결국 흔도 역시 둔전을 봉주에서 염주·백주로 옮겨야 했다.[171]

고려는 원종 13년 4월 간의대부 곽여필郭汝弼을 원에 보내 자세한 실정을 통고하였

165 『고려사』 권27, 세가27, 원종 12년 4월.
166 『고려사』 권27, 세가27, 원종 12년 4월 병신.
167 『고려사』 권27, 세가27, 원종 12년 6월 병신.
168 『고려사』 권27, 세가27, 원종 12년 10월 갑진.
169 『고려사』 권27, 세가27, 원종 12년 12월 갑오.
170 『고려사』 권27, 세가27, 원종 12년 12월 병오.
171 『고려사』 권27, 세가27, 원종 12년 12월 정미. 및 13년 2월 신사.

다. 즉, 그동안 관리 봉급분까지 털어서 둔전군에 보내주었는데 또 가을까지 공급해야 할 곡식을 계산하면 15만 섬이 넘는데다 6천 주둔군의 가족과 그 형제에 이르기까지 식량을 공급해야 하며, 주둔군 한 사람이 가지고 있는 말 3필의 먹이는 10월부터 2월까지 4개월 분이 27만 섬이고, 소 4천 두의 먹이는 10월부터 3월까지 7만 2천 섬인데, 이것을 보내려면 고려의 백성들은 모두 굶어 죽고, 끝내는 둔전군까지 유지할 수 없게 될 것이라며, 더 이상 물자를 조달할 형편이 아니라고 하소연했다. 그리고 고려는 1240년부터 1272년까지 공급한 군량이 11만 섬, 우마료가 43만 2천 섬, 사신 공급량 1만 7천 섬, 둔전군 제공 종자가 1만 5천 섬이나 된다며 강력하게 불만을 드러냈으며, 동녕부에서 스스로 해결하라고 요청했다.[172]

1270년 세조는 남송정벌이 마무리되어 가자, 일본침략을 위한 준비에 들어갔다. 원의 세조는 세자 심諶이 고려로 돌아오는 길에 단사관斷事官 불화不花와 마강馬絳을 보내어 세자를 호위하도록 하고, 중서성에서 글을 보내어 배와 양곡을 준비하여 일본 정벌을 보조케 하였다.[173] 세자는 돌아오자 곧 전함병량도감戰艦兵糧都監을 설치하여[174] 본격적인 준비에 들어갔다. 5월에는 여러 도에 사자를 보내 군량이 생산되는 전지田地들을 순시케 하였고,[175] 원종 14년 12월에는 원의 사신들과 함께 군량을 살펴 검사토록 하였다.[176]

그 다음해인 원종 15년 봄에는 원에서 총관總管 찰총察忽을 보내 전함 3백척을 건조토록 하였다. 그리고 홍다구를 감독조선관군민총관監督造船官軍民總管으로 파견하였다. 고려는 이때 문하시중 김방경을 동남도도독사爲東南道都督使로 임명하였다. 홍다구는 다음해 정월까지 준공할 것을 약속하였으나, 원종은 이 기간 동안에 공기를 마치기 위해 추밀원부사 허공許珙을 전주도도지휘사, 우복야 홍록유洪祿遒를 나주도지휘사로 임명하고 대장군 나유羅裕를 전라도로, 김백균金伯鈞을 경상도로, 박보朴保를 동계에, 국자사업國子司業 반부潘阜를 서해도에, 장군 임개任愷를 교주도에 부부사部副

---

172 『고려사』 권27, 세가27, 원종 13년 4월 정사.
173 『고려사』 권27, 세가27, 원종 13년 2월 기해.
174 『고려사절요』 권19, 원종 13년 2월.
175 『고려사절요』 권19, 원종 13년 5월.
176 『고려사절요』 권19, 원종 14년 2월.

여원연합군의 1차 일본원정 기동로

使로 삼아 보냈다. 공장과 역도 3만 5천여 명을 모아 조선소로 보냈는데, 이때 역에는 기마들이 줄줄이 이어 서 있어 온갖 사무가 눈코 뜰 새없이 번잡하였고, 백성들의 고통이 이루 말할 수 없었다고 한다.[177]

---

177 『고려사』 권27, 세가27, 원종 15년 정월.

이 배를 만드는 역부의 양곡과 감독관 등의 양곡도 모두 고려가 부담하였기 때문에 그 피해는 클 수밖에 없었다. 별장 이인(李仁)이 원의 중서성에 보내어 보고한 바에 따르면, 조선 공장 인부들의 1일 3식 3개월치 양곡 34,312석 5두, 흔도 소관의 군인 4,500명의 금주까지 가는 군량 1,570석, 홍다구 소관 군인 500명의 군량 85석, 제주에 머무르는 둔전군과 고려군 1,400명에 대한 7개월간의 군량 2,904석, 나주의활단치(闊端赤) 군량 8,000석과 마료 1,325석에 이를 정도였다.[178] 3월에는 원나라 사신이 와서 군사 5천을 징발하여 일본정벌을 돕도록 했다.[179]

그러나 고려가 여기에 소요되는 양곡을 공급할 여력이 없는 실정을 알고 원에서는 동경 등지에 있던 자국 곡식의 일부를 공급하였다. 4월에는 고려가 전년에 요구한 군량에 대해 완안(完顔)·아해(阿海)가 미 20,000석을 해상으로 수송하여 군량을 보조하고,[180] 또 여용(汝龍)·우사(于思)를 보내 비단 33,154필을 가지고 와서 1필 12두로 군량과 바꾸어 각도에 보내도록 하였다.[181] 뒷날 담당 관리였던 탁지기(卓之祺)는, 채근은 심한데 비축된 양곡은 한 톨도 없어 그 고통을 이기지 못해 중이 될 정도였다.[182]

이렇게 준비한 전함은 이해 6월에 완료되었고, 고려는 대장군 나유(羅裕)를 원에 보내어 전함 900척을 건조하여 금주(金州)에 보내어 배치하였음을 알렸다.[183] 이후 원군 1,500명이 5월에 도착하였고, 이들을 지휘할 일본정벌도원수 홀돈(忽敦)이 8월에 고려에 도착하였다. 원종이 죽고 충렬왕이 즉위한 직후 1274년에 단행되었던 제 1차 일본 원정에 동원된 3만 2,000명 가운데 몽골, 한족군이 2만 5천 명, 고려 군사가 8,000명이나 되었다. 또 뱃사공 6,700명, 전함 900척이 동원되었다.[184] 제2차 일본원정에는 고려는 군사 1만명·사공 1만 5000명·전함 900척·군량 11만 석을 부담하였다.

---

178 『고려사』 권27, 세가27, 원종 15년 2월 갑자.
179 『고려사절요』 권19, 원종 14년 3월.
180 『고려사』 권27, 세가27, 원종 15년 4월 기유.
181 『고려사』 권27, 세가27, 원종 15년 4월.
182 『고려사』 권28, 세가28, 충렬왕 즉위년 10월.
183 『고려사절요』 권19, 원종 15년 6월.
184 『원사』 권8, 지원 11년 3월 임인.

2. 1, 2차 전투와 그 결과

세조는 원정 준비를 서둘렀다. 세조는 흔도, 홍다구, 범문호, 충렬왕을 연경으로 불러 최후의 출정군 준비회의를 하였다. 이때에 정동원수부를 확대 개편하여 정동행중서성征東行中書省으로 바꾸었다. 충렬왕을 정식 부마국왕으로 삼고, 정동행중서성의 인을 주었다. 충렬왕은 그동안 실제로는 부마였으나 정식으로 그 명칭을 받지 못했다. 정동행중서성의 인을 준 것은 결재권을 행사하라는 것이다. 충렬왕도 전과 달리 일본 정벌에 적극적인 자세를 취했다. 원과 관계를 좋게 하는 것이 고려 왕실에 유리하다고 판단하였기 때문이다. 당시 고려 출신으로 원나라의 장수를 지낸 홍다구의 횡포를 견제하기 위한 것이기도 하였다.

1차 원정군의 병력은 기록에 따라 다소 차이가 있지만, 『고려사』에는 몽골군이 2만 5,000명이고, 고려군은 장병 8,000명과 뱃사공, 인해(바닷길 안내자), 수부(배에서 허드렛일을 하는 일꾼) 6,700명 등 1만 4,700명이라고 기록되어 있다.[185] 이를 모두 합치면 연합군의 총병력은 3만 9,700명이다. 몽골인인 혼도가 도원수, 홍다구와 유복형劉復亨이 좌·우부원수, 고려군의 지휘부는 중군도독사 김방경이 중군장, 박지량朴之亮·김흔金忻이 지병마사, 임개任愷가 부사, 김선金侁이 우군사, 위득유韋得儒가 지병마사, 손세정孫世貞이 부사, 김문비가 우군사, 나유·박보가 지병마사, 반부潘阜가 부사가 되어 삼익군三翼軍으로 편성되었다.[186]

군대는 몽골인을 중심으로 하여 여진인·한인·고려인으로 편성된 다민족 혼성군이었다. 몽골군은 원정군 배후에서 독전대 역할을 하고, 선봉은 고려군이 맡았다. 원정군의 편성은 천호제千戶制를 취해 그 아래로 백호, 십호로 나누고 각각 지휘자를 두었다. 또한 원정군은 일본에 둔전병을 주둔시킬 계획을 가지고 있었기 때문에 각종 경작용구도 함선에 적재하였다.[187]

---

185 『고려사』 권28, 세가28, 충렬왕 즉위년 10월 을사.
186 『고려사』 권28, 세가28, 충렬왕 즉위년 10월 을사.
187 합포를 출항한 병선 900척은 100~300톤급 선박인 천료주 300척, 상륙용 함정인 발도로경질주 300척, 음용수를 실은 흡수주가 300척이었다. 이중 장병과 군량, 말과 기타 군수품을 적재한 천료주가 주력함이었다. 상륙정 앞에 붙은 '발도로'는 '용사(바타르)'라는 뜻의 몽골어의 한자식 표

충렬왕 즉위년 10월 3일 합포를 출발하여 2일간 항해 끝에 5일에 대마도 사스가우라左須浦에 도착하여 6일에 대마도를 공략했다. 열흘 뒤인 14일에는 이키壹岐 섬을 공격하여 1백 명을 죽였다.[188]

이어 16, 17일 양일간에는 기타큐슈의 연안에 침입하여 다수의 주민을 포로로 삼았다. 19일 여원연합군의 한 부대가 이마즈今津에 상륙했고, 동시에 다른 한 부대는 현재의 후쿠오카인 하카타博多의 북방, 가고하라鹿原에 상륙을 시도했다. 또 다른 부대가 하카다 하코자키箱岐 방면에 상륙을 시도했는데, 여기서의 일본군 저항이 만만치 않았다.

특히, 10월20일의 하코자키 지구 전투에서는 상륙한 여몽연합군을 상대로 시마즈島津久經의 부대가 용감하게 저항했고, 하카타의 이키노하마의 전투에서도 츠네쓰케少貳景資(經資의 동생으로 전선사령관)의 부대는 몽골군에게 밀리면서도 힘껏 항전했다. 그는 장궁長弓을 쏘아 몽골군의 부원수 유복형劉復亨을 말에서 떨어뜨리는 큰 전과를 올렸다고 한다.

다음은 『팔번우동기八幡愚童記』 관련 기록이다.

> 쇼니 케이쓰케少貳景資는 부하들과 함께 힘껏 싸웠으나 불리하여 퇴각하고 있던 바, 키 7척, 수염을 배꼽 부근까지 늘어뜨린 푸른 갑옷의 대장이 위모葦毛(갈대처럼 생긴 털)의 말에 올라 14, 15기騎와 80인의 잡병을 이끌고 추격해 왔다. 경자는 마술馬術의 명수였기 때문에 퇴각하면서도 뒤를 돌아보며 장궁長弓에 화살을 먹여 쏘았는데, 그 화살은 선두로 달려오는 대장의 흉판胸板에 꽂혀 대장이 낙마했다.……주인을 떨어뜨린 위모의 말은 금복륜金覆輪의 안장만 붙어 있는 상태로 (전장에서) 돌아다녔는데, 후에 그 말의 주인의 이름을 물었더니 그것은 정동좌부원수征東左副元首 유복형이었다

<hr>

기이다. 전함 1척이 각각 상륙정과 흡수주를 거느리고 있는 만큼 주도면밀하게 준비된 기동부대라고 할 수 있었다.

188 『팔번우동기』 상. 『고려사』 권27, 세가27, 충렬왕 즉위년 10월 을사에는 이키에서 1천급을 벤 것으로 되어 있다.

몽고습래회사(蒙古襲來繪詞)
고려와 원 연합군의 일본 정벌을 무사 다케자키 스에나가가 기록한 것이다.

원정군은 결사적으로 저항하는 일본군을 무찌르며 진격을 했으나 공격을 완료하기
전에 날이 저물자 계속 공격을 하기가 어렵다고 판단하고 전함으로 퇴각했다. 이 전
투에 있어서 일본군은 그 편성·장비·전투법의 어느 면에 있어서도 연합군보다 열등
했다. 『팔번우동기』에는 이렇게 기록되어 있다.

몽골은 큰 북과 징을 두들겨 신호했는데, 그 소리가 엄청났다. 일본 말들은 모두 이에
놀라 미쳐 날뛰었는데, 그렇게 허둥대는 바람에 적의 화살을 맞았다. 몽골의 화살은 짧
았지만, 화살촉에 독毒을 발라 맞으면 중상을 당했다. 몽골군은 수백인이 시선矢先을
정렬하여 화살을 비오듯 쏘는 데다 창이 길고, 갑옷도 빈틈이 없었다. 전투대형을 갖추
고 있다가 적이 공격해 오면 중앙을 열어 몰아넣은 다음에 양단兩端으로 포위하여 무
찔렀다. 갑옷은 가볍고 말도 잘 탄다. 힘도 강하다.……용맹하기가 이를데 없고, 임기
응변의 진퇴에 능하다. 대장은 고지에 올라 (형세를 관망하고) 큰 북을 쳐서 부대를 생

미즈끼성 모습
일본군이 다자이후 외곽에 쌓은 토성이다.

각대로 진퇴시킨다. 특히 물러날 때는 (적의 추격을 저지하기 위해) 철포鐵砲의 철환鐵

丸을 발사한다. 명중하면 사방에 화염과 연기가 치솟아 주위를 덮어 버린다. 또 그 소

리, 우레와 같아 간담을 서늘하게 한다

이런 전술 때문에 쇼니少貳·시마즈島津 부대의 분전에도 불구하고 일거에 동남방

이 뚫렸다. 몽골군은 봉행소奉行所를 습격, 하카타정博多町의 민가와 씨신氏神을 모신

쿠시다櫛田 신사를 불태웠다. 특히 오토모 요리야쓰大友賴泰가 수비하고 있던 하코자

키箱崎 지구가 뚫리자 진서군鎭西軍 전체가 다자이후의 최종 방위라인인 미즈키 성水

城로 퇴각했다. 이 때문에 가마쿠라 막부의 무사들이 최고로 숭배하던 무신武神을 모

신 신사 하코자키궁箱崎宮이 병화로 소실되었다.

10월 20일 밤, 연합군은 승세에도 불구하고 육상 교두보에서 야영하지 않고 상륙

정 발도로경질주拔都魯輕疾舟를 타고 하카타만에 정박한 군함 천료주千料舟로 물러났

다. 육지에서 숙영하지 않았던 것은 일본군이 장기로 삼는 야습을 두려워한 때문이었

던 것 같다. 배에 돌아온 연합군 수뇌부는 전투를 계속할 것인가의 여부를 논의하기

위한 작전회의를 열었다.

홀돈이 말하기를, '우리 군세는 전투엔 습숙習熟하고 있지만, 종일 싸워서도 소기의 성과를 거두지 못하고 날이 저물어 무기를 거두었다. 내일도 또 전투를 할 것인가'라고 하자, 김방경이 말하기를, '우리 병사들이 이미 적진에 침입해서 잘 싸우고 있어 승리 일보직전의 상황이다. 옛날 진秦의 명장 맹명孟明은 (상륙 후에) 스스로 (타고 온) 배를 불태웠고, 한漢의 회음후淮陰侯 한신韓信은 배수진으로 싸워 승리를 쟁취했다. 그렇다면 우리들도 이 고사에 따라 결전을 해야 할 것 아닌가'라고 하니, 이에 홀돈이 말하기를, '피로한 병사를 가지고 대적과 싸우더라도 완승을 얻지 못할 것이니 물러서는 것이 좋다'고 하였다.[189]

고려의 사령관 김방경은 하카타 교두보에서 야영한 뒤 다음날 일본군과 결전을 해야 할 것이라고 주장했지만, 총사령관 흔도와 우부원수 홍다구는 이 이상 싸워도 결정적인 승리를 얻기 힘드니 철병해야 한다고 거부했다.

사실, 연합군에게도 상당한 약점이 있었다. 몽골의 강요로 출전한 고려군이 사기가 충만할 리 없었고, 홍다구가 다그쳐 불과 6개월 만에 급조한 900척의 전선들도 대체로 허술할 수밖에 없었다. 더욱이 일본군에 비해 연합군은 병력충원과 병참부분에서 약세일 수밖에 없었다. 쇼니 케이스케少貳景資의 화살을 맞아 부상한 좌부원수 유복형도 이미 전의를 잃고 있었다. 더욱이 일본 무사는 예상했던 것보다 훨씬 용맹했다. 일본군의 저항은 의외로 강경했고, 병력도 만만치 않았다.

한편, 지휘부의 견해가 엇갈린 상황에서 귀함歸艦한 여몽연합군은 10월 20일 심야로부터 21일 새벽에 이르는 사이에 하카타만으로 몰아닥친 태풍의 소용돌이와 큰 파도로 엄청난 피해를 입는다. 밤중에 폭풍우가 일어나서 전함들이 바위와 언덕에 부딪쳐 많이 파손·침몰했다. 고려군의 좌군부사, 김선金銑이 바람에 날려 배에서 떨어져 익사했을 정도였다.[190] 일본 측 기록에 따르면, 하룻밤 사이에 900여 척의 연합군 함대 중 200여 척이 침몰했다고 한다.

원정군은 일본군과 전투에서는 승리했지만, 예상치 못한 태풍 피해로 철군했다. 원

---

189 『고려사』 권104, 열전17, 김방경.
190 『고려사』 권28, 세가28, 충렬왕 즉위년 10월 을사 ; 『고려사절요』 권19, 원종 15년 10월.

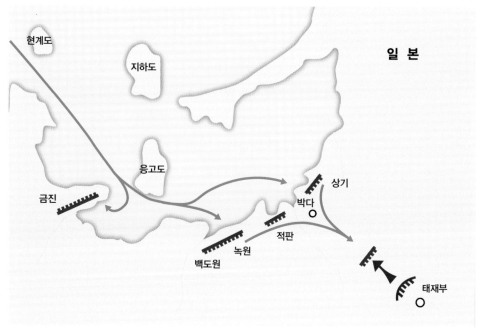

여원연합군의 1차 원정 요도

정군은 11월 합포에 도착했다. 돌아오지 못한 병력이 1만 3,500명이나 되었다. 고려는 동지추밀원사 장일張鎰을 보내어 귀환 장정들을 위로했다.[191] 그해 12월 시중 김방경이 개경으로 돌아왔고, 흔도는 붙잡아 온 소년, 소녀 200인을 왕과 공주에게 바쳤다.[192] 다음 해 정동원수 흔도, 홍다구, 유복형 등이 귀국하면서 1차 정벌은 일단락되었다.[193] 일본에서는 이 전투가 문영 연간(1264~1274)에 있었다고 하여 '문영文永의 역役'이라 부른다.

원 세조는 1차 원정의 실패에도 불구하고, 일본 정벌의 야망을 포기하지 않았다. 1차 원정의 총사령관 흔도, 부사령관 홍다구와 유복형은 원나라 수도 대도로 돌아가 패전의 원인을 폭풍우에 의한 함대의 난파 때문이라고 보고했다. 이에 쿠빌라이는 즉각 재원정을 결심하고 고려에 출정을 준비하도록 명령했다. 전쟁 준비를 위해 1280

---

191 『고려사』 권28, 세가28, 충렬왕 즉위년 11월 기해.
192 『고려사』 권28, 세가28, 충렬왕 즉위년 12월 경오.
193 『고려사』 권28, 세가28, 충렬왕 원년 1월 병자.

년 고려에 정동행성을 설치했다.

한편으로는 일본에 초유사도 계속 파견했다. 예부시랑 두세충杜世忠이 선유사宣諭使로 가마쿠라 막부에 파견되었으나 그해 9월 가마쿠라 막부는 두세충 일행을 모두 참살했다. 이 소식은 오랫동안 원에 전해지지 않다가 1279년(충렬왕 5) 8월에야 비로소 고려에 알려져 원에 전달되었다. 이 소식이 전해지자 정동원사 흔도와 홍다구 등은 군사를 거느리고 나가 일본을 칠 것을 청하기도 했다.[194] 세조는 1차 원정에서 귀환했던 부대를 그대로 합포에 머물게 하고, 다시 만자군 1,400명을 고려로 보내 해주·염주·백주에 주둔시켰다.

이 무렵 고려는 40여 년에 걸쳐 거듭된 전란으로 국토와 민생이 황폐화되었다. 충렬왕은 장인이기도 한 세조에게 김방경을 사신으로 파견, 일본 재원정을 비용은 고려의 형편상 무리라고 호소했다.[195] 그러나 이미 결심을 군힌 세조는 들은 척도 하지 않았다. 고려의 2차 정벌 준비는 충렬왕 원년 10월 김광원金光遠을 경상도지휘사로 삼아 전함을 수리하면서 부터이다.[196] 그러나 이후 일본정벌이 연기되었다. 세조가 고려의 어려움을 감안해서가 아니라 남송 공략에 전력을 기울여야 했기 때문이다.

1279년 남송경략에 성공하자 세조는 바로 일본 재정벌에 착수했다. 이번에는 남송의 자원까지 동원하는 더 거대한 원정이 기획되었다. 이해 2월 양주·호남·강서·복건의 4개 성에 전선 600척을 건조하라는 명령이 하달되었다. 6월에는 중서성의 동정원수부를 통해 고려에 전함 900척을 만들도록 요구했다.[197] 충렬왕 6년(1280) 세조는 몽골의 직할령이 되어 있던 탐라와 중국 남해연안에 조선소를 설치, 약 3,500척의 함선을 건조케 했다. 이 배들이 완공되자 경원慶元(지금의 닝보)에 회송시켰다. 8월에 세조는 그 전년에 창설했던 정일본행성征日本行省의 도원수에 범문호范文虎와 흔도 및 홍다구를 임명했다.

8월에 원에 들어간 충렬왕은 세조에게 "우리 나라 군대로써 탐라를 지키고 있는

---

194 『원사』 본기11, 지원 17년 2월 기축 ; 『고려사』 권28, 세가28, 충렬왕 원년 3월 신사. 『고려사』
　　에는 '杜世忠'이 '殷世忠'으로 기록되어 있으나, 『원사』에는 '杜世忠'으로 기록되어 있다.
195 『고려사』 권28, 세가28, 충렬왕 원년 1월 경진.
196 『고려사절요』 권19, 원종 15년 6월.
197 『고려사』 권28, 세가28, 충렬왕 5년 6월 신축.

자들을 동정 군대에 보충하도록 할 것. 고려군, 한군을 감소시키고 자리첩목아闍里帖木兒로 하여금 몽고군을 더 많이 징발하여 진격하도록 할 것. 홍다구의 관품 직무를 더 높여 주지 말고 그가 성공하는 것을 기다려 상을 줄 것이며 또 도리첩목아로 하여금 나와 함께 정동성征東省의 사업을 관할하게 할 것. 우리 나라의 군관에게도 모두 패면牌面을 줄 것. 한지漢地의 바닷가 사람들도 아울러 초공梢工과 수수水手로 충당할 것. 안찰사를 보내 백성들이 고통을 받는 일에 대하여 위문하도록 할 것. 내가(충렬왕) 직접 합포로 가서 군대와 마필을 검열하여 보내도록 할 것"등 7개 항의 요구사항을 관철시켰다.[198]

10월에 정동행성에서 자모아者毛兒를 파견하여 군량과 군기를 갖추고 군사들을 징발하였고 두목頭目을 결정 임명하고 출정 준비를 하도록 했다.[199] 고려 역시 11월에 좌승지 조인규趙仁規, 대장군 인후印侯를 원에 보내 "우리 나라에서는 이미 병선 900척과 초공·수수 1만 5천명, 정군 1만 명을 준비하였으며 군량은 중국의 석石으로 계산하여 11만 석을 준비했고 그 밖의 기자재들은 일일이 헤아릴 수 없을 정도로 많이 준비하고 있는 힘을 다하여 황제의 은덕에 보답하려 하고 있다"[200]고 보고했다. 이를 통해 고려의 인적·물적 동원 상황을 알 수 있다. 당시 경상도 전수별감轉輸別監은 기한을 정해 놓고 빨리 운반하라고 급하게 독촉하자 백성들이 모두 도망가고 숨어 버리는 바람에 기한을 맞추지 못하게 된 고구현高丘縣의 아전이 목을 매 자살하기는 일도 있었다.[201]

12월에는 고려 충렬왕을 좌승상 김방경을 도원수로 보임했다.[202] 원래 최고사령관은 정일본행성의 우승상인 아라한阿剌罕이었다. 그러나 아라한이 출항 직전에 신병을 앓아 출항이 연기되었다. 이에 최고사령관을 아탑해阿塔海로 교체했다. 이듬해인 충렬왕 7년 봄에는 원의 행성에서 공문을 보내 새로 초모招募한 군인 1만 5천 명분의 식량 및 대군이 절령으로부터 합포에 이르는 도중에서 쓸 사료를 마련해 두라고 할 정

---

198 『고려사』 권29, 세가29, 충렬왕 6년 8월 을미.
199 『고려사』 권29, 세가29, 충렬왕 6년 10월 정유.
200 『고려사』 권29, 세가29, 충렬왕 6년 11월 기유.
201 『고려사』 권29, 세가29, 충렬왕 7년 1월 임인.
202 『고려사』 권29, 세가29, 충렬왕 6년 12월 신묘.

도로 치밀한 준비를 하였다.[203] 이때 원수 김방경, 만호 박구朴球, 김주정金周鼎이 군대를 거느리고 합포로 출발하였다.[204] 4월 1일에 개경을 떠나 합포에 들어간 충렬왕은 동로군 모두 합포에 집결하자, 흔도·홍다구·김방경을 뒤따르게 하고 전군을 열병했다.[205] 이는 제1차 원정 때보다 고려군의 위상이 높아졌음을 의미한다.

원정군은 합포로부터 출진하는 동로군東路軍과 양자강 하구의 경원慶元으로부터 출진하는 강남군으로 구성되었다. 동로군은 1차 원정 때와 같이 흔도·홍다구·김방경에게 지휘시켰고, 강남군은 범문호에 의해 통솔되었다. 그 병력은 여·몽·한인 장병으로 구성하는 동로군이 40,000명, 패망한 남송의 장병들로 편성된 강남군이 100,000명. 출진의 시기는 1281년 5, 6월경으로 잡혔다. 일본에서의 양로군兩路軍 집결장소는 이키壹岐 섬 앞바다였다. 제2차 원정군의 편성과 장비는 다음과 같다.

〈표 7-1〉 제2차 원정군의 편성과 장비

총사령관 : 정일본행성 우승상 아라한	
동로군	몽골·한족군 사령관 : 정일본행성 도원수 흔도·정일보행성 도원수 홍다구 　-병력 1만 5,000명 고려군 사령관 : 정일본행성 도원수 김방경 　-병력 1만 명 　-뱃사공·수부(水夫) 1만 7,000명 　-동로군 총병력 4만 2,000명 　-함선 900척 　-군량 12만 3,000석(1석은 60킬로그램에 상당)
강남군	사령관 : 정일본행성 도원수 범문호 　-총병력 10만명 　-함선 3,500척 　-군량 40만 석

강남군은 병력 수만 많았지 실상은 이민 집단이었기 때문에 주력 부대는 자연히 동로군이 되었다. 동로군의 몽골·한족 부대는 대도大都에서 2개월에 걸쳐 행군해 4월

---

203 『고려사』 권29, 세가29, 충렬왕 7년 1월 을축.
204 『고려사』 권29, 세가29, 충렬왕 7년 3월 임자.
205 『고려사』 권29, 세가29, 충렬왕 7년 4월 계미.

중순 고려의 합포에 도착, 고려군과 합류했다.

동로군이 합포를 출발한 날은 1281년 5월 3일이었다. 흔도, 홍다구 및 김방경, 박구, 김주정 등이 함대와 군사들을 거느리고 일본을 정벌하러 떠났다.[206] 동로군과 강남군이 이키 섬에서 합류하기로 한 약속 날짜는 6월 15일이었기 때문에 아직 40여 일의 여유가 있었다. 동로군이 거제도에서 머물다가 쓰시마 섬 앞바다에 나타난 날은 5월 27일로(일본측 기록은 21일),[207] 일부 병력이 세계촌世界村 대명포大明浦에 도착하여 통사 김저가 격문을 가지고 가서 그들을 효유하였으나 효과를 보지 못하고 교전을 벌였는데, 고려군의 낭장 강언康彦과 강사자康師子 등이 전사하였다.[208] 그리고 홀로물탑忽魯勿塔의 선군船軍 113명과 초공 및 수수 36명이 풍랑을 만나 행방불명이 되기도 했다.[209] 초기와는 달리 일본군은 지난번 원정군과 싸운 경험도 있었고 또 원정군이 올 것에 대비하고 있었다. 미리 견고한 석성石城을 쌓고 무사와 군사를 늘려 훈련을 시켰다.

쓰시마 섬에 상륙한 동로군은 이어 이키 섬으로 발진했다. 강남군과 합류하여 작전을 펴기로 약속하고도 이를 무시한 채 빠른 속도로 진격하여 독자적으로 전투를 치렀다. 이때 이키 섬에는 1차 정벌 때 다자이후의 총사령관이었던 쇼니 쓰네스케少貳經資의 아들 쇼니 쓰케도키少貳資時가 섬의 지휘관으로 있었다. 쓰케도키는 황폐해진 후나가쿠船匿 성을 보수하여 새로운 방벽을 구축 해놓았다. 아시베芦邊 만에 집결한 동로군은 후나가쿠 성에 철포와 단궁을 쏘면서 상륙을 개시했다. 일본군은 상륙하는 동로군에게 바위를 굴리고 장궁長弓을 쏘면서 항전했지만 전멸하고 말았다.

이키 섬을 점령한 동로군은 10일 간 휴식을 취하고 소부대만 잔류시킨 뒤, 6월 6일 하카타 만으로 출격했다. 그런데 상륙정 발도로경질주拔都魯輕疾舟를 타고 하카타 만으로 접근하던 동로군은 큰 장벽에 부딪히고 말았다. 동쪽 가시이香椎에서 서쪽 이마즈今津까지의 해안선에 방루防壘가 축성되어 있었던 것이다. 동로군은 즉각 작전을 변

---

206 『고려사』 권29, 세가29, 충렬왕 7년 5월 무술.
207 『고려사』 권29, 세가29, 충렬왕 7년 5월 계해에는 26일로 되어 있다.
208 『고려사』 권104, 열전17, 김방경.
209 『고려사』 권29, 세가29, 충렬왕 7년 5월 계해.

경했다. 방루가 없고 수비가 엷다고 판단되는 시카노志賀 섬으로 상륙해 그곳에서부터 나카미치中道를 통해 육지로 진입하려 했다. 시카노 섬의 공략에도 고려군이 앞장섰다. 김방경은 김주정, 박구, 박지량 등과 더불어 일본군을 물리치고 적의 목 300여 급을 베었다.[210] 동로군은 300척의 함대를 혼슈의 서남쪽 항만에 있는 나가시마로 급파, 규슈와 혼슈 사이의 시모노세키 해협을 차단했다. 혼슈의 증원군을 저지하기 위해서였다.

6월 10일 전후로 여몽연합군은 시카노 섬, 노코노 섬에서 일본군과 교전을 거듭했다. 일본군은 작은 배를 동원하여 게릴라 수법으로 산발적인 공격을 했다. 고려군은 선전했지만 몽골군이 자주 기습을 받은 데다 이키 섬에서 합류하기로 한 범문호의 강남군은 기한이 지났는데도 오지 않았다.

동로군은 일단 이키섬으로 후퇴하여 강남군의 도착을 기다리기로 작전을 바꾸었다. 이런 작전은 일본 측도 예상하고 있었다. 우선 시카노 섬에 상륙한 동로군에게 오오토모 요리야쓰大友賴泰의 부대가 싸움을 걸었다. 이때 아키다秋田城次郎가 이끄는 관동군關東軍이 측면으로부터 엄호해 동로군을 해상으로 내몰았다. 시카노 섬 쟁탈전은 6월 6일 밤부터 8일간 계속되었다. 동로군이 하카타 만에서 퇴각한 것은 6월 13일이었다. 당시의 전황에 대해 다음과 같이 기록되어 있다.

> 김방경은 6월 8일 일본군과 힘써 싸워 적의 목 300여 급을 베었지만, 홍다구는 일본군에 돌파되어 목이 떨어질세라 허겁지겁 패주했다. 왕만호가 이끄는 궁노 부대의 구원으로 홍다구는 겨우 목숨을 건졌다. 그러나 다음날 6월 9일 전투에서도 패전을 거듭했다. 게다가 진중에 전염병이 나돌았기 때문에 죽은 자가 3,000명에 달했다[211]

일본측 기록인 『팔번우동기』에 따르면, 이때 주야에 걸친 전투로 전사한 몽골군이 1,000여 명에 달했다고 한다. 그러나 이러한 국부적 전과로 형세를 만회하지는 못했다. 한편 300척의 함대를 구성, 나가시마로 향했던 동로군의 일지군一枝軍은 다시 두

---

210 『고려사』 권104, 열전17, 김방경.
211 『고려사』 권104, 열전17, 김방경.

부대로 나누어 쓰노시마角島와 후다이시마蓋井島를 점거했다. 그리고 나가시마 도요우라豊浦의 도이가하마土井浜와 구로이黒井의 야쓰가하마에 상륙을 개시한 것은 6월 8일부터 9일에 걸친 양일간이었다.

이때 도이가하마의 경비를 맡고 있었던 나가시마의 수비군과 가마쿠라 막부의 직속 무사 마사우에正上左京亮의 부대는 3,500명 규모의 몽골군에 패해 고센가하라까지 퇴각했다. 그러나 위급함을 들은 나가시마의 수호군守護軍은 관동에서 내려온 아다치 모리무네安達盛宗 부대 등의 증원을 얻어 6월 15일 고센가하라 전투에서 몽골군을 물리쳤다.

야쓰가하마에서는 성주 아요야마淸山玄蕃永가 일족을 이끌고 나가시마의 수호守護가 파견한 부대와 함께 약 2,000명의 몽골 상륙군을 저지하려 했지만, 성주가 전사한 가운데 일본군은 아쓰모厚母까지 퇴각했다. 이 방면의 몽골군도 6월 13일 아쓰모 분지에서 패퇴하고 말았으나 그때까지의 전반적인 전황이 결코 동로군에게 불리하지는 않았다. 다만 강남군과 연합하여 전략적 요충 하카타를 재공략하기로 한 것이 불발로 끝났을 뿐이었다.

강남군은 6월 15일이 넘도록 도착하지 않았다. 동로군은 흔들리기 시작하였다. 흔도와 홍다구는 김방경에게 회군을 제의하였다.

> 황제의 지시에 따라 강남군과 동로군이 이달 보름 일기도一岐島에 모이기로 하였는데 아직까지 강남군이 이르지 않았소. 우리 군대가 먼저 도착하여 여러 번 전투를 치렀으나 배는 썩어가고 곡식마저 떨어져가니 어찌하겠소?[212]

흔도는 초조해서 거듭 회군을 제의했다. 성급한 흔도의 태도에 불만을 품은 김방경은 아무 대답도 하지 않았다. 열흘 동안 강남군을 기다렸으나 아무런 연락도 없이 도착하지 않았다. 김방경은 3달 분 군량을 가지고 떠났는데, 아직 1달 분이 남아 있으니 강남군을 기다려 반드시 일본을 격멸해야 한다고 주장했다.[213]

212 『고려사』 권104, 열전17, 김방경.
213 『고려사』 권104, 열전17, 김방경.

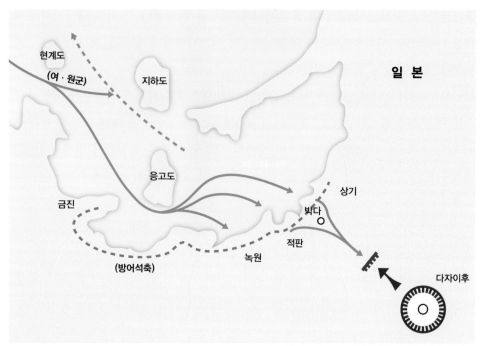

여원연합군의 2차 원정 요도

이때 강남군의 사정은 어떠했을까? 강남군이 출발할 무렵, 사령관인 아라한이 갑자기 병사하는 바람에 아탑해阿塔海가 부임했다. 강남군은 첩보를 통해 이키 섬보다 히라平戶 섬이 주둔지로 적당하다는 사실을 알아내고 일방적으로 합류 지점을 히라 섬으로 바꾸었다. 연합군 함대는 일단 다카시마鷹島 앞바다로 퇴둔했다. 강남군은 사전에 약정된 이키 섬이 아닌 히라 섬에, 그것도 근 보름이나 늦게 도착했다. 히라 섬 앞바다에 도착한 강남군은 하카타 만의 방위가 견고한 것을 알고 마쓰우라松浦에 상륙하려 했지만, 이곳에서 마쓰우라 군의 격렬한 저항을 받고 물러났다. 동로군은 이키섬에서 히라 섬 앞바다로 항행하여, 7월 상순에야 강남군과 합류할 수 있었다.

동로군과 강남군을 총지휘하는 최고사령관은 몽골 장수 아탑해였다. 그는 도원수들을 소집해 일본 본토 공략을 위한 작전회의를 열었다. 공략 목표는 역시 일본 진서군의 본거지인 다자이후였다. 아탑해는 일본군의 반격과 전염병 창궐로 낙오자가 많이 발생한 동로군을 재편성해 하카타 만 공격을 준비했다. 공격 준비를 완료하고 히

타카지마의 미야지다케(宮地嶽) 사적공원에서 본 응도와 규슈의 해협

라 섬에서 동쪽으로 점차 이동해, 이마리伊万里 만 입구인 다카시마 근해에 집결한 것은 7월 27일(양력 8월 19일)이었다. 연합군은 먼저 다카시마를 포위 공격해 점령했다.

다카시마를 점령한 여몽연합군의 다음 공격 목표는 물론 다자이후였다. 고려군은 한때 선봉 부대로 다자이후 진격을 시도했던 것 같다. 그러나 마쓰우라에 상륙해 다자이후로 진격하더라도 도중의 현지 무사武士들의 맹반격이 예상되는 데다 지형상의 어려움도 있어서 단념했다.

연합군의 대선단이 다카시마 앞바다에 집결해 섬을 점령했다는 정보를 입수한 진서군은 즉시 하카타 만 일대의 군선을 다카시마 근해로 출동시켰다. 그러나 일본 수군은 4,000여 척에 달하는 연합군 대함대에게 전면전을 벌일 엄두를 내지 못했다. 일본 수군이 선택할 수 있는 전술은 연합군이 방심하는 틈을 타 야습을 감행하는 것뿐이었다.

동로군과 강남군의 합류로 전투 대형을 재정비한 연합군이 하카타 만을 향해 진격하려던 순간 뜻밖의 사태에 직면했다. 7월 30일 밤부터 강력한 서북풍이 몰아치기 시작한 것이다. 연합군 함대는 거친 파도와 바람에 휩쓸려 서로 충돌하거나 해안의 바위에 부딪혀 대부분 바다 속으로 침몰하고 말았다.

일본 측 기록인 『팔번우동기』에는 "7월 30일 심야부터 건풍(서북풍)이 크게 불었다. 윤 7월 1일, 적선이 모두 표탕飄蕩(정처없이 떠돌아다님)하더니 바다에 가라앉았다"라고 기록되어 있다. 또 태풍 이후의 상황을 "다카시마에 표착한 이적異敵 수천 인 가운데 일부가 깨진 7, 8척의 배를 수리해 타고 도주했다. 이것을 본 진서군은 쇼니 가게스케의 지휘로 수백 척이 다카시마로 몰려갔다. 배가 없어 도주하지 못한 1,000여 명이 항복을 구걸했지만 모두 붙들어 나카가와 하구에서 목을 쳤다"라고 상세히 기술하고 있다.

이때의 참담한 사정을 『고려사』에서는 "시체가 조수에 밀려 포구로 휩쓸려갔는데 포구가 막혀서 밟고 다녔다"고 묘사했다.[214] 『원사』의 세조본기에는 "모든 군사들의 배가 바람과 파도에 휩쓸려 크게 실리失利하였는데 남은 군사로 고려 지경에 돌아온 자는 열에 한두 명이었다"라고 하였다. 또 『원사』 일본전에서는 "살아 돌아온 자가 세 명뿐이다"라고 하였다. 『신원사』의 세조본기에는 "범문호 등이 회오리바람을 만나 배들이 파선되어서 모든 군사를 버리고 돌아왔다"고 하였다.

『고려사』에는 고려군의 생환자가 19,397명이라 하였고, 중국 측의 다른 기록에는 죽은 비율을 7~8할로 추정하였다. 『동국통감』에는 "몽골군 중 돌아오지 못한 자 무려 10만, 고려군 중 돌아오지 못한 자 또한 7,000여 명"이라고 기록되어 있다. 제2차 원정군의 총병력 20여 만 명에서 살아 돌아온 자는 3~4만 명 정도였다고 할 수 있다. 고려의 군사 및 뱃사공·수부 등은 견고한 고려 함선 때문에 비교적 희생이 적었으나 그래도 7,000명이 돌아오지 못했다. 공식적인 보고는 일본 정벌군 9,960명 초 공, 수수가 17,029명이었는데 그 중 살아서 돌아온 자가 19,397명이었다.[215]

중국 강남에서 강남군의 출발을 직접 목격한 정사초鄭思肖는 7천 척의 배가 떠나 겨우 배 400여 척이 돌아왔다고 하였고, 20만 명의 군사들은 백골산白骨山 위에 있어서 배로 돌아올 수 없었으므로 일본인들에게 남김없이 죽음을 당했다고 하였다.[216]

이듬해 6월, 만군蠻軍 총파摠把 심총沈聰 등 여섯 사람이 고려로 도망쳐왔는데, 고

---

214 『고려사』 권104, 열전17, 김방경.
215 『고려사』 권29, 세가29, 충렬왕 7년 11월 임오.
216 『心事』 鄭思肖(種竹書屋藏板).

려는 이들을 원에 송환하였다. 심총 등이 보고하기를,

우리는 본래 명주明州 사람으로 지원 18년 6월 18일에 갈라대葛剌歹 만호를 따라 배를
타고 일본에 이르렀는데 나쁜 바람을 만나 배가 파손 침몰되었다. 그리하여 13만 1천
4백 명의 군대들이 작은 산山에 의지하여 모두 살고 있었는바 10월 초 8일에 일본군이
쳐들어왔으나 우리 군사들은 굶주려서 싸울 기력이 없으므로 모두 항복하였더니 일본
에서는 공장工匠들과 밭갈이할 줄 아는 자들을 선택하여 남겨 두고는 나머지 군사들은
모조리 죽었다"라고 하였다. 왕이 상장군 인후와 낭장 유비를 파견하여 심총 등을 데
리고 원나라에 가게 하였다.[217]

이들 말대로라면 연합군은 남은 배에 실을 만한 군사만을 데리고 왔고, 나머지 군
사들은 내버려졌다. 사망자는 모두가 처음부터 물에 빠져 죽은 것이 아니었다. 몇 달
동안 산에서 굶다가 항복하였고, 그들 가운데 일부 기술자와 농민 출신만이 살아 남
을 수 있었다. 이때 일본군의 소형 선박들이 재빨리 추격해 공격을 퍼부었고, 이 와중
에 포로로 잡힌 자들이 3~4만 명을 헤아렸다. 일본군은 포로들을 하카타만으로 끌고
가 몽골인, 여진인, 중국인, 고려인은 솎아내 죽이고 남송인은 무사에게 나누어주어
종으로 삼았다.

별장 김홍주金弘柱가 합포로부터 행궁行宮에 와서 동정군이 패배하고 원수 등이 합
포에 돌아왔다는 것을 보고하였다.[218] 충렬왕은 좌사의左司議 반부를 보내 흔도, 홍다
구, 범문호를 위로하였다.[219] 원으로 회군한 이들은 세조로부터 생환자生還者와 사자死
者에게 차등있게 정동공상征東功賞을 내려 위로했다.[220]

전쟁의 결과는 일본의 국내 정세에 중대한 변화를 가져왔다. 일단 정치적으로 싯켄
호조씨의 권위가 더욱 강력해졌다. 그래서 막부의 힘이 미치지 못했던 장원莊園이나

---

217 『고려사』 권29, 세가29, 충렬왕 8년 6월 기축.
218 『고려사』 권29, 세가29, 충렬왕 7년 11월 기묘.
219 『고려사』 권29, 세가29, 충렬왕 7년 11월 병진.
220 『원사』 권15, 지원 25년 정월 을미.

시카노 섬에 세운 몽골총

공령公領의 무사들에게도 명령을 내릴 수 있게 되었다. 이로써 일본 전역이 거의 막부의 세력권에 들어갔다. 일본인들은 이 전쟁을 홍안弘安 4년에 있었다고 하여 '홍안弘安의 역役'으로 부른다.

한편, 원의 세조는 일단 정동행성을 폐지하였으나 일본 정벌의 꿈을 버리지 못하였다. 남송에 대한 전후 처리를 마무리한 세조는 어느덧 국가 위신을 걸고 중앙 정부가 주도하는 세 번째 일본 정벌을 계획하기 시작했다. 1283년 1월, 쿠빌라이는 제3차 일본 원정을 위한 정동행성을 재건했다. 출정 시기 또한 8월로 잡아놓았다. 충렬왕과 아탑해를 정동행성의 책임자로 임명하고, 양곡 20만 섬을 준비하도록 하였다. 이때 고려 충렬왕도 좌승상에 임명되어 군선 1,500여척의 건조를 맡았다. 이를 위해 백두산에서 베어낸 목재를 뗏목으로 하류로 실어 보내 배를 만들기도 했으나, 이 계획은 징병에 반발한 강남의 중국인들이 폭동을 일으켜 일시 중단되었다. 세조의 '기민羈民정책'에 대한 반발이었다. 그럼에도 일본 원정을 단념하지 않았던 세조는 또다시 징병과 전함 건조 재개를 명해 고려를 경유하여 일본에 출정시킬 신부군을 편성했다.

그러던 중 1283년 9월과 10월에 광동廣東과 복건福建에서 반란이 일어났다. 세조는 일본 원정을 위해 편성했던 신부군을 반란 진압에 전용할 수밖에 없었다. 반란은 그후에도 광동·광서·호남·강서로 파급되었고, 남베트남의 참파왕국 및 북베트남의 안남왕국에서도 대규모의 항전 사태가 일어났다. 세조는 1284년 2월, 일본 원정군의 승상으로 임명되어 있던 아타하이를 참파占城 정복전에 파견했지만 실패하고 말았다.

5년간에 걸친 내전이 평정되자 세조는 또다시 일본 원정을 위한 준비에 착수한다. 그러나 1294년 1월 쿠빌라이가 80세를 일기로 타계하자, 일본 원정 계획은 완전히 중단되었다. 여몽연합군의 원정은 일본 유사 이래 최대의 국난이었다. 여몽연합군의 습격은 '무쿠리(몽골)', '고쿠리(고려)'를 비칭으로 삼는 왜곡된 국민감정을 키웠고, '가미카제神風'이라는 독선적 엘리트 의식을 배태시켜 일본 민족의 사상 형성에 큰 영향력을 미쳤다. 그러나 1274년과 1281년 전쟁 때 불어 닥친 바람은 이른바 신풍神風도, 신불神佛의 가호도 아니었다.

연합군이 패전한 이유는 계절적 특성을 무시한 원정 시기, 그리고 바다에 약한 몽골군 지휘부의 전략적 실수 때문이었다. 물론 가마쿠라 막부 측에서 전략적 요충지에 석축을 쌓고 인해전술에 대비한 훈련을 철저히 했던 점도 승패에 영향을 주기는 했다. 또한 원의 1차 원정에는 삼별초의 저항이, 2차 원정에는 남송을 통일하려는 공략이, 그 이후에는 아시아 각지에서 일어난 반몽투쟁과 세조의 사망과 같은 동아시아의 정세가 작용하였기 때문에 일본은 원의 1, 2차 원정과 그 이후의 원정을 피할 수 있었던 것이다.

제8장

고려말 전란과
새로운 군사체제 지향

제1절

원의 쇠퇴와 동아시아 국제질서의 변화

14세기 중엽부터 원제국은 급속히 쇠퇴하기 시작했다. 원나라 쇠퇴의 근본적인 원인은 원의 세련되지 못하고, 투박한 통치방식에 있었다. 한족에 비해 인구수가 절대적으로 부족했던 원나라는 몽고족과 한족의 체제를 절충한 통치체제를 구성했다. 이 방식은 강북 지역의 통치에는 어느 정도 효과가 있었지만, 인구가 10배에 달하는 강남을 정복하자 사정이 달라졌다. 한족漢族의 입장을 고려하지 않는 경직된 체제는 곧 강남 주민의 불만과 위화감을 촉발했다. 관서와 행정의 책임자는 반드시 몽골인을 임명했는데, 과거 몽골 사회의 관습에 따라 이들에게 상당한 재량권을 부여했다. 이것이 기강의 해이와 통치의 어려움을 초래했다.

14세기 중엽부터 정치적으로 황실 내부 간에 황제계승권을 둘러싼 쟁탈전이 거듭되면서 1307년부터 1332년까지 26년 간 무려 8명의 황제가 바뀌었다. 이러한 혼란 속에서 원 관료지배층은 직권을 이용하여 매관매직을 일삼고 백성들에게 과중한 세금을 징수하였다. 원제국의 국교인 라마교의 승려들도 수탈을 일삼았으며, 황실의 낭비와 사치 또한 심해져 갔다. 원의 인종은 불경 한 장을 금박으로 인경印經하기 위하여 3,900량의 금을 허비하였으며, 또한 궁전에서 3일에 한번씩 불회佛會를 열면서 1만 마리의 양을 소비했다고 한다.

경제 정책의 실패도 원나라 쇠망에 결정적 요인이었다. 원나라는 중앙 아시아의 색목인色目人을 경제 관료로 고용하여 무역을 확대하고, 교초交鈔라는 지폐를 기본화폐로 보급했다. 지폐의 보급과 경제 활성화로 반원감정이 가장 심하고, 한족 우세한 강남 지역의 부가 오히려 급증하는 기현상이 발생했다. 그런데 교초는 명목가치가 실질 가치보다 높아 경제혼란을 초래할 소지가 있었다. 원나라 말기 원 조정은 재정이 곤란해지자 부세를 확대하고 교초를 남발했다. 그 결과 경제혼란이 가중되고, 민생은 도탄에 빠져 들었다. 여기에 혹심한 자연재해가 북중국 일대를 휩쓸었다. 1323년부터 황재·한재·수재·지진이 해마다 거듭되어 국토를 황폐화시키고 민중을 기근 속으로 몰아넣었다. 원나라 순제順帝(1333~1367)가 즉위한 이후 거의 해마다 흉년이 들었다. 길가에는 굶어 죽은 사람이 가득하고 사람들이 서로 잡아먹는 일까지 벌어질 정도로[1] 극심한 상황이 벌어졌다.

원나라는 세계 역사상 유래가 없는 대제국을 건설했던 만큼 그들의 급속한 쇠퇴와 몰락은 동아시아 세계 전체에서 커다란 파장을 일으켰다. 먼저 중국 내부에서는 한족의 대반란이 시작되었다. 1340년부터 전국 각지에서 산발적인 농민항쟁이 일어나기 시작하더니, 1351년 백련교도의 난을 시발로 1352년 곽자흥, 1353년 장사성의 난이 연속적으로 발발했다. 이어 명옥진, 서수휘, 진옥량, 방국진 등이 차례로 봉기하여 강남 지방이 군웅할거의 시대로 접어 들었다. 이 반란으로 곡창이자 중국 경제의 중심지이던 강남지방이 원나라의 통제권에서 거의 벗어났다. 강북도 편안하지 않았다.

백련교도에서 발전한 홍건적은 1357년에 개봉을 점령하여 대송국大宋國을 건국하고, 1358년에는 원나라의 상도上都인 개평부(현재의 내몽골 후허하오터呼和浩特)을 함락시켰다. 이로써 원나라는 강북과 강남의 거점을 모두 상실하고 순식간에 쇠락의 길로 접어들었다. 마침내 1368년 곽자흥의 사위이던 주원장이 북경을 점령하여 명나라를 건설했다. 원의 지배층은 자신들의 근원지인 몽골 초원으로 도주하여 북원을 세웠다. 이들은 다시 중원의 회복을 노렸지만, 성공하지 못하고 몰락하였다.

원나라가 북원으로 도주하자 만주에 대한 중국의 지배력이 끊어졌다. 이 틈을 타서 만주의 여러 부족이 동요하기 시작했다. 몽골의 장군이던 나하추는 심양을 거점으로 독립군벌이 되었고, 여진족들의 움직임도 심상치 않게 변했다. 원나라로 귀순했던 고

---

1 『元史』권51, 지3下 오행2, 稼穡不成.

려 양계 지방의 세력들도 동요하기 시작했고, 고려에서는 친원파와 친명파의 갈등이 시작되었다.

1. 공민왕의 군제 개혁

고려후기의 사회모순이 심화되는 가운데 지배세력, 특히 권력층은 오히려 이러한 상황을 이용하여 더 많은 경제적 부와 정치권력을 추구했다. 지배세력의 일부는 국가 재정난과 심각한 민생문제에 직면하여 이를 해결하려는 노력을 보이기도 했다.

정부가 제시한 개혁안으로 볼 수 있는 것은 국왕의 즉위초나 정치변동기에 발표된 교서와 개혁기구가 제시한 장狀, 또는 방榜이 있다. 충선왕 즉위년(충렬왕 24 ; 1298) 과 복위년(1308), 충숙왕 5년(1318)·12년, 공민왕 원년(1352)·5년·12년·20년의 교서 등 8개의 개혁교서와 충목왕 3년(1347)의 정치도감장整理都監狀과 공민왕 15년 (1366) 5월의 전민변정도감방田民推整都監榜이 그것이다. 지배세력이 개인 자격으로 제출한 개혁안은 충렬왕 22년(1296) 홍자번洪子藩의 편민십팔사便民十八事, 충목왕 즉 위년(1344) 5월 이제현李齊賢의 도당상서都堂上書, 공민왕 원년 이색李穡의 진시무서 陳時務書, 공민왕 11년 백문보白文寶의 차자箚子 등이 있다.

이 가운데 공민왕의 개혁정치는 주목할 만한 것이었다. 공민왕은 재위 23년 동안 4 차례에 걸쳐 개혁교서를 반포하면서 끊임없이 개혁정치를 추진했다. 공민왕대의 개혁 정치는 왕 자신이 원간섭기의 다른 국왕과 달리 개혁적 성향을 지니고 있는 데다, 특 히 원 제국 질서의 쇠퇴와 간섭의 약화로 이전의 개혁정치와는 다른 모습을 보일 가 능성이 많았다. 더욱이 공민왕대는 왜구와 홍건적의 침입 등 외침에 대한 대비가 필 요한 시기였고, 나라 밖의 정세가 원·명교체기에 접어든 시기라는 점도 이 시기 개혁 정치의 규정적 요소로 작용하였다.

공민왕 원년 정월에 왕은 감찰대부 이연종李衍宗의 진언을 받아들여, 원의 풍속을 따르던 변발辮髮·호복胡服을 폐지하며 퇴폐한 풍속을 고치고 해이한 기장을 바로잡 으라는 교서를 내리는 동시에 종래 권신들이 관리 임명을 마음대로 하던 정방제도를

혁파하고 문무관원의 임면(任免)관계 업무를 전리
典理·군부사(軍簿司)로 돌려서 인사의 공정을 기
하게 했다.

공민왕 5년 5월, 왕은 반원 개혁정치를 본격
적으로 추진했다. 그것은 기철 등 친원세력의
숙청으로 시작되었다. 공민왕은 재추들에게 연
회를 베풀어 거기에 참여한 기철·권겸을 주살
한 다음, 금군 군사를 총동원하여 노책(盧頙)과 그
일당을 모두 주살했다. 이 때 살해된 인원수만
도 25명에 이를 정도로 대규모의 숙청이었다.
공민왕의 반원정책에 걸림돌이 될 수 있는 세력
은 거의 제거된 셈이었다.

친원세력의 숙청에 성공한 공민왕은 계속
해서 반원 개혁조치를 차례차례 단행했다. 먼
저 정동행성이문소(征東行省理問所)를 혁파하였
다. 이문소는 정동행성의 사법기구로서 친원세
력의 권력기구가 되고 있었으며, 충목왕대 개혁
정치를 저지시킨 주체였기 때문에 개혁에 대한
저항을 없애기 위해서 반드시 취해야할 조치였
다. 아울러 군대를 함경도로 파견해 쌍성총관부
를 회복했고, 압록강을 건너 파사부(婆娑府) 등 3
참(站)을 공격하여 이 지역을 고려의 영토에 편입
했다. 6월에는 원의 연호인 '지정(至正)'의 사용을
중단하여 고려가 원의 종속으로부터 벗어났음
을 과시한 다음, 곧 반원 개혁교서를 반포했다.

이때의 개혁교서의 내용은 정치체제의 정비
와 친원세력의 경제적 기반 해체, 민생안정책의

이제현 초상(국립중앙박물관)

이색 초상(국립중앙박물관)

수립, 군사체제의 정비 등에 역점을 두고 있다. 정치체제 분야에서는 정방을 영원히 혁파하고, 인재의 발탁과 지방관의 비행 근절을 강조했다. 관제개혁도 단행했다. 친원 세력의 경제적 기반을 와해시키기 위해서 그들이 소유하고 있던 신림천택山林川澤을 국가에 귀속시키고, 미곡은 몰수하여 빈민 구제용으로 쓰게 했다. 민생안정책과 관련해서는 고리대 문제의 개선과 염세를 1/3로 줄였다.

군사분야에서는 특별히 여러 항목을 할애하여 군액 확충방안에서부터 군역부과 방식의 개선, 역참제의 재정비, 둔전제의 실시를 통한 군수확보에 이르기까지 광범위한 개혁방안을 제시했다.[2]

이 가운데 국방에 관한 개혁방안은 공민왕 원년과는 다른 상황에서 추진된 것이었다. 이때의 국방의 제정비는 국방력의 재정비 차원에서 시행된 4개항으로 군졸의 충당, 역제의 재정비, 군량의 확보 차원에서 개혁조처가 이루어지고 있다.[3] 특히, 행성3소行省三所나 여러 만호부에 예속된 인물을 추적하여 수비병에 보충하는 것, 수자리하는 병졸을 쌍정雙丁에서 1정丁으로 줄여 가용병력을 늘이고 승려 중 위법자를 환속시켜 군역에 충원하는 것. 전 17결을 군인 1명에게 지급하는 군전지급 원칙을 어진 자를 적발하고, 역적의 노奴를 관에서 몰수하여 수비병으로 충당하는 조치는 앞서 살펴본 반원정책과 깊은 연관성이 있다. 특히 비상시에 3가를 묶어 군호 1호를 편성하는 원칙을 무시하고, 3가의 장정을 모두 징발하게 했다.[4] 이러한 군졸의 확보 노력은 북계의 수복 이후 이 지역의 방비에 필요한 군졸을 충원하려는 것이었다.

각지의 별초도 지역에 맞게 편제하고자 했다. 각처에서 정수 이외로 징발한 별초는 노약과 단정單丁을 막론하고 먼 곳에 방수하기 때문에 왕래가 힘들어 도망하는 사례가 늘었다. 이 대책으로 방수임무를 윤번제로 해서 한 곳에서 오랫동안 지내는 고통을 덜어 주고자 했다.

---

2 홍영의, 「공민왕 초기 개혁정치와 정치세력의 추이(상·하)」 『사학연구』 42, 43·44합집, 1990·1992 참조.
3 이에 대한 연구는 홍영의, 「恭愍王의 反元政策과 廉悌臣의 軍事活動 -國防改革을 中心으로-」 『軍史』 21, 1991이 참고된다.
4 이는 공민왕 즉위교서 속에는 보이지 않는다. 다만 우왕 9년 8월에 이성계가 제시한 동북면 변경의 安邊策에서 언급되어 있는데 이 내용도 공민왕의 국방개혁안의 일부라고 생각된다.

실제 군사행동을 위한 군사력을 확보하기 위해 충용위忠勇衛를 설치하고[5] 제주인, 화척·재인을 방수防戍에 충당했다.[6] 충용위는 강력한 군사력을 갖추기 위하여 친위대의 성격을 지닌 4천명을 새로운 군대를 창설한 것으로 국방력 강화를 위한 노력의 일환이었다.[7] 공민왕은 이들을 반원 군사활동에 활용하려 했다고 추정된다.

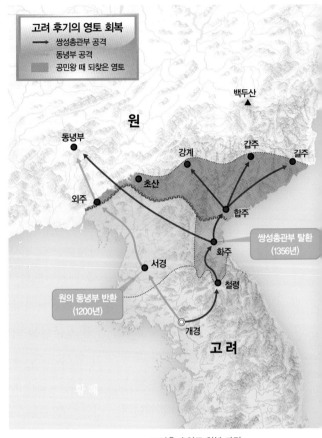

고려후기 영토 회복 과정

왜구의 침입으로 조운이 불통되고 국가재정이 위협을 받자 육로에 원院·관館을 조영하고, 역적이 점유했던 인민들을 배치해서 관리하게 했다. 군사를 일으킬 때 명령의 전달을 정확히 하기 위해 연락, 통신제도도 재정비했다. 무인집권기와 대몽항쟁 기간에 무너진 고려의 역제를 복구하기 위해서 이전부터 원나라가 이른바 6사事의 하나로서 역참의 설치를 요구했었다. 그러나 원은 군사적 필요성 때문에 새롭게 정비된 고려의 역참에 대하여 그 이용을 제한하려고 했다. 하지만 친원세력이나 기관은 비교적 쉽사리 역참을 이용했다. 이들에 의해 불요불급한 왕래, 공무를 빙자한 사적인 역의 이용 등 온갖 폐단이 발생하고 결과적으로는 고려국가의 동맥인 역제의 문란을 초래하게 되었다. 따라서 역적과 행성에서 불법적으로 탈점한 사람과 호적 불명자를 역호驛戶에 충당시키고, 급하지 않은 사항에 대

5 『高麗史』권81, 지35, 병1, 5군, 공민왕 5년 11월.
6 『고려사』권82, 지36, 병2, 鎭戍 恭愍王 5년 9월.
7 李永東, 「忠勇衛考」『육군3사관학교 논문집』13, 1981.

하여 포차鋪車, 포마鋪馬의 사용을 모두 금지시켰다.

또한 이와 관련해서 군량의 부족에도 관심을 두고 그 확보책을 꾀하려는 점 역시 그러한 일환이었다. 즉 전라도 임피臨陂의 둔전이 권세가에 의해 탈점되었는데 이를 복구한다던가, 연해의 땅을 개간하여 둔전으로 확보하고 친원세력과 행성에 의해서 탈점된 사람들로 경작케 하는 한편 각도의 둔전을 모두 임피 둔전의 예와 같이 처리하게 했다. 외방의 주현에 있던 없어진 폐사원 토지의 전조를 거두어 공전으로 충당하였던 것을 모두 회수하여 방호군의 군량으로 지급하도록 한 것 등은 둔전을 확보하여 군량문제를 해결하려는 조치였다.

공민왕에 의해 제기된 국방개혁안은 11월에 염제신廉悌臣에 의해서 다시 언급되었다. 염제신은 3개항의 군사개혁안을 제시하였는데, 변방의 수자리는 반년을 주기로 교대 복무토록 할 것,[8] 군사가 친부모의 상을 당하면 다른 사람으로 대신하게 하고, 대신할 사람이 없으면 날짜를 계산하여 휴가를 주도록 할 것,[9] 둔전의 경영을 통해서만 군량수송의 수고로움을 덜고 군량을 확보할 것을 주장했다. 또한 정예한 군병만 요충지에 남겨두고 그 나머지 병사는 안주安州 등지로 옮겨 후방에 주둔케 하는 방안[10] 등을 제시했다.

원래 수자리의 교대는 정규적 방수는 1년이었다. 그런데 이를 6개월 단위로 교대하자는 것이었다. 방수기간에는 의복이나 무기를 마련해야 하고 또 부임 도중의 식량도 자비해야 했던 것을 감안하면[11] 이 방안은 군인들의 가장 무거운 방수의 임무를 덜어준다는 점 의의가 있다고 하겠다. 그러나 그 만큼 군사의 인원이 줄어든다. 이처럼 실제 군병력을 감축하는 것은 공민왕 5년에 시작한 반원정책이 어느 정도 끝나가고 있음을 말해 준다.[12]

---

8 『고려사』 권81 지35, 병1, 五軍.
9 『고려사』 권82 지36, 병2, 屯田.
10 『고려사』 권82 지36, 병2, 屯田.
11 李基白,『高麗兵制史 研究』, 일조각, 1968, 138쪽.
12 이러한 모습은 공민왕 6년 정월 도평의사사의 請에서 알 수 있다. 즉 동·서북면의 防戍는 군졸은 2월, 군관은 8월이었는데 이를 2·3·8·9월로 나누어 하자는 것이다(『고려사』 권81 지35, 병1, 鎭戍).

고려시대에는 여러 영부領府의 군인에게도 부모상을 당하면 100일의 휴가를 주게 했다.[13] 그러나 원종 15년 원의 일본정벌에 이어서 충렬왕대에 들어 원에 의한 군사적 압박이 가열되자 고려는 군사의 상복 기간을 대폭 단축시키지 않을 수 없게 되어, 종래의 100일 휴가가 50일로 단축되었다.[14] 반원정책이 단행된 공민왕 5년에 가서는 친상을 당한 군졸이 그나마 50일의 급가 조차도 받지 못하였다. 그리하여 염제신이 위와 같은 주장을 하게 된 것이다.

염제신은 군량 확대를 위해 둔전 경영을 주장했다. 기존의 둔전이 권세가에 의해서 탈점되거나 묵은 토지가 되어 버린 것을 동북면과 서북면을 되찾으면서 그 동안 묵었던 둔전처를 경영하자는 것이었다.

이와 같은 염제신의 국방안은 공민왕 반원정책의 추진과 그 성공의 결과로서 나타난 국방상의 문제를 재정비하자는 것임을 알 수 있다. 특히 공민왕 5년의 국방정책이 군량의 확보, 군사의 문제에 그 결함이 있었던 반면에 염제신의 국방안은 이전과는 다른 모습을 띠고 있다.

둔전의 문제도 동·서북면의 회수된 토지를 둔전처로 재확보 경영하려는 것이었고, 방수의 교대기간을 줄인다는 것은 일반민이었던 군병의 피해가 그 만큼 적어지고 병사의 숫자도 그만큼 줄어든다는 면이 있다. 염제신의 국방안 역시 실제적으로는 고려 전기 이래의 군사체제를 복구하는 수준에서 크게 벗어나지 않는다는 한계성을 지니고 있지만, 한편으로는 공민왕 5년의 국방정책이 어느 정도 성과가 이루어졌기 때문에 이러한 국방안을 제시한 것으로 생각된다.[15] 이외에도 공민왕 7년 1월에 이제현은 성곽 수축시 농시를 염두에 두고, 식량과 판축할 자재를 철저히 준비하도록 요구하기도 했다.[16]

공민왕 5년의 반원정책과 관련한 국방개혁안은 고려 전기 이래의 군사체제를 그대로 복구한 것은 아니었다. 다만 반원정책의 추진과정에서 우선 시급한 위의 몇가지 문

---

13 『고려사』 권81, 지35, 병1, 五軍.
14 『고려사』 권64, 지18, 예6, 五服制度, 공민왕 8년 12월 및 9년 6월.
15 홍영의, 「恭愍王의 反元政策과 廉悌臣의 軍事活動」『軍史』 23, 1991.
16 『고려사』 권110, 열전23, 李齊賢.

공민왕과 노국공주 릉(개성, ⓒ유수)

제를 해결하고자 하는 측면에서 진행되었던 것이다. 특히 군졸의 충당과 역제의 정비, 군량의 확보는 원과의 군사적 충돌에 재빠르게 대비하고 한편으로 왜구의 침입에 따른 그 대비를 원활히 하려는 것을 의미한다고 할 수 있다.[17] 그러나 이를 통하여 공민왕의 반원정책을 지속적으로 전개하려 하였다는 점에서 주목할 만한 것이라 하겠다.

이처럼 공민왕 5년의 개혁은 친원세력의 숙청에서부터 시작하여 실지의 회복, 관제 및 군사체제의 정비에 이르기까지 괄목할만한 성과를 거두었다. 그런데 이 시기 개혁은 고려 내부의 문제, 특히 사회모순의 근간이 되고 있었던 토지문제의 해결방안을 제대로 마련하지 못하고 있다. 즉 공민왕 5년의 개혁은 그 동안 사회모순을 심화시켜온 원의 종속구조를 청산하는 데는 어느 정도 성공했지만, 토지소유관계 등 내적 모순을 해결하는 데는 한계가 있었다

이와 같이 공민왕대 이후 고려말 군제 정비의 방향은 원간섭기를 거치면서 붕괴된 군제를 병농일치를 기반으로 2군 6위 중심의 고려전기 군제로 복구하는 것이었다. 공

---

17 洪榮義, 앞의 논문, 1991.

민왕은 우선 자신의 개혁을 뒷받침할 수 있는 무력기반으로서 친위군의 강화를 위해 고려 본래의 2군 6위제를 본 딴 충용위를 조직, 운영하기도 하였다. 그러나 원 군제인 겁설제는 고려 본래의 숙위군 조직이 복구 정비되지 못한 상황에서 일단 그대로 유지되었다. 다만 원나라식 명칭을 가진 기구들은 한식 명칭으로 개칭되었고 고려 본래의 숙위기구와 기능이 중복되는 일부 기구들이 통폐합하여 전기의 근시近侍제도를 복구하고 그 기능을 회복시키려고 했다. 또한 공양왕대에는 성중애마를 정리하여 8위 중심의 친위군 제도를 복구하고자 하였으나 성중애마는 이후에도 그대로 존속하였다. 이외에도 고려후기 국방상 중요한 방어선이 된 남도지역에는 육수군으로서 진수군鎭戍軍과 함께 수군이 정비 강화되어 국방의 중심이 중앙군에서 지방군으로 옮겨가는 변화가 나타났다.[18]

이러한 변화의 요인은 고려후기에 들어와 군역에 대한 반대급부의 제공 방식이 변화한데에 기인한다. 군제의 기반인 사회경제적 상황이 변화된 상태에서 부병제를 기반으로 하는 고려 전기의 군제 재건 시도는 불가능한 것이었다. 하지만 전시상황이 급박하게 지속되었기 때문에 토지지급을 매개로 하지 않더라도 양인농민층을 대상으로 한 군역의 징발을 국가가 강제할 수밖에 없었던 것이다.

2. 쌍성총관부의 탈환과 요동 출정

고려가 雙城摠管府를 수복한다는 것은 이른바 '세조구제世祖舊制'로 대표되어 온, 지난 1세기 동안의 고려와 원의 관계를 부정하는 것이었다. 고려는 1356년의 반원개혁을 통해 원 간섭 이전의 전통적인 대중국관계, 즉 조공책봉관계로 복원되는 것을 목적으로 하였으며 이러한 고려의 의도는 외교적으로 성과를 거두었다. 원은 1세기 동안 고려를 대몽골제국 안의 부마국으로 묶어두려고 하였으나, 중국 본토에서 한족 반란군에 쫓기는 처지에서 고려의 조치들을 추인할 수밖에 없었다. 영토 문제에 있어

18 閔賢九, 『朝鮮初期의 軍事制度와 政治』, 韓國文化院, 1983.

서도 고려는 수복한 쌍성총관부가 역사적으로 고려의 영토라는 것을 원으로부터 승인받았다.[19]

또한 항몽전쟁기부터 원간섭기 동안 요동지방의 요양, 심양 일대에 포로, 유민, 이주 등으로 수십 만 명의 고려민이 이주했다. 고려민의 거주 공간이 요동지방으로 확대된 것이 고려인의 영토 의식에 어떠한 변화를 가져왔는가를 아울러 살펴보아야 할 것이다. 속인주의屬人主義 원칙에 입각하여 정복지역을 통치한 원은 요양, 심양 일대의 고려유민들로 이루어진 고려군민총관부高麗軍民總管府를 설치하여 고려출신 관리나 고려 왕족을 이용하여 이들을 통치하게 했다. 1308년에는 고려 태자이며 원 세조의 외손자인 충선왕이 심양왕에 책봉되고 이어서 고려왕위를 계승함으로써 요양-심양-고려를 잇는 고려권이 형성되었다. 심양왕은 우왕대까지 독자적인 세력을 유지하며 그 지위를 상속했다.[20] 따라서 고려말에 고려인의 영토 의식에도 변화가 생겼을 가능성이 있다. 고려민이 주거주민인 요양, 심양 일대까지 고려의 영토로 파악하는 문제이다.

이러한 영토 의식과 관련하여 고려말의 요동정벌을 이해하는 시각이 있다. 고려는 공민왕 18년~19년에 걸쳐 3차례 요동을 정벌하고(동녕부 정벌), 우왕 14년(1388)에도 요동 정벌군을 출동시켰다. 공민왕 19년 당시 고려는 '요양, 심양은 고려땅이고 거주민은 고려민'이라고 주장했다. 또 공민왕대에 요동까지 직접 군대를 출동시킨 것은 고려 역사상 중국왕조의 판도 안으로 군사를 파견한 유일한 사례라 할 것이다. 기존 연구에서는 이를 국초 이래 고구려 구토 수복 의식이 일관되게 지속되었으며, 그것을 실현하기 위해 북진을 단행한 명확한 사실로 설명해왔다.[21]

그러나 10세기말~11세기초 거란족의 침입 과정에서 제시된 고구려 계승의식이 무인정권기와 원간섭기를 거쳐 고려말까지 계승되고 있었는지에 관하여는 재검토할 여

---

19 金順子, 「麗末鮮初 對元·明關係 硏究」, 延世大學校大學院 史學科 博士學位論文, 2000.

20 金惠苑, 「高麗後期 瀋王 硏究」, 이화여자대학교 박사학위논문, 1999.

21 尹武炳, 「吉州城과 公嶮鎭」, 『歷史學報』 10, 1958 ; 金九鎭, 「公嶮鎭과 先春嶺碑」, 『白山學報』 21, 1976 ; 方東仁, 「尹瓘九城再考」, 『白山學報』 21, 1976 ; 高錫元, 「麗末鮮初의 對明外交」, 『白山學報』 23, 1977 ; 金九鎭, 「尹瓘 9城의 範圍와 朝鮮 6鎭의 開拓」, 『史叢』 21·22합집, 1977 ; 朴焞, 「高麗末 東寧府征伐에 대하여」, 『中央史論』 4, 1985.

지가 있다. 요양, 심양이라는 요동지역이 옛 고구려의 영토였으므로 이 지역과 그 거주민에 대한 영유권 의식이 당연히 고구려 계승의식과 연결되었을 것으로 이해했었다.

역사 인식적인 측면에서 보면 이는 한민족사의 범주에 고구려를 포함시킨 근대 이후 역사관의 산물이 아닌가 생각된다. 무신정권기에 신라세력이 몰락하면서 대두한 고구려 정통 의식이 고려말에 어느 정도 영향을 미치고 있었는지는 아직 밝혀져야 할 부분이 적지 않지만, 원간섭기에 고려는 고려문화권, 민족의 공동시조로 단군을 인식하였으며 특별히 고구려 계승의식을 표방하지는 않았던 것으로 이해하고 있다.[22] 유독 영토 문제에 있어서만 고구려 계승의식을 가지고 있었는가 하는 점을 인정하기 어렵다 하겠다.

당시 고려는 요동일대에 3차례나 군대를 동원하였으면서 이 지역을 항구적인 영토로 확보하려거나 점령군으로서의 역할보다는 군사적으로 시위하는데 치중했다. 반원개혁과 친명정책의 연장선에서 요동일대의 북원의 잔여세력이 압록강을 넘어 고려에 영향을 미치려는 것을 차단하려는 것이 주요한 목적이었던 것으로 이해된다.[23] 이와 관련하여 고려말의 요동지방에 대한 영유권 의식은 고구려 계승 의식보다는 원간섭기 요양, 심양 일대의 역사적 상황과 심왕제도와 연관하여 이해해야 할 것이라는 시각이 제시되기도 하였다.[24]

공민왕대 고토회복 의지는 원의 정세변화와 함께 했다. 대륙방면에서는 그동안 1백여 년 간 중원대륙을 지배하던 원나라가 정치의 부패, 인심의 이탈로 도처에서 반란이 일어나, 수습하기 어려운 형편에 이르렀다. 공민왕은 즉위 후 반원정책을 시행하면서 최영崔瑩·인당印璫·유인우柳仁雨 등 여러 장수를 보내어 압록강을 건너 파사부婆娑府(구련성) 등 여러 곳을 공파했다. 동북면의 쌍성총관부를 격파하고 지금 영흥

22 金哲埈, 「益齋 李齊賢의 史學」, 『韓國古代社會研究』, 1967 ; 河炫綱, 「高麗時代의 歷史繼承意識」 『梨花史學研究』 8, 1975(『韓國中世史研究』(1988) 재수록) ; 鄭九福, 「高麗 後期의 歷史認識과 敍述」 『한국사론』 6, 국사편찬위원회, 1981 ; 韓永愚, 「고려시대의 역사의식과 역사서술」 『한국의 역사가와 역사상(상)』, 1994.

23 『고려사』 권41, 세가41, 공민왕 18년 12월 신미, "自秋以來 東西北面要害 多置萬戶千戶 又遣元帥 將擊東寧府 以絶北元".

24 주채혁, 「몽골·고려사 연구의 재검토-몽골·고려사의 성격문제-」『국사관논총』 8, 1989.

이북의 여러 지방을 회복하였다.

원래 쌍성총관부는 1258년 원나라가 함경남도 화주(영흥)에 설치한 통치기구이다. 쌍성총관부는 동녕부와 함께 고려인의 배반으로 원나라에 귀속된 영토라는 공통점이 있으며, 통치 기간이 100여 년간 유지되었다.[25]

1258년(고종 45년) 원나라의 별장 산길散吉과 보지普只가 동여진을 경유하여 장성 이남을 침공했다. 이들이 화주에 이르자 당시 동북면병마사 신집평愼執平은 주민들과 병사들을 이끌고 저도楮島에 들어가 지키다가 죽도竹島로 이동했다. 그러나 조혼趙暉와 탁청卓靑 등이 등주 부사 박인기朴仁起, 화주 부사 김선보金宣甫 및 동북면병마사 신집평을 죽이고, 철령 이북의 땅을 바치며 원나라에 투항했다.

원나라는 새로 점령한 이 지역을 다스릴 기구로 쌍성총관부를 설치한다. 초대 총관으로 조휘가 임명되었고, 탁청은 천호에 임명되었다. 이후 총관은 한양 조씨 집안이 세습하여 조휘의 아들 조양기, 손자 조림, 종증손 조소생이 세습하였고, 천호도 탁청의 후손이 세습하였다. 10년 뒤인 1269년에 최탄은 반란을 일으킨 후, 서경을 비롯한 북계 54성과 자비령 이북 서해도 6성을 원나라에 바쳤고, 원나라는 서경을 동녕부로 개칭하여 자국 영토로 편입시켰다.

쌍성총관부 탈환은 1356년(공민왕 5년)에 시작되었다. 1356년 4월에서 음력 8월 사이에 추밀원부사였던 유인우柳仁雨가 동북병마사가 되어, 공민왕으로부터 쌍성총관부 탈환을 명령받고 대호군 공부보貢夫甫, 종부령 김원봉金元鳳, 강릉도존무사江陵道存撫使 이인임 등과 함께 출정했다.[26] 이때 조휘의 증손자인 총관 조소생과 천호 탁도경

---

25 쌍성총관부와 동녕부에 대한 연구는 다음의 글이 참고된다. 방동인, 「동녕부치폐소고」『관동사학』 2, 1984 ; 박순, 「고려말 동녕부정벌에 대하여」『중앙사론』 4, 1985 ; 김구진, 「원대 요동지방의 고려군민」『이원순교수 화갑기념 사학논총』, 1986 ; 김구진, 「여·원의 영토분쟁과 그 귀속문제-원대에 있어서 고려본토와 동녕부·쌍성총관부·탐라총관부의 분리정책을 중심으로」『국사관논총』 7, 1989 ; 방동인, 「여·원관계의 재검토-쌍성총관부와 동녕부를 중심으로」『국사관논총』 17, 1990 ; 최재석, 「고려말 동북면의 통치와 이성계 세력 성장-쌍성총관부 수복 이후를 중심으로」『사학지』 26, 1993 ; 이정신, 「원간섭기 동녕부의 존재형태」『한국중세사회사회의 제문제-金潤坤教授定年紀念論叢』, 한국중세사학회, 2001 ; 이정신, 「쌍성총관부의 설립과 그 성격」『한국사학보』 18, 2004.
26 『高麗史』 권39, 세가39, 공민왕 5년 4월 정해.

은 필사적으로 반격했
으나, 조휘의 손자인 조
돈趙暾과 이자춘과 그의
아들 이성계가 내부에서
고려군과 내통하여 쌍성
총관부의 성문을 열었
다. 쌍성총관부는 함락
되었고, 조소생은 도망
쳤다.

안동 웅부 현판(안동 민속박물관)
공민왕이 안동에 와서 쓴 글씨라 한다.

이후 유인우는 화주목을 설치하여 나머지 쌍성총관부가 관할하던 관할 지역을 수복했다. 쌍성총관부 함락에 공을 세운 이자춘은 동북병마사가 되어 중앙 정계로 진출했다. 조돈도 조상의 배신을 청산하고 새로이 고려 중앙 정계에 진출했다. 이후 조돈은 조선 건국에도 관여하여 개국 공신에까지 이르렀다.

원나라는 고려를 문책했지만 고려는 원의 태도 형세를 보아가면서 일면 사과, 일면 수복의 정책으로 소기의 목적을 달성했다. 그러나 이렇게 과감하게 진행되던 공민왕의 국방정책은 왜구의 잦은 침략으로 지속되지 못하였다. 왜구는 공민왕의 즉위 전부터 창궐했지만, 쌍성·사바성 등의 공격이 있던 다음해부터는 우리의 병력이 많이 북방으로 이동한 기회를 노렸는지, 수도 개성의 가까운 곳 승천포昇天府·교동 등지에까지 침구하고, 전국의 해상운수가 거의 불가능한 지경에까지 이르렀다. 이에 정부에서는 한양·곡주(곡산) 등지로의 천도론까지 제기되었다. 공민왕 8년부터는 홍건적이 서북방면으로 침입해 왔다. 10년에는 수도가 함락되어 왕과 정부 일행이 멀리 복주(福州, 안동)로 피난하게 되었다. 뿐만 아니라 11년에는 다시 나하추納哈出의 동북면 침공, 12년에는 김용金鏞의 흥왕사興旺寺 반란, 13년에는 원과 결탁한 최유崔濡 등의 반란 및 여진인 삼선三善·삼개三介 등의 침입 등 쉴 새 없는 전란 때문에 국력과 민생은 피폐해 갔고, 공민왕의 개혁정치도 차질이 생기지 않을 수 없었다.

여기에 다시 14년에는 왕후 노국공주의 죽음과 신돈의 개혁 실패로 공민왕도 차츰 심리적으로 변화를 가져오게 되었다. 왕은 국정에 대한 관심 대신 향락 방종의 생활

주원장

을 일삼다가 근시 최만생崔萬生·홍륜洪倫 등에 의하여 죽임을 당하게 된다. 그리고 이 동안 중국에서는 오왕吳王 주원장이 원의 대도大都 연경을 점령하고, 금릉(남경)에서 명 황제를 칭하게 되니 대륙의 정세가 크게 바뀌었으며, 고려는 신흥 명제국과의 새로운 외교관계를 맺어야 했다.

1368년(공민왕 17)에 원나라 순제는 주원장의 군대에게 쫓기다가 죽고, 그 뒤를 이어 기황후 소생인 소종昭宗이 즉위했으나 소종도 주원장의 군대에 쫓겨 외몽골 지역인 화북和北으로 도망쳐 간신히 원나라의 명맥을 유지하고 있었다.

이러한 원·명 교체기의 틈을 타 공민왕은 1370년 정월에 동북면 군벌인 이성계를 파견해 동녕부를 공격하게 했다. 이 지방은 원나라가 명나라 군사에게 패한 뒤 방비가 허술해져 있었다. 동녕부는 1270년 원나라가 고려의 서경에 설치한 통치기관이다. 1269년(원종 10) 임연이 원종을 폐하고 원종의 동생 안경공安慶公 창淐을 세우자, 서북면병마사의 기관記官 최탄 등이 임연의 목을 벤다는 구실로 한신韓愼·이연령李延齡 등과 함께 난을 일으켰다. 최탄은 서경을 비롯한 북계의 54성과 자비령(황해도 서흥군에 있는 고개) 이북 서해도의 6성을 탈취해서 원나라에 투항했다.

원나라 세조는 때를 놓치지 않고 1270년 자비령으로 경계를 삼아 그 이북의 지역을 모두 원나라 영토로 만들고 서경에 동녕부를 설치한 후, 최탄을 동녕부 총관으로 임명했다. 원종이 원나라의 수도 연경에 가 세조에게 자비령 이북 지역의 반환을 요구하였으나 관철되지 않았다. 1275년(충렬왕 1)에 원은 동녕부를 동녕부총관부로 승격시켰다.

1290년(충렬왕 16년)에 원나라 동북지역인 만주에서 반란을 일으킨 세조의 동생 내안乃顔의 잔당들과 합단哈丹의 무리들이 고려에 쳐들어 왔다. 그들을 방어하는 과정에서 원나라는 고려의 요구를 받아들여 이 지역을 고려에 돌려주고, 동녕부를 요동으로 옮겼다.

이즈음에 원나라의 평장사 기새인티무르奇賽因帖木兒(기철의 아들이자 기황후의 조카)가 원나라 유민을 모아 동녕부에 웅거, 그의 부친 기철이 고려에서 참형당한 것에 대한 원수를 갚는다고 고려의 북변을 침입했다. 공민왕이 명의 황제로부터 '요동·심양의 방비'에 주의하라는 부탁을 받고 난 직후였다.[27] 공민왕은 1369년 12월에 이인임을 도통사로, 이성계를 동북면원수, 지용수池龍壽를 서북면원수로 삼아 군사 1만 5,000을 주어 원나라의 동녕부를 치게 했다. 이성계는 1370년 1월에 동북면에서 황초黃草, 설한령雪寒嶺을 넘고 압록·파저婆猪의 두 강을 건너 동녕부의 동지同知 이오로티무르李吾魯帖木兒가 지키는 우라산성于羅山城을 포위 공격하여 항복을 받았으며,[28] 같은 해 11월에는 지용수와 합세하여 요동의 중심지인 요양을 공격하여 성을 빼앗았다.[29]

이때 지용수는 나하추와 야선불화 등에게 "본국은 요 임금과 나란히 세워졌다. 주나라 무왕이 기자를 조선에 봉하여 내려주었는데, 그 땅이 서쪽으로 요하에 이른다. 원이 통일한 이후 공주를 우리나라에 시집보내고 요양·심양 지역을 공주의 탕수지湯水地로 하였다"고[30] 말했다. 고려도 도평의사사의 명의로 동녕부에 문서를 보내어 "심·요지역은 원래 고려의 영토였다"라고 통보했다.[31] 1371년 윤3월에 북원의 관리인 요양성 평장 유익劉益과 왕우승王右丞(왕합랄불화王哈剌不花) 등이 명에 항복할 때에 요양·심양 지역이 고려의 땅임을 시인했다.[32] 유익은 요양성을 들어 명나라에 귀부하려 했으나 주민을 내륙으로 옮길 것이 걱정되었다. 그는 고려에 붙으면 이주를

---

27 『고려사』 권42, 세가42, 공민왕 19년 12월 정사, 「都評議使司移咨東寧府曰」.
28 『고려사』 권42, 세가42, 공민왕 19년 정월 갑오.
29 『고려사』 권42, 세가42, 공민왕 20년 11월 정해.
30 『고려사』 권104, 열전27, 池龍壽.
31 『고려사』 권42, 세가42, 공민왕 19년 12월 정사, 「都評議使司移咨東寧府曰」.
32 『고려사』 권43, 세가43, 공민왕 20년 3월 기미.

막을 수 있다고 판단하고, "요양은 본디 고려 땅"이라고 선언하고 고려에 사신을 파견해 귀부 의사를 타진했다. 하지만 고려 조정에서 아무런 회답이 없자 유익은 자신의 관할 지역인 금주, 복주, 개주, 해주 등지를 들어 명나라에 귀부했다.[33]

명나라 홍무제는 유익을 지휘로 임명하고 요동에 정요위定遼衛를 두어 군사 지휘소로 삼았다. 명은 유익을 앞세워 신속하게 정복 활동을 벌였다. 원의 장군인 나카초를 더 북쪽으로 몰아내고 근거지인 금산(장춘 서쪽)을 점령했다. 북원 황제인 소종의 아우 탈사첩목아脫思帖木兒를 달강 바깥으로 쫓아보냈다. 명은 서쪽으로 요동반도와 심양, 동쪽으로 혼동강混同江을 차지하여 고려와 국경을 맞대게 되었다. 명의 중서성에서 이 사실을 고려에 통보했다. 이듬해(1372) 3월 고려는 "동녕과 요양은 일찍이 명에 귀속한 바가 없는 곳"이라고 항의했다. 이곳이 우리의 땅이라고 명나라에 통고한 것이다. 그러나 동녕부를 정벌만 하였을 뿐 장기적으로 점령하지 못했기 때문에 모처럼의 정벌은 아무 효과를 거두지 못했으며, 결국 요하 동쪽의 땅이 명나라의 영토가 되었다.

고려는 왜구에 시달리는 실정이라 새로운 분쟁을 야기하지 않으려고 했다. 아무튼 이때 요동을 포기한 것은 공민왕과 신돈의 큰 역사적 과오였다. 유익의 요구를 진지하게 받아들여 협상을 벌이지 않은 것은 동녕부에서 회군한 것보다 더 큰 과오였다.

그렇다고 고려가 이 지대에 대한 관심을 떨쳐버린 것은 아니었다. 명 중서성의 통보를 받은 뒤 안우경安遇慶과 이순李珣 등의 장수를 보내 요동 아래쪽에 있는 오랄성(五老라고도 불렀음)을 공격해 한때 차지하기도 하였다.[34] 요동이 명의 판도에 들자 이곳의 잔당인 호발도胡拔都(여진인)가 등은 여러 곳에 출몰하면서 고려 지경인 강계 등지를 침입하였다. 조정에서는 이들을 방비하는 대책을 세워야 했다.

1372년(공민왕 21) 3월, 고려는 정료위에 글을 보내 원과 기철의 잔당 그리고 호발도 등의 침입이 있어 군사를 내 쳤다는 사실을 알리고, 끝에 "생각건대 동녕과 요양이 일찍이 명나라에 귀화하지 않았으니 야만의 인종들이다. 더구나 우리의 틈을 엿보고 있으니 마땅히 방비해 다스려야 한다. 요새를 지켜 일이 일어나면 모두 잡을 것

---

33 『고려사』 권43, 세가43, 공민왕 20년 4월 계미.
34 『고려사』 권43, 세가43, 공민왕 20년 9월 신해.

이다"라고 하였다. 결국 요동을 내주고 자국 방어에 충실하겠다는 수준의 통보였다.[35] 동년 4월에 명 태조가 요양위遼陽城를 설치했다고 고려에 통보했다. 고려의 요동 정벌은 공민왕의 뒤를 이은 우왕 14년(1388)에도 진행되었지만 위화도회군으로 실현을 보지 못하고 말았다.

3. 홍건적·왜구의 침입과 육군·수군의 확대

1) 홍건적의 침입과 육군의 확대

홍건적은 중국 중원에서 이민족 왕조인 원나라의 지배를 타도하고 한족 왕조을 세우자는 운동을 벌이면서 만든 농민 반란세력이다. 그 중심 세력은 백련白蓮·미륵彌勒교도이다. 붉은 두건을 표식으로 사용해서 홍건적 혹은 홍두적紅頭敵이라고 부르게 되었다.

하북성에 본거지를 둔 비밀종교결사 백련교회의 두령 한산동은 미륵불하생의 설을 가지고 포교활동을 하여 하북·하남·안휘 등 각지에서 세력을 넓혔다. 1351년 홍수로 대범람을 일으킨 황하 수리를 위해 조정에서 대대적으로 인력을 동원했다. 민심이 흉흉해지자 한산동은 이 틈을 노려 반란을 시도했다.

반란은 정보 누설로 실패하고, 한산동은 처형되었다. 하지만 백련교도 조직은 건재했다. 한산동의 부하였던 유복통劉福通 등은 한산동의 아들 한림아韓林兒를 데리고 안휘성으로 도주했다. 이곳에서 유복통은 한림아가 북송의 마지막 황제 휘종의 8대손이라고 선전하며, 다시 봉기했다. 국명도 대송大宋이라고 했다. 이를 계기로 호북의 서수휘, 안휘의 곽자흥·주원장 등과, 하남지방의 농민들이 잇달아 봉기했다.

1353년 보다 규모가 큰 반란이 발발했다. 강소성 고우에서 봉기한 장사성이었다. 장사성은 상업과 국제 무역의 중심지인 강소, 절강성 일대에서 활약하던 소금장수였

---

35 『고려사』 권43, 세가43, 공민왕 21년 3월 경술.

다. 농업지역인 안휘성과 달리 이곳은 중국 경제와 무역의 중심지였다. 원나라는 장사성의 난에 우선적으로 주목했고, 고려에도 원병을 요청했다.

1354년 고려는 유탁柳濯, 염제신廉悌臣, 권겸權謙, 원호元顥, 나영걸羅英傑, 인당印瑞, 김용金鏞, 이권李權, 강윤충康允忠, 정세운鄭世雲, 황상黃裳, 최영崔瑩, 최운기崔雲起, 이방실李芳實, 안우安佑, 최원崔源 등 40명의 장수와 2,000명의 장병을 선발하여 원나라로 파병했다.[36] 이 중에는 평양에서 징발한 300명의 수군도 있었다. 적은 병력 같지만 파견한 장수의 면모를 보면 고려의 명장들을 총망라했다. 병사들도 일부는 왕궁의 시위무사들로 최정예였다.[37] 장졸은 모두 승진시켜 주고, 자원한 무사들은 무려 3등급을 올려주었다.[38]

7월에 고려군과 원나라 연합군은 고우성을 공격했다. 성을 함락하지는 못했지만 고려군은 선봉에 서서 27회나 전투를 치루었다. 고려군은 회안성으로 이동했는데, 장사성 군이 회안성을 포위했다. 장사성 군은 8천 척 선박을 타고 왔다고 한다. 이권李權, 최원崔源 등 6명의 장수가 전사했지만 고려군은 끝내 성을 사수했다. 이 전투에서 최영이 맹활약을 해서 영웅이 되었다.[39]

고려 원정군은 목적을 달성하지는 못했지만, 중국군과 실전을 치루는 중요한 경험을 했다. 나중에 홍건적과의 전투에서 활약하는 장수들 거의가 이 원정의 참전자들이다. 원정군은 1356년(공민왕 5)에 귀국했는데, 이들이 가져온 원나라의 실상과 군사력에 대한 정보가 이 해에 벌어진 공민왕의 반원정책과 쌍성총관부 공격 등 원나라에 대해 직접적인 군사행동을 취하는 계기가 되었다고 보여진다.[40]

한편, 그 사이에 화북의 정세가 급변했다. 1355년 홍건적은 3로군을 편성 각각 하남성·산서성·섬서성으로 파견했다. 이중 산서성으로 파견한 부대가 원나라의 상도 개평부를 함락하고, 만주로 진입 요양까지 점령했다. 그러나 원나라의 반격으로 1359년 화북의 대송국이 멸망하면서 돌아갈 곳이 없어졌다. 이들은 요동을 지나 고

---

36 홍영의, 「恭愍王의 반원정책과 염제신의 군사활동(국방개혁을 중심으로)」『軍史』23, 1991.
37 『고려사』 권38, 세가38, 공민왕1, 3년 6월.
38 『고려사』 권38, 세가38, 공민왕1, 3년 6월.
39 『고려사』 권38, 세가38, 공민왕 4년 5월.
40 임용한, 『전쟁과 역사 3』(고려후기 편), 혜안, 2008, 252쪽.

려로 이동하기 시작했다.

고려는 이러한 홍건적의 움직임을 포착하고, 침공에 대비했다. 1357년 김득배를 서북면 홍두군 왜적방어도지휘사로 임명하여 국경지역에 대한 방비를 강화하였다. 그러나 고려는 절대적인 병력부족으로 고민했다. 고려 전기의 군제는 크게 이완되었고, 기존의 2군 6위나 주현군의 징발방식은 기능을 상실하고 있었다. 이를 타개하기 위해서는 별초군의 징발, 모병 또는 임시적인 강제징발밖에 방법이 없었다. 모병을 위해서 사대부나 향리에게 첨설직과 같은 관직을 부여하거나 관사 소속의 노비를 양인화시키기도 했다. 전공을 세운 향리에게는 향리역을 면제해 주기도 했다.[41] 이런 방법은 소수의 정예부대를 구성하는 데는 효력이 있었다. 그래서 고려군은 장사성군과의 전투에서 무용을 발휘했고, 요동공격과 쌍성총관부 탈환작전을 수행할 수 있었다. 하지만 대규모 전면전을 수행하기에는 역부족이었다.

게다가 홍건적의 침공 직전부터 소위 '경인庚寅(1350)의 왜구'라고 불리는 왜구의 대대적인 침공이 시작되어 왜구 방어에도 막대한 인력이 소요되고 있었다. 이로 인해 고려는 군인자원의 절대적인 부족에 시달리고 있었으며, 군사의 질은 저하하였다.

1359년 12월 홍건적의 장군 모거경毛居敬 등은 4만의 무리를 이끌고 결빙된 압록강을 건너 의주義州·정주靜州·인주麟州·철주鐵州 등을 차례로 점령하였다.[42] 이에 고려는 문하시중 이암李嵒(1297~1364)을 서북면 도원수로 임명하고, 경천흥을 부원수, 김득배를 도지휘사로 임명하여 홍건적의 남진을 저지하도록 하는 한편, 승선 이상의 관원은 말 1필을 바치도록 하여 군마를 확충시켰다. 그러나 우려했던 대로 고려군의 병력수가 일단 부족하고, 소집과 동원에도 많은 시간이 걸렸다. 이미 중국에서 홍건적과 싸워본 적이 있던 안우, 이방실 등은 소규모의 정예병을 이끌고 기동전을 펼치며 홍건적의 남하를 저지하고자 했다. 이들은 철산의 청강淸江 전투에서 승리했지만, 홍건적의 남하를 저지할 수는 없었다.

그 사이에 홍건적은 신속하게 청천강을 건너 서경을 압박했다. 하지만 고려군의 동원은 아직도 이루어지지 않았다. 서북면도원수로 임명된 이암이 서경에 입성했지만

---

41 『양촌집』 권21, 전, 「사재소감 박강전」
42 『고려사』 권39, 세가39, 공민왕 8년 12월 정묘.

이방실 신도비와 사당(충렬사, 경기 가평)

그가 거느린 병력은 겨우 2,000명에 불과했다. 할 수 없이 이암은 서경 방어를 포기했다.[43]

고려 정부는 도원수를 이승경으로 교체하고, 2만 명의 군사를 동원하여 대대적인 반격을 감행하였다. 그 결과 1360년 1월 편장 이방실, 안주만호 안우 등이 이끄는 고려군이 서경을 탈환했다. 2월에는 정주·함종·안주·철주 등지를 차례로 탈환했다. 홍건적은 몰살하고, 300명만이 압록강을 건너 도주하였다. 이때 적 2만여 명을 목 베고 돌아온 이방실에게 왕은 크게 기뻐하며 그 노고를 극진히 치하했다.[44] 그러나 홍건적은 서경에서 철수하면서 의주, 철주 등지에서 사로잡아온 고려인 1만여 명을 학살했다.

그 후 홍건적들은 해로를 거쳐서 황해도와 평안도의 해안지대를 침범, 약탈을 하였으나 산발적이고 소규모에 지나지 않는 것이었다. 1360년 9월에 원은 대군을 동원하여 만리장성 이남과 이북의 양 방면에서 홍건적에 대한 포위공세를 전개하였다. 이 싸움에서 패한 홍건적 주력은 진로를 고려방면으로 돌렸다. 이로써 고려는 홍건적과 또 한 차례의 결전을 치를 수밖에 없었다.

1361년(공민왕 10) 10월 20일에 반성潘城·사유沙劉·관선생關先生·주원수朱元帥 등이 지휘하는 중로군의 주력 10여 만 명이 압록강의 결빙을 이용하여 고려의 영내에 침입했다. 10월 25일에는 압록강변의 도시인 삭주와 이성이 함락되었다. 고려 조정은 곧바로 홍건적을 방어하기 위한 지휘부를 편성했다. 상원수 안우, 도병마사 김득배와 1차 침입 때 개선한 이방실을 서북면 도지휘사로 임명하고, 방어군을 안주 부근까지 전진 배치하는 한편 동지추밀원사 이여경李餘慶을 절령(자비령)으로 파견하여

---

43 『고려사』 권111, 열전24, 이암.
44 『고려사절요』 권27, 공민왕 9년 4월 계유.

목책을 설치했다.

즉, 안주를 중심으로 하는 청천강 방어선을 1차 방어선으로 하고, 그 뒤로 절령에 2차 방어선을 형성한 것이다. 이처럼 고려군의 주방어선이 일찌감치 남쪽에 설치된 이유는 이미 1차 침공 때 고려의 주력부대가 서경까지도 진군하지 못했던 데서 경험했듯이 고려 군제의 병력동원체제가 부실하고 느렸기 때문이었다.

이밖에도 각 도에서 장정을 징발하고 양인이 아닌 선비와 향리 및 천민이 참전을 자원할 경우에는, 각기 관직이나 양인 신분을 주는 우대 조처를 취해주었다. 각지의 사찰을 대상으로 규모에 따라서 전마를 공출케 하는 한편, 수도 개경까지 홍건적이 남진할 경우를 대비하여 도성의 문루를 수축하였다.[45]

그 사이에 홍건적은 남진을 계속해서 11월 초에 무주(撫州:영변)에 주둔하였다. 이때 지숙주부사 강려康呂는 홍건적과 싸워보지도 않고 청천강 이남으로 후퇴했다. 이방실도 홍건적의 병력 규모가 고려군보다 월등히 우세하다고 보고 작전지역 내의 민간인들과 함께 행동하면서 전투를 수행하는 것이 어렵다는 판단 하에 강동과 같은 서북면 5개 고을 백성들과 곡식을 모두 절령 성책 안으로 옮기도록 건의했다.[46] 그리고 이방실은 휘하 부대를 청천강 이북지역으로 전개시켜 홍건적에 대한 본격적인 공세에 들어갔다.

안우와 이방실이 지휘하는 고려군은 홍건적을 상대로 용감하게 싸워 몇 차례의 전투에서 승리했다. 하지만 이번에도 1차 침공 때와 마찬가지로 소규모 정예부대에 의한 국지적인 승리에 불과했다. 이들의 병력으로는 홍건적 주력의 남하를 도저히 저지할 수가 없었다.

11월 9일에 안주가 함락되고 고려군은 절령 방어선으로 후퇴했다. 이 전투에서 고려군측은 총사령관 이암의 아들인 상장군 이음李蔭과 조천주趙天柱가 전사했으며, 지휘사 김경제金景磾는 홍건적에게 포로가 되고 말았다. 홍건적은 김경제를 통해 "장차 군사 1백 10만을 이끌고 동으로 갈테니 속히 나와 항복하라"고 요구하는 통첩을 보내는 한편으로 남진을 위한 총공격 준비를 서둘렀다.

---

45 『고려사』 권81, 지35, 병1, 5군, 공민왕 10년 10월.
46 『고려사』 권39, 세가39, 공민왕 10년 11월 기유.

청천강 방어선이 무너지자, 고려 조정은 11월 12일에 정세운을 서북면 군용체찰사로 임명하고, 김용을 총병관, 유연을 병마사로 임명하여 방어군의 지휘체제를 보강하고, 정사도鄭思道와 김두金枓를 절령으로 급파하여 방책의 수비를 지원하도록 하였다. 그리고 평장사 이공수李公遂에게 서흥瑞興 동쪽 30리의 죽전竹田에 후방 예비 병력을 집결시켜 절령 방어선이 무너질 것에 대비하도록 했다.

하지만 이 절령방어선도 부실했다. 병력이 부족해서 주변 3개주와 5개군의 주민을 강제로 동원하여 절령에 집결시켰다. 제대로 된 성벽도 없고 방어시설은 목책이 전부였다. 11월 16일 홍건적은 절령 성책의 함락을 목표로 은밀히 군사를 움직이기 시작하였다. 고려군을 성책 안으로 이동시킨 그 이튿날 밤 야음을 틈타 매복한 병사 1만여 명과 철갑으로 무장한 기병 5천명이 성책문을 일시에 공격하여 절령을 함락시켰다. 이곳에 집결시킨 주민들은 처참한 학살을 당하고 말았다.

안우, 김득배 등의 장수들은 겨우 단기로 방책을 탈출하여 개경 방면으로 퇴각하였다. 상원수 안우는 절령에서 퇴각한 후 총병관 김용과 함께 흩어진 방어군의 병력을 수습하여 평산 북방 20리 지점의 금교역에 집결시킨 다음, 새로운 방어선을 구축하였다. 이어 김용은 최영을 개경의 조정에 보내어 경군을 증파해 줄 것을 요청하였다. 그러나 방어군을 지원할 병력이 없어 금교역의 고려군은 방어선을 포기하고 개경으로 퇴각하였다. 결국 고려 조정은 개경을 지키기가 어렵다는 판단을 내리고 피난 준비에 착수했다.

파천계획에 따라 고려 조정이 부녀자와 노약자를 도성 밖으로 내보내기 시작하자, 개경 도성의 민심이 혼란에 빠져들었다. 이즈음 홍건적의 선봉부대가 흥의역興義驛(개경과 금천 중간지점)까지 진출하였다. 이튿날 새벽, 공민왕과 문신들이 남으로 피난길에 오르자 김용·안우·이방실·최영 등 무장들은 그 앞길을 가로막고 "도성을 버려서는 안된다"고 개경의 사수를 주장하였다.[47]

국왕과 조정이 도성에 있어야 군의 사기가 유지되고, 의병의 모집도 수월했다. 그러나 문신들이 "개경의 성곽이 불완전하고 비축된 양곡이 부족하다"는 이유로 개경

---

47 『고려사』 권113, 열전26, 안우.

잔류에 반대했다. 최영은 더욱 통분을 이기지 못하고 울부짖으면서 "주상께서는 개경에 계시면서 장정을 모집하여 종묘와 사직을 지키셔야만 합니다"[48]라고 극력 주장했지만 파천을 막을 수 없었다.

11월 19일, 공민왕은 개경을 떠나 충주로 이동하였다. 파천 도중에도 중랑장 임견미林堅味가 각 도에서 군사를 모아 홍건적을 토벌할 것을 역설하였으나, 국왕과 대신들은 이러한 주장을 받아들이지 않았다.

고려 조정은 한동안 충주에 머물면서 한강-광주 일대를 중심으로 방어선을 마련하고 홍건적의 한강 이남 진출을 억제하려 하였다. 그리하여 11월 21일에는 현지 방어를 위한 지휘부를 정하고, 유탁을 경상도방면 도순문사, 이춘부를 전라도방면 도순문사, 이성서를 양광도방면 도순문사, 강석을 교주강릉도방면 도순문사에 임명하여 대비하도록 하였다. 그러나 공민왕은 충주에 머물지 않고 계속 남하해서 한달 뒤인 12월 15일에 복주福州(현재의 안동)에 도착했다.

〈표 8-1〉 공민왕의 피난 여정

날짜	도착지
11월 19일	개경 출발
11월 20일	파주 분수원(焚修院), 양주 영서역(迎曙驛)
11월 21일	광주 사평원(沙平院)
11월 22일	경안역(慶安驛)
11월 24일	이천(利川)
11월 25일	음죽
11월 28일	충주
11월 28일~12월 14일	문경새재, 예천, 용궁
12월 15일	복주(안동)

계절이 추운 겨울이었고, 피난길에 도착하는 지역마다 주민이 도망쳐 버려 공민왕 일행은 상당한 고생을 했다. 공민왕 일행이 안동에 도착하기 직전 다리가 놓이지 않

---

48 『고려사』 권113, 열전26, 안우.

은 냇물을 건너게 되었는데 추운 겨울에 국왕 일행의 곤란한 장면을 목격한 이 고장의 젊은 부녀자들이 서로 등을 잇대어 사람 다리를 만들어 노국공주 일행을 건너게 했다고 한다.[49] 그리고 깃발이 앞을 가리고 관복 행렬이 잇따라 나와서 임시 궁궐을 정결히 하고 어가를 모시어 편안히 하니 공민왕이 비로소 기뻐했다고 한다.[50] 공민왕은 안동에 대한 보답으로 복주목을 안동대도호부로 승격시키고, 조세를 면제해 주었고,[51] 나중에 개경으로 환도한 뒤에는 안동에서 자신이 머물던 영호루에 친필 현판을 하사했다.[52]

1360년 11월 24일 개경에 입성한 홍건적은 이듬해 1월 18일에 이르기까지 근 2개월 동안 개경에 머물렀다. 이 기간 동안 홍건적은 고려인 남녀를 불에 태워 죽이거나, 임신부의 유방을 저미어 구워먹는 등의 잔학한 살육을 자행하고, 오랫동안 전해오던 유서 깊은 문화재들을 모조리 파괴 소각해 버렸다.

홍건적 본대가 개경과 수도권 일대를 점거하고 있는 동안, 그들 부대의 일부는 본대와 길을 나누어 염주(현재의 황해도 연안)·안변·강화도 및 원주 일대까지 진출하여 살육과 노략질을 자행하였다. 이에 따라 이 지역 군민들과 홍건적 사이에 격렬한 전투가 벌어지게 되었다.

12월 20일에는 염주에서 검교중랑장인 김장수金長壽가 지역 주민들을 규합하여 홍건적과 싸워 140여 기를 전멸시켰다. 12월 30일에는 목사 송광언宋光彦이 지휘하는 원주 군민들이 홍건적 기병 3백여 기의 공격에 맞서 성을 지키다가 성의 함락과 함께 전원이 장렬하게 전사하였다. 안변과 강화도의 군민들은 거짓항복으로 홍건적 수십

---

49 김호종, 「공민왕의 안동몽진에 관한 연구」 『안동문화』 창간호, 1980, 45쪽.
50 『東文選』 권69, 記, 「金勝記」(白文寶 撰), 왕이 도착하자 안동 목사였던 金鳳還과 토착 재지세력인 戶長層이 주민들과 합심하여 공민왕을 적극적으로 보위하면서 재기할 수 있도록 여러 가지 측면에서 지원을 아끼지 않았던 것으로 보인다. 이에 "공민왕이 남쪽으로 내려와 이곳에 머물자 고을 사람들은 성의를 다하여 극진히 모셨다. 수도 개경을 다시 수복한 것은 다분히 그것에 힘입은 것이다"라고 감사했다고 한다(『永嘉誌』 권5, 향사당) 또 공민왕은 이들에게 백옥대와 옥관자·상아홀 등 귀중품을 하사하는 한편 安奇驛에 근무하던 역리들에게도 鍮器盉俱臺 14개를 별도로 내려 주기도 했다.(『영가지』 권6, 古蹟) 이 하사품들은 홍건적의 1차 침입 때 그들을 물리치고 개선한 이방실에게 조차도 노국공주의 반대로 하사하지 못한 물품이었다.
51 『고려사절요』 권27, 공민왕 11년 4월.
52 『東文選』 권69, 記, 「金勝記」(白文寶 撰).

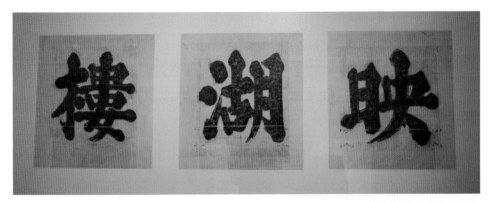

영호루 편액(국립중앙박물관)
공민왕 친필 글씨라 전한다.

명을 유인하여 격살하는 등의 전술을 구사하여 궁지에 몰아넣기도 하였다.

이와 같이 각지에서 고려 군민들이 완강한 항전을 전개함에 따라, 홍건적은 소규모의 단위 부대를 고려 내륙 각지에 침투시킬 수 없게 되었다. 홍건적은 이후로 그 전 병력이 개경에 주둔하면서 고려군의 공세에 대응하는 수세를 취하게 되었다. 반대로 고려군은 수세에서 공세로 전환하게 된다.

1360년 12월 15일, 정세운은 복주의 행재소에서 공민왕에게 홍건적 대책을 건의했다. 이에 공민왕은 '전국에 애통의 교서'를 반포하여 민심을 위로하고 각 도에 사자를 보내어 병력을 모집했다. 이런 노력으로 20만에 달하는 병력을 확보하자 정세운을 총병관으로 임명하여 개경 탈환 작전을 시행하였다.[53]

1362년 1월 17일, 고려군이 개경을 공격했다. 정세운은 안우·이방실·황상·한방신·이여경·김득배·안우경·이귀수·최영 등 각군 장수들이 거느린 대군을 개경 동쪽 교외의 천수사天壽寺 앞에 집결시켜 개경성을 포위하도록 하고, 자신은 도솔원兜率院(임진강 나루 남쪽)에 진을 쳤다.[54]

홍건적은 개경의 방어시설을 보완해서 우마의 가죽을 성벽에 덮고 거적에 물을 뿌려 얼려서 반격하는 고려군이 성안으로 넘어오지 못하도록 대비하고 있었다. 고려군은 여러 번 공격했으나 성을 쉽사리 함락시킬 수가 없었다. 마침 악천후가 몰아쳐 진

---

53 『고려사』 권113, 열전26, 정세운.
54 『고려사절요』 권27, 공민왕 11년 정월 을축.

눈깨비가 내렸다. 고려군이 공성작전을 계속하기란 불가능했다. 홍건적도 방심했는지 방어가 소홀해졌다. 이때 개경 숭인문(개경동쪽 외성문)의 공략 임무를 분담한 이여경 부대의 호군 권희權僖가 이여경에게 "적의 정예병은 모두 이곳에 집결해 있습니다. (방어에 자신을 가지고 있는) 적의 예상을 뒤엎고 불의에 이곳을 기습하면 성공할 수 있을 것입니다"라고[55] 건의하였다.

1월 18일 새벽에 권희가 이끄는 기병 수십 명이 북을 울리고 함성을 지르며 숭인문에 기습돌격을 감행하였다. 불시에 기습을 당한 홍건적이 크게 당황하여 우왕좌왕하는 틈을 타서 고려군은 성벽 위로 기어 올라가 홍건적의 진내로 돌입하였다. 성내의 홍건적 진영이 혼란에 빠지자, 개경성을 포위하고 있던 고려군도 일제히 공격에 가담했다.

숭인문의 방어망이 돌파되고 고려군이 성내로 밀려들어가자, 퇴로를 완전히 차단당한 홍건적은 성 중앙에 설치된 방책 안으로 들어가 저항을 계속했다. 그들의 완강한 저항으로 말미암아 고려군이 더 이상 접근하고 못하고 있을 때, 용사 박강朴强이 방책에 접근하여 널판을 걸치고 방책을 뛰어넘어 들어가 홍건적 수십 명을 참살했다. 박강의 뒤를 따라 고려군 대부대가 방책문을 파괴하고 홍건적의 진영 안으로 돌격하여 종일토록 혼전이 벌어졌다.

해가 서쪽으로 기울 무렵에 고려군이 홍건적의 괴수 사류沙劉와 관선생關先生 등을 잡아 목을 베면서 승세는 완전히 고려군측으로 기울었다. 이로부터 홍건적은 걷잡을 수 없는 혼란에 빠져 서로 짓밟히고 깔려 넘어져, 죽은 자의 시체가 도성 바닥을 온통 뒤덮을 지경에 이르렀다.

한편, 고려군측에서는 홍건적이 궁지에 몰려 최후까지 저항을 계속할 경우에는 고려군도 적지 않은 손실을 입을 것을 우려하지 않을 수 없었다. 그리하여 고려군은 개경성 동쪽의 숭인문과 동북쪽의 탄현문炭峴門 일대의 포위망을 해제하여 홍건적의 퇴로를 열어주었다. 이에 그때까지 살아남은 괴수 파두반破頭潘을 비롯한 홍건적 일부는 개경을 벗어나 압록강을 건너 요동지방으로 달아났다.

---

55 『고려사』 권113, 열전26, 안우.

죽산리 삼층석탑과 봉업사지(경기 안성)

개경성 탈환 전투에서 고려군은 10만에 달하는 적을 참살하고,[56] 원나라 황제의 옥새 2개와 금보인金寶印 1개, 옥인玉印 3개, 그리고 병기·장비 다수를 노획하는 전과를 올렸다.

개경을 수복하자 공민왕은 2월 25일에 안동을 떠나 환도 길에 올랐다. 그러나 공민왕은 바로 개경으로 돌아오지 않았다. 개경이 완전히 폐허가 되어서 복구에 시간이 걸렸기 때문이다. 27일에 상주에 도착한 왕은 각 관청의 분사分司를 설치하도록 지시하고 6개월 가까이 체류했다. 8월 15일에 보은 속리사에 이르고, 18일에는 보령현, 19일 회인, 20일에 청주에 도착했다. 여기서 다시 6개월을 머문 뒤 다음해(1363) 2

---

56 고려사에서는 이때 달아난 패잔병이 10여만 명이라고 했으나 이것은 침공한 홍건적의 병력 수를 오기한 것이라고 생각된다. 그러나 대단한 전과를 거둔 것은 분명하다. 파두반을 비롯한 생존 홍건적은 요동으로 달아났다가 3개월 후인 4월에 심양에 주둔한 원나라 장군 高家奴에 의해 궤멸되고 괴수 破頭潘이 생포되었다. 이때 전사자가 겨우 4천이었다(『고려사』 권40, 세가40, 공민왕 11년 4월).

월 4일에야 청주를 출발했다. 5일에 죽주에 도착하여 봉업사奉業寺에 안치된 태조 왕건의 진영을 배알했다. 10일에 파주 봉성현에 이르자, 개경에 미리 와 있던 일부 재추들이 임진강까지 나와 맞이하였다. 그 이튿날 11일에 조정의 백관들이 통제원通濟院에서 환영하였으며, 12일에는 개경을 떠난 지 약 1년 3개월만에 개경의 남쪽 교외의 흥왕사에 도착하였다. 공민왕이 개경으로 곧바로 들어가지 않고 흥왕사에 머문 이유는 서운관이 음양의 부조화를 이유로 흥왕사에 머물러 있다가 강안전康安殿 등 궁궐의 수리가 완전히 끝날 때까지 기다려 들어가도록 주청하였기 때문이었다.

홍건적의 침공은 커다란 희생과 문화재 손실을 낳았다. 그러나 홍건적의 침공이 남긴 가장 큰 후유증은 공민왕의 반원정책과 개혁정책의 후퇴였다. 제1차 홍건적의 침입을 물리친 다음해에 왕은 적의 동태를 살피기 위해 필사적으로 원과의 통교를 꾀하였고, 이듬해 홍건적의 제2차 침입이 임박했을 무렵에는 그동안 원과 막혔던 길이 뚫린 것을 축하하는 표를 올려 원에 대한 고려의 충성을 강조했는데, 그 표문의 내용 중에 "천자께 내조하는 항해의 길이 막히매 상국을 관광할 수 없어 말은 주인을 사모하여 길게 울고 학은 하늘에 울어도 들리기가 어려웠나이다"라는[57] 매우 자조적인 표현도 나타나고 있다. 이것은 반원정책을 기조로 하는 공민왕의 개혁정치가 끝내 좌절되었음을 상징하는 것이다.

국가의 안위를 위협하는 큰 전란에 휘말린 고려는 원과 공조하고자 스스로 이전의 관계를 회복하려고 했다. 또한 수도가 함락당해 정상적인 통치가 불가능한 상황에서 개혁을 추진할 수는 없었다. 이 때문에 개혁은 후퇴하고, 민생문제는 더욱 악화되어 갔다. 홍건적의 침입으로 개경 이북은 초토화되었으며, 삼남지역도 왜구가 노략질을 일삼아 민생을 곤경에 빠뜨렸다.[58] 이와 같은 불안한 정국상황으로 천도 논의까지 발생했다.

이 해 2월의 극심한 가뭄과 왜구의 침입, 8월의 홍수 등 민생의 어려움과 천도가 사회를 혼란시키고 백성을 고통스럽게 할 것이라는 신하들의 반대에도 불구하고, 공민왕은 백악에 궁궐을 짓기 시작하고, 마침내 백악의 신궁新宮 즉 신경新京으로 이어

---

57 『고려사』 권39, 세가39, 공민왕 10년 9월 경인.
58 『고려사절요』 권27, 공민왕 9년 5월.

하여 4개여 월을 머물렀다.[59] 당시 공민왕의 절박한 심정은[60] 천도를 통하여 내외우환의 어려움을 극복하려는 그의 의지를 읽을 수 있다. 그러한 노력에도 불구하고 공민왕은 개경으로 환도한 지 4개월 만인 다음 해인 11월 9월 강화로 천도하기 위하여 평리評理 이인복李仁復을 연산連山 개태사開泰寺의 태조진영으로 보내 점치게 하였다.[61] 그러나 대비와 여론의 반대에 직면하여 천도계획은 보류되었다. 이와 같은 공민왕의 빈번한 천도는 당시의 정치적 어려움을 극복하려는 노력의 산물인 셈이다.

공민왕의 개혁정치가 후퇴하면서 원의 고려에 대한 영향력이 강화되어 갔다. 공민왕은 정동행성을 복구시켰고, 동왕 5년에 개편했던 관제를 다시 원간섭기의 것으로 되돌려 놓았다.[62] 이러한 변화는 권력집단 내부의 변화를 가져왔다. 공민왕 5년 개혁정치를 추진할 당시의 권력집단은 공민왕의 외척세력과 '연저수종공신' 등의 측근세력이었다. 이들은 전쟁을 겪으면서 '참전파參戰派'와 '비참전파非參戰派' 사이의 대립과 참전파의 상호갈등으로 세력이 약화되는 경향을 보였다.[63] 반면에 홍건적과 왜구를 격퇴하는 데 공을 세운 무장세력은 전시체제가 지속되는 가운데 점차 권력집단으로 급부상하고 있었다.

이러한 점은 측근세력 관계의 변화를 초래하는 것으로, 1차 침입에서는 경천흥·안우·이방실·김득배가, 2차 침입 때는 홍언박·김용·정세운이 공을 세우며 부상하는 가운데, 측근세력의 하나인 김용에 의해서 또 한 번의 분열과정을 겪게 되었다. 김용이 꾸민 3원수의 살해사건과 흥왕사에서의 공민왕 암살미수 사건이다.

전란이 계속되면서 공민왕은 군정을 전담할 무장세력을 자신의 측근에 두게 되었다. 이때 측근으로 발탁된 인물이 김용이었다. 김용은 공민왕이 왕자 시절 자신이 원나라에서 생활할 때부터 자신을 호위했던 인물이었다. 그러나 홍건적의 난을 진압하

---

59 『고려사』 권39, 세가39, 공민왕 9년 7월 신미 ; 『고려사』 권39, 세가39, 공민왕 9년 11월 신유 ; 『고려사』 권39, 세가39, 공민왕 10년 3월 정사 ; 『고려사절요』 권27, 공민왕 9년 11월 신유 ; 『고려사절요』 권27, 공민왕 10년 3월 정사.

60 『고려사』 권39, 세가39, 공민왕 10년 2월 신묘.

61 『고려사절요』 권27, 공민왕 11년 9월.

62 『고려사』 권39, 세가39, 공민왕 10년 9월 경신 ; 『고려사』 권39, 세가39, 공민왕 10년 9월 계유 ; 『고려사절요』 권27, 공민왕 11년 3월.

63 閔賢九, 「辛旽의 執權과 그 政治的 성격(上)」 『歷史學報』 38, 1968, 58쪽.

는 과정에서 또 한명의 측근인 정세운이 급성장했다. 공민왕이 안동으로 몽진하고 20만의 대병력을 모아 개경 탈환전을 펼칠 때 김용을 제치고 정세운은 최고위직인 중서평장사 겸 총사령관인 총병관이 되었다.

이 사건은 김용을 크게 자극했다. 그런데 개경으로 진군하는 과정에서 정세운은 홍건적의 1차 침공 때부터 야전에서 맹활약을 해온 안우, 이방실, 김득배 등 소위 3원수와 크게 대립하게 되었다. 특히 관직상으로 같은 서열이면서 야전에서 내내 활약해 온 안우와 크게 대립했다. 그런데 개경 공격이 시작되는 날 정세운은 안우 등은 전선에 내보내고 자신은 남쪽으로 후퇴하여 전투를 관망하였다. 이 사실이 안우를 격분시켰다.

이때 정세운을 살해하라는 김용이 위조한 공민왕의 친서가 안우에게 도착했다. 안우는 이 밀지를 믿고 정세운을 살해했다. 그러나 김용은 3원수의 정세운 살해사건을 모반으로 꾸며 3원수마저 살해했다.[64]

이후 개경으로 돌아와 공민왕이 흥왕사에 머물던 11년 윤3월에 공민왕 시해미수사건이 발생했다.[65] 한밤 중에 일단의 난군이 흥왕사에 마련한 행궁에 돌입하여 공민왕을 살해하려 했다. 동시에 홍언박의 집도 습격했다. 왕은 환관들과 왕비인 노국대장공주의 도움을 받아 죽음을 모면했으나, 수상으로 막중한 위치에 있었던 홍언박은 죽음을 피하지 못했다.

이 사건의 주도자는 공민왕을 제거하려는 원의 사주를 받아 왕의 총신이며 유력자였던 김용으로 판명되었다.[66] 이 두 사건을 거치면서 반원개혁을 주도하며, 공민왕의 국왕권을 지탱해주던 국왕 측근세력의 주요 인물들이 모두 제거 소멸되어 공민왕의 권력이 크게 약화되었다. 즉 2차 홍건적의 침입을 격퇴하는 과정에서 정세운과 안

---

64 『고려사』 권40, 세가40, 공민왕 11년 정월 기사 ; 『고려사』 권113, 열전26, 안우 ; 『고려사』 권113, 열전26, 김득배, 『고려사』 권113, 열전26, 이방실 ; 『고려사』 권131, 열전44, 반역 김용. 이상이 『고려사』에 기재된 사건의 전말이지만 무장 세력의 확대를 우려한 공민왕이 이 사건에 개입했을 가능성도 있다. 김용이 역모로 처벌된 이후에도 공민왕은 3원수의 복권을 시행하지 않았다. 이들이 복권된 것은 조선이 건국된 이후이다.

65 『고려사절요』 권27, 공민왕 11년 윤3월.

66 김용에 의해서 일어난 흥왕사의 난은 공민왕을 시해하고 반원정책을 철회하려 했던 것으로, 원과의 관계를 고려한 친원적 성향의 측근세력 일부가 반감을 보여준 것이라 생각된다(閔賢九, 앞 논문, 1968, 60쪽 참조).

우·김득배·이방실 등이 홍왕사의 난의 주모자인 김용의 음모에 의하여 살해된 데 이어 왕의 외척으로 최대 후원자였던 홍언박마저 살해됨으로써 측근세력이 와해된 반면, 난을 진압하는 데 공을 세웠던 최영 등 무장세력의 입지는 더욱 강화되었기 때문이다.

따라서 이후의 정국은 공민왕의 의도와는 달리 다른 양상으로 변화할 가능성이 충분하였다. 공민왕은 이러한 정치적 위기상황을 타개하고, 전후 수습책으로서의 민생문제를 해결해야 했다. 공민왕 12년 윤3월에 공민왕은 유공자를 포상하고 정치세력을 정비하기 위해 '홍왕토적공신興王討賊功臣'을 책봉했고,[67] 5월에는 19개 항의 내정개혁교서를 반포한다. 이 교서에서 왕은 '충신의사'의 도움을 받아 전란을 극복할 수 있었음을 강조하고, 모든 관료들이 힘써 나라의 중흥을 이루자고 당부했다.[68]

그러나 이후의 사태 진전은 공민왕을 더욱 큰 곤경에 빠뜨렸다. 원은 공민왕에 대한 감정을 풀지 않았다. 12년 5월에 원나라는 공민왕을 폐위시키고 덕흥군德興君을 옹립하려는 시도를 한다. 이로 인해 공민왕은 안팎으로 위기에 처하게 되었다. 원의 위협과 덕흥군 사건으로 무장들의 영향력이 더 강화되었고, 공민왕의 정국 주도력은 크게 약화되었다.

공민왕은 덕흥군의 침입에 대비하기 위해 경천흥을 서북면도원수로, 안우경을 도지휘사로 임명하여 파견하여 동·서북면에서 덕흥군의 침입에 대비하게 하는 한편[69] 12년 11월에 또다시 '기해격주홍적공신己亥擊走紅賊功臣'과 '첨병재사공신僉兵濟師功臣'을 책봉하여 장수들을 독려하였다.[70] 이러한 공민왕의 독려에도 불구하고 고려군은 13년 정월 압록강을 건너온 최유崔濡가 이끄는 군대를 격퇴시키지 못하고 한동안 고전했다. 그러다가 왕이 찬성사 최영을 도지휘사로 임명해 안주로 급파, 군사를 지휘하게 하면서부터 승기를 잡아[71] 최유가 이끄는 군대를 물리칠 수 있었다.[72]

67 『고려사』 권40, 세가40, 공민왕 12년 윤3월 을유 및 『고려사절요』 권27, 공민왕 11년 윤3월.
68 洪榮義, 『高麗末 新興儒臣의 成長과 政治運營論의 展開』, 국민대 박사학위논문, 2003, 61쪽.
69 『고려사절요』 권27, 공민왕 12년 7월.
70 『고려사』 권40, 세가40, 공민왕 12년 11월.
71 『新元史』 권249, 열전, 외국1, 고려, "崔濡荅思帖木兒 以大兵一萬 圍義州 爲崔瑩等 所敗一軍皆沒".
72 『고려사절요』 권28, 공민왕 13년 정월.

고려의 대원관계가 안정을 되찾은 것은 13년 9월에 원에서 돌아온 호군 장자온張子溫이 원에서 공민왕을 복위하고, 최유를 잡아 고려에 보내겠다는 원나라의 의사를 전달하면서 부터였다.[73] 이어 덕흥군을 따르지 않은 홍순洪淳·이자송李子松 등이 원에서 돌아오면서 그러한 사정은 더욱 명확해졌다.[74] 다음 달 원나라 한림학사 승지 기전룡奇田龍이 도착해 왕을 복위시켰고, 나아가 최유도 잡아 보냈다.[75]

이 시기 무장들의 지위상승은 당시의 교서에 "천하가 평안할 때에는 재상에 주목하고, 천하가 위태로울 때에는 장사에 주목한다"는 언급에서도 엿볼 수 있다. 이 무렵에 최영이 최고의 실권자로 대두하고, 이성계, 임견미, 우선 등이 출세의 발판을 마련하고 있었다. 또한 불안정한 정치상황 속에서 왕은 측근에 있는 환관이나 간신을 보다 미덥게 생각하게 되었고, 따라서 그들의 정치적 영향력이 증대되었다.

특히, 공민왕의 세력기반이 붕괴되고 새로이 무장세력이 대두하여 실권을 차지하고 있는 변질된 정치구도는 왕이 추구하던 '선왕지제先王之制'와는 거리가 먼 것으로 새로운 측면에서 왕권을 불안하게 하고 있었다. 이러한 상황을 공민왕은 묵과할 수 없었다. 마침내 그는 제3차 개혁정치를 시도하는데, 그것은 공민왕 14년 신돈의 등용으로 개막되었다. 신돈의 등용은 국왕권이 약화된 상황을 타개하기 위한 방법으로 모색된 것이었다. 신돈은 정권을 잡은 후 곧 최영을 비롯한 주요 무장세력들을 제거하고 공민왕의 측근이었던 인물들을 중심으로 정국을 운영하였는데 그것은 바로 공민왕의 의지를 반영한 것이었다.

주요 측근이 제거되고 외적 퇴치와 내란 수습 과정에서 신흥 무장들이 정치에 강력한 영향력을 행사하고 왕권을 제약하는 상황을 타개하기 위해 공민왕은 아무런 정치적 기반을 가지고 있지 않던 신돈을 등용하여 그를 통해 자신이 원하는 방향으로 정계변화를 이루려 하였다.[76] 그런데 정치적으로는 전란으로 인한 무장세력의 성장을 견제하기 위해 신돈의 등장이라는 극단적인 결과까지 등장하게 되지만, 국방상의 필요

---

73 『고려사절요』 권28, 공민왕 13년 9월.
74 『고려사절요』 권28, 공민왕 13년 10월.
75 『고려사절요』 권28, 공민왕 13년 10월.
76 洪榮義, 『高麗末 新興儒臣의 成長과 政治運營論의 展開』 국민대 박사학위논문, 2003, 71쪽.

에 의해 제기된 군사력의 증강이라는 과제는 외면할 수 없었다.

홍건적의 침입이 고려의 군사제도에 미친 가장 큰 영향은 전면전을 감당할 수 있는 새롭고 거대한 군사제도의 필요성을 자각시켰다는 것이다. 이미 고려전기의 군호제와 군역제가 붕괴되고, 2군 6위마저도 제 기능을 다하지 못하는 상황이어서 군제 개혁의 목소리는 높아지고 있었다. 공민왕은 반원개혁을 시도하면서 군제개혁과 군사력의 증강을 추진했다. 그러나 홍건적의 침공과 같은 전면전을 감당하려면 이전과는 비교할 수 없는 육군의 대대적인 증강이 필요했다. 이러한 자각이 공민왕 후반 2군 6위의 대대적인 증강, 급전제의 개선과 전국 군호의 점검, 양계 익군제의 개혁으로 이어진다. 그러나 고려의 전통적인 급전제와 군호제로서는 이런 대규모 병력을 조달, 유지할 수 없었다.

또한 이처럼 크게 강화된 군사조직을 관리하는 것도 정치적으로 중요한 과제였다. 홍건적과의 전쟁에서 큰 공을 세운 3원수의 숙청과 김용의 난, 신돈을 이용한 무장세력의 숙청은 정치적 배경과 권력 투쟁이 복잡 미묘하게 얽혀 있지만, 그 배경에는 갑자기 증강된 군사제도의 유지와 관리라는 문제가 놓여 있다. 그리고 언제까지나 이런 방식으로 군을 관리할 수도 없었다.

무모하게 늘어난 병력은 재정과 군수문제 만이 아니라 훈련부족으로 인한 전투력의 저하, 과도한 희생, 그로 인한 군역 기피와 민심의 동요라는 문제도 유발했다. 이에 고려말의 사대부와 무장들은 새로운 군사제도와 전술체제를 고민하게 되었고, 증강된 육군을 유지하는 방안으로 병농일치의 개병제가 유력한 대안으로 부상하게 된다.[77]

2) 왜구의 침입과 수군의 확대

한국과 중국의 역사에서 왜구[78]는 언제나 골칫거리였다. 우리 역사 기록에서 왜의 침략 기록이 처음 등장하는 것은 기원전 50년 신라 혁거세왕 8년 조이다.[79] 그러나 그

---

77 이 구체적인 내용은 다음 2절에서 다루었다.
78 왜구는 일본을 뜻하는 '왜'와 도둑, 도둑질, 약탈을 뜻하는 '구'의 합성어이다. 원래는 '왜가 노략질하다'라는 문장이었는데, 어느 시점부터 일본 해적을 뜻하는 고유명사가 되었다.
79 『삼국사기』 권1, 신라본기1 혁거세 8년.

합포성지(경남 창원)
왜구를 막을 목적으로 고려 우왕 4년에 돌로 쌓은 경상우도 병영성이다.

이전부터 왜구가 있었던 것은 확실하다. '왜구'라는 말은 414년에 건립된 광개토대왕 릉비문 영락 14년조에 처음 등장한다.[80]

한반도와 중국 동남부는 대단히 긴 해안선을 지니고 있어서 왜구에게는 좋은 공격 대상이었다. 반면 해안선을 방비하기에는 막대한 병력이 필요하고, 바다를 이용해 출 몰하는 왜구는 빠르고 사나웠다.

그런데 14~16세기에 왜구는 전성시대를 맞으며 중국과 요동, 한국은 물론이고 대 만과 동남아시아까지 침공했다. 약탈회수가 증가하는 것은 물론이고, 규모도 이전과 는 비교할 수 없을 정도로 커졌다. 여기에는 두가지 원인이 있다. 원나라의 일본 침공 은 실패로 끝났지만, 이 침공을 방어하는 과정에서 가마쿠라 막부가 몰락하고, 지방 의 영주와 무사세력이 크게 성장했다. 이것이 남북조의 전란을 유발했는데, 그 사이 에 성장한 지방세력들은 지방에 대한 통제가 잘되지 않는 틈을 타 무역, 약탈에 조직 적으로 간여하게 되었다. 여기에 전쟁으로 인해 무사, 패잔병, 상인이 증가하면서 해

---

80 국방군사연구소, 『왜구토벌사』, 1993, 서문 2쪽.

적단에 가입하는 인력자원이 풍부하게 조성되었다.

　고려 측의 기록을 보면 1350년(충정왕 2), 경인년 이후로 왜구의 침입 규모와 횟수 그리고 침구 지역이 확대되는 것으로 되어 있다. 그래서 이후의 왜구를 경인의 왜구라고 부르게 되었다. 충정왕 이후 왜구의 창궐로 인해 고려는 국가의 기간이 흔들릴 정도로 고통을 겪게 된다.[81]

　경인년 이후 왜구의 주요 특징 중 하나는 국가 운영의 동맥이었던 조운로가 약탈의 주요 목표가 된 것이었다. 1350년 4월 왜구가 순천부에 침입하여 조운선을 약탈한 것으로 시작해서 1354년과 55년에 전라도 연해에서의 피탈당한 조운선은 일일이 그 예를 들 수 없을 정도였고, 그 결과 조운이 중단될 수밖에 없는 지경에 이르렀다.[82]

　그 다음 특징은 이전에는 주로 남해안을 중심으로 도서나 연안 지역을 소규모로 약탈하던 것에 비해 수도 개경의 턱 밑이라고 할 수 있는 교동과 강화도를 비롯한 경기 연해까지 그 침입 범위가 넓어진 것이다.[83] 그 원인은 무엇보다도 전국에서 수도로 이동하는 물화가 이 지역과 수로를 통과했고, 교동과 강화도 자체가 생산력이 높은 도서였기 때문이었다.

　우왕 재위 기간(1374~1388)이 되면 왜구 침입은 가히 폭발적인 증가 추세를 보인다. 규모와 횟수의 증가 외에도 왜구 침구의 특성까지 변화되었다. 앞선 공민왕대에는 왜구의 규모가 수백명 단위로 증가하면서 주로 연해 지역이나 조운로 주변에서 미곡을 약탈하는 형태였다. 우왕 때의 왜구는 침입 횟수가 대폭 늘었을 뿐 아니라, 침구 지역도 내륙 깊숙이 진출하여 장기 체류하는 경우가 많아졌고 침구 목적도 단순한 미

---

81 왜구와 관련된 연구는 1960년대 이후 현재까지 꾸준하게 진행되고 있는데, 대표적인 것으로, 신석호, 「여말선초의 왜구와 그 대책」『국사상의 제문제』 3, 국사편찬위원회, 1959 ; 이현종, 「왜구」『한국사 8(고려)』(국사편찬위원회 편), 국사편찬위원회, 1974 ; 차용걸, 『고려말 조선전기 대왜관방사 연구』, 충남대 박사학위논문, 1988 ; 나종우, 「홍건적과 왜구」『한국사 20』(국사편찬위원회 편), 국사편찬위원회, 1994 ; 이영, 「'경인년 왜구'와 일본의 국내정세」『국사관논총』 92, 2000 ; 이영, 『잊혀진 전쟁 왜구』, 에피스테메, 2007 ; 김보한, 「해양문화와 왜구의 소멸」『문화사학』 16, 2001 ; 김보한, 「중세 려·일 관계와 왜구의 발생 원인」『왜구·위사 문제와 한일관계』, 경인문화사, 2005 등을 들 수 있다.

82 왜구의 침탈 상황은 국방군사연구소,『왜구토벌사』, 1993, 287~312쪽 연표 참조.

83 박종기, 「고려 말 왜구와 지방사회」『한국중세사연구』 24, 2008, 178쪽 〈표 2〉 참조.

곡 약탈이 아닌 일본 국내에서 패배한 세력들이 고려 땅에서 다시 한 번 활로를 찾으려는 상황으로 발전하였다.[84]

이상에서 언급한 고려 말의 왜구 침구 상황을 간단히 표로 정리하면 다음 쪽의 〈표 8-2〉와 같다.

이렇게 왜구 침입이 급증하자 그 대책으로 선군(수군)을 강화하자는 논의가 제기되었다. 첫 발의자는 이색李穡이었다.[85] 이색은 수영을 잘하고 배에 익숙한 연해안의 주민을 모집하고, 이들이 항상 배에 근무하게 하여 왜구를 방어하자고 건의했다. 그러나 그의 건의는 시행되지 못했다.

이후 다시 해방론海防論이 제기된 것은 공민왕 22년(1373) 5월에 우현보禹玄寶 등이 올린 상소였다. 이 상소에서 우현보는 '수적水賊은 육지에서 공격할 수 없는 것이므로, 왜구 토벌을 위해서는 군선軍船을 건조하여 왜구를 추격하고 요충지를 막아야 한다'고 주장했다.

〈표 8-2〉 왜구의 출몰 빈도수[86]

왕 력	서기	A	B	C	왕 력	서기	A	B	C
고종 10	1223	1	1	1	17	1368	0	0	0
12	1225	1	3	1	18	1369	2	2	1
13	1226	2	2	3	19	1370	2	2	2
14	1227	2	1	2	20	1371	4	4	1
원종 4	1263	1	1	1	21	1372	19	11	10
6	1265	1	1	1	22	1373	6	7	3
충렬왕 6	1280	1	1	1	23	1374	12	13	10
16	1290	1	1	1	우왕 1	1375	10	6	11
충숙왕 10	1323	2	2	2	2	1376	46	20	39

---

84 정영현, 「고려 우왕대 왜구의 동향과 성격 변화」『역사와 세계』 33, 효원사학회, 2008, 157~202쪽.
85 『고려사』 권115, 열전28, 이색, 공민왕 원년 상소.
86 김보한, 「일본사에서 본 왜구의 발생과 소멸과정」『문화사학』 22, 한국문화사학회, 2004, 228쪽의 표에서 발췌 재정리.

충정왕 2	1350	7	6	6	3	1377	52	42	54
3	1351	4	3	4	4	1378	48	23	48
공민왕 1	1352	8	12	7	5	1379	29	29	37
3	1354	1	1	1	6	1380	40	21	40
4	1355	2	2	2	7	1381	21	19	26
5	1356	0	0	0	8	1382	23	14	23
6	1357	4	3	4	9	1383	50	28	47
7	1358	10	10	4	10	1384	19	16	20
8	1359	4	5	6	11	1385	13	16	12
9	1360	8	5	4	12	1386	0	0	0
10	1361	10	4	5	13	1387	7	5	7
11	1362	1	2	3	창왕 1	1388	20	17	14
12	1363	2	2	1	공민왕 1	1389	5	11	5
13	1364	11	12	8	2	1390	6	2	1
14	1365	5	3	5	3	1391	1	1	2
15	1366	3	3	0	태조 1	1392	1	2	1
16	1367	1	1	0	합계		519	409	484

※ A : 나종우, 1996, 『한국중세대일교섭사연구』, 원광대학교 출판부, 126쪽.

※ B : 田村洋幸, 1967, 『中世日朝貿易の硏究』, 三和書房, 36~37面 .

※ C : 田中健夫, 1961, 『倭寇と勘合貿易』, 至文堂, 4面.

1372년 공민왕은 해방론을 채택하고, 2,000척의 전함을 제작하는 대단한 계획을 수립했다. 이 규모는 최영의 건의였는데, 공민왕은 최영을 6도 도통사로 삼아 임무를 맡겼다.[87] 그런데 다음 해에 이희李禧와 정지鄭地가 해도 출신이나 연해민으로 수군을 조직하여 싸우면 5년 내에 연안 지방을 평온하게 할 수 있다는 주장을 내 놓았다.[88] 그리고 공민왕은 이들의 건의를 받아들여, 두 사람을 각각 양광도와 전라도의 안무사 겸왜인추포만호按撫使兼倭人追捕萬戶로 임명하여 왜구 토벌에 나섰다.

---

87 『고려사 권83, 지37, 병3, 선군.
88 『고려사』 권83, 지37, 병3, 선군, 공민왕 22년 5월 ; 『고려사절요』 권29, 공민왕 23년 춘정월.

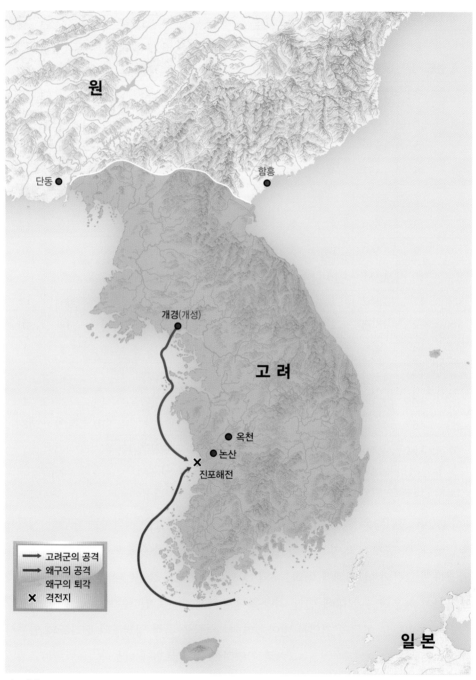

진포해전

이상과 같이 왜구 대응책인 해방론이 실행된 것은 우왕 때에 이르러 몇 가지 조건이 성숙되면서 가능했다. 첫 번째로 수군을 정비하기 위해서는 군선의 건조가 선결 과제였다. 최영의 2,000척을 건조 계획은 민폐가 심해 중도에 중단되었으나,[89] 우왕 3년(1377)에는 승도 2천명과 조선 기술자 1백여 명을 동원해 군선을 건조하게 했다. 이어 동왕 8년(1382)에 정지가 거선巨船 130척 건조를 건의한 사실 등을 통해 볼 때, 이 시기에 군선 건조가 상당한 규모로 진행되었음을 추론해 볼 수 있다.[90]

둘째로 기선군騎船軍(수군) 조직의 태동이었다. 최초에는 고려말기의 급박한 상황 때문에 '안무사겸왜인추포만호'라는 임시 직책으로 현지에 파견되어 왜구 토벌에 임하였다. 이와 비슷한 예로 추포사追捕使와 추포만호追捕萬戶 직책이 있었는데, 이들은 수군을 통솔하는 직책이기는 하지만 수군을 전담하는 직제로 보기에는 한계가 있었다.

이후 우왕 때에 이르러 보다 발전된 직제라 볼 수 있는 해도원수海島元帥와 해도만호海島萬戶 체제가 성립된다.[91] 그러나 이 직제도 구체적인 내용은 전하지 않는다. 다만, 해도의 명칭이 붙은 것을 통해 해상 방어를 담당하는 수군 지휘관이었을 것으로 추정된다. 해도원수의 직제는 우왕대 이후 다시 수군도만호水軍都萬戶로 변경되고, 수군도만호가 수군만호를 거느리는 체제는 조선 초기까지 이어졌다.[92]

세 번째로 수군의 정비를 위한 핵심적인 과제는 수군 양성과 충원 제도의 확립이었다. 수군 양성의 필요성은 일찍이 해방론을 제기한 이색이나 정지 등이 주장한 바 있다. 이전 시기에 내륙지방의 백성을 수군에 충당시켜 왜구와 맞선 결과 참패를 거듭한 것을 교훈으로 삼아, 점차 배에 익숙한 연해안 지역 백성을 수군으로 뽑는 제도를 수립해 나갔던 것이다.

수군을 정비하는 초기에는 시전市廛 상인이나 오부방리군五部方里軍을 수군에 동원하기도 하였고, 지방에서 유랑하는 백성을 임시변통으로 수군에 충정하기도 했다. 우왕 6년(1380)에는 도성의 관문인 교동과 강화도의 수군 강화를 위해 전라도 수군 중

---

89 『고려사』 권83, 지37, 병3, 선군, 공민왕 23년 정월.
90 『증보문헌비고』 권120, 兵考 12, 舟師, 신우 3년.
91 『고려사』 권133, 우왕 2년 9월 ; 『고려사』 권134, 우왕 7년 5월.
92 방상현, 『조선초기 수군제도』, 민족문화사, 1991, 12~18쪽 참조.

진포대첩 기념탑(전북 군산)
최무선이 화포를 사용한 첫 전투.

정예병을 뽑아 이주시키고, 이들에게 구분전을 주고 정착시킨 예도 있었다.[93]

공양왕 3년(1391)에 바다에 익숙한 백성을 모아 3정丁을 1호戶로 삼고 수군 1명을 충정하도록 하는 원칙을 세웠고, 수군 가족을 부양하기 위해 모든 연해지역 수군의 전세를 감면하도록 조처했다. 이를 계기로 전국적인 범위에서 수군이 재편성되기 시작했고, 조선초기 수군 편성 제도로 이어졌다. 이 사건을 들어 조선후기 실학자인 반계 유형원柳馨遠은 '우리나라의 수군이 이로부터 시작되었다'고 평가했다.[94]

이상과 같은 수군의 정비와 함께 주목할 변화가 화약 무기의 도입이다. 화약 무기의 최초 도입 과정은 하급 관료였던 최무선(1325~1395)의 개인적인 노력에 의한 것이었다. 최무선은 일찍부터 화약 제조법과 화약 무기에 관심을 갖고 노력하던 중, 중국인 기술자 이원李元을 통해 염초 제조법과 각종 화약 무기 제조 방법을 전수받았

---

93 『태종실록』 권3, 태종 2년 2월 무오. 이들은 정지가 조련한 수군 부대의 생존자들이었다(임용한, 「14~15세기 교동의 군사적 기능과 그 변화」『인천학연구』 3, 2004).
94 이재룡, 「조선전기의 수군」『한국사연구』 5, 1970, 118쪽.

다.[95] 우왕 3년(1377)에 화통도감火㷿都監을 설치하고, 이듬해에 화통방사군을 조직하면서 본격적으로 화기를 사용하는 단계로 발전했다.[96]

화기의 도입은 이 시기의 군선 건조에도 영향을 끼쳤는데, 화기를 함상에서 사용하기 위해 함포를 거치할 포가砲架를 제작하고 기존보다 튼튼한 선체를 만들게 되었다. 또한 포를 쏠 때 발생하는 진동을 이길 수 있도록 선체의 높이를 낮추고, 화약 보관을 위한 밀폐 공간 즉 선내의 화약고를 갖춘 본격적인 포함을 건조했다. 이후 1380년대 초에 이르러 고려 수군은 화약무기를 갖춘 전함戰艦 130여 척과 병력 3,000여 명의 전력을 보유하게 되었다.[97]

황산대첩비(전북 남원)
일제강점기 파괴하여 갈라졌다. 이성계가 고려말 왜구를 격퇴한 것을 기념하여 세운 비이다.

이 시기의 수군 정비는 곧 왜구 토벌 과정과 연계되었다. 수군이 정비되면서, 왜구 침입이 가장 많았던 1370년대 후반에는 수군이 왜구 토벌에 효과적이라는 사실을 일깨워준 두 차례의 전투가 있었다. 우왕 3년(1377) 5월의 황산강(낙동강 하류)전투와 이듬해 8월의 욕지도(경남 통영시) 부근 전투가 그것이다. 황산강 전투는 김해부사 박위朴葳가 낙동강을 통해 밀양 지역으로 침구한 왜구를 군선을 활용해 상륙하기 전에 타격을 가한 전투였고, 욕지도 전투는 경상도원수 배극렴이 욕지도에 침구한 왜구 50여명을 사살하고 주변의 여러 섬을 수색하여 왜구를 소탕하는 성과를 거둔 전투였다.[98]

---

95 허선도, 「여말선초 화기의 전래와 발달(상)」『역사학보』 24, 1964, 14~15쪽.
96 『고려사』 권81, 지35, 병1, 우왕 3년 10월 ; 『고려사』 권81, 지35, 병1, 우왕 4년 4월.
97 오봉근 외, 『조선수군사』, 사회과학출판사, 1991(1997, 백산자료원 재발행), 159~161쪽.
98 국방부 전사편찬연구소, 『왜구토벌사』, 1987, 111쪽·123쪽 ; 오봉근 외, 앞의 책, 1997, 157~158쪽.

고려 수군의 본격적인 대왜구 전투는 1380년대에 연이어 벌어졌다. 먼저 우왕 6년(1380) 8월에는 금강 하구에서 진포해전이 벌어졌다. 당시 왜구는 500여척의 대규모 함대를 이끌고 진포에 상륙하여 주변 지역을 약탈했는데, 고려 조정은 서해도원수 심덕부沈德符, 도원수 나세羅世, 부원수 최무선崔茂宣 등이 이끄는 수군 100여 척을 출정시켰다. 이때 왜구의 500여척 함대는 밧줄과 쇠사슬로 서로 묶어 수채水寨(수상의 진영·성채)를 구축하고 일부 병력이 남아서 경계하고 있었다. 최무선이 개발한 화기로 무장한 고려 수군은 일본 함대에 가까이 접근해서 일제히 화포 공격을 시작했다. 서로 묶여 있던 왜구 함대는 500여 척이 전소되고 배를 지키던 경계 병력도 모두 살상되는 큰 타격을 입었다.[99]

고려 수군은 진포해전 대승 이후 해상의 주도권을 장악하여 적극적인 대왜구작전을 전개할 수 있는 전기를 마련했다. 또한 이 전투에서 화포와 총통 등의 화약무기를 실전에서 사용해 그 위력을 과시하였다. 한편 진포해전 패배로 퇴로가 차단된 왜구 잔당은 내륙으로 침입하여 큰 소요사태를 일으켰는데, 이후 양광전라경상도 도순찰사 이성계 등이 이끈 토벌군에게 지리산 부근의 운봉雲峰에서 패하며 최후를 맞았다.[100]

두 번째 대승을 거둔 전투는 우왕 9년(1383) 5월, 120여 척의 대규모 왜구가 남해현에 침구하면서 시작되었다. 이 지역을 방어하던 합포원수 유만수柳曼殊는 목포에 주둔 중이던 해도원수 정지에게 구원을 요청했다. 정지가 거느린 47척의 군선은 관음포觀音浦에 주둔한 일본함대의 예봉을 피해 주변 박두양朴頭洋으로 갔는데, 그곳에도 20여척의 왜구 선단이 주둔하고 있었다. 이곳에서 정지의 고려 수군은 화포 공격을 펼쳐 17척을 불태우고 2,400여 명의 왜구를 섬멸하는 성과를 거두었다.[101]

물론 고려 말기의 대왜구 전투가 해전만 있었던 것은 아니었다. 최영의 홍산鴻山전투와 이성계 등의 운봉전투 등 수많은 전투를 통해 왜구를 몰아내기 위해 총력을 기울였다. 해전은 이러한 과정의 일부로써 적이 상륙하기 전에 바다에서 섬멸하는 적극

---

99 국방부 전사편찬연구소, 앞의 책, 1987.
100 『고려사』 권134, 열전 47, 신우 ; 『고려사절요』 권31, 신우 6년 8월 ; 『고려사절요』 권31, 신우 6년 9월.
101 『고려사』 권113, 열전 26, 정지 ; 『고려사절요』 권32, 신우 9년 5월.

적인 방어대책이었다고 볼 수 있다.

더 나아가 왜구에 대한 근본적인 대책으로 창왕 1년 (1389)에 대마도 정벌이 단행되었다. 이 시기에 고려의 적극적인 노력으로 왜구가 점차 줄어들었지만, 왜구에 대한 폐해를 근절시키기 위해서는 왜구의 소굴인 대마도에 대한 정벌이 필요했다. 대마도정벌은 우왕 13년(1387) 8월 정지가 정벌을 자청하면서 최초로 제기되었다.[102]

정지 초상(광주 경열사 내)

그로부터 2년 뒤인 1389년 2월, 마침내 대마도 정벌이 단행되었다. 경상도원수 박위는 100여 척을 거느리고 대마도로 항진하여 신속하게 대마도의 해안 지역에 정박하고 있는 왜구의 전선 300여 척을 소각해 버렸다. 그런 다음 연안에 상륙하여 주변의 가옥을 모두 불태웠다. 대마도의 왜구는 고려군과의 전면대결을 회피하고 산 속으로 숨었기 때문에 왜구를 포획하거나 살상하는 전과는 거두지 못했으나 포로였던 고려 백성 1백여 명을 되찾는 성과를 거두었다.[103]

대마도 정벌의 전과는 크지 않았지만, 효과는 크고 분명했다. 이 정벌을 계기로 오랜 기간 고려를 괴롭힌 왜구의 침구가 확연히 줄어들었다. 이제까지 수세적 방어에만 머물던 고려 조정이 정비된 수군력을 바탕으로 공세적 소탕작전을 벌여 '공격은 최선의 방어'라는 사실을 확인하면서 결과적으로도 대성공을 거두었다.

한편, 고려 조정은 적극적인 토벌작전과 병행해서 외교적인 노력도 기울였다. 처음에 우왕 1년(1375) 2월 판전객시사 나흥유를 파견하고, 2년 뒤에 같은 직위의 안길상

---

102 『고려사』 권113, 열전 26, 정지.
103 『고려사』 권137, 열전 50, 신우, 공양왕 원년 2월.

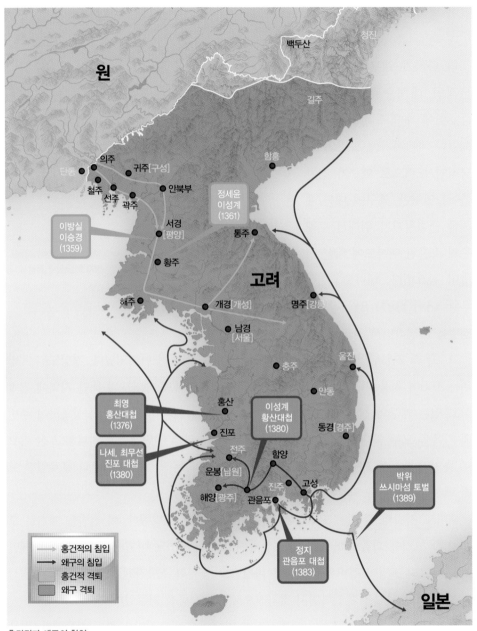

홍건적과 왜구의 침입

安吉祥을 통신사로 파견했다. 나흥유는 간첩혐의를 받아 곤욕을 치렀고 안길상은 도
중에 사망했다. 그러던 중 같은 해(1377) 9월 전 대사성 정몽주를 사신으로 파견하여

재차 왜구의 금압禁壓을 촉구하였다.[104]

정몽주의 노력과 설득에 일본측도 동감하여 왜구 금압에 적극적으로 협력하는 성과를 거두었다. 정몽주는 포로 수백 명과 함께 귀국하였고, 이를 계기로 고려와 일본의 관계가 긴밀해졌다. 이후에도 고려는 지속적으로 일본 측에 사신을 파견하여 왜구 금압을 요청하고, 일본 측도 왜구를 토벌하거나 포로를 돌려주는 등 노력하는 모습을 보였다. 대표적인 예로 일본의 구주절도사 원료준原了俊은 거듭 사신을 보내 방물을 바치며 고려 조정과의 관계를 긴밀하게 유지하였다.[105]

대마도 정벌 이후 왜구 침입은 이전 시기에 비해 현저히 감소하였다. 그러나 그것이 왜구의 근절을 의미하는 것은 아니었다. 이전과 달리 국가적인 위협 차원은 아니었지만 소소한 규모의 연안 침구는 조선 초기까지 계속되었다.

104 『고려사』 권133, 열전 46, 신우 ; 『고려사절요』 권30, 신우 3년 9월.
105 국방부 전사편찬연구소, 앞의 책, 1987, 169~170쪽.

제2절

중앙과 지방 군사제도의 개편

1. 국왕 친위군의 강화

대몽항쟁이 끝날 무렵인 13세기 후반에 이미 고려의 2군 6위는 중앙 상비군으로서의 면모를 거의 상실하였다. 농장이 발달하면서 군인전이 주요 점탈 대상이 되어 전문적 군인을 배출하는 군호軍戶의 경제적 기반이 없어진 데다가 무신집권기를 거치면서 도방都房 등 집권자의 사병 조직이 발달하여 무예가 뛰어난 군사는 대부분 이에 소속된 때문이었다. 그 결과 이 무렵에는 6위의 군사가 토목공사에 동원되기도 했다.[106]

대몽항쟁 기간 동안 6위를 대신하여 수도 방위와 각지의 전투에 투입된 부대는 삼별초였다. 그러나 원종 11년(1270)에 삼별초가 항전을 일으켜 고려 정부에 대한 반란군으로 변하자 전투력을 갖춘 중앙군의 수가 더욱 줄어들었다. 이에 따라 탐라에 웅거하고 있는 삼별초를 토벌하기 위한 6,000명의 고려군사는 대부분 지방에서 뽑은 군인이었다.[107] 이 때 편성된 출정군의 일부는 중앙군에 편입된 것으로 보이나, 이로써

---

106 『고려사』 권25, 세가25, 원종 즉위년 11월 계묘.
107 원종 13년 12월 원으로부터 제주를 토벌하기 위한 군사 6,000명과 水手軍 3,000명을 뽑으라는 명령을 받고 고려 조정은 곧 각 도에 抄軍別監을 파견했으며, 원수 김방경이 중앙에서 거느리고 간 병력은 기병 800명뿐이었다(『고려사』 권 27, 세가 27, 원종 13년 12월 을미 ; 『고려사』 권 27, 세가 27, 원종 13년 12월 기해 ; 『고려사』 권 27, 세가 27, 원종 14년 2월 계묘).

사정이 크게 나아지지는 않았다. 충렬왕 즉위년(1275)의 1차 일본정벌 때에는 고려의 전투부대 8,000명과 수수군水手軍(뱃군) 등 6,700명이, 7년 뒤의 2차 일본정벌 때에는 각각 10,000명과 15,000명이 동원되었는데, 수수군 등은 물론 전투부대도 대부분 각 도의 일반민에서 새로 징발하여야 했다.[108]

13세기 말엽에는 전투 경험을 쌓은 군사가 늘어남으로써 2군 6위의 전투력도 강화될 가능성이 높아졌다. 홀치를 비롯하여 성중애마成衆愛馬가 조직·정비되어[109] 중앙군의 새 구성원이 된 것도 조금이나마 부족한 군사력에 보탬이 되었다. 그러나 당시의 제반 사정 때문에 2군 6위의 군사력을 강화하려는 노력은 여러 측면에서 어려움을 겪었다. 원으로부터의 정치적 통제도 그 하나로, 항복한 삼별초를 중앙군에 흡수하려는 시도는 원의 강력한 제재를 받았다.[110] 그 결과 충렬왕 16년(1290) 여름 동계東界에 침입한 원의 반란군 잔당인 합단哈丹의 무리가 이듬해 여름에는 중부지역에까지 이르렀음에도 고려의 중앙군은 제대로 전투 한번 못하는 실정이었다. 그 뒤 충선왕이 두 차례에 걸쳐 군인전에 바탕을 둔 군호제 복구를 통해 2군 6위를 강화하려 했으나 국가 재정이 취약한 데다가 이미 군인전이 거의 탈점된 상황이어서 개혁이 실현될 수 없었다. 이에 따라 군사의 동원이 필요할 때마다 각 도 농민을 징발해야 했고, 그 폐해 또한 적지 않았다.

한편, 2군 6위의 상장군 이하 장수와 교위校尉·대정隊正 등 장교들로 구성되는 조직체계는 무반의 관직체계로서 구실하였기 때문에 무너지지 않고 유지되었다. 이로써 유사시에 대비한 전투조직인 종래의 5군도 기능을 잃지 않아서 각지에서 갑자기 군인을 뽑아 출정군을 편성하여도 곧 지휘부를 꾸릴 수 있었다.[111] 그런데 제2차 일본정벌 때 원의 군제에서 영향을 받아 지휘체계가 짜여진 뒤로 점차 고려의 중앙군은 도

---

108 원의 2차 일본 원정을 위해 고려에서 충렬왕 5년 9월에 군대를 뽑을 때 전투부대인 正軍은 京內 2,500명, 경상도 등 5도와 동계에서 7,500명 등을 뽑았는데, 경내에서 뽑은 2,500명 속에는 교위·대정을 비롯한 문·무의 時散官이 포함되었지만 나머지는 주로 비교적 상층부에 속하는 농민들이었던 것으로 여겨진다(閔賢九,「高麗後期의 軍制」『高麗軍制史』(육군본부 편), 1983, 333쪽).
109 內藤雋輔,「高麗兵制管見」『青丘學叢』16, 1934 ;『朝鮮史研究』(東洋史研究會, 京都), 1961.
110 『고려사』권28, 세가28, 충렬왕 3년 4월 경진.
111 吳宗祿,「高麗後期의 軍事 指揮體系」『國史館論叢』24, 1991.

원수와 삼군(삼익三翼) 만호가 통할하고 그 휘하에 군사 행정을 맡는 수령관首領官과 군령을 맡는 진무소鎭撫所가 두어지는 체제로 변모해 갔다.[112] 이 중·좌·우군의 3군 만호제는 출정군의 조직으로도 활용되어, 5군은 본래의 기능을 상실하게 되었다.

이로써 고려의 중앙군제는 본래의 중앙군인 2군 6위가 상존하는 가운데 그 위에 도원수와 3군 만호를 정점으로 하는 지휘체계가 두어져 고려 본래의 것과 원의 군제로부터 영향받은 것이 명확히 정리되지 않은 채 혼재되어 자리잡게 되었다. 도원수와 만호 직책은 주요 권력자가 국왕이나 원과의 관계 속에서 일단 그 지위를 확보한 다음에는 거의 세습되어 중앙의 권력집단이 권력을 유지하는 기반의 하나로 되어 갔다.[113]

그러한 가운데 원 간섭기에 조직되었던 겁설은 공민왕대의 반원개혁 이후에도 그대로 유지되었다. 반원개혁을 추진한 공민왕대는 관제를 비롯한 모든 제도가 원 간섭기 이전으로 복구하려는 움직임이 있었지만, 숙위군제는 원 간섭기의 제도가 그대로 유지되었다. 이는 군제에서 전기의 군제 재건이나 복구가 현실적으로 어려운 일이었기 때문이다. 즉 2군 6위 내의 견룡군牽龍軍·공학군控鶴軍·순검군巡檢軍·중금中禁·도지都知·백갑白甲 등 전기의 숙위부대들은 무신집권기를 거치면서 대부분 해체되거나 명목만을 유지하는 상태였다. 그나마 원 간섭기에 들어와 원의 숙위제인 겁설이 조직됨으로써 기존의 숙위군은 대부분 소멸되었다.

한편, 원의 후원에 힘입어 왕위에 오른 공민왕은 즉위 후 원의 영향을 벗어나기 위한 일련의 시도로 반원개혁을 시도하였다. 우선 국왕권의 강화를 목표로 개혁정치를 표방하였지만 그것을 뒷받침할 군사력이 문제였다. 더구나 원 간섭기 이후 무너진 군제와 부족한 군사력, 국왕의 친위군마저 제대로 유지되지 못하는 한계에 있었다. 특히, 충정왕 이후 본격화된 왜구의 침입에 대항하기 위해 친위군 성격의 홀치나 금군을 동원할 정도로 군사력이 취약해 있었다.[114]

---

112 고려의 총사령관인 中軍兵馬元帥나 中軍兵馬使의 아래에도 본래 여러 명의 兵馬判官과 兵馬錄事가 소속되어 막료로서 軍機에 참여하였고, 이를 內廂이라 하였다. 원의 군제에서 영향을 받은 뒤로는 내상이 鎭撫所와 首領官 또는 錄事로 구성되었다(吳宗祿, 앞의 논문, 1991, 219~220쪽).

113 邊東明, 「高麗 忠烈王代의 萬戶」 『歷史學報』 121, 1989.

114 『고려사』 권38, 세가38, 공민왕 원년 3월 기미 ; 『고려사』 권38, 세가38, 공민왕 원년 8월 정묘.

대표적인 사례로는 순군만호 김용이 무뢰배들을 순군에 소속시켜 자신의 측근 경호를 맡아보게 하던 중 팔관회 행사 때 호위를 둘러싼 사소한 의전상의 문제로 홀치와 다툼을 벌인 사건을 들 수 있다. 이 때 공민왕은 홀치를 지휘한 장군이 순군에게 몽둥이로 맞고 나서 그러한 사실을 보고받았음에도 불구하고 이를 불문에 붙이고 만다.[115] 그리고 조일신趙日新의 추종세력인 정천기鄭天起와 최화상崔和尙 등이 병장기로 무장하고 왕의 거처에 진입하여 주변에 있던 위사衛士들을 죽인 후 함부로 어보御寶를 열어 관직의 임명권을 행사한 사례,[116] 그리고 곧이어 공민왕이 별궁으로 자리를 옮길 때 몇몇의 소수 위사만 뒤를 따를 점,[117] 또 원에서 반란군인 장사성을 토벌 할 때 원의 파병 요청에 정예의 군사들을 파견한 후[118] 그 대체 군사력으로 직접 서해도에서 궁수를 모집하여 왕궁의 경비 강화에 대비하였다는 점[119] 등은 공민왕 초기 친위군의 조직 와해를 읽어낼 수 있는 것들이다.

따라서 공민왕은 국왕권의 강화를 뒷받침하고, 반원개혁을 단행하기 위해서는 실질적인 친위군의 조직과 육성이 필요하였다. 그러한 목적에서 설치된 것이 '충용위忠勇衛'와 '자제위子弟衛' 등의 새로운 부대이다. 충용위는 1356년(공민왕 5) 11월에 궁성의 숙위宿衛를 강화하기 위해 설치되었다. 이것은 4위衛로 구성되었으며, 각 위마다 장군 1인, 중랑장 2인, 낭장 2인, 별장 5인, 산원 5인, 위장 20인, 대장隊長 40인 등 장군 예하의 하급군관으로 편제되었다.[120] 그 아래 배치된 군사들의 규모는 확인되지

---

115 『고려사』 권131, 열전44, 김용.
116 『고려사』 권131, 열전44, 조일신.
117 『고려사』 권38, 세가38, 공민왕 3년 7월 계해.
118 1354년 고려는 유탁, 염제신, 권겸, 원호, 나영걸, 인당, 김용, 이권, 강윤충, 정세운, 황상, 최영, 최운기, 이방실, 안우, 최원 등 40명의 장수와 2,000명의 장병을 선발하여 원나라로 파병했다. 이 중에는 평양에서 징발한 300명의 수군도 있었다. 적은 병력 같지만 파견한 장수의 면모를 보면 고려의 명장들을 총망라했다(홍영의, 「공민왕의 반원정책과 염제신의 군사활동(국방개혁을 중심으로)」 『군사』 23, 1991).
119 『고려사』 권38, 세가38, 공민왕 원년 9월 기해.
120 『고려사』 권81, 지35, 병1, 5군, 공민왕 5년 11월 충용사위조. 공민왕대 신설된 충용사위의 설치 시기와 그 소속 군관의 수에 대해서는 약간의 차이가 있다. 즉 공민왕 5년 11월과 7월(『고려사』 권39, 세가39, 공민왕 5년 7월)의 차이, 여기에 소속된 군관의 수에 대해서는 『고려사』 권77, 백관2, 서반에 중랑장과 낭장이 3인으로 기록되어 있다.

않는다. 주된 임무는 궁성을 지키는 것이며, 이 밖에 외적의 침입을 당하면 개경 주위의 수비에 동원되기도 하였다.

이전의 금군 개별부대의 최고지휘관들이 대개 정6품 낭장에서 지유라는 직책에 임명되었던 데 비해 충용사위의 최고 책임자는 장군이었다는 점에 차이를 보인다. 이는 친위군의 최고 책임자를 장군으로 승격해 이들에게 강력한 지휘권을 부여함으로써 이 시기 신설된 충용위의 위상을 높이고, 이를 통해 국왕 측근 시위부대의 군사적 지위를 보장하려는 목적이었을 것으로 보인다.[121]

아울러 무장세력을 제거하기 위해서는 공민왕 자신이 이를 결행할 수 있는 군사적 기반을 확보하고 있어야 가능한 것이었다. 공민왕은 일찍이 개혁정치를 추진하면서 군정의 정비에 관심을 보여 왔으며, 충용위를 설치하여 이를 개혁정치의 군사적 기반으로 활용하려 하고 있었다. 특히, 여러 도의 양가 자제 2만 6천 명을 8위에 충원시켜 윤번으로 숙위케 한 바 있는데, 이것이 공민왕의 중요한 군사적 기반이 되었을 것이다. 이렇게 볼 때 공민왕은 국가의 기간병인 8위를 장악하여 이를 무장세력 숙청의 기반으로 활용했던 것 같다. 무장세력 제거 후 김원명金元命에게 8위 42도부병都府兵을 관장케 했다는 것도 이러한 사정을 말해주는 것이라 하겠다.

그러나 공민왕 때 전란이 계속되는 바람에 충용위가 출정군 내지 방어군으로 전투에 동원되는 일도 많았다. 1357년에 왜구가 강화도 교동을 침범하자 이를 막기 위해 출병한 적도 있다.[122] 이때 4위 가운데 3위만 동원되었는데 이는 나머지 1위는 국왕의 호위를 위해 남겨졌기 때문이다. 그러나 1361년에 홍건적에 의해 개경이 함락되고, 국왕이 복주(안동)로 파천하자 다음 해에 폐지론이 일기도 하였다.[123] 그 뒤 홀치 등과 더불어 애마라 불리면서 세력을 믿고 많은 폐단을 일으켜[124] 여러 차례에 걸쳐 폐지론이 대두하였다. 특히 1389년(공양왕 1)에는 헌사에서 애마의 폐해와 2군 6위 제도의 유명무실함을 거론하고, 신호위神虎衛에 합치자고 주장하기도 했다.[125] 그러나 1392년

---

121 송인주, 『고려시대 친위군 연구』 일조각, 2007, 191쪽 참조.
122 『고려사』 권81, 지35, 병1, 兵制, 공민왕 7년 5월.
123 『고려사』 권81, 지35, 병1, 병제 , 공민왕 11년 6월 감찰사 상언.
124 『고려사』 권84 지38, 형법1, 職制, 우왕 원년 2월.
125 『고려사』 권81, 지35, 병1, 병제, 공양왕 1년 11월 헌사 상소 ; 『고려사』 권118, 열전 31, 조준전.

(태조 1) 조선이 건국되면서 10위가 정비될 때에도 잔존했다가[126] 이후 군사제도가 더욱 정비되면서 태종 때에 폐지된 것으로 추측된다.

한편, 공민왕은 1372년(공민왕 21) 10월 자제위를 궁중에 설치했다.[127] 젊고 외모가 잘생긴 청년을 뽑아 내전에 두고, 좌우에서 시중을 들게 하는 한편 왕의 신변을 호위했던 우달치, 내속고치 출신인 김흥경金興慶으로 하여금 이들을 총괄하게 했다.[128] 이는 차세대의 군사 지도자의 양성과 세족간의 견제 그리고 원·명교체기에 나타난 중국의 변화를 이용하여 잃어버린 옛 영토를 회복하고자 하는 등의 여러 목적이 작용한 결과였다. 즉 충용사위와 자제위는 공민왕의 개혁정치와 함께 왕권의 무력 기반의 역할뿐만 아니라 반원개혁을 위한 수단으로 설치된 것이었다. 이들 개별 친위군사력은 고려의 독자적인 군사조직으로, 왕권강화를 무력적으로 뒷받침하였을 뿐만 아니라 고려 말 군사조직의 공백을 메우는 기능을 하기도 했다.[129] 그러나 자제위를 둠으로써 왕의 비빈과 자제위 사이에 풍기가 문란해졌으며 비빈과의 간통사건도 일어나고[130] 이로 인하여 공민왕이 죽음을 당하는 시역 사건까지 일어났다.[131]

이후 우왕대에 이르러 충용위와 자제위에 대신하여 '성중애마' 및 '익위군翼衛軍'으로 하여금 숙위하게 하거나 4차례로 교대근무를 한 홀치를 '근시좌우전후위'로 명칭을 바꾸는[132] 등의 후속 조치가 시도되었으나 별다른 효과를 거두지는 못했다.

공민왕대 이후에는 홀치 등 군사적 성격이 강한 숙위기구와 내시·다방 등 근시 기

---

126 『태조실록』 권15, 태조 7년 11월 경자, "復近侍忠勇衛".
127 이용주, 「恭愍王代의 子弟衛에 관한 小硏究」 『素軒南都泳博士華甲紀念史學論叢』, 1984.
128 『고려사』 권124, 열전37, 嬖幸, 김흥경.
129 이영동, 「충용위고」 『제3사관학교논문집』 13, 1981.
130 『고려사』 권43, 세가43, 공민왕 21년 10월 갑술.
131 『고려사』 권44, 세가44, 공민왕 23년 9월 갑신 ; 『고려사』 권131, 열전44 반역, 홍륜, 『고려사』의 기록으로는 공민왕이 魯國大長公主가 죽은 뒤 젊고 용모가 빼어난 젊은이들을 이곳에 소속시킨 뒤 이들과 변태성욕을 즐기고, 후사를 얻기 위하여 이들로 하여금 비빈들을 욕보이게 하였다는 등 부정적으로 서술하고 있으나, 이러한 서술은 조선 초의 사가들에 의하여 조선의 개창을 정당화하기 위하여 의도적으로 왜곡한 것이다. 자제위 설치의 동기는 고려의 왕권강화와 원나라에 빼앗긴 실지를 회복하려는 공민왕의 개혁의도에서 비롯된 것으로, 이러한 작업을 수행하기 위하여 필요한 인재를 양성하는 데 그 목적이 있었던 것으로 추정된다.
132 『고려사』 권82, 지36, 병2, 숙위, 우왕 4년 10월.

구들이 성중애마로 호칭되었다.[133] 고려전기부터 내시·다방 등 문반 소속의 근시직은 성중관成衆官이라 불리고 있었으나, 원 간섭기에 원식 숙위기구인 홀치·우달치·별보別保 등 애마가 설치되면서 이전의 성중관과 합칭하여 '성중애마'라 불리게 되었다.[134] 즉 성중애마는 원 간섭기 이후 국왕의 숙위와 근시의 임무를 담당하는 문무관인층을 통칭하는 용어로 사용되었던 것이다.[135]

원래 성중애마는 군사적인 숙위 임무를 맡은 기구와 국왕을 보좌하고 시중드는 근시 임무를 맡은 기구의 구별이 있었던 것으로 보인다. 그러나 숙위병력이 절대적으로 부족하였던 여말의 상황속에서 근시의 임무를 맡은 숙위기구까지도 점차 무장을 하여 숙위군의 역할을 하게 되고, 그 결과 종래의 성중관과 애마의 구별이 모호해져 '성중관'·'성중애마'·'애마' 등으로 혼동하여 사용된 것으로 보기도 한다.[136] 성중애마는 군사적인 성격이 강한 숙위기구였지만 일반 숙위군 조직과는 다른 일종의 하부 관료조직을 이루고 있었다.[137] 이들은 그 선발 기준에서 출신·재주·용모 등이 중시되어 무예나 신체 조건을 중요시하는 순수한 숙위군사와는 차이를 보인다.[138]

그러나 서산書算과 활쏘기 재주가 성중애마의 선발에 중요한 기준이 된다는 점에서는 이속직吏屬職이나 숙위군과도 성격이 비슷하다. 또한 인사에서 일반 관리와는 구분되고 각사인리各司人吏와 동등한 대우를 받고 있어[139] 인리와 비슷한 성격과 기능을 가진 관료조직의 하부에 위치한 관인신분이었던 것으로 보인다. 더구나 성중애마로서 복무 후에는 다른 관직에 녹용이 허락되고 있다는 사실은 하급관인으로서의 성중애마의 성격을 말해준다.

이렇게 성중애마의 본래 임무는 국왕과 왕실의 근시나 숙위였으나,[140] 공민왕대 이

---

133 『고려사』권75, 선거3, 銓注, 成衆愛馬之法, 공양왕 3년 4월.
134 김창수, 「성중애마고」『동국사학』9·10, 1966, 25쪽 참조.
135 김창수, 앞의 논문, 1966, 28쪽 참조.
136 한영우, 「조선초기 상급서리와 그 지위」『조선전기사회경제연구』, 1983, 319~320쪽 참조.
137 민현구, 「오위체제의 확립과 중앙군제의 성립」『한국군제사-조선전기』(육군본부 편), 1968, 52쪽 참조.
138 『고려사』권75, 선거3, 성중관선보지법, 공양왕 3년 4월.
139 『고려사』권75, 선거3, 전주, 선법, 공양왕 3년 11월.
140 『고려사』권82, 지36, 병2, 숙위, 우왕 3년 12월 ;『고려사』권135, 열전48, 우왕 9년 9월 ;『고

후 홍건적과 왜구의 침입 등 계속되는 전란 속에서 부족한 군사력을 보충하기 위하여 5군에 분속되어 전투에 동원되거나[141] 방수防戍에 충당되기도 하였다.[142] 이들 성중애마는 일종의 하부 관료기구로서 녹봉이 지급되었고,[143] 군역과 요역이 면제되었다.[144] 그러나 녹봉의 지급도 여말의 만성적 재정난으로 인해 정상적으로 이루어지지 못하였다.[145]

원 간섭기에 몽골식 명칭으로 개칭되었던 고려 본래의 근시기구인 6국局은 공민왕대 이후 한식 명칭으로 개칭되거나 다른 조직에 통합되는 등의 많은 변화를 겪었다. 공민왕대 관제개편 과정에서 6국이 복구되면서 원 간섭기에 새로이 설치된 사막司幕·사옹司甕 등 일부 숙위기구는 6국의 사설司設·사선司膳과 그 기능이 중복되게 되었다. 때문에 공양왕 원년에는 기능이 중복되는 원나라식 숙위기구들을 6국에 병합하여 전기의 숙위제도를 복구하고 그 기능을 회복하려고 하였다.

이러한 근시기구의 정비와 함께 숙위군의 정비도 이루어져 대표적 숙위 군사력인 홀치가 우왕 4년 10월에 근시 4위로 개편되었다.[146] 이러한 홀치의 개편 역시 다른 숙위기구들과 마찬가지로 숙위군체제의 전면적인 개편이라기 보다는 그 명칭을 고려하여 고려 본래의 8위식으로 개칭한 것에 불과한 것이었다.[147]

공양왕대에는 고려 본래의 2군 6위를 중심으로 하는 숙위군 체제를 정비하려는 시도가 나타났다. 원 간섭기 이후 8위제가 허설화되어 관료들의 어린 자제나 공상·천예들이 그 직을 차지하여 헛되이 녹봉만 허비하고 있을 뿐이었고, 실제 숙위임무는 원 간섭기 이후 설치된 우달치·속고적·별보 등의 애마가 담당하고 있었다. 이에 근

려사』권1 36, 열전49, 우왕 13년 8월.

141 『고려사』권81, 지35, 병1, 병제, 공민왕 18년 12월 ;『고려사』권81, 지35, 병1, 병제, 공민왕 21년 10월.

142 『고려사』권81, 지35, 병1, 병제, 우왕 3년 3월.

143 『고려사』권80, 지34, 식화3, 녹봉, 공민왕 11년 ;『고려사』권85, 지39, 형법2, 금령, 우왕 원년 2월.

144 『고려사』권75, 선거3, 전주, 성중애마지법, 공양왕 3년 4월.

145 『고려사』권81, 지35, 병1, 병제, 공양왕 원년 12월.

146 『고려사』권82, 지36, 병2, 숙위, 우왕 4년 10월.

147 권영국, 앞의 박사학위논문, 1995 103쪽 참조.

시를 좌우위에, 사문司門을 감문위監門衛에, 사순司循을 비순위備巡衛에, 그리고 공민왕대 설치된 충용위를 신호위神虎衛에, 기타 애마를 모두 여러 위에 분속시켜 완전히 고려 본래의 8위 체제를 복구하려는 것이었다.[148] 그러나 이후에도 각종 애마들이 그대로 존속하고 있는 것으로 보아 이러한 시도는 실현을 보지 못한 것으로 보인다.

조선 초 정종대에도 사순司循·사의司衣 등 애마가 존속하고 있음을 볼 수 있는데.[149] 이들은 선초 중앙군인 5위의 정비 과정에서 별시위別侍衛가 설치되면서 혁파되어 사순이 맡았던 임무를 별패조사別牌朝士가, 사의의 임무는 내시향상內侍向上이 대신하였다. 그 나머지 애마들도 세조대에 관제개혁이 단행되는 과정에서 대부분 혁파되었다.[150]

2. 양계병마사제 복구와 익군 설치

1) 양계병마사제 복구

고려 지방제도의 특징인 양계는 건국 초에 설치한 진鎭과 관련이 있다. 고려 태조 왕건은 군사기지인 진의 설치에 많은 노력을 기울였다. 남방에 예산진, 예안진, 니어진 등이 설치되고, 북방에는 골암진, 통덕진을 비롯한 여러 진이 집중적으로 설치되었다. 남방의 진은 후백제와의 군사적 대결을 위한 것이었기 때문에 고려가 후삼국을 통일하자 소멸해 버렸다. 그러나 북방의 그것은 그대로 남았다. 게다가 이후 계속 보강되어 국경지대의 요충으로서 군사적 의의는 더욱 크게 되었다. 이 북방의 진이 고려 양계의 제진諸鎭으로 발전하게 되며 고려의 국방체제에서 특이한 위치를 차지하게 된다.[151]

---

148 『고려사』 권81, 지35, 병1, 병제, 공양왕 원년 12월.
149 『정종실록』 권6, 정종 2년 12월 기유.
150 권영국, 앞의 박사학위논문, 99~104쪽 참조.
151 李基白, 「高麗 太祖時의 鎭에 대하여」『歷史學報』 10, 1958 ; 이기백, 『高麗兵制史硏究』, 일조각, 1968 .

고려는 건국 초부터 고구려의 후계자를 자처하고 북진정책을 표방했다. 때문에 북방의 여진족이나 거란과 끊임없는 투쟁을 계속해야 했다. 특히 고려 성종 12년(993) 거란의 침입을 받은 이후 여러 차례의 격전을 겪어야 했는데, 그 때마다 북방의 국경지역은 항시 전쟁터가 되었다. 이러는 동안 북방지역은 국방의 요새로 되고 주진군이라는 특수한 군대가 머물게 되었다.[152]

이러한 국방상의 중요성 때문에 북방 양계지역의 행정 조직은 남방 5도와 달랐다. 남방 5도와 같이 현이 설치된 지역은 양계에서도 국방의 중요성이 상대적으로 떨어지는 북계의 대동강 하류 유역이나 동계의 원산만 이남이었다. 이를 제외한 양계의 거의 대부분의 지역에는 방어사防禦使나 진장鎭將이 파견되는 주와 진, 그리고 병마사가 주둔하는 도호부가 설치되었다. 이러한 주, 진, 도호부등은 행정조직이면서도 한편으로는 양계의 상비군인 주진군을 파악 지휘하는 조직이었다.[153]

양계의 상황은 고려 말에 이르러 변화했다. 고려 말의 양계에는 방어사나 진장은 파견되지 않았다. 또한 공민왕대 이후로는 동계와 북계 대신 대개 동북면과 서북면으로 일컬어졌다. 북방 경계도 고려전기와는 달라져 있었다. 동·서북면이라는 지명은 고려 중엽부터 사용되었다. 동계는 동로東路, 동면東面, 동북로, 동북계 등 여러 가지로 호칭되었다. 그러다 공민왕 5년 쌍성총관부 관할 지역을 수복한 뒤로 이 지역을 대개 동북면이라 불렀다.[154]

옛 동계는 철령을 경계로 이북을 삭방도朔方道, 이남을 강릉도로 구분했으나 대개 철령 이북을 동북면이라 했다.[155] 서북면의 경우 북계의 경계선과 큰 차이가 없었다. 다만 황주·안악 등지가 서북면에 소속되었다가 우왕 14년에 다시 서해도 소속으로 환원되는 변화가 있었다.[156] 즉, 공민왕 5년 반원정책을 추진하여 다시 북방의 강역을 수복한 이후로 양계의 남방 경계선은 대개 조선초기의 경계선과 같게 고정되어 갔

152 민현구, 「鎭管體制의 確立과 朝鮮初期 地方軍制의 成立」『朝鮮初期의 軍事制度와 정치』, 한국연구원, 1983, 223쪽
153 이기백, 「고려 양계의 주진군」『고려병제사연구』, 일조각, 1968.
154 『고려사』 권58, 지12, 지리3.
155 吳宗祿, 「高麗後期의 軍事指揮體系」『國史館論叢』 24, 1991, 254~255쪽.
156 『고려사』 권58 지12, 지리3.

다.[157]

고려말 서북면의 군현은 본래 방어사가 파견되던 주였다. 그러다가 대몽항쟁기와 원간섭기를 거치면서 속군·속현으로 전락했었는데, 고려말에 이르러 다시 주군·현으로 독립되었다. 또한 이 시기에는 압록강 강변지역이 개척되고 있었다. 공민왕 6년 니성만호泥城萬戶 김진金進 등을 벽동碧潼 지역에 보내 거주하던 여진족을 쫓아내고 해당 지역에 주민을 이주시켰고,[158] 이를 바탕으로 동왕 18년에 강계江界에 만호부를 설치함으로써 벽동에서 강계에 이르는 지역이 개척되었다.

공민왕 5년에 동북면이 수복되었다. 이 해에 안북천호방어소安北千戶防禦所가 설치된 북청주 지역은 고려의 행정력이 미치는 최북단이었다. 그러다가 동북면 영역이 확대되어 고려가 멸망할 무렵에는 단주(단천), 길주, 갑주(갑산) 등 마천령의 북부 지역에까지 행정력이 미치게 되었다. 결국 동북면은 고려말에 거의 새로 행정조직을 갖추어 가는 실정이었다.[159]

고려말 양계의 변화로 거론할 수 있는 또 하나의 사실은 전기의 방어사 파견 주가 대부분 지주사知州事 또는 지군사知郡事 등의 수령을 파견하는 지역으로 바뀌었다는 점이다.[160] 특히, 진은 일부가 현으로 개편된 외에는 모두 속현과 마찬가지의 위치로 떨어졌다.[161] 나머지 상당수는 '진'의 호칭을 유지하면서 군현의 '속진'이 되었다.[162] 그리고 몇몇 진은 현으로 개편되어 현령이 설치되었다가 다시 인접한 부府의 사社로

---

157 吳宗祿, 「朝鮮初期 兩界의 軍事制度와 國防體制」, 고려대학교 박사학위논문, 1993, 81쪽.

158 『고려사』 권58 지12, 지리3, 북계.

159 이에 대해서는 고려가 쌍성총관부를 공파한 직후 옛 쌍성총관부의 관리들이 길주를 거점으로 고려와 대치하고 있었으나 차츰 길주, 북청 등지의 여진세력들이 고려로 와서 투항함으로써 이 지역까지 고려의 통치력이 미치게 된 것으로 보고 있다(김순자, 「고려말 동북면의 지방세력연구」, 연세대학교 사학과 석사학위논문, 1987, 30쪽).

160 이에 대해서 오종록은 서북면의 정주, 철주, 영주, 가주와 동북면의 선주, 덕주에 지주사나 지군사가 파견되었음을 『고려사』나 『세종실록』 지리지에서는 확인할 수 없으나 전반적 추세로 보아 방어사가 파견되었다고는 여겨지지 않는다고 하고 있다(오종록, 앞의 논문, 1993, 83쪽).

161 이 사실은 일찍이 원종 때에 곽주의 동쪽 16촌과 속현인 안융진을 떼어내서 대몽항쟁 기간 동안 영역을 상실했던 수주를 재건했다는 기록(『세종실록』 지리지, 평안도, 수천군)과 동북면의 영풍진이 다른 고을의 속현으로 되었다는 기록(『세종실록』 지리지, 함길도, 안변도호부)을 통해 확인할 수 있다.

162 『세종실록』 지리지, 함길도, 고원군·문천군·예원군조 참조.

개편되기도 했다.[163] 이러한 사실은 고려말에 양계의 주진군 조직이 무너지면서 행정 조직상으로 남방 5도와 차이가 크게 줄었음을 나타낸다.[164]

익군을 관할하는 각 익의 천호는 토착 유력자를 임명했다. 만호에는 중앙의 주요 관직자를 임명하는 만호와 토착 유력자를 임명하는 두 부류가 있었다.[165] 만호부를 관할하여 지휘권을 행사한 것은 중앙에서 파견하는 만호였다. 홍건적 등의 침입을 막기 위해 중앙의 고위 장수로 임명했던 안주·서경 등지의 만호부 만호의 계통을 잇고 있다. 이들은 구자口子에 파견된 장교들을 지휘하여 국방을 맡는 한편 적의 침략이 일어나면 도통사나 원수의 지휘 아래 관할 군사력을 통솔하여 전투에 임했다. 그런데 우왕대가 되자 양계, 특히 서북면에 설치되었던 만호부가 '군익도軍翼道'로 바뀌고, 군익도를 단위로 원수를 파견하여 익군을 지휘하는 체제로 변했다. '군익도'란 고려말 북방 동서북면에 전기의 주진군 조직을 대체한 익군翼軍과 그 조직의 중심체인 만호부를 단위로 하는 군사동원망이다.

양계는 고려 전기부터 중요한 국방지역이었으므로 양계의 도순문사는 군사지휘보다는 군사행정을 담당하며 도내 행정을 총괄하는 직책으로 자리잡아 갔다. 서북면에서는 공민왕 때부터 도순문사는 서경에, 도내 군사를 총지휘하는 장수는 안주에 위치하였으며, 동북면 도순문사는 화령부를 도순문사영都巡問使營으로 하여 도내 행정을 총괄하면서 북쪽의 단주·북청주 만호부를 통한 국방을 지원하였다. 이에 따라 남방 5도의 안렴사가 격상되어 도관찰출척사로 바뀔 때 양계의 도순문사는 하삼도 도순문사와는 달리 도관찰출척사겸병마도절제사로 직함이 바뀌었다.[166]

서해도와 교주도·강릉도에도 도순문사가 파견된 적이 있으나 제도화되지는 않았다. 우왕 시절에는 필요할 경우 원수가 파견되어 국방을 맡았다. 교주도·강릉도에는

---

163 예로 장평진과 요덕진은 공민왕 6년에 현으로 개편되어 현령이 설치되었다가 동왕 20년에 모두 화령부의 사로 개편되었다. 또한 정변진과 영인진도 조선초에 영흥부의 사로 개편되었다(『세종실록』 지리지, 함길도, 영흥대도호부).

164 오종록, 앞의 논문, 1993, 83쪽.

165 앞의 논문, 1989 참조.

166 다만 이때의 변화는 바로 복원되었다.(吳宗祿,「朝鮮初期 兵馬節度使制의 成立과 運用(上)」『震檀學報』 59, 1985, 88쪽).

일반적으로 교주도, 강릉도 각각을 단위로 원수가 파견되었지만 유사시의 군사 운용에서는 교주·강릉도 또는 교주·강릉·삭방도가 하나의 단위가 되기도 했다. 이에 비해 경기에는 별다른 군사력이 없었으며, 적이 개경 부근에까지 이르면 도통사가 원수들을 통해 개경 5부 방리군과 각 도의 시위군을 거느리고 출전하였다.[167]

2) 공민왕대 익군의 설치

익군은 양계의 병농일치의 군사조직이자 또한 행정조직이었다. 익군체제가 형성된 것은 고려 공민왕대였다. 공민왕 5년(1356)에 반원개혁이 추진되면서 쌍성총관부가 수복되었고, 이후 북방지역이 국방상의 요새로서 다시 중시되면서 익군이라는 군대조직이 탄생했다.[168]

익군을 조직하기 이전 고려 북방의 상황은 대단히 심각했다. 고려 고종 18년(1231)부터 몽고와의 전쟁이 시작되었다. 이 기간 동안 북방의 여러 주진은 성을 지키면서 임무를 수행했다. 그러나 왕과 귀족들이 강화로 천도하자 북계의 홍복원洪福源이 자기의 성을 들어 몽고에 항복했다.[169] 몽고는 이를 빌미로 고려와의 강화 후에도 북방지역을 자신들의 영토로 편입했다. 1270년 동녕부東寧府를 되찾았지만, 북방의 요새 중에는 몽고의 직접적 지배 아래 있는 것이 많았다. 이 지역은 요양성에 속하고 쌍성총관부가 관할했다.[170]

몽고의 직접 지배 아래 있는 북방 지역은 몽고의 지방제도에 따라 통치되었다. 몽고의 지방제도는 총관부摠管府 아래 총관 및 천호 백호 등이 있어서 누층적 지배체제를 이루고 있었다. 고려의 북방지역도 예외가 아니었다. 즉, 호수에 따라 행정·군사 단위가 정해지고, 그 지휘 계열에 따라 통치가 이루어졌다. 그러다가 공민왕 5년 군사력을 동원하여 쌍성총관부를 수복함으로써 몽고에 점령되었던 고려의 옛 영토를 회

---

167 吳宗祿, 앞의 논문, 1991, 245~249쪽.
168 민현구, 「鎭管體制의 確立과 朝鮮初期 地方軍制의 成立」『朝鮮初期의 軍事制度와 정치』, 한국연구원, 1983, 45~46쪽 참조.
169 『고려사』 권130, 열전43, 홍복원.
170 민현구, 앞의 책, 1983, 225쪽.

복하게 되었다. 이후 원과의 긴장관계가 파생되면서 이 지역이 군사적으로 중요하게 되었다. 또한 홍건적이 두 차례에 걸쳐 고려를 침입했고, 덕흥군을 고려의 왕으로 세우고자 하는 원의 책동이 있었으며, 나하추가 침입하는 등 군사적 긴장이 계속되고 있었다. 이러한 상황에서 전기의 주진군 조직을 대체한 것이 동서북면의 익군과 그 중심체인 만호부였다.[171]

공민왕 7년(1358)에는 서경군민만호부, 안주군민만호부, 삭방도군민만호부 등이 나타나고 상만호, 부만호 등이 임명되었다.[172] 이것은 홍건적의 내침설에 자극받아 지방의 국경지대를 요새화하고 강력한 방어선을 구축하기 위함이었다. 그 후 공민왕 18년(1369) 11월에는 서경만호부의 좌익·우익·전군·후군·정예·정의·충의·충성·신검·신성의 10군을 비롯하여 안주만호부의 8군, 의주만호부의 4군, 니성만호부의 4군, 강계만호부의 4군이 설치되며 각기 상·부만호를 설치했다.[173] 이 때는 고려가 홍건적을 격퇴하고 대명관계가 성립되어 원과 대립하고 장차 동녕부 정벌이 이루어지려고 하는 시기였다.[174]

이때 익군과 익군조직이 나타났다. 익군은 각 만호부가 통솔하는 각군을 우익이라는 뜻에서 부르는 명칭이었다. 익군조직은 일정한 지역에 몇 개의 익군을 두어 이것을 합쳐 하나의 군사단위로 삼는 것이었다. 즉, 공민왕대에 이르러 초기의 주진군체제를 상기시키는 독특한 군사조직이 서북면지역에 생성된 것이다.[175]

익군은 서북면에서 먼저 편성되었다. 서북면은 중국과의 교통로에 위치하여 동북면보다 국방의 중요성이 컸고 행정조직도 잘 갖추어진 편이었기 때문이다. 서북면에 익군을 조직하는데 공을 세운 사람은 공민왕 5년 서북면 도원수로 파견된 염제신이었다. 염제신은 유사시에 동원할 수 있는 서북면의 병력을 파악하고 군량을 비축했다. 그리고 안주를 주요 국방 거점으로 정해 그곳에 많은 병력이 주둔토록 했다. 염제신은 서북면 군사를 전기의 주진군처럼 유사시에는 전투에 임하고 평상시에는 둔전

---

171 오종록, 앞의 논문, 1993, 83쪽.
172 『고려사』 세가, 공민왕 7년 6월 계미.
173 『고려사』 권81, 지35, 병1, 병제.
174 민현구, 앞의 책, 1983, 226쪽.
175 민현구, 앞의 책, 1983, 226쪽.

을 경작하는 병농일치적 존재로 규정했다. 또한 국방 요충지에는 수소戍所를 설치하고 수졸戍卒을 배치했다. 아울러 원 간섭기 동안 형성된 토착 지배질서를 바탕으로 만호, 천호 등을 두어서 유사시에 군사력을 징발하는 장치로 활용할 수 있도록 틀을 갖추었다.[176] 만호부에는 만호, 각 익에는 상·부천호를 두는 체제였다.[177] 이같이 군사조직이 짜여진 위에 구자가 설치되고 꽤 직급이 높은 지휘관이 파견되어 국경지대의 방어망도 강화되었다.[178]

이러한 바탕 위에서 공민왕 18년(1369) 서북면 익군 조직이 편성되었다. 이해 8월 서북면의 행정 중심지인 서경, 군사 중심지인 안주와 국경지역의 주요 국방 거점인 의주, 니성, 강계에 만호부가 설치되었다. 이어 11월에 서경만호부에 10익, 안주만호부에 8익, 의주, 니성, 강계 만호부에 각각 4익을 두었다. 이리하여 서북면에 병농일치의 익군이 조직되었다. 후에 우왕 3년(1377) 1월 안주만호부 소속 익군은 2익이 추가되어 10익으로 편성되었다.[179] 우왕 4년(1378) 도당은 서북면의 익군 조직를 전국에 확대시키자고 하여 전국에 익군조직이 만들어졌다가 반년 만에 그만 둔 일이 있었다.[180] 이에 따르면 익군조직은 10명을 통할하는 통주, 100명을 통할하는 백호, 1,000명을 통할하는 천호가 획일적인 지휘계통을 이루고 있었다. 특히 그 지역 안의 모든 인정人丁은 군인으로 편성되어 항상 점검의 대상이 되었다. 이들은 평소에는 농사를 짓다가 군사적인 변고가 발생하면 출정했다.[181]

서북면 익군 조직의 동원은 만호-상천호-부천호의 지휘체계를 통해 이루어졌다. 앞서 언급한 서북면 5개 만호부를 관할한 것은 만호였고, 만호부에 소속된 각 익에는

---

176 『고려사』 권81, 지35, 병1, 병제, 공민왕 5년 11월 ; 『고려사』 권111, 열전24, 염제신.
오종록, 앞의 논문, 1991, 231~232쪽.

177 안주만호부에는 우왕 3년에 2익이 추가되어 서경만호부와 같이 10익이 소속되었다(李基白, 앞의 책, 202~203쪽).

178 吳宗祿,「朝鮮初期의 邊鎭防衛와 兵馬僉使·萬戶」『歷史學報』123, 1989.

179 이기백,「高麗末期의 翼軍」『李弘稙博士回甲紀念韓國史學論叢』, 1969 ;『高麗貴族社會의 形成』, 일조각, 1990.

180 『고려사』 권81, 지35, 병1, 병제, 우왕 4년 12월 :『고려사』 권81, 지35, 병1, 병제, 우왕 5년 윤5월.

181 이기백,「고려말기의 익군」『이홍직박사회갑기념한국사학논총』, 1969

상천호와 부천호가 두어졌다. 이들이 소속 익군을 조직적으로 관할, 동원했다. 이때의 익군 조직은 소속 익군 전체의 병력 규모에 따라 4~10개의 익을 설치하고 익마다 천호를 두는 방식이었다.[182] 이처럼 고려말에는 상비군적 군사조직이 짜여져 있었다. 여기에 국경 지역의 수소가 구자[保]로 발전되어 지휘관이 파견되면서 방어망도 강화되었다.[183]

익군의 지휘체계에서 만호로 임명된 인물은 중앙의 주요 관직자이거나 혹은 토착 유력자였다. 이중 중앙의 주요 관직자 출신의 만호가 만호부를 관할하여 지휘권을 행사했다. 이들은 구자에 파견된 지휘관을 지휘하여 국방을 맡는 한편 군사를 동원해 출정하고, 큰 적침이 있으면 만호부 관할 군사력을 지휘하여 전투에 임했다. 반면 각 익의 천호는 모두 토착 유력자로 임명되었다.[184]

동북면에 익군 조직이 갖추어진 것 역시 서북면과 마찬가지로 공민왕 5년쯤으로 여겨진다. 이는 우왕 9년(1383)에 올린 이성계의 안변책安邊策을 통해 확인할 수 있다. 여기에는 '공민왕 5년에 100호를 단위로 통을 설치하여 통주가 원수영에 예속되도록 했다.'는 언급이 있다.[185] 이는 공민왕 5년 쌍성총관부를 수복한 직후에 군인을 파악 동원하기 위한 기초 조직을 갖추었음을 시사한다고 하겠다. 그런데 이때 파악된 군사력은 안북천호방어소安北千戶防禦所를 중심으로 국방에 동원하는 정도였을 것이다.[186]

동북면의 함주, 안북 등에 익군이 조직되었던 것은 공민왕 18년에 이르러서였다고 여겨진다.[187] 이후 공민왕 21년(1372)에 안북을 북청주로 개칭하여 만호부를 설치

---

182 이는 각 고을을 단위로 했던 조선초기의 경우와 차이가 나지만, 이때에도 역시 각 만호부에는 소속 고을이 정해져 있었을 것으로 추정하고 있다(오종록, 앞의 논문, 1993, 85쪽).

183 공민왕 20년 당시 구자가 설치된 지역은 파아, 산양회, 해동, 청수 등이었다(오종록, 앞의 논문, 1993, 각주 17 재인용).

184 오종록, 앞의 논문, 1991, 232~233쪽.

185 『고려사』 권135, 열전48, 신우 9년 8월.

186 이 사실은 『고려사』 권58, 지리지, 동계 함주조에 공민왕 5년 당시 설치된 함주만호부와 안북(북청) 천호방어소 가운데 함주만호부를 '강릉·경상·전라도의 병마를 모아서 지켰다.'는 기록으로 추측할 수 있다(오종록, 앞의 논문, 1993, 85쪽).

187 이 때로 추측하는 것은 구체적 입증자료가 없기 때문이다. 다만 이해 가을부터 겨울까지 동서북면과 동북면의 요충지에 만호·천호를 많이 설치했고(『고려사』 권41, 세가41, 공민왕 18년 11월

했고, 우왕 때에는 북청주보다 북쪽에 위치한 단주端州에 만호부를 두었다. 이러한 사실은 익군 설치를 바탕으로 동북면의 영역도 차츰 확장되어 갔음을 시사한다.[188] 그러나 익군체제가 서북면만큼 폭넓게 짜여지지는 못하였다.[189] 이성계의 안변책에서 100호를 단위로 통을 설치하고, 통주가 원수영에 예속되도록 했다고 하나, 수복 직후 설치한 함주만호부를 강릉·경상·전라도 등의 군마를 모아서 지켜야 할 정도였다는[190] 사실은 군사 조직이 매우 엉성했음을 말해준다. 그래서 서북면의 익군은 체제가 크게 무너지지 않고 조선이 건국될 무렵까지 유지되었던 것으로 보이나 동북면에서는 우왕 연간에 익군조직이 이미 상당 부분 훼손되어 있었다.[191]

공민왕대에 조직된 만호부 중심의 익군은 우왕대에 군사도軍事道로서의 군익도로 형성되어 갔다. 군익도의 형성은 고려말 원수의 파견과 관련이 있었다. 공민왕대 이후 동·서북면의 장관은 도순문사였다. 그런데 도순문사는 군사 지휘보다는 도내의 군사 행정을 총괄하는 직책이었고, 공민왕 20년 이후로는 도내의 일반 행정까지 총괄했다. 이와 구별되어 유사시 군사를 지휘하는 임무를 담당했던 것은 원수였다. 당시 동서북면에는 만호부를 중심으로 익군이 편성되어 있었던 까닭에, 대규모의 익군을 동원 지휘해야 할 때에는 만호부 단위로 만호나 원수를 중앙에서 파견했고, 그 위에 도원수나 도통사 등을 파견하여 도내 군사 전체를 지휘토록 했다. 그런데 우왕대에 이르러 서북면의 경우 각 만호부나 만호부가 설치된 지역의 이름이 붙은 군사도, 즉 서경도, 안주도 등을 단위로 원수가 파견되었다. 혹은 의주, 강계, 이성 등을 단위로 원수가 파견되었다.[192] 이로부터 기존의 만호부가 설치되었던 지역의 이름을 딴 군익도가 형성되어 간 것으로 짐작된다.[193] 창왕이 즉위한 직후 서북면 5개 군익도에는

신미), 이해에 和州를 和寧府로 승격시키면서 土官을 설치했는데 이것이 익군의 설치와 관련이 있을 듯하다(이재룡, 「朝鮮初期의 翼軍」『崇田大論文集 人文科學篇』, 1982 : 『朝鮮初期社會構造研究』, 일조각, 1984, 157~158쪽).

188 오종록, 앞의 논문, 1993, 232~234·246~247쪽.
189 吳宗祿, 앞의 논문, 1991, 233~234쪽.
190 『고려사』 권58, 지12, 지리3, 동계, 咸州.
191 吳宗祿, 앞의 논문, 1991 참조.
192 오종록, 앞의 논문, 1991, 238쪽.
193 군익도에는 기존의 만호부가 관할하던 각 주군이 포괄되었을 것으로 여겨지고 군사도와 함께 서

원수 1명, 상·부만호 각 1명씩을 두었다.[194] 이 때의 원수부와 만호부가 군익도의 군사와 행정을 담당하는 기구였을 것이다.[195]

익군의 특징은 그 지역 내의 모든 인정이 군사조직의 구성원으로 있으면서 적변이 없을 때에는 농사를 지을 수 있다는 것이었다. 그리하여 서북면의 모든 인정은 군사적 업무에만 전심하도록 하고 그 밖의 공부貢賦는 일체 면제받았다. 또한 전조田租도 모두 군수에 충당되었다. 결국 내용상으로는 완전히 일치하지는 않는다 하더라도 고려초기 양계의 주진군 조직의 특수성이 고려말 서북면의 익군조직으로 계승되고 있는 셈이었다.[196]

요컨대, 고려말 동서북면의 군익도 형성은 전기의 주진군 조직과 밀접한 관련을 지니고 있다. 고려 말에 이르러 북방 지역의 주진은 일반 수령이 파견되는 주군현으로 변화되어 있었다. 그러나 여전히 동서북면의 국방상 중요성은 상존해 있었다. 이러한 현실에 따라 북방의 동서북면에는 다시 군사조직이자 행정조직인 익군체제가 편성되었다. 조선이 건국될 무렵 서북면에는 5개 군익도에 원수 등의 장수가 파견되어 군사와 행정을 관할했다. 그리고 이를 도순문사가 총괄했다. 동북면도 서북면과 유사한 틀을 갖추고 있었다.

3. 남도진수군 정비와 수군 강화

충정왕 2년(1350) 이후 왜구의 침입이 본격화되고 중국 대륙에서 왕조 교체가 이루어지는 과정에서 고려에 군사적 위협이 가해짐에 따라 남부 지방의 국방력 강화도 중앙군 및 양계 지역의 강화 못지않게 중요한 과제로 부각되었다. 왜구의 침입은 시

북면 전체와 각 고을을 잇는 중간 행정단위로서도 기능하였을 것으로 생각된다(오종록, 앞의 논문, 1993, 86쪽).

194 『고려사절요』 권33, 신우 14년 8월.

195 동북면에서도 서북면과 같은 변화가 있었을 것으로 추정되지만, 동북면의 특정 지역을 대상으로 원수를 파견한 사례는 발견되지 않는다(오종록, 앞의 논문, 1993, 87쪽).

196 민현구, 앞의 책, 1983, 227쪽.

간이 갈수록 심해졌다. 경인의 왜구의 시발점인 1350년부터 1369년까지 20년 동안 왜구의 침입관계기사는 77개, 침입지역은 100여 개소였지만, 1370년에서 1379년의 10년 간 왜구 침입기사는 175개, 침입 장소는 290여 개소에 달했다. 피해도 점점 충격적이 되었다. 공민왕 12년 213척의 함대가 교동을 점거하고 수안현을 약탈했다.[197] 공민왕 14년에는 예성강에 들어와 병선 40척을 불살랐고, 다음 해에는 교동에 장기 주둔하였다.[198] 22년에는 해주에 침입하여 목사를 살해했으며,[199] 개경에서 하루길인 백주白州 금곡역金谷驛을 약탈하는 사건도 벌어졌다.

그럼에도 불구하고 1360년대까지는 북방의 군사적 위협이 우선적이었다. 따라서 동·서북면 지역은 사실상 새로운 제도를 갖추어 나가야 했다. 반면 취약하나마 만호부와 방호소가 설치되고 진변별초鎭邊別抄·진수군鎭戍軍 등이 배치되었던 하삼도(경상·전라·양광)는 이를 바탕으로 군사력을 정비하게 되었다. 현실적으로 국방의 필요성이 제일 낮았던 중부의 경기도·서해도·강릉도·교주도 지역은 군사제도 정비 움직임은 두드러지지 않았다.

하삼도에서는 공민왕대부터 도순문사가 각 도의 군사 책임자로 등장했다. 충정왕 2년 2월 왜구가 고성固城·죽림竹林·거제巨濟에 대규모로 침입하자, 이 해 3월에 도순문사직을 겸해 오던 합포·전라진변만호부의 만호와 별도로 전라·양광도도순문사와 경상·전라도도지휘사를 파견한 조치가 그 변화의 계기였다.[200] 그 뒤 공민왕 5년 진변만호부를 폐지하고, 그 동안 임시 사행에 불과했던 도순문사가 도순문진변사都巡問鎭邊使가 되어 진변만호가 수행하던 임무를 계승했다.[201]

해안지역에 방어선을 구축하면서 공민왕 2년 무렵부터 해안지역 군현 수령에게 방어 임무가 부여되고, 수소의 수도 크게 증가되어 갔다.[202] 우왕 원년(1375)부터 각 도

197 『고려사』 권40 세가40, 공민왕 12년 4월 기미.
198 『고려사』 권41, 세가41, 공민왕 14년 3월 경신 ; 『고려사』 권41, 세가41, 공민왕 14년 4월 기해 ; 『고려사』 권41, 세가41, 공민왕 15년 5월 을사.
199 『고려사』 권44, 세가44, 공민왕 22년 9월 신축.
200 『고려사』 권37, 세가37, 충정왕 2년 3월 경진.
201 吳宗祿, 앞의 논문, 1986 참조.
202 吳宗祿, 앞의 논문, 1991, 13쪽. 戍所는 防護所를 개칭한 것이다. 공민왕 10년에 전라도에만 18개소나 되어서(『고려사절요』 권27, 공민왕 10년 5월 全羅道按廉使田祿生啓) 당시 하삼도 수소의

남포 읍성(충남 보령)
우왕 때 축성하여 공양왕 때 완성하고, 군영을 설치하였다.

의 원수가 도순문사를 겸직하고 일반 주군의 수령도 병마兵馬 직함을 띠게 되었다. 수령의 병마직함은 병마사·지병마사 등이 원칙이지만, 계수관의 수령은 양부 재신宰臣을 임명하는 경우가 많아서 원수 직함을 수여하기도 했다. 그런데 도순문사는 하삼도와 양계에서만 제도로서 정착하였고, 그 가운데 군사지휘를 전담한 것은 하삼도 도순문사뿐이었다. 즉 도 단위 지방군제의 발달은 주로 하삼도에서 도순문사를 중심으로 이루어졌으며, 우왕대에는 원수 가운데 한 사람이 출진하여 도순문사를 겸직하면서 도순문사영營과 수소로 짜여진 방어망을 바탕으로 병마직함을 띤 수령들을 지휘하여 국방 임무를 수행했다.[203]

하삼도 도순문사는 수소의 수졸과 기존의 진변별초, 공민왕 13년부터 편성되어 지

총수는 50개 이상인 것으로 추정된다.
203 吳宗祿, 앞의 논문, 1991 참조.

방군의 주력이 된 농민시위군들을 지휘하여 국방에 임했다. 수졸은 육군과 수군의 구분이 분명하지 않았다. 도순문사영은 물론 수소에도 전선이 배치되어 있었는데 수졸 가운데 일부는 이 전선을 타고 전투하는 수군이었다. 즉, 당시 하삼도의 도별 군사 지휘계통은 육군과 수군이 분화되지 않은 상태에서 도순문사를 정점으로 형성되어 있었다.[204] 도순문사 휘하에는 도순문사영에만도 수천을 헤아리는 병력이 있었음에도 연호군煙戶軍·별군別軍의 명목으로 추가로 군사를 뽑기도 했다. 도순문사의 휘하에는 군령 기구인 진무소鎭撫所와 행정 실무기구인 녹사錄事가 있었다.[205] 그러나 군사행정은 상당 부분이 안렴사按廉使에게 맡겨졌다.

하삼도의 군사제도를 도를 단위로 체계화한 데 이어 방어시설도 점차 구축해 갔다. 경상도의 합포영, 전라도의 광주영光州營, 양광도의 이산영伊山營 등 도순문사영이 고정 설치되고 요새화됨으로써 명실상부한 도의 국방 중심으로 자리잡아 갔다. 왜구가 침입하면 해안지역 주민들만 입보入保시켰지만, 우왕대에는 내륙주민으로 입보 대상이 확대되었다. 이에 많은 산성이 수축되었다. 특히 영해寧海·울주蔚州·동래東萊·영일迎日·감포藍浦·흥해 등 해안지역 요충지에 위치한 주요 군현에는 우왕·공양왕 연간에 읍성을 쌓고 수소와 수졸을 설치하고, 군함을 갖춘 위에 병마사나 만호 등을 파견하였다.[206]

하지만 이와 같은 정책만으로는 날로 증가하는 왜구의 제압하기에 한계가 있었다. 이에 대한 대책으로 본격적인 수군력 강화정책에 착수한다. 고려 말에 행해진 군제 개혁에서 커다란 변화의 하나가 수군의 개혁이다. 수군을 양성하여 바다에서 왜구를 격퇴한다는 해방전술海防戰術을 채택하면서, 대대적인 수군 증강과 지휘체제, 군역제, 병선 건조와 개량 사업을 추진한다. 이러한 해방정책은 1352년(공민왕 1)에 올린 이색의 상소에서 건의되었으나 시행되지 못하다가, 1372년(공민왕 22) 경부터 본격적으로 추진되었다.[207]

---

204 吳宗祿, 앞의 논문, 1991, 231쪽.
205 吳宗祿, 앞의 논문, 1986, 26~27쪽.
206 吳宗祿, 앞의 논문, 1991, 28~31쪽.
207 陸軍本部, 『韓國軍制史(朝鮮前期編)』(육군본부 편), 107쪽 ; 權寧國, 앞의 박사학위논문, 1995, 132~133쪽 참조.

왜구를 육지에서 방어한다는 방식은 근본적인 한계가 있었다. 왜구는 바다에서 움직이므로 기동성과 선제권을 늘 빼앗겼다. 고려군이 분산배치하면 집중공격하고, 거점 방어로 전환하면 빈틈을 노렸다. 밤에는 시야가 짧아져 왜구의 접근을 파악하기 어렵고, 선제권을 쥔 그들은 양동, 기만을 자유자재로 했다. 고려군의 이동, 배치 상황을 먼저 파악해서 병력이 약하거나 병력이 나누어지면 진지를 습격해서 방어력을 무력화시킨 뒤에 약탈했다. 고려군이 진지를 강하게 고수하면 민가를 습격했다.[208]

또 하나 육지방어로는 왜구의 주목표인 조운선을 보호할 수가 없었다.[209] 공민왕, 우왕 때는 세곡미가 오지 않았다고 할 정도였으며,[210] 전국적으로 조창을 이동시키고, 조운을 육운으로 대체하는 시도까지 했다.[211]

그럼에도 불구하고 고려는 해방전술의 채택이 늦었다. 이색이 상소를 올린 뒤 21년이 지난 후에야 해방전술을 채택한다. 그 이유는 왜구가 바다에 익숙하므로 육지에서 싸워야 한다는 판단 오류도 있었지만,[212] 근본적인 이유는 공민왕의 군사정책과 홍건적의 침입 등으로 수군 강화책을 시행할 여력이 부족했던 것과 고려 수군이 지니고 있던 전술적 취약점 때문이었다.[213]

사실 고려는 왜구 발생 초기부터 육방정책의 한계를 알고 있었고, 해방정책으로 대응하려고 했었다.[214] 그러나 기존의 고려의 국방전략은 북방민족의 침공에 맞추어져 있었던 탓에 수군력이 약했다. 후삼국 시대에 왕건은 수군 지휘관으로 명성을 날렸고, 대규모 수군 함대가 조성되기도 했다. 그러나 고려 건국 이후로 고려의 군사제도에서 수군은 육군의 보조적 위치만 차지하고 있었으며, 수군의 전술 역시 소규모 왜

---

208 『고려사』 권112, 열전25, 偰長壽.
209 『고려사』 권35, 충숙왕 1년 6월 정해.
210 『고려사』 권38, 세가38, 공민왕 3년 3월 기유 ; 『고려사』 권38, 세가38, 공민왕 4년 4월 신사 ; 『고려사』 권38, 세가38, 공민왕 7년 3월 기유 ; 『고려사』 권38, 세가38, 공민왕 7년 7월 임술.
211 『고려사』 권43, 세가43, 공민왕 6, 공민왕 21년 2월 경진.
212 『고려사』 권83, 지37, 병3, 선군, 공민왕 22년 우현보 등의 상소.
213 임용한, 「고려 후기 수군개혁과 전술변화」, 『군사』 54, 2005, 273~281쪽.
214 『고려사』 권7 세가7 문종1, 문종 4년 9월 기해, "己亥 東北面兵馬使奏 海賊寇掠烈山縣 遣兵馬錄事文揚烈 以戰艦二十三艘追 至椒子島 奮擊大敗之 斬九級 焚其部落屋舍三十餘所 毀戰艦八艘 獲兵器以百數 請賞其功 從之". 이외 『고려사』 권7 세가7 문종1, 문종 4년 11월 기유 ; 『고려사』 권22, 세가22, 고종1, 고종 13년 3월.

구의 제압에 맞추어져 규모도 적었다. 공민왕 22년 이전 고려가 동원하는 수군 함대는 100척이 되지 못했다. 반면 이 시기 왜구는 수천에서 만 단위의 병력일 때도 있었고, 전함의 수도 200척, 300척을 넘기기도 했다.[215]

예를 들어 공민왕 원년 3월에 공민왕은 김휘남金暉南을 포왜사捕倭使로 임명하여 수군을 출동시켰다. 김휘남이 거느린 배는 25척이었다. 그는 지금의 경기만 입구에 있는 풍도楓島에서 왜선 20척과 조우했지만, 싸우지 않고 후퇴했다. 다음 날 왜구의 본대가 몰려왔는데, 병선수가 고려군보다 많았다. 김휘남은 해전을 완전히 포기하고, 서강으로 후퇴하였다. 고려는 어쩔 수 없이 육군인 홀치와 영병領兵을 동원하여 개경과 교동을 방어하게 하였다.[216] 8월에는 만호 인당印瑭을 포왜사로 삼아 금군과 서강과 교동의 수군 1천명을 주었다. 인당도 이 병력으로는 왜구를 대적할 수 없어 방어만 하고 출전하지 못했다.[217] 공민왕 대에 고려가 동원한 최대 규모의 수군은 공민왕 13년에 결성한 변광수의 함대로 80척이었다.[218]

그런데 고려 수군의 문제는 병력만이 아니었다. 양측 전력이 비슷할 때도 고려 수군은 왜구를 당해내지 못했다. 김휘남도 20척의 왜선에게 패했다. 변광수 함대는 제일 유능한 강화, 교동의 수군에 전투병으로 최강의 무사라는 동북면의 무사들까지 차출해서 승선시켰는데, 80척의 함대가 50여 척의 왜선에게 대패하고 말았다.

여기에는 전술적 이유도 있었다. 일반적으로 전근대의 해전술에는 3가지 유형의 전술이 사용되었다. 배 앞에 설치한 충각衝角(ram)으로 적선을 들이 받아 파괴하는 충격전술과 보병이 적선에 올라타 백병전을 벌이는 등선육박전술登船肉縛戰術

---

215 『고려사』 권40, 세가40, 공민왕 12년 4월 기미 ;『고려사』 권40, 세가40, 공민왕 13년 3월 기사 ;『고려사절요』 권29, 공민왕 22년 6월,『고려사』 권29, 공민왕 23년 4월. 물론 왜구는 쾌속선과 소형함선을 선호해서 척수만으로 병력이 우위라고 보기는 어렵다. 그러나 이 시기 침공기록을 보면 병력에서 압도하는 경우도 곧잘 발견할 수 있다.

216 『고려사』 권38, 세가38, 공민왕 원년 3월, "捕倭使金暉南 以戰艦二十五艘禦倭 至楓島遇賊船二十艘 不戰而退 至喬桐 又望見賊船甚盛 還西江請濟師……己未 倭船大至 金暉南兵少 不能敵 退次西江告急 調發諸領兵及忽赤 分遣西江甲山喬桐以備之 婦女闐街痛哭 都城大駭".

217 『고려사』 권38, 세가38, 공민왕 원년 8월 정묘, "捕倭使印瑭 帥禁軍及東西江喬桐水手一千人禦倭 以逗遛不進 下瑭獄".

218 『고려사』 권40, 세가40, 공민왕 13년 3월 갑진, 권114, 열전27, 邊光秀.

(boarding), 선박 간에 거리를 두고 활과 같은 사격전으로 적선을 제압하거나 불태우는 전술이다.[219]

고려군의 전통적인 장기는 사격 위주의 장병전술이었다. 해전에서도 궁병의 비중이 컸다. 공민왕 21년 탐라에서 말을 수송해 오는데, 왜구의 약탈이 우려되자 특별히 궁병 425명을 파견해서 호송해 오게 했던 사례도 있다.[220]

반면에 왜구의 장기는 단병접전이었다. 해상에서는 작고 빠른 배를 타고 접근해 배 안으로 뛰어들어 백병전을 벌이는 등선육박전술을 선호했다.[221] 그런데 육전에서 고려군은 왜구에 비해 떨어지는 단병접전의 약점을 성과 같은 요새나 험지를 이용하거나 기병의 기동력으로 상쇄하면서 지속적인 사격전을 수행할 수 있었다. 하지만 해전에서는 적이 배안으로 뛰어들면 적과 거리를 유지할 방법이 없었다. 이 문제를 해결하는 유일한 방법은 뱃전이 높은 큰 배를 사용하는 것이었다. 높은 뱃전은 성벽 역할을 하고, 배가 커야 궁수를 집결시키고, 기타 장비를 설치하기도 수월했다.

고려의 해상전술이 사격과 대형함을 중심으로 하게 되자 병력 효율성이 떨어지는 문제가 발생했다. 이 전술을 사용하려면 병력의 우위가 필수적이었다.[222] 14세기 이전 왜구가 소규모일 때는 이런 전술이 문제가 없었다. 그러나 1351년 이후 왜구가 증가하고 대규모화하자 이것은 심각한 약점이 되었다. 왜구 함대가 오히려 고려 수군보다 많은 상태에서 고려군이 왜구를 대적하거나 소탕할 수가 없었다. 따라서 해방전술을 사용하기 위해서는 수군의 대대적인 증강이 필수적이었다. 그래서 가뜩이나 고려 전기의 군제가 붕괴되고, 국가 재정과 군역자원이 열악하고, 북방의 전쟁이 지속되는 상황에서 고려는 본격적인 해방전술을 사용할 수가 없었다.

1370년대에 들어서야 고려의 북방이 안정되었다. 1372년에 우현보 등이 해방정책

---

219 金在瑾, 『한국의 배』, 서울대학교 출판부, 1994, 92쪽.
220 『고려사』 권43, 세가43, 공민왕6, 공민왕 21년 4월 임인.
221 이런 사정으로 고려군이 충격 전술도 사용하기 어려웠다. 충격으로 적선을 완파할 수도 있지만 대부분은 반파, 기동불능 상태로 만들고, 충각이 꽂히면 양쪽 배가 엉키기 때문에 2차적으로 백병전이 벌어질 확률이 높다. 왜구는 소형단병접전에 관한 왜구는 거의 최강이었고, 소형 쾌속선을 선호한 관계로 느린 대형함이 왜구를 들이 받기는 어려웠다.
222 임용한, 앞의 글, 279쪽.

조선 세종 때 편찬된 『삼강행실도』의 「열부입강」
고려말 침입한 왜구의 모습을 그렸다.

을 건의한 것은 이때야 비로소 해방정책의 필요성을 깨달았기 때문이 아니라 수군 증강 정책을 시행할 수 있는 환경이 조성되었던 탓이었다.[223]

1372년 경부터 추진한 수군 증강사업은 두가지 방향으로 추진되었다. 먼저 수군력의 획기적 증강을 꾀했다. 이 책임자는 최영이었다. 최영은 대선 800척, 전체 함선 2,000척을 건조한다는 거대한 목표를 세웠다. 이는 여·원 연합군의 일본원정 때의 함대 규모를 초과하는 엄청난 규모였다. 공민왕은 최영을 육도도순찰사六道都巡察使로 임명하고 군호軍戶의 징발과 전함 건조에 거의 전권

---

223 임용한, 앞의 글, 286쪽. 그런데 공민왕 22년 이전에 고려가 수군 증강을 기획했던 것으로 보이는 단서가 하나 있다. 『고려사』에 의하면 공민왕 7년에 왜구가 각산 방어소에 들어와 배 300척을 불질렀다는 기록이 있다(『고려사』 권39, 세가39, 공민왕2, 공민왕 7년 3월 기유). 이 300척이 병선인지 민간의 배까지 합친 수인지는 확실하지 않다. 그러나 각산이 전통적인 수군 요충이고, 이 시대에 민간선이 그렇게 많았다고 보이지도 않는다. 따라서 어쩌면 고려군이 해방정책을 위해 건조한 함선이 왜구의 기습으로 소실되었을 가능성도 있다. 고려는 수군 증강정책을 다시 시작해야 했는데, 다음 해인 1359년부터 1362년까지 지속되었고, 1362년에는 나하추의 침입, 1364년에는 덕흥군 사건이 발생했다. 이것이 공민왕 22년까지 해방정책을 지연시킨 하나의 이유일 수도 있다.

정지 장군 예장석묘(광주)
정지 장군의 묘로 네모꼴로 무덤을 만들어 가장자리에 돌을 둘렀다.

을 주었다.[224] 최영은 급하게 정책을 밀어붙였는데, 각지에서 반발이 발생했다. 백성들이 수군으로 차출되는 것을 겁내어 집을 허물어 버리고 병역을 도피하는 사람이 10명 중에서 5~6명이나 되었다고 한다.[225]

고려의 재정과 군전, 양인 농민이 부족한 상태에서 급격한 병력확충과 함선건조는 커다란 부담이었다. 관료와 지방관들은 자신들의 전호나 노비, 은닉한 양민이 차출되는 것이 싫었을 것이다. 하지만 단기간에 수군력을 몇 배로 증강시키는 것은 정상적인 상황에서도 국가 재정과 백성에게 큰 부담이 되는 쉽지 않은 일이었음은 분명하다. 더욱이 백성들이 바다에 나가는 것을 겁내어 도주했다는 말처럼 훈련이 전혀 되지 않고, 육지에서 생활하던 사람을 급하게 수군으로 채용하는 것도 무리한 일이었다. 이런 이유로 사업의 진행은 순조롭지 못했다.

고려는 수군력의 양적 증강과 함께 질적 강화도 시도했다. 장병전술의 위력을 강화

---

224 『고려사절요』 권29, 공민왕4, 공민왕 22년 10월.
225 『고려사』 권83, 지37, 병3, 선군.

하기 위해 명나라에 명나라에 화약과 화기 제공을 부탁했다.[226] 하지만 명나라는 화약과 화기 제공에 소극적이었다.[227]

고려의 수군력 강화 계획은 양적, 질적 모든 부분에서 난관에 봉착했다. 이에 최영의 계획은 1373년에 올린 이희李禧와 정준제鄭准提(정지鄭地)의 건의에 의해서 중단되었다.[228]

이희와 정지의 정책 요점은 무리하게 양적인 강화를 추진하는 대신 바다에 익숙한 연해민을 훈련시켜 질적인 강화를 꾀하자는 것이었다. 이희는 5년이면 바다를 평정할 수 있다는 큰소리까지 쳤다. 공민왕은 이 건의에 따라 최영의 계획을 중지시켰다. 이 해는 그동안 최영이 건조한 병선을 끌고 나갔지만, 첫 출전에서 패배해 버렸다. 남은 함선도 손광유가 착량 전투에서 패배하면서 소실해 버렸다.[229]

그러나 정지는 자신의 고향인 나주, 목포 일대의 연해와 섬의 주민을 훈련시키고, 새로운 전술과 병기를 개발하여 강력한 수군 부대를 양성하는데 성공했다. 이 병사들은 다시 연해의 군현을 돌아다니며 병선을 개량해서 기계를 설치하고, 군대를 조련시켰다.[230] 이런 노력을 통해 강력한 수군 부대가 탄생한다.

이들이 고안한 새로운 전술은 해상에서 왜구의 접근과 등선을 방해하는 것이었다.

> 신(조석문; 필자 주)이 듣건대 고려 말기에 왜적이 침략했으나 병기가 갖추어지지 못하여 숫제 대적하지를 못했습니다. 또 우리나라 병선은 크고 느린데 왜선은 작고 가벼워 빠르기 때문에 언제나 갑자기 우리 배의 밑으로 들어와서 배 밑바닥을 도끼로써 구멍을 뚫으니, 이로 말미암아 우리 군사의 실패가 많았는데 선군, 김잉길金仍吉이란 자

---

226 『고려사』 권44, 세가44, 공민왕4, 공민왕 22년 11월.
227 명은 고려의 화약제공 요청을 거부했다(『고려사』 권44, 세가44, 공민왕 23년 6월). 그후 태도를 바꿔 고려에 염초와 유황을 제공했다는 기록도 있으나 그 성사 여부와 성과는 불확실하다(許善道,「麗末鮮初 火器의 傳來와 發達」『朝鮮時代 火藥兵器史 研究』, 一潮閣, 1994, 12쪽).
228 2,000척이라는 규모는 당시의 왜구의 규모와 양국 함대의 전술적 역량을 계산해서 내린 수치였다고 생각된다. 이는 나중에 최영이 이 목표수량을 채우지 못해서 왜구 토벌에 실패했다고 아쉬워했던 사실로도 증명이 된다(『고려사』 권113, 열전26, 최영).
229 『고려사』 권113, 열전26, 최영.
230 『세종실록』 권95, 세종 24년 3월 계해.

가 모책을 바쳐서 거철拒鐵과 구철拘鐵을 만들어, 왜선으로 하여금 들어 왔다가 물러가지 못하게 하고, 또 철질려를 만들어 배 안에 던지니, 이로부터 그런 걱정은 드디어 없어졌다고 합니다.[231]

김잉길이 고안했다는 거철은 적선을 밀어서 배에 접근하지 못하게 하는 지지대이고, 구철은 반대로 적선이 달아나지 못하게 하는 갈고리로 추정된다. 거철과 구철을 동시에 왜선에 걸면 적선을 들어오지도 나가지도 못하고 꼼짝 못하게 고정된다. 여기에 철질려를 던져 왜구가 배안에서 잘 움직이지도 못하게 만든 뒤에 활로 공격하는 것이다. 거철과 구철은 고전적인 무기로 이런 전술이 이때 처음 출현한 것이라고 보기는 어렵다.[232] 그러나 고려 수군이 그동안은 약체인 소규모 해적을 상대하다 보니 훈련과 전술이 부족했는데, 정지의 노력과 조련으로 전술과 전투력이 상승한 것으로 이해할 수 있겠다.

고려 수군의 전투력이 크게 상승했으나 이 정도의 전력 강화만으로는 아직 왜구를 제압하기에는 부족했다. 이때 고려 수군의 전력을 급격히 상승시킨 것이 화기의 도입이었다. 그리하여 최무선은 우왕 3년 신설된 화통도감의 책임자로 임명되어 3년 만에 20종이 넘는 화기를 고안했다. 이 화기는 크게 사격무기, 화염무기, 신호용 무기로 구분된다.[233] 이 중에서도 해전에서 크게 활약한 무기는 나무통에 화약을 담아 적선에 던져 폭발시키는 화통이었다. 화통은 점화장치가 아직 원시적이어서 정확하게 폭발시키기가 쉽지 않았지만, 거철, 구철로 고정시킨 왜구의 소형선에 일격을 가하거나 병사들을 배에서 이탈시키는 데는 아주 효과적인 무기였다.

화약무기와 신전술로 무장한 고려의 수군은 진포해전, 관음포 해전에서 왜구에게 대승을 거두었으며, 해전에서의 우위를 완전히 바꾸었다. 이 신전술과 신무기는 고려의 대선 중심의 전술체제가 지니는 근접전에서 열세를 보완할 뿐 아니라 대선 체제가

---

231 『성종실록』 권47, 성종 5년 9월 계해.
232 『武經總要前集』 권11, 水戰, "舟戰之具 謂之鉤 拒退則鉤之 進則拒之", 따라서 拒鐵과 拘鐵이 고려 말에 처음 등장한 무기라고 보기도 어렵다. 『武經總要』에도 갈고리는 해전의 대표적인 무기로 해 전용 무기 목록에 첫 번째로 등장하며, 그 기원도 춘추전국시대부터였다고 한다.
233 허선도, 앞의 책, 12~19쪽.

근접전에서도 유리하도록 만들었다는 데서 획기적인 의미가 있다. 대선은 충분한 화기와 화약을 적재할 수 있고, 충분한 병력을 탑재하고, 병사들간의 조직적인 전투를 전개하는데 훨씬 유리했다.

이 같은 개혁의 결과로 고려 수군의 전력은 급속히 상승하였다. 그 상징적인 사건이 합포해전(관음포 해전)이다.

그때 적은 큰 배 20척으로 선봉을 삼고 배마다 강병 140명씩을 실었다. 정지는 진공하여 우선 이것을 격파하니 시체가 바다를 덮었다. 계속 남은 적을 쏘니 화살 소리와 함께 쓰러졌다. 이리하여 적을 크게 격파하였다. 또 화포를 발사해 적선 17척을 불살랐다.[234]

왜구는 고려 수군의 변화에 대응해서 자신들도 대선을 건조하고, 한 배에 무려 140명의 정예병을 태우고 돌격해 왔다. 당시 고려의 대선이 80~100명 정도가 승선한 것으로 추정되므로, 140명은 대단한 규모였다. 그러나 정지 부대는 이에 굴하지 않고, 이들을 정면대결을 통해 제압했다. 이 기사에 의하면 화포를 발사해 17척을 불살랐다고 하는데, 화포로 제압한 것이 전투 중이 아니라 적을 격파한 이후였다. 이때의 화포는 아직 포격으로 적을 제압하는 무기가 아니었다. 화염도 근거리에서만 가능하다. 따라서 고려군이 격파한 17척은 적선에 포격을 가해 침몰시킨 것이 아니라 적선을 제압하거나 적군을 격퇴시킨 후에 배를 화포로 파괴한 것이다. 그렇다면 정예병을 무려 140명씩을 적재하고 접근전을 감행하는 적의 예봉을 격파한 것은 고려군이 이들과 정면대결을 벌여 격파한 것이 분명하다. 이 같은 접근전에서 대승을 거두고 최종적으로 적의 대선을 거의 불살랐다는 전황을 보면 화통과 같은 화기를 이용한 근거리 접전능력의 향상이 합포해전에서 대승을 거둔 요인이었다.

고려후기의 수군 강화와 해방정책은 큰 성공을 거두었다. 진포, 합포 해전의 승리 이후로 고려 수군과 왜구의 전력차이도 확연히 역전되었다.

---

234 『고려사』권113, 열전26, 鄭地, "賊以大船二十艘爲先鋒 艘置勁卒百四十人 地進攻先敗之 浮屍蔽海 又射餘賊 應弦輒倒 遂大敗之. 發火炮焚賊船十七艘".

지금 왜구와 우리 수군이 감히 배를 타고 승부를 겨루지 못하는 것은 앞서 진포 전투가 있었고, 뒤에는 남해의 승전이 있었기 때문이다. 그 후로 지금까지 마음을 고쳐 정성을 바치는 것은 비록 전하께서 펴신 교화에 의한 것이나, 처음부터 화통과 화포로써 우레와 벼락같이 떨쳐서 그들의 혼을 빼앗고 간담을 서늘하게 하지 않았으면 그 완악하고 사나운 것을 쉽게 굴복시키지 못했을 것이다.[235]

이렇게 신장한 수군력과 자신감을 바탕으로 우왕 13년에 정지는 일본정벌을 건의하게 되었다. 이 상소에서 그는 "지금의 우리 수군은 모두 수전에 능숙해 신사년의 왜국 정벌 때에 몽한군夢漢軍이 배에 익숙지 못하였던 것과는 비할 바 아닙니다"라고 공언하였다.[236] 이것은 당시 변화된 고려 수군의 전력을 단적으로 증명하는 것이다. 정지의 계획은 실현되지 않았지만, 대신 박위가 대마도를 정벌함으로써[237] 달라진 수군의 능력을 과시했다.

고려 말기에 새로운 성공을 거둔 고려 수군의 전술체제는 조선에도 이어졌다. 이것이 14세기 고려 말의 수군전술 개혁과 화기의 활용이 남긴 가장 중요한 역사적 의미라고 할 수 있겠다.

---

235 『신증동국여지승람』권22, 京都 下, 軍器寺.
236 『고려사』권113, 열전26, 정지.
237 『고려사』권116, 열전29, 박위.

제3절

지휘체제의 정비와 군역 담당층의 확대

1. 군령 체계의 정비

공민왕이 즉위할 무렵 국내외의 정세는 긴박하게 변해가고 있었다. 그럼에도 고려 중앙군의 군사력은 13세기 후반에 비해서도 더욱 열악해져 있었다. 만호직을 띤 권세가들은 사적으로 군사력을 옹위하여 사회적 폐단을 일으킴은 물론 정치의 혼란에도 한 원인이 되었다. 따라서 중앙군제의 개편은 우선 군사력의 강화가 시급한 과제였으며, 지휘체계의 정비도 그에 못지않게 중요했다.

고려 후기 중앙군의 실태는 공민왕 3년(1354) 원의 요청으로 중앙의 정예군사 2,000명을 파견한 뒤 서해도에서 궁수를 모집하여 숙위를 보완해야 할 정도로 허약했다.[238] 이에 따라 공민왕 5년 7월에는 왕실 호위를 강화할 목적으로 4,000명으로 구성된 충용위를 설치했는데, 2군 6위만 약화시켰을 뿐 별 도움이 되지 못했다. 동왕 10년 홍건적의 침입으로 왕이 안동으로 피난할 때 충용위 군사로서 왕을 호위한 사람이 하나도 없다고 할 지경이었다.[239] 그럼에도 충용위는 근시위近侍衛와 함께 왕실을 호위하는 군대로 존속되었다.

---

238 『고려사』 권38, 세가38, 공민왕 3년 6월 신해.
239 『고려사』 권81, 지35, 병1, 병제, 공민왕 11년 6월 監察司 上言.
　　李基白, 『高麗史兵志譯註(一)』 高麗史研究會, 1969, 106쪽.

2군 6위는 공민왕 13년과 우왕 2년 두 차례에 걸쳐 10만에 가까운 농민시위군이 편성·보충됨으로써 병력이 대폭 강화되었다. 고려가 격변하는 국제정세 속에서 남북으로부터 침입해 오는 여러 외적을 물리치고 나아가 요동공벌까지 시도할 수 있었던 것은 이들 농민시위군이 편성된 데에 기인한다. 그러나 2군 6위의 조직체계는 이들을 통할하는 장치로 전혀 기능하지 못했다. 더욱이 2군 6위의 장교직은 권세가의 나이 어린 자제나 녹봉을 바라는 공장工匠·상인商人들이 차지했다. 이로 인해 국가재정이 부족한 형편에서 우달치迂達赤·속고치速古赤·별보別保 등의 성중애마도 녹을 받지 못했다.[240] 이는 강화된 시위군의 군사력을 지휘하는 조직체계가 별도로 형성된 때문이기도 했다.

따라서 중앙군의 지휘체계에서는 공민왕 5년 6월 기존의 만호·진무·천호 등에게서 군사 지휘권을 박탈하고 병마사, 병마부사로 지휘부를 편성하여 중앙군을 이끌고 출전하여 양계지역을 회복토록 함으로써 원의 군제로부터의 영향을 배제하고 종래의 전통을 되살리려는 시도가 나타났다.[241] 그 뒤에 한동안 고려 본래의 원수와 병마사 외에 도지휘사나 만호 등이 뒤섞인 지휘체계가 짜여졌으나, 이들 여러 장수를 지휘하는 기능을 회복하지 못하여 결국은 군사들이 장수 휘하의 사적 지휘체계에 의해 지휘되었다. 따라서 공민왕대에는 출정군을 파견하면 장수들을 감찰하도록 따로 체찰사·도순찰사·도체찰사 등의 직임을 두는 것이 보통이었다.[242]

중앙군의 상급 지휘체계는 도통사가 등장함으로써 다소 짜임새가 갖추어졌다. 공민왕 9년(1360) 좌정승 유탁柳濯을 경기병마도통사로 임명한 데서 시작된 도통사는 그 뒤 주로 양계 지역에 파견되어 출정한 군사들을 총지휘하였다. 이로써 도통사는 정승급의 인물을 임명하여 도원수 이하의 장수를 지휘하는 최고사령관직으로 자리잡았다. 이어 공민왕 18년 이인임을 서북면도통사로 파견하면서[243] 제도적으로 정비되었다.

---

240 『고려사』 권81, 지35, 병1, 병제, 공양왕 원년 12월 憲司 上.
241 『고려사』 권39, 세가39, 공민왕 5년 6월 정유 ; 『고려사』 권39, 세가39, 공민왕 5년 6월 기해 ; 『고려사』 권111, 열전24, 趙暾.
242 吳宗祿, 앞의 논문, 1991, 227~228쪽.
243 『고려사』 권41, 세가41, 공민왕 18년 12월 신미.

도통사는 하부기구로 진무鎭撫 2명(1명 종2품·1명 정3품), 경력經歷 2명(4품), 지사知事 2명(5품·6품)을 두는 진무소鎭撫所와 경력사經歷司를 구비했다.[244] 이로써 유사시에 도통사가 곧바로 군령 및 군사행정기구를 갖추어서 출전하여 최고 지휘부로 기능할 수 있게 되었다.

공민왕대 말엽에는 도통사와 같은 내용의 하부기구를 갖춘 도총사都摠使가 출현하여 개경의 군사력을 총괄했다. 그런데 우왕 3년(1377) 3월에 6도도통사가 설치되어 최영이 그 직책을 맡은 이후 나머지 도통사·도총사가 이에 통합됨으로써 우왕대에는 최영만이 도통사로 활약했다.[245] 이로부터 최영은 5군 소속 군사력인 6도의 시위군·도성방리군 등과 해도 수군까지 총지휘하였다. 그러나 그의 군사 지휘권은 각 도 원수와 도성원수都城元帥, 해도원수海道元帥 등의 지휘권을 인정한 위에서 그들로 하여금 맡겨진 직임에 충실토록 하는 이상으로 넘어설 수는 없었다.

공민왕대까지도 재추의 지위에 있는 중앙 관직자가 주력군을 거느리고 출전하는 임시 장수직이었던 원수는 공민왕 23년의 탐라정벌군 편성에 양광·전라·경상도통사 최영의 밑에 각 도 상·부원수가 분속되어 관할 도의 군사력을 이끌고 출전한 것을 계기로[246] 상설직으로 변모했다. 이 변화의 바탕은 다름 아닌 농민시위군의 편성이다. 공민왕 13년에 처음 편성된 농민시위군은 본래 중앙 관직자가 군적 편성의 세부 단위인 각 군목도軍目道의 병마사를 겸직하여 이들을 통할해 왔으나, 원수가 중앙에서 각 도의 군사를 관할하게 됨으로써 우왕 2년 7월부터 현지 수령이 군목도 병마사를 겸하게 되었다.[247] 이어서 이 해 8월 농민시위군이 추가로 파악 보고된 뒤 이들을, 도를 단위로 3명씩 임명되는 원수가 「6도도순찰사군목」에 의거하여 분관하게 됨으로써[248] 짧은 기간이지만 고려의 중앙군제는 '원수제'라고 부를 만한 체제로 자리 잡게

244 『고려사』 권77, 지31, 백관2, 外職.
245 6도도통사가 되었을 때 최영의 권한은 각 원수의 휘하 사(士) 10명씩을 뽑아 성중애마 등과 함께 강화 戍卒로 편성할 정도로 강력했다. 그는 우왕 6년 4월부터 해도도통사도 겸하여 수군 강화에 이바지했다(『고려사』 권113, 열전26, 최영).
246 『고려사』 권44, 세가44, 공민왕 23년 7월 무자.
247 『고려사』 권8, 지35, 병1, 병제, 신우 2년 7월.
248 『고려사』 권115, 열전28, 이숭인.

되었다.

이 시기의 시위군은 형식적으로는 8위로 통칭되고 있던 2군 6위에 분속되었으나, 실질적으로는 전시상태가 지속됨으로써 늘 5군에 분속되고 이를 각 도 원수들이 지휘했다. 5군에는 개경 5부 방리군도 소속되어 방리군을 거느리는 원수도 별도로 임명했다. 이들은 군사력 강화에는 별 도움이 되지 못했다.[249] 우왕 연간에는 권문세족의 정치권력 장악이 한층 심화되고 재추의 수가 크게 늘었다. 이들은 대부분 군직의 경력이 있어서 자기 집을 방비할 수 있을 정도의 사졸들을 거느렸다. 왜구의 침입으로 전쟁상태가 지속되자 재추가 자신의 관직을 유지한 채, 각 도 시위군·5부 방리군과 해도 수군 등의 원수를 겸직하는 형태로 제도가 정착된 것이다. 각 원수는 휘하 기구로 도진무와 진무들로 구성되는 진무소를 갖추고 있었다. 고위 장수의 진무는 하급 장수들이 맡았다. 원수들이 출전할 때 거느리는 하급 장수들은 대개 병마사·지병마사 등 종래의 5군 조직 안의 직함을 띠고 있었다.[250]

원수는 그 지위에 따라 도원수·상원수·부원수로 구분되었다. 3원수는 시위군 편성 단위가 된 8도에 모두 임명되었고, 서북면에는 군익도 단위로 원수가 파견되었다.[251] 각 도의 3원수 가운데 중앙에서 시위군을 관할하는 것은 주로 도원수와 상원수였고, 관할 도에 내려가 외적을 막는 것은 대개 부원수였다. 권력의 핵심에 가까이 있을수록 현지에 파견되기보다는 중앙에 남아 특정 도의 시위군을 장기간 분관하면서 유사시에는 동·서강 원수로서 개경을 위협하는 왜구를 막거나 조전원수助戰元帥나 도순찰사, 도체찰사 등의 직함을 띠고 출전했다.[252]

각 도 원수가 시위군을 장기간 관할하게 되자 자연히 '패기牌記'라 부르는 시위군의 명단도 원수가 직접 관장하게 되었고, 때로는 정해진 군액의 시위군 외에 임의로 군사를 뽑아 휘하에 두기도 했다. 군사력의 선발과 징발은 지방행정조직을 통해서 이루어졌는데, 전시 상황이 지속되자 원수가 직접 군목도軍目道 관원인 주군의 수령에

---

249 吳宗祿, 앞의 논문, 1991, 241쪽.
250 吳宗祿, 앞의 논문, 1991, 240쪽.
251 吳宗祿, 앞의 논문, 1991, 235쪽.
252 吳宗祿, 앞의 논문, 1991, 247~249쪽.

공문을 보내 군사력을 충원하게 되었다. 즉 원수는 군사 지휘권을 바탕으로 점차 징발권까지 장악해 갔고, 그 결과 시위군 등 각 도의 군사력이 그 원수에 사적으로 예속되는 양상이 두드러져 갔다.[253]

이상과 같이 고려의 중앙군제는 우왕연간에 이르러 도통사 – 원수로 이어지는 장수 중심체제로 짜여졌으며, 이는 우왕 14년(1388)의 요동정벌군 편성에도 그대로 반영되었다. 요동정벌군은 최영이 팔도도통사, 조민수가 좌군도통사, 이성계가 우군도통사가 되고 좌·우군도통사가 세 도통사의 조전원수와 각 도 원수 등 총 28명의 원수를 지휘하여 38,000여 명의 병력을 이끌고 출전했다.[254] 그러나 잘 알려진 대로 위화도회군이 감행되고 이성계가 실권을 장악한 뒤 군제의 개혁이 이루어짐으로써 새로운 중앙군제가 갖추어졌다.

회군한 처음에는 조민수와 이성계 두 도통사가 군사력을 지역별로 나누어 관할하였으나, 곧 이성계가 조민수 등을 축출하고 공양왕 2년(1390) 정월 8도시위군을 총지휘하게 되었다. 이어서 이 해 11월 각 원수의 인장을 거두어 그 군사를 풀도록 한 뒤 이듬해 정월 삼군도총제부三軍都摠制府가 설치되었다. 그러나 삼군도총제부 아래에 중앙의 고위 관직자가 각 도 군사력을 관할하는 체제를 다시 갖춤으로써 원수제의 명맥은 끊어지지 않았다. 따라서 원수제의 완전한 혁파는 새 왕조 건국 이후의 과제로 넘겨지게 되었다.[255]

2. 군역 담당층의 확대와 경제기반의 변화

군사가 무장을 갖추어야 재구실을 할 수 있다. 그런데 군사를 무장시키기 위해서는 경제적인 뒷받침이 있어야 한다. 고려시대에는 군인전을 지급함으로써 이 문제를 해결했다. 그러나 무인정권 성립 이후 사전의 가산화에 바탕한 대토지겸병이 확대되면

---

253 閔賢九,「朝鮮初期의 私兵」『東洋學』14 檀國大, 1984 ; 吳宗祿, 앞의 논문, 1991, 235쪽.
254 『고려사』권137, 열전50, 신우 14년 4월 정미.
255 吳宗祿, 앞의 논문, 1991, 242~243쪽.

서 군인전마저 권문세가에게 침탈당했다. 이로 인해 곤궁해진 군인들은 병기를 마련하기가 어려워졌고 제 기능을 발휘할 수 없었다. 때문에 국방력이 약화되었고, 고려 후기에 증가한 전쟁을 제대로 극복하기가 힘들었다.

13세기 후반부터 고려는 이미 중요한 군사행동이나 실질적인 방어의 필요성에 대처하기 위해 각 지방의 농민들을 동원하여 군인으로 삼은 바 있다. 이처럼 군인전과 같은 경제적 기반이 없는 각 지방의 농민들이 중요한 군사적 임무를 짊어지게 된 것은 농업 생산력의 발달을 바탕으로 농민의 사회경제적 지위가 전보다 상승하였음을 반영한다. 그리고 이에 따라 조선 초기의 봉족제奉足制와 비슷한 조역助役제도 또한 단초적으로 실시되었다. 그러나 원간섭기 동안은 이 군역체계의 변화 움직임이 제도화되지 못하여 그 과제를 14세기 후반으로 넘기게 되었다.

군역제도의 개편은 공민왕 5년(1356) 6월 반원정책에 뒤따른 일련의 개혁 속에서 시도된 뒤로 본격화되었다. 이 때의 군제 개혁안의 요점은 고려 전기의 군호제 회복을 통한 중앙군 강화와 지방군에 대한 조역 규정의 마련이었다. 군호제의 회복은 모든 제도를 문종 때를 기준으로 삼아 고려 전기의 것으로 복구하려는 시도의 일부로서, 탈점당한 군인전을 원래의 주인에게 되돌려주고 부당하게 급여된 한인전이나 기철奇轍 등 친원세력으로부터 몰수한 땅을 군인전으로 돌리려고 했다.[256] 그러나 원간섭기에도 군인전에 입각한 군호제도로 복구하려던 시도가 모두 실패했지만, 이 때의 시도 또한 실패하고 말았다.

지방군에 대한 조역 규정은 전국 해안지대가 이미 국방선으로 변한 상황에서 연해지역 주민을 국방에 충당하여 이들이 군인으로 복무할 때에는 1호 안에 장정이 1명뿐이면 면제해 주고, 장정이 2명인 경우에 1명을 뽑도록 한다는 방안이었다.[257] 공민왕 20년(1371)에는 이 원칙을 강조하면서 1호 안에 장정이 2명을 넘지 못할 때에는 2호를 합쳐서 조역을 확보할 수 있을 때 군인으로 징발하게 했다.[258]

요컨대 해안방어에 동원되는 군인은 현실에 맞게 군역체계를 개편하여 충당함으로

---

256 『고려사』 권81, 지35, 병1, 병제, 공민왕 5년 6월.
257 『고려사』 권81, 지35, 병1, 병제, 공민왕 5년 6월.
258 『고려사』 권79, 지33, 식화2, 호구, 공민왕 20년 12월.

써 원간섭기 이래의 체제대로 유지 발전시키는 한편 중앙의 상비군 확보를 위해서는 근본적인 개혁으로서 토지제도의 폐단을 일신해 군호제를 복구시키려 했던 것이었다.

그러나 당시의 급박한 형세는 어떤 형태로든 중앙 상비군 조직을 서두르지 않을 수 없게 하였다. 그리하여 공민왕 13년 7월 각 도에 인원을 배당하여 양가자제良家子弟로 표현되는 상층 양인농민에서 2군 6위를 선발해서 번갈아 숙위하게 했다.[259] 공민왕 22년 10월에 최영이 육도도순찰사가 되어 전함 건조와 아울러 군호를 뽑아 군적에 올리는 임무를 수행했다. 이 때 파악한 군인의 규모가 우왕 2년(1376) 8월에 각 도별로 보고되었는데,[260] 공민왕 13년에 5도에서 27,000명이던 병력이 우왕 2년에는 전국에서 10만 명에 가까운 병력이 파악되었다. 이들은 토지 지급이 불가능한 상황에서 군인으로 선발한 병력이었다. 이들은 출신도별로 파악하여 필요에 의해 본도에 남아 국방에 종사할 수도 있는 존재였다. 특히 최영은 전보다 광범위하게 농민층을 망라하여 군역 부담자로 파악했음이 나타난다.

결국 군역제도의 재편 사업이 중앙군 개혁을 위해 추진하던 토지지급과 연계한 병력확보라는 정책을 포기하고, 토지관계를 개의치 않고 각 지방 농민들 가운데 일부를 군호로 삼고 조역을 위한 봉족을 지급하는 체제로 귀착된 것이다. 최영이 이들을 기록한 군적의 내용은 뒷날 육도도순찰사군목六道都巡察使軍目이라 하여 중요시되었거니와 이렇게 두 차례에 걸쳐 군인으로 파악된 존재가 바로 뒷날 조선초의 시위군으로 연결되는 새로운 성격의 군대인 농민시위군이다.[261] 이들은 호적을 토대로 뽑혀서 군적에 오르게 되었던 만큼 다른 농민들과 구분이 엄격하지 않았고, 왜구 침입이 격심해져 전국 각지가 전장으로 되었기 때문에 상당수는 그 도에 머물면서 국방의 주력을 담당하였다.

또한 군인의 경제적 문제를 해결하기 위해 우왕은 먼저 선군選軍에서 군사를 모집해 토지를 지급하고 공을 세운 사람에게 상을 주어 군액을 증가시키게 했으며 방어도

---

259 『고려사』 권82, 지36, 병2, 숙위, 공민왕 13년 7월.
260 우왕 2년의 點兵 내용은 최영이 軍戶를 파악한 지 3년 뒤의 체계적 통계라는 점, 최영의 군호 錄籍이 우왕 6년까지도 六道都巡察使軍目이라 하여 각 도 군인 수의 기준으로 존중된 점 등에서 최영이 뽑아 정한 군호의 규모와 가까운 것으로 추정된다(閔賢九, 앞의 논문, 1984).
261 閔賢九, 앞의 논문, 1984, 347쪽.

감이라는 새로운 군기제구 기구를 만들었다.[262] 즉, 군인들의 경제적 고통을 군인전의 지급을 통해 해결하고, 방어별감을 이용하여 대량으로 무기를 만들어 군인들에게 공급하는 방안을 계획했다. 토지지급을 통해 군인들의 경제적 불만을 해소해보려는 노력은 실현되지 못하였으나, 방어도감을 통한 무기 생산과 지급은 실행할 수 있었다.

이 시기의 군역체계 변화에서 또한 중요한 사실은 한산군閑散軍의 신설이다. 일찍이 12세기초 별무반別武班을 조직할 때와 원간섭기에 일본정벌을 위한 전투부대를 편성할 때에도 동원된 바 있는 한산군을 공민왕대에 이르러 여러 번 임시로 동원하여 5군에 분속하거나 숙위토록 함으로써 변화가 일어나게 되었다.[263] 고려 전기의 군호제를 복구할 수 없는 현실에서 비교적 부유한 계층인 한산관에서 군사를 확보하여 중앙 군사력의 일부로 삼고자 한 것이다.

왜구의 침입으로 개경이 불안해지는 경우 모든 방법을 동원하여 개경의 장정을 널리 모아서 방어에 임하게 하였고,[264] 지방에서의 병력동원 권한을 갖고 있는 원수가 시위군 외에 연호군·별군의 명목으로 장정을 모아 백성들이 실농할 지경에 이르기도 하였다.[265]

이같이 국방을 위해 그 지역에 있는 장정을 망라하여 동원해야 하는 필요가 커지자 우왕 4년(1378) 12월에 왜구가 멈출 때까지 시한부로 전국에 익군을 설치하게 했다.[266] 공민왕 18년 8월에 서북면에 설치하였던 익군을 왜구에 대처하기 위해 전국에 확대 실시하여 양반과 백성에서 인리人吏, 역자驛子, 공公·사노私奴까지 이르는 그 지역의 모든 장정을 군사력으로 파악·확보하게 하고, 1,000명·100명·10명을 통할하

---

262 『고려사』 권81, 지35, 병1, 병제, 우왕 1년 2월.
263 『고려사』 권81, 지35, 병1, 병제, 공민왕 16년 2월 ; 『고려사』 권81, 지35, 병1, 병제, 공민왕 18년 12월 ; 『고려사』 권82 지36, 병2, 숙위, 공민왕 16년 8월. 이러한 조치는 고려 후기 이후 지속된 관인계층의 양적 확대와 지역적 확산에 대처하여 이들을 효과적으로 통제하려는 정치적 목적도 지니고 있었다(閔賢九, 앞의 논문, 1984).
264 공민왕 22년 5월에는 왜구가 개경 가까이 침입하자 10戶로 1統을 삼아 人丁 1인을 내어 赴防케 했고, 우왕 3년 4월에는 호마다 가옥 칸수에 따라 인정 1~3인이나 장비를 내게 하였다. 특히 후자의 경우에는 사실상 奴가 많이 동원되었을 것으로 추정된다(閔賢九, 앞의 논문, 1984, 337쪽).
265 『고려사』 권81, 지35, 병1, 병제, 신우 2년 5월.
266 『고려사』 권81, 지35, 병1, 병제, 신우 4년 12월.

는 천호·백호·통주를 두어 모두 유직자가 맡도록 하였다. 익군에서 주류를 이루는 것은 물론 농민군인데, 여기에 관인한산군 계통이나 인리 이하의 연호군까지 망라하는 군민일치제를 이루게 된 것이다.

익군은 각자 생업에 종사하다가 유사시에는 전투에 동원되는 군인으로, 무기는 스스로 마련해야 했다. 이 조치는 군인을 종적·횡적으로 확대시켰다는 점에서 고려 후기 군역제도의 발전에 중요한 의의를 지닌다. 고려말 조선초에 마병으로서 부경숙위赴京宿衛의 의무를 진 한산군의 군사적 책무는 이렇게 해서 시작되었다. 결국 공민왕 5년(1356)의 반원운동에 뒤따른 군역제도의 개편 노력은 당시의 여러 가지 여건의 영향을 받아서 농민시위군과 관인한산군官人閑散軍이라는 이원적 군역체계를 낳게 된 셈이다.

이 익군의 확대실시는 이로부터 야기된 여러 가지 혼란 때문에 왜구의 침입이 계속되고 있었음에도 반년 만에 중단되었다.²⁶⁷ 그러나 이 뒤로도 더욱 넓은 신분층으로부터 군인을 뽑아서 군역을 담당하도록 하는 대세가 지속되어 우왕 14년 2월에는 각 도의 양반·백성·향리·역리를 군인으로 삼되 일이 없으면 농사에 힘쓰게 하고 일이 있으면 징발케 했다.²⁶⁸ 곧이어 이 해 5월 위화도회군이 감행되어 고려의 정치정세가 근본적으로 뒤바뀐 뒤 군역제도도 병농일치 또는 군민일치를 지향하여 정착되었다. 공양왕 3년(1391) 정월에 군사최고통수기관으로서 삼군도통제부가 설치될 때 수전품관受田品官 곧 한산군도 그 예하에 소속되었고 같은 해 5월에 과전법이 공포되면서 군전은 한량관리만이 지급받아 숙위의 책임을 맡도록 규정되었다. 그리하여 군민일치의 원칙에 따라 농민들이 군역을 담당하되 그들에게는 군역과 관련된 토지 지급이 없는 반면, 한량관리에게 군전이 지급됨으로써 새로운 군역체계의 방향을 확정짓게 되

---

267 『고려사』 권81, 지35, 병1, 병제, 신우 4년 5월. 당초 서북면의 익군처럼 貢賦에 대한 책임이 면제되도록 제도적으로 보완되어 익군의 확대 실시가 이루어지지 못했던 결과 국가의 공부와 差役이 모두 나오는 남도지방의 농민들이 실업하고 국가재정이 치명적 타격을 받게 된 것이 익군의 확대실시를 포기한 가장 중요한 원인이었다(李基白, 「高麗末期의 翼軍」 『李弘稙博士回甲紀念 韓國史學論叢』, 新丘文化社, 1968, 211~212쪽).

268 『고려사』 권81, 지35, 병1, 병제, 신우 14년 2월.

었던 것이다.[269]

이 시기 군인전의 경우를 보면, 그 명목상의 지목은 유지되고 있었으나 실제로 군역을 지는 군인에게는 토지가 돌아가지 않고 남에게 침탈당하거나, 군역을 지지 않는 유력자의 차지가 되고 있었다.[270] 결국 공민왕 5년(1356) 3가를 하나의 군호로 묶어 군역을 부과하는 방법이 시행되었다.[271] 이 방법은 군역부과의 댓가로 지급하는 족정足丁 지급을 포기한 것으로 전정과 군역의 분리현상을 정부가 현실로 인정한 것이다.

그러한 사정은 한인전의 경우도 마찬가지였던 것으로 보아[272] 역과 토지의 분리는 고려 후기의 일반적인 현상이 되어갔음에 분명하다. 그것은 역과 유리된 토지가 직역에 대한 반대급부로서의 역분전役分田이 아니라, 직역의 개념과는 무관하게 생활보장의 의무만을 지니는 구분전으로 인식되고 있음에서도 알 수 있다.

충목왕 원년(1345)에 행한 경기 8현에 대한 조치의 목적은 무엇보다도 사급전으로 침탈당한 녹과전의 재건, 재분급에 가장 큰 역점을 두었던 것이다. 이 가운데 원종 12년 이전의 공문을 조사하여 절급折給하라는 양반·군인·한인구분전이 주목된다. 여기서 군·한인 구분전은 바로 종래의 군인전·한인전을 의미하는 것으로 소위 후기 구분전으로 보인다.[273] 군인전·한인전이 구분전으로 지칭되는 것은 역과 유리되어 있는 사정과 밀접한 관련이 있다.

특히 이같은 구분전이 녹과전이 성립되는 원종 12년을 기준삼아 거론되고 있는데, 군인전이나 한인전이 새로이 구분전으로 파악되게 되는 것이 녹과전의 성립과 관계가 깊음을 알 수 있다. 사료의 내용상으로는 양반, 군·한인구분전을 원종 12년 이전의 근거대로 절급하라 하여 제도상의 변화를 고려하고 있지 않은 것처럼 보이지만, 실제로 녹과전제도의 성립으로 직전의 개편이 이루어졌다. 그럼에도 불구하고 군인전이나 한인전계열의 토지에는 이와 상응할 적극적 개혁이나 실효성 있는 새로운 조치

---

269 이상 군역체계의 변화는 주로 閔賢九, 앞의 논문, 1984에 의거하여 정리하였다.
270 『고려사』 권111, 열전24, 金續命 ; 『고려사』 권119, 열전32, 鄭道傳 ; 『고려사』 권81, 지35, 병1, 병제, 공민왕 5년 6월 下敎.
271 閔賢九, 「高麗後期의 軍制」 『高麗軍制史』(육군본부 편), 1983.
272 『고려사』 권81, 지35, 병1, 병제, 공민왕 5년 6월 下敎.
273 武田幸男, 「高麗時代の口分田と永業田」 『社會經濟史學』 33-5, 1967.

가 취하여지지 않음으로써 그 붕괴가 방치, 촉진되었다. 그 결과 역과 유리되어 구분전으로 파악되기에 이르렀던 만큼 군인전이나 한인전계열 토지의 변화에 있어서 녹과전의 성립은 중요한 계기가 되었던 것이다.[274]

그 후 공민왕 5년 6월에 군·한인전계열 토지에 대한 재건이 시도되지만[275] 실효를 거두지는 못한 채 그러한 상태로 과전법의 성립에 이르게 된다. 과전법은 우왕 14년(1388 : 창왕 즉위) 7월 조준趙浚의 제1차 상서에서 중요한 기틀이 마련되고 이어서 이행李行·황순상黃順常·조인옥趙仁沃 등의 연이은 상서를 거쳐 공양왕 원년(1389) 조준의 제2차 상서에 이르러 실질적인 기본규정이 잡히고 결국 공양왕 3년 5월에 법제적으로 확정된다.

확정된 과전법의 내용을 보면,[276] 시직時職과 산직散職을 막론하고 거경居京의 사대부에게는 경기의 과전을 주고 외방의 한량관리에게는 군전을 주도록 되어 있다. 주목되는 것은 관리에 대한 급전은 과전으로 일원화되어 있다는 점이다. 이것은 조준의 제1차 상서에 나타나는[277] 현직자를 대상으로 했던 녹과전시와 시산관을 두루 대상으로 했던 구분전을 교묘하게 일원화한 것이다. 현직자에 한하여 품질에 따라 지급하는 녹과전시祿科田柴와 현직자·산직자 모두에게 공통적으로 품질에 따라 지급하는 구분전이 합쳐져서 현직자와 산직자의 대우에 차이를 크게 두는 과등규정이 마련되고 이 과등에 따라 일원적으로 지급하게 된 것이 과전이었던 것으로 보인다. 과전법에서 산직자에 대한 급전량은 적은 것이었고 따라서 현직자에 대한 커다란 비중을 고려할 때 고려 후기 녹과전의 현직위주의 성격이 과전으로 이어지고 있음을 알 수 있다.

한편, 과전법에 나타나는 군전은 한량관리에게만 주는 것으로 고려 전기에 군역과의 긴박관계하에서 전시과 속에 포함되어 존재했던 군인전은 완전히 사라지게 되다. 다시 말해 과전법이 성립되면서 녹과전은 과전으로 계수되지만 직역과 연계되어

---

274 閔賢九, 앞의 논문, 1972, 86~89쪽.
275 『고려사』 권81, 지35, 병1, 병제, 공민왕 5년 6월 下敎.
276 『고려사』 권78, 지32, 식화1, 전제, 녹과전, 공양왕 3년 5월.
277 『고려사』 권78, 지32, 식화1, 전제, 녹과전, 신우 14년 7월, 「대사헌 조준 등 上書」.

있던 군인·한인전 계열 토지는 제도상으로 완전히 소멸되어 국가적 토지분급제도에서 사라지게 되었다.[278]

---

278 閔賢九, 앞의 논문, 1972, 90~95쪽.

제4절

무기의 개발과 방어시설의 정비

1. 화약병기의 개발과 보급

1) 고려말 병기관리 실태와 정부의 대책

고려시대 무기를 생산하는 대표적 기관은 군기감이었다. 일시 혁파되었던 것을 공민왕대 부활되어 중앙의 군기제작에 중요한 역할을 담당했다. 그러나 사전의 가산화로 인해 국가의 수조지가 격감되어 재정기반이 크게 축소되자, 기존이 관청수공업도 재정상의 어려움으로 제기능을 유지하기가 어려웠다. 군기감의 후신인 군기시軍器寺에 대해 조준이 '임무는 분주하고 관원은 적다[務劇員少]'하고 건의한 내용에서도 확인된다.[279] 재정지원이 충분하지 못했기 때문에 필요한 인원을 제때에 충원하지 못한데서 나온 결과였다. 때문에 우왕은 방어도감이라는 새로운 기구의 신설을 통해 이를 해결하려고 했다. 고려 정부는 재정난으로 제구실을 하지 못하는 군기감을 보완하기 위해 특별기구인 방어도감을 만들어 부족한 무기제작을 착수하였다.

방어도감의 실제 운영체계는 알 수 없지만, 대부분 민간에서 징발한 물자와 인력을 가지고 군기를 제작했다고 보인다. 그러나 방어도감에서 생산된 군기만으로는 부족하

---

279 『고려사』 권76, 지30, 백관1, 군기시.

여 다른 부서의 전물錢物을 사용할 수 밖에 없었다.[280] 또 민간으로부터 군대의 장비를 직접 거두기도 했다.[281]

한편, 고려시기에는 국방에 긴급한 사태가 일어나면 승병을 동원하는 일이 자주 있었다. 고려말 요동정벌과정에서도 승도들이 동원되었다.[282] 그리고 사원은 자신의 시설을 이용해서 무기를 제조하는 일에 참여하였다. 특히 화약 및 전함건조에 사원과 승도들이 참여하여 중요한 역할을 담당했다.

화기 개발[283]은 최무선崔茂宣의 건의로 우왕 3년에 화통도감이 설치되면서 본격화되었다.[284] 다음해에는 화기를 발사하는 전문부대인 화통방사군火㷁放射軍을 경외각사京外各寺에 일정한 수를 배치했다.[285] 이들은 화기·화약제조에도 종사하는 일종의 역군役軍으로 보고 있다.[286] 당시 화약과 화기제조의 주무관청은 화통도감이었기 때문에 실질적인 책임자는 최무선이었고, 그 아래 화약장과 화기장이 있어 자기 분야의 일을 맡았다고 여겨진다.[287] 그러나 화약·화기는 전문적인 공장만으로는 만들 수 없고, 반숙련 장인 및 기타의 잡역부대가 필요했다. 이를 맡은 층이 바로 각사에 소속된 화통

---

280 『고려사』 권81, 지35, 병1, 병제, 우왕 2년 7월.

281 『고려사』 권81, 지35, 병1, 병제, 우왕 3년 4월.

282 『고려사』 권137, 열전50, 우왕 14년 4월.

283 火器, 즉 火藥兵器는 화약의 폭발력으로 화살·돌·철탄 등을 발사하는 有筒 화기를 말한다. 이는 고대의 화공 때 쓰이던 여러 가지 연장이나 물리적 자치에 의해 거석을 투사하던 투석기인 石砲와는 구별된다. 유통식 화기의 출현은 화약의 발명을 전제로 한다. 유통식 화기는 동·서양에서 모두 14세기 초엽에 출현하였다. 이후 그 기술이 발달하여 기존의 병기를 능가하는 살상력과 파괴력을 갖추어 중국에서는 명이 몽고를 축출하는 데 크게 기여하였고 유럽에서는 중세 기사를 무력화시켜 봉건 사회를 무너뜨리는 한 요인이 되었다. 화약은 이미 선진국 중국에서는 850년경에 발명되어, 11세기에는 화약을 이용한 일종의 화염방사기와 유사한 무기가 개발되었으며, 13세기 초에는 신호탄이나 요즘의 수류탄과 같은 震天雷 등의 중화기가 개발되어 전투에 사용되었다. 그런데 화약의 제조기술은 최고의 군사기밀로 그 확산이 중국 정부에 의해서 철저하게 차단되었기 때문에 고려는 일방적으로 중국에서 화약을 힘들게 수입해 들여와 써야만 했다. 그러나 중국이 만족스러울 만큼 충분하게 화약을 제공해 주지 않았고, 고려는 항상 화약이 부족했다. 결국 고려의 군대는 막강한 화력을 지닌 화약무기를 제대로 개발조차 하지 못하고 전력에 활용하지 못했다.

284 『고려사』 권81, 지35, 병1, 병제, 우왕 3년 10월.

285 『고려사』 권81, 지35, 병1, 병제, 우왕 4년 4월.

286 김태진, 「선초 총통위의 양상」『소헌남도영박사화갑기념사학논총』, 1984, 311쪽 참조. 화통방사군에 대해서는 강성문, 「조선초기 화기 방사군의 실상」『학예지』 6, 1999가 참고된다.

287 『태조실록』 권7, 태조 4년 4월 임오.

최무선 동상(전북 군산, 진포대첩 기념탑 부조)

방사군이었을 것이다. 이들은 화기의 발사 업무에도 종사하였으며, 전문공장을 도와서 필요한 여러 일을 수행하였다.

그런데 당시 화약·화기는 주로 왜구의 침입에 대비하여 병선에 장착해서 사용했다.[288] 이를 주도한 이가 최무선이었다. 그는 화기를 장착할 수 있는 병선건조까지도 책임을 맡았다. 이때 고려 정부는 전선의 건조를 위해 경산京山과 각도에서 승도를 모으고, 배를 만드는 선장船匠들도 징발했다.[289]

그러나 우왕 14년 위화도 회군이후 개혁파 세력은 군전을 지급해서 무기를 스스로 마련할 수 있게 함으로써 농민의 징발과 같은 무리한 방법으로 군비를 조달하는 폐단을 시정하려고 했다. 그리고 권문세가와 연고를 맺고 관직에 진출해 생산의 독점권을 행사하고자 했던 수공업자들에 대해서도 관직진출을 제한하여 이를 막으려 했다.[290] 이어서 개혁파들은 무기제조기구에 대해서도 개편을 시도했다.

우선 전기부터 군기생산을 책임지던 군기시의 위상을 높였다. 이를 위해 방어도감과 화통도감을 모두 군기시에 흡수시켜 군기제조를 전담하도록 했다.[291] 이는 방어도감과 화통도감의 운영상에 나타난 문제점을 해결하고자 한 것이다. 즉 사전개혁을 통한 국가재정의 확충에 기반을 두고 그동안 약화되었던 군기시의 기능을 강화시키며 이를 위해 방어도감과 화통도감을 합속시킨 것이다. 또 공양왕 2년에는 도부서都府署

---

288 허선도, 「여말선초 화기의 전래와 발달(상)」, 『역사학보』 25, 1964, 17쪽 참조(『조선시대 화약 병기사 연구』, 일조각, 1994에 재수록).
289 『고려사』 권81, 지35, 병1, 병제, 우왕 3년 3월.
290 『고려사』 권81, 지35, 병1, 병제, 공양왕 1년 2월.
291 『고려사』 권118, 열전31, 조준.

을 혁파하고 대신 병선건조를 전담하는 기구로 사수서司水署로 개편하였다.[292]

2) 화약병기의 제조와 활용

고려말 국제정세는 중국의 경우, 원·명 교체기로 통일을 목전에 둔 명나라는 아직 체제가 정비되지 않아 혼란의 상태에 놓여 있었다. 고려도 국내외의 정치상황 등 여러 가지 사정으로 명령계통이 제대로 서지 못하고 군사도 정비되어 있지 않았다. 또 일본 역시 국내가 통일되지 못한 상태였으므로 중앙정부의 통제가 약화되어 있었다. 이런 까닭으로 왜구들이 창궐했다. 왜구가 이와 같이 극성을 부린 이유는 일본이 남북조로 갈려 60여 년 간(1322~1392) 내전에 휘말리면서 중앙정부의 위력이 지방에 미치지 못하자 일본 서부의 호족들이 곡식과 기타 필수품을 획득하기 위해 해적들을 조직하여 고려를 조직적으로 침입했기 때문이다.

왜구가 창궐한 원인 중에 하나는 고려 전략에도 기인한다. 고려는 왜구가 침입하면 일단 그들을 육지에 상륙시켜 놓고 요격하는 것이 상책이라는 육전 위주의 전술을 견지했다. 그러나 왜구의 장기가 백병전을 위주로 한 육전이므로 고려의 피해는 점점 커져갔다. 그러므로 공민왕은 육전에서 수전으로 전략을 바꾸어 왜구들을 육지에 상륙시키지 않고 바다 위에서 격퇴하는 해전위주의 전술을 채택했다.

왜구는 공민왕과 우왕 때에 가장 많은 침입을 하였는데 그 중에서 경남지방의 연안에 출몰한 회수가 압도적이었다. 왜구는 2-3척의 배를 타고 와서 노략질을 하는 경우도 있었지만, 심할 때는 200-500척의 대규모 해적선단이 수천명의 인원으로 침범할 때도 있었다. 그런데 이들 왜구의 침입목적은 순전히 재물의 약탈에 있었다. 이들이 노략질해 가는 것은 주로 양곡이었으며 그 밖에도 고려 백성들을 붙잡아가는 수도 가끔 있었다. 그러므로 이들은 곡식을 저장해둔 관아의 창고를 습격하고 또는 해상에서 조운선을 습격하여 양곡을 탈취하거나 인명을 살상하는 만행을 거침없이 저질렀다. 왜구는 저항하는 아녀자의 팔다리를 자르고 살해할 정도로 잔인했다. 그러나 왜구가

---

292 『고려사』 권76, 지30, 백관1, 사수서.

왜구도권 중 왜구의 약탈과 방화
명나라에서 그려진 것이나 우리나라에서도 비슷했을 것으로 여겨진다.

주로 노린 것은 부녀자보다는 젊고 힘센 장정들이었다. 『고려사』에 의하면 왜구에 포로로 잡혀간 사람의 수가 3만여 명에 이른다고 한다.

이처럼 왜구들은 남해 일대에 침입하여 마을로 들어가 노략질을 일삼았고, 심지어 남해와 서해의 세금으로 낸 곡식을 실어나르는 조운선을 빼앗아 끌고 가는 지경에까지 이르렀다. 왜구들은 더욱 날뛰어 수도 개경의 바로 밑이라 할 강화도와 개경 인근의 풍덕현에까지 들어와 노략질을 일삼는 지경이었다. 1352년(공민왕 1)에는 왜구 때문에 수도 개경은 계엄령이 내려질 정도였다.

민심이 갈수록 흉흉해지고 조정의 권위는 땅에 떨어져 버렸음에도 불구하고 지방의 관리들은 군사가 없으니 여전히 속수무책이었다. 특히 수운이 막혀 조운선이 올라오지 못하자 정부는 국가재정에도 큰 지장을 주고 있었다. 그러나 고려 조정은 근본적인 대책을 세울 방도가 없었다. 심지어는 방비를 염려하여 수도를 내륙지방으로 옮겨갈 계획을 세우기까지 하였다.

이런 상황에서 원나라와 명나라 사이에서 양면 외교를 벌이던 공민왕은 잦은 왜구의 침입을 막아보고자 1373년(공민왕 22) 명나라에 어려운 요구를 하였다. 왜구를 섬멸할 배를 만들면서 여기에 사용할 무기와 화약, 유황, 염초를 지원해 달라고 한 것이다. 명의 조정에서는 이 요구를 두고 연일 논란을 벌였다. 담당 관리가 홍무제에게 "고려에는 이런 물건이 없는 듯합니다"는 보고를 올리자, 홍무제는 "같은 하늘과 해를 이고 사는데 어찌 이쪽에는 있고 저쪽에는 없겠는가? 이런 물건은 곳곳에 있을 것이다. 저쪽은 다만 수합할 줄을 모르는 것이다"라고 말했다. 명나라는 "화약, 염초, 유황이 많이 있지만 쓸 곳도 많다"[293]며 처음에는 보내주지 말라고 하였다.

화약이 많다는 것을 자랑하면서 정작 보내주려 하지 않았던 것이다. 그러나 홍무제는 생각을 바꾸어 "또 백성이 고통을 당해서는 안 된다"고 하며 염초 50만 근, 염초 10만 근을 보내주라고 지시하였다. 완제품 화약이 아니라 원료였다. 실제 이 분량이 고려에 도착하였는지, 혼합하는 기술을 일러주었는지 확인할 수가 없으나 고려에서 사용했다는 기록이 보이지 않는다.

고려에 화약이 전래된 시기는 우왕 3년(1377)에 화통도감이 설치되기 훨씬 이전이다. 즉 고려 숙종 9년(1104) 여진 정벌을 위해 별무반이 설치되었는데, 11개의 특수부대 가운데 발화發火 부대가 있었다.[294] 발화 부대의 구체적 임무는 전해지지 않으나 명칭으로 보아 화공을 전문으로 하는 부대인 것 같고 나아가 화약 사용과 연관지을 수 있다. 또 인종 13년(1135) 묘청의 난 진압 때는 화구火毬가 사용되었다.[295] 당시 송에서 온 조언趙彦의 계책에 따라 포(투석기)로 서경성의 성루를 부숨과 동시에 화구를 던져 이를 불살랐다고 한다. 화구는 최초로 발명된 화약병기로 화약을 공 모양으로 굳힌 것인데,[296] 송 진종 함평咸平 3년(1000)에 개발되었다. 송과 문물 교류가 활발했던 고려가 이를 입수했으리라 추측하는 것은 무리가 아니다.[297]

---

293 『고려사』 권44, 세가44, 공민왕 22년 6월 임자.
294 『고려사』 권81, 지35, 병1, 別號諸班 ; 『고려사』 권81, 지35, 병1, 五軍.
295 『고려사』 권97, 열전11, 김부식.
296 특히 火毬라는 말은 화약무기의 일종으로 화약을 球狀으로 굳힌 것으로 보이며, 1000년(송 진종 3) 8월에 唐福이 火箭, 火蒺藜와 함께 만들어 올렸다고 한다.
297 이외에도 『고려사』 권96, 열전 9 윤관전에는 서경공방전(1135~1136) 마지막 시기에 정부군이 성안의 봉기군을 치면서 "석포로 火具를 쏘니 불길은 번개 같고 수레바퀴처럼 생기고 컸다. …… 밤새도록 계속 쏘니 적의 흙산마저도 모조리 불타버렸다"고 하였으며, 『고려사』 권100, 열전 13 의 杜景升전에는 서경공방전에서 "두경승이 성 밖에 흙을 쌓고 그 위에 大砲를 줄지어 설치한 후 성을 공격하여 함락시켰다"고 기록되어 있다. 그 당시 우리나라에서는 큰 화포를 대포, 중간형의 화포를 중포, 소형 화포를 소포라고 불렀다. 또 『고려사』 권103, 열전16에 실린 朴犀, 宋文胄, 金

세총통과 화살(육군박물관)

　그러나 화통도감의 설치는 화약과 화기를 독자적으로 제조하기 시작한 것을 의미
하는 것이며 늦어도 공민왕 대에는 이미 화약병기가 전래되었을 것으로 추측된다. 화
기 사용을 직접 명시한 것은 공민왕 5년(1356) 11월에 화약무기 발사 시험이 있었
다.[298] 재추들이 숭문관에 모여 서북면의 방어용 장비를 검열할 때 총통銃筒을 남강南
岡에서 발사하였는데 발사된 화살이 순천사順天寺 남쪽 땅에 떨어졌다는 것이다.

　그러나 우리의 화약무기의 제조는 최무선에 의해서 이루어졌다.[299] 화약의 제조법을

　慶孫, 韓洪甫 및 권104, 열전17 金方慶에도 고려 정부군이 삼별초군을 공격하면서 화포를 썼다
　는 기록이 있다. 한편 이밖에도『고려사』권104, 열전17 金方慶전에는 1271년 5월 초에는 감방
　경이 인솔한 고려 정부군이 삼별초군을 공격하면서 화포를 썼다는 기록이 있다. 또한 1274년(충
　렬왕 원년) 일본정벌 당시 몽골군이 鐵砲를 사용했다는 기록과 蒙古來襲繪詞라는 그림이 남아 있
　다. 오늘날 수류탄과 같은 것으로 투척용 石彈과 爆裂彈이 있었다. 그러나 실제로 여기서 사용된
　화약의 핵심 원료인 焰硝와 무기는 전량 중국으로부터 수입하였거나 원에서 사용한 것이기 때문
　에 고려가 제작한 화약무기로는 볼 수 없다.

298 『고려사』권81, 지35, 병1. 공민왕 5년 9월.

299 최무선은 결국 화약 제조법의 독자개발만이 유일한 해결책임을 인지하고 혼자서 외로운 노력을
　수많은 기간동안 기울인 듯하다. 화약을 만드는 데에는 세 가지 재료, 즉 염초·유황·분탄(숯가
　루)이 필요하다. 그 중에서 유황과 분탄을 구하는 방법은 예전부터 알고 있었으며 구하기도 쉬웠
　다. 그러나 염초를 만드는 방법은 여전히 풀리지 않는 문제였다. 또한 염초를 제조하더라도 위 세
　가지 재료를 어떤 비율로 잘 혼합하는가도 해결해야할 난제였다. 최무선은 이러한 문제들을 풀
　기 위해서 수많은 실험을 했으나 번번이 실패하고 말았다. 그러던 중에 중국인 상인들이 자주 들
　어오는 무역항 벽란도에 들러 혹시 화약 제조의 비법을 아는 자가 있는지 수소문하던 중 강남 지
　역에서 온 焰硝匠, 즉 염초 제조기술자 李元이라는 자를 알게 되었고, 그를 극진히 대접하는 등의
　노력으로 염초를 흙에서 추출한다는 사실을 알아 냈다. 이후 수많은 실험을 거쳐 결국 흙에서 염
　초를 추출하는 방법을 알아내는데 성공해 화약 제조의 기술을 완성했다.

독자적으로 연구·개발하는데 성공한 최무선은 화약의 대량 생산과 화약무기의 독자적 개발을 정부에 적극 건의했다. 그는 이 기술을 바탕으로 수차례 조정에 건의해서 마침내 1377년(우왕 3) '화통도감'이라는 화약제조 전담기구를 만들고 책임자인 제조 提調로 임명되었다. 이렇게 화통도감의 설치가 계기가 되서 화약의 제조, 생산 및 이를 이용한 다양한 화포들이 개발되었는데, 그 예로 대장군, 이장군二將軍, 삼장군포三 將軍砲 등 총 18종의 화약무기가 개발되었다. 또한 이러한 무기를 실어 나를 수 있는 전함들이 건조되고, 이 무기들을 운용하는 '화통방사군'이라는 특수부대가 창설되기에 이른다. 1378년(우왕 4) 4월 개경과 각 지방의 크고 작은 사찰에서 인원을 차출하여 화기 전문부대인 화통방사군을 편성하고, 조직화 했다. 차출인원은 대사大寺에서 3명, 중사中寺에 2명, 소사小寺에 1명씩이었다.

이러한 최무선의 집념과 국가의 전폭적인 지원으로 화기 개발은 왜구의 격퇴라는 그 당시로는 엄청난 결실을 맺게 된다. 고려 정부는 화포를 증강하여 해전에 대비하고 격구擊毬과 더불어 화포희火砲戲을 장려했다. 우왕 9년(1383)에 정지는 진도에서 화포로 적선 7척을 불태웠는데 "일찍이 오늘과 같이 통쾌한 승리를 맛본 일은 없다"고 말하며 화기의 위력에 감탄하였다.

화포가 가장 위력을 발휘한 전투는 우왕 6년(1380)의 진포鎭浦 전투로 진포로 다가오는 왜선 500척을 화포로 궤멸시켜 대승을 거두었다.

경신년(우왕 6년인 1380년) 가을에 왜선 3백여 척이 전라도 진포에 침입했을 때 조정에서 최무선의 화약을 시험해 보고자 하여 (최무선을) 부원수에 임명하고 도원수 심덕부沈德符, 상원수 나세羅世과 함께 배를 타고 화구火具을 실어 진포에 이르렀다. 왜구는 화약이 있는 줄 모르고 배를 한 곳에 집결시켜 힘을 다하여 싸우려 했으므로, 무선이 화포를 발사하여 그 배를 다 태웠다. 배를 잃은 왜구는 육지에 올라와서 전라도와 경상도까지 노략질하고 도로 운봉雲峰에 모였는데, 이때 태조가 병마도원수로서 여러 장수들과 함께 왜구를 빠짐없이 섬멸하였다. 이로부터 왜구가 점점 덜해지고 항복하는

황산대첩 사적지(전북 남원)
이성계가 왜구를 물리친 것을 기념하기 위해 만든 사적지이다.

자가 서로 잇달아 나타나 바닷가의 백성들이 생업을 회복하게 되었다.[300]

진포해전은 최영 장군의 홍산대첩, 이성계 장군의 황산대첩, 정지 장군의 남해도전투와 더불어 고려 말기 왜구를 토벌한 4대 승전의 하나로 평가받고 있다. 진포해전은 우왕 6년(1380) 8월에 벌어졌다. 왜구가 진포에 침입한 것은 그곳이 조운의 중심지였기 때문이었다. 오늘의 전라남북도 지방과 충청남도 일대의 곡창지대에서 거둬들인 세곡을 수도 개경으로 올려 보내는 중요한 거점이었으므로, 왜구들이 눈독을 들이고 500척에 이르는 대선단으로 침범했던 것이다.

이처럼, 1380년 전라도 진포에 500여 척이나 되는 배를 타고 온 왜구들이 노략질을 자행하자 최무선은 징벌군의 부원수가 되어 그가 개발한 화통, 화포들을 사용하여 이들을 궤멸시켰다. 그 3년 후인 1383년에 또다시 남해의 관음포에 나타난 왜구들도

---

300 『태조실록』 권, 태조 4년 4월 임오.

최무선의 국산 최신식 무기에 격퇴되고 말았다. 이 두 사건은 노략질을 거의 생계수 단으로 여기던 왜구들에게 충격과 두려움을 안겨주게 되어, 그 이후 왜구들의 침입이 끊어지게 되었다. 이때 왜구들은 모두 육지로 도망가 버렸고, 육지에서는 이성계가 이끄는 육군이 황산대첩으로 왜구들을 완전히 섬멸시켜버렸다. 이로써 오래도록 삼남 지방을 폐허로 만들어 무너져가던 고려 사회의 쇠퇴를 더욱 부채질하던 왜구의 침략 을 해결하게 되었다. 이 과정에 이성계 등의 무인들은 고려 사회의 해묵은 문제들을 해결할 수 있는 실력자로 급부상 할 수 있었다. 이후 이성계의 권력은 더욱 성장해 조 선을 건국하기에 이르렀다.

그러나 고려 말에서 조선 건국으로 넘어가는 시기의 정치적인 불안정한 상황은 당 시의 정치인들에게 화통도감과 같은 군사적으로 민감한 기관을 불안한 눈으로 보았 던 것 같다. 결국 1388년(창왕 1) 개혁파의 주류인 조준이 '이제 왜구도 물러난 마당 에 화통도감과 같은 (위험한) 기관은 필요 없다'는 이유를 들어 혁파를 주장하여 마침 내 병기 등을 만드는 군기시에 배속되어 사실상 해체되고 말았다.

결국 조선 건국과 더불어 화약과 화약무기들은 쇠퇴를 가져왔고, 이를 주관하던 화 통도감이나 그러한 무기를 다루던 화통방사군 역시 축소될 수 밖에 없었다. 특히 조 선 개국 이후 화통방사군은 화통군火㷁軍이란 이름으로 존재하고 있었으나, 화기 제 조나 발사와는 무관한 각종 잡역에 동원되었고, 그 역도 매우 고된 것이었다. 화기 개발에 적극적이었던 태종대에 이르러서야 화기 제조에 따르는 잡역에 종사하면서 화기 발사의 업무를 전담하는 군기감 별군이나 군기감 화통군을 설치, 배치하였다. 1404년(태종 4) 경에는 화통군의 수가 400명 수준에 이르렀다가 11년 뒤인 태종 15 년 무렵에는 1,000명으로 늘어나기도 했다. 이듬해엔 10배나 증가된 1만 명으로 증 가되기도 했으나, 이 때의 인원은 화통군 고유의 기능을 가진 병종이 아니라 사원 혁 파에 따른 사원 노비들을 관리하기 위한 일종의 노동부대였다. 이들은 '조역노助役奴' 라 불리며 화통군과 구별되었다. 이에 따라 화통의 주조량鑄造量도 크게 늘어 태종 15 년에 화통의 수가 1만 여 자루에 달하였으며, 1년 뒤에는 13,000 자루로 늘어 화통군 1인당 1자루 이상을 소지할 정도가 되었다.

최무선은 조선왕조가 들어선 뒤인 태조 4년(1395) 4월 19일에 세상을 떴다. 당시 그의 아들 최해산崔海山은 겨우 15세였다. 해산이 태어난 해가 바로 진포해전이 있던 때였다. 화약 기술이 최무선이 아들인 최해산에게 이어져 조선왕조에 들어와서도 계속 발전할 수 있었다. 최해산이 태종 1년(1401) 3월에 군기시 주부로 특채되었던 것이다. 이는 권근이 화약을 발명한 최무선과 목화씨를 몰래 들여온 문익점의 후손을 채용하라고 건의한 것을 태종이 받아들였기 때문이었다. 이에 따라 문익점의 아들 문중용文中庸은 사헌부감찰, 최해산은 군기시주부로 특채되었다.

이렇게 아버지의 뒤를 이은 최해산은 그 뒤 경기우도 별감으로서 병기와 전함을 관리하다가 태종 9년(1409)에 군기감승으로 승진했다. 그는 그해 10월에 태종이 임석한 가운데 자신이 개발한 화차의 시험발사에 성공해 임금으로부터 말 한 마리를 상으로 받았다. 이에 앞서 2년 전에는 새로 개발한 고성능 화약 폭발실험을 했는데 그 자리에서 함께 구경하던 일본 사신 일행이 모두 기절할 듯이 놀라 자빠졌다고 한다. 이에 기분이 좋은 태종이 화약장 33명에게 쌀 한 섬씩을 상으로 주고, 다른 기술자들에게도 포목을 상으로 내렸다. 최해산은 이렇게 화포와 화차의 개량을 거듭하여 세종 6년(1424)에도 같은 시험발사를 했다. 최해산은 세종 15년(1433)에는 좌군절제사로서 도원수 최윤덕崔潤德을 따라 여진정벌전에서 전공을 세웠다.[301]

2. 산성 수축과 읍성 신설

1) 왜구 피해의 증대와 축성책의 도입

공민왕·우왕 초반에 치소성治所城을 비롯한 성 일반은 폐기·방기되어 있었고, 치소는 치소성을 떠나 대개 인근 평지에 자리해 있었다. 당시 치소는 성에 의해 보호받

---

[301] 화약무기 개발에 대해서는 윤훈표, 「고려말 조선초기 병기의 제조 및 관리체계에 관한 연구-군제개편과 관련해서-」『동방학지』77·78·79 합집, 1993 ; 김대중, 「고려말·조선초 화약병기의 현황과 과제」『학예지』9, 육군사관학교 육군박물관, 2002 ; 정하명, 「한국의 화기 발달과정」『군사』13, 1986이 참고된다.

지 못한 채 평지에 위치하고 있었고, 그 인근에
는 취락들이 분포하고 있었을 것이다. 당시에
는 지역 단위의 방어력마저 소멸·부재한 상태
여서, 향촌사회는 국가(관)에 군사적으로 의존
하고 있었다.

이러한 사회 조건 속에서 국가는 계속되는
왜구 침략에 대응하여 여러 방어 대책들을 구
사하고 있었다. 그 대표적인 것이 성을 활용하
지 않은 채 연변 방수沿邊戍所와 연계하여 운영
되고 있던 청야책이었다. 하지만 청야책은 왜
구 방어 측면에서 여러 문제점을 노정하면서
비판을 받고 있었다. 청야책에 대한 비판은 공
민왕 22년(1373) 설장수偰長壽에 의해 시작된

이숭인 초상(국사편찬위원회)

이래 우왕대에는 보다 많은 사람들이 청야책의 문제점을 거론하였다. 당시에는 청야
책의 한계가 명확해졌고, 이에 따라 청야책의 한계에 대한 폭넓은 공감대가 형성되었
다. 그리하여 우왕대 이첨李詹, 이숭인李崇仁, 정몽주鄭夢周, 박위와 공양왕 초반 김주
金湊 등이 청야책의 문제점을 지적했다.

이들이 지적한 청야책의 문제점으로는, 방수군의 부실한 운영, 허술하게 지어진 수
소戍所, 방수처 사이의 넓은 간격으로 인한 왜적 침투의 용이성, 연해 지역 소개에 따
라 내륙 지역으로 피난한 연해민과 원주민 모두 농토 부족에 따른 경제적 고통 그리
고 이로 인한 유망, 소개한 범위를 넘어 내륙 깊숙이까지 왜구 침투, 고려 군사들이
의지할 곳이 없음, 평원에서 적은 수의 군사를 가지고 다수의 적들을 상대하다 매번
패하는 점 등을 들 수 있다.[302] 요컨대, 청야책은 내륙 깊숙이까지 적이 침투해 오기에
청야의 효과가 발휘될 수 없었고, 평원에서 대적하다 패하는 문제가 있었다.

---

302 『고려사』 권112, 열전25 偰遜 附 偰長壽 ; 『東文選』 권77, 東萊城記, 李詹 ; 『新增東國輿地勝覽』
　　권22, 경상도, 울산군, 古跡 古邑城의 李詹 記文 ; 『圃隱集』 권3, 雜著, 金海山城記 ; 『고려사』 권
　　114, 열전27, 金湊.

그리고 보다 심각한 문제는 연해 지역의 비옥한 토지의 상실로 인해, 국가 재정이 타격을 입고 민들의 생계가 위협받는 점이었다. 설장수는 "청야정책의 실시는 그 폐단을 더욱 심화시키는 것입니다. 대저 연해 지역의 토지는 자못 대부분 비옥하고 그 지역민들은 그 땅에 정을 붙이고 있으니 본래 이롭게 해주려는 것이 도리어 해가 됩니다"[303]라고 했다. 청야책으로 인해 연해 지역의 비옥한 땅을 잃어 여기에 의존하여 살아가는 백성들이 피해를 받고 있음을 지적한 것이다. 또한 조준은 압록강 이남은 대부분 산이고 비옥한 불역전不易田은 바다 가까이에 있는데, 옥야 수천리의 도전稻田이 왜적에게 함몰되어 황폐화된 결과 국가가 '비옥한 땅과 곡식을 생산하는 지방(옥야출곡지부沃野出穀之府)을 상실했다고 하며,[304] 연해 지역의 황폐화에 따른 국가 재정의 손실을 안타까워했다. 조준 외에도 여러 사람들은 연해 지역이 국가 재정에 큰 기여를 해 온 점을 지적한 바 있다.[305]

당시 연해 지역의 상실이 크게 문제가 되었던 것은 여말선초 시기를 거치면서 농경지가 미고지微高地에서 저평·저습지로 이동하였던 현상과[306] 매우 밀접히 관련될 것이다. 고려말 이전 시기라면 미고지의 밭농사 비중이 커 연해 지역 농경지 개발은 활발하지 않았을 것이고, 따라서 이 지역의 상실이 국가 재정에 미치는 영향 또한 크지 않았을 것이다. 하지만 고려말에는 연해 지역을 잃는 것이 '옥야출곡지부'의 상실이라 불릴 정도로 이 지역 개발이 진전되고 또한 연해 지역이 국가 재정에서 차지하는 비중이 높았다. 이런 상황에서 연해 지역을 거의 포기하다시피 하는 청야책은 큰 문

---

303 『고려사』 권112, 열전25, 偰遜 附 偰長壽.

304 『고려사』 권82 지36, 병2, 둔전, 우왕 14년 8월, "自鴨綠以南 大抵皆山 肥膏不易之田 在於濱海 沃野數千里之稻田 陷于倭奴 兼葭際天 倭奴之來 前無橫草 出入山郡 如蹈無人之地 國家旣失諸島漁塩畜牧之利 又失沃野出穀之府".

305 가령 이첨은 "(울주는 : 필자) 땅이 기름지고 또 물고기와 소금이 많이 나기 때문에 백성 중에 앉아서 부자가 된 자가 여러 집이 있으므로 인해서 (군국)軍國의 쓰는 비용이 여기서 나는 것이 누천(累千)에 이르렀고, 해산물을 바치는 것도 또한 적지 않았다"(『신증동국여지승람』 권22 경상도 울산군 고적 고읍성의 이첨 기문)라고 언급하였고, 박위는 "동래는 동남에서 으뜸이다. 바다 자원이 많고 토산물이 풍부하여 국가의 수요에 기여함이 적지 않을 뿐 아니라"(『동문선』 권77 동래성기 이첨) 하여, 두 지역이 국가 재정에 적지 않은 기여를 하고 있음을 알려 주고 있다.

306 李泰鎭, 『韓國社會史硏究』, 1986, 지식산업사 ; 이태진, 『의술과 인구 그리고 농업기술』, 2002, 태학사.

제를 야기하고 있었다.

지역민의 자위적 방어력이 부재한 상황에 청야책을 포함한 국가의 왜구 방어책마저 효과를 발휘하지 못하자, 지역 사회는 왜구 피해에 속수무책이었다.[307] 왜구의 침탈은 공민왕 말년부터 심화되었고, 이에 따라 왜구 피해도 커지고 있었다. 공민왕 22년(1373) 5월경 우현보 등이 올린 상서에 따르면, 그 무렵부터 왜구의 침입이 격화되고 연해 지역은 큰 피해를 당하고 있었다.[308] 앞서 보았듯이 설장수가 공민왕 22년에 청야책을 비판하는 상서문을 올린 것도, 당시 격화되는 왜구 침입에 따른 피해가 심화된 상황과 밀접하게 관련될 것이다.

공민왕 말년부터 격화된 왜구의 침입은 우왕대 극에 달하였고, 이에 왜구에 의한 피해 또한 전례 없이 극심해져갔다. 또한 우왕대에는 왜구 피해 지역이 확산되고 있었다.[309] 이전에는 왜구의 침입이 주로 연해 지역에 한정되고 있어, 공민왕 22년까지만 해도 왜구 피해는 연해 지역에 집중되고 있는 것으로 지적된다.[310] 하지만 우왕대에는 연해 지역은 물론이고 내지 군현까지도 왜구의 침입으로 고통 받고 있었다.[311] 이처럼 우왕대에는 연해 지역은 말할 것도 없고 내륙 지역까지도 왜구 침입으로 인해 큰 피해를 겪고 있었다.[312] 하지만 왜구 침탈로 인해 해당 지역사회가 처한 구체적 현

---

307 『고려사』 권114, 열전27 金湊, "恭讓初 進門下評理兼大司憲 與同僚上書曰……庚寅以來 倭奴肆虐 侵陵郡邑 剽掠人民 郡縣無城堡 難以固守 望風奔潰 使賊如入無人之境 以致四十年生民之患".

308 『고려사』 권115, 열전28 禹玄寶, "與同僚金允升徐鈞衡崔積善盧嵩等 上疏曰……一 國家自庚寅年 以來 倭兵爲寇 連兵追捕 未能擒制 近年以來 狂暴尤甚 殺害將帥 擄掠人民 沿海州郡 遠近騷然 至於 再犯京畿 無所畏忌 將來之患 固難測量 嘗相大臣 恬不爲意 制禦之方 未有成筭".

309 『고려사』 권84, 지38, 형법1, 公式, 職制, 우왕 4년 8월, "憲司上言 近來 州郡屢經倭寇 凋弊已甚"；『고려사절요』 권31, 우왕 6년 8월, "賊自鎭浦之敗 攻陷郡縣 奮肆殺奪 賊勢益熾 三道沿海之地 蕭然一空 自有倭患 未有如此之比"；『고려사절요』 권32, 우왕 9년 8월, "左司議權近等 上書曰…… 又致倭賊 深入爲寇 州縣騷然 棄爲賊藪 守令不能禦 將帥不能制 自古危亂之極 未有甚於此時者也".

310 『고려사』 권115, 열전28, 禹玄寶.

311 『고려사』 권81, 지35, 병1, 병제, 우왕 3년 7월, "開城府狀曰……近年以來 倭賊深入陸地 弱馬窮民 强稱馬兵 不論射御能否 皆以凋弓殘箭 以具軍額"；『고려사절요』 권31 우왕 8년 6월, "諫官鄭釐朴 宜中等 上疏曰 比年以來 倭賊日熾 深入爲寇 殺掠人民 焚毁盧舍 州郡凋弊 田野荒蕪".

312 다음 기록은 윤소종 등이 이인임을 논죄하는 상서문에 실려 있는 것으로, 이인임이 집권하던 우왕대의 왜구 피해 실태를 총괄적으로 전해 주고 있다. 『고려사』 권126, 열전39 간신2 李仁任, "倭奴橫行 前無結草 濱海沃野五六千里 暴骨荒墟 而內地州郡 蕩爲戰場".

실은 여전히 불분명하고, 군현 내에서도 어느 지역이 주로 피해를 입었는지가 명확치 않다. 왜구 피해가 가장 컸던 지역은 하삼도[313] 중에서도 경상도 지역이었다.

이 같은 왜구 피해 상황은 피해 정도에 따라 크게 세 단계로 구분될 수 있다. 첫째, 왜구에 의해 고을이 불타거나 분탕질과 노략질, 학살을 당하고, 관청이 불타는 등의 피해를 받은 경우와 왜구의 침략으로 인해 읍이 폐허가 되고 백성들이 사방으로 흩어진 경우이다. 마지막으로, 왜구의 침략으로 인해 외관을 비롯한 향리들이 다른 군현에 거주하거나 외관이 읍치에 들어올 수 없어 원촌遠村에 머무는 경우이다. 이러한 피해를 겪고 있는 지역에서도 읍이 폐허가 되고 백성들이 사방으로 흩어지는 사태를 겪었을 것이다. 왜냐하면 타 지역에 외관이 우거하는 상태에서 백성이 안주할 수는 없기 때문이다.

그런데 당시 왜구 피해는 군현 내에서도 읍치에 집중된 특징을 띠고 있었다. 피해 정도의 차이에 구분 없이 그러하였다. 우선 타 군현으로 이주하여 거주하거나 외관이 원촌에 머문 경우를 보면, 이들 지역에서 읍치가 왜구 침입으로 인해 큰 피해를 겪고 있었음을 손쉽게 예상할 수 있다. 왜냐하면 왜구 침탈로 읍치가 제 기능을 상실하고 더 나아가 폐허 상태에까지 이르렀기에, 군현은 읍치를 떠나 다른 곳에 우거하거나, 지방관은 읍치로 들어가지 못하고 외촌에 머무르게 되었을 것이기 때문이다.

왜구의 침략으로 읍이 폐허가 되고 백성들이 사산한 지역에서도, 읍치가 왜구 침탈의 주된 대상이 되고 있었다. 이 점은 읍이 폐허가 되고 민이 사방으로 흩어지는 상황에 처한 지역에 읍성을 축조하자 읍이 재건되고 주민들이 돌아왔다는 사례들이 적지 않게 확인되는 데서 뒷받침된다. 읍성이 축조되는 지역은 다름 아닌 읍치 지역이었기에, 왜구 침탈로 인해 읍이 폐허가 되고 민인들이 떠나간 곳은 읍치 지역이었을 것이다. 가령 영주 지역의 경우 "왜구의 침입이 빈발하여 영주 민인들이 모두 강을 건너

---

313 하3도(下三道) 지역이 왜구 피해가 가장 컸음은 다음 기록들을 통해 뒷받침된다.『고려사절요』 권33 우왕 14년 8월, "大司憲趙浚 陳時務日……全羅慶尙楊廣三道 貢賦之所出 國家之腹心 今也倭 奴橫行 攻陷我州郡 踐踏我禾稼 殺戮我老弱 奴婢我丁壯 而擁旌節者 嬰城竄伏 莫有鬪志 賊勢日熾 願 令大擧 及時掃淸";『고려사절요』 권30 우왕 2년 윤9월, "蠲免全羅楊廣慶尙沿海州郡徭賦 或三年 或五年 有差".

서쪽으로 도망해서 겨우 입에 풀칠하고 살면서, 동쪽으로 돌아올 뜻이 없다"[314]는 내용에서, 왜구의 침탈로 인해 서쪽으로 도망한 영주 민인이 원래 거주한 곳은 다름 아닌 읍치였다. 이 점은 "이후李侯(이지중李止中)가 이 성(읍성)을 쌓는다는 말을 듣자 서로 이끌고 와서 역사에 참여하여 얼마 안 되어 성이 이루어졌다"는 기록에서도 왜구 침입으로 인해 서쪽으로 도망간 읍치민이 읍성 축조에 참여하고 있음을 알 수 있다.[315]

마지막으로, 왜구에 의해 고을이 불타거나 분탕, 방화를 당한 지역에서도 주 피해 지역은 읍치였을 것이다. 관아가 공격 받은 지역들 사례는 읍치 지역이 왜구의 주된 공략 대상이었음을 직접적으로 알려주고 있다. 또한 막연히 군현이 '도효屠燒', '분략焚掠'의 피해를 입었다는 기록은 군현 전체가 아니라 읍치 지역이 그러한 피해를 받은 것으로 볼 수 있을 것이다.[316]

결국 경상도 지역뿐만 아니라 피해가 컸던 지역으로 꼽히는 전라·양광도 지역에서도 이 같은 피해 상황은 대동소이하였을 것이고[317] 강원도 연해 지역의 경우에도 읍치가 왜구 침탈로 피폐해졌을 것임을 추론할 수 있다.[318]

이처럼 주군이 사람이 살지 않는 빈 땅이 되고, 군현이 함락되고 피폐해진 피해를 언급하는 많은 기록들은, 군현 전체보다는 읍치 지역의 상황을 전해주고 있다고 판단된다. 따라서 왜구 피해가 격화되는 공민왕 말기와 우왕대에 지역별로 피해 정도의 차이는 있었겠지만, 광범위한 영역에 걸쳐 읍치 지역이 왜구 침탈로 큰 위기에 직면

---

314 『東文選』 권77, 永州城門樓記, 李詹.
315 영일 지역 또한 "(읍성을 : 필자) 준공하니 이때부터 읍성에는 전에 떠났던 사람들이 모두 돌아오고, 새로 오는 자도 연이어서 성 둘레에는 황폐한 전답이 없어졌다"(『陶隱集』 권4, 記, 迎日縣新城記)는 구절에서 알 수 있듯이, 읍성이 축조되기 이전에 읍치 지역은 왜구의 피해로 황폐화된 상태였다.
316 앞서 본 바와 같이 '군현'은 군현 전체 영역이 아니라 치소 공간을 한정하여 지칭한 경우가 드물지 않았다.
317 이와 관련된 사례 중 하나로 전라도 錦山郡의 다음 기록을 들 수 있다. 『敬齋遺稿』 권1, 記, 錦山映碧樓記, "洪武庚申(우왕 6년) 燬于倭寇 城邑丘墟 越十年己巳 太守偰侯眉壽 築州城".
318 울진 지역은 고려말에 읍성이 왜구에 의해 焚蕩된 바 있고, 『신증동국여지승람』에 따르면 강원도 영서 지역에는 읍성이 전혀 존재하지 않은 반면 영동 지역에는 빠짐없이 읍성을 두고 있어, 고려말 강원도 연해 지역의 상황이 삼남 연해 군현과 그리 다르지 않았음을 엿볼 수 있다.

해 있었음을 예상할 수 있다.[319]

왜구 피해가 본격화 한 공민왕 말기부터 청야책을 비판하고 축성책을 주장한 견해는 확산되어 갔고 결국 우왕 3년(1377) 축성책이 채택되기에 이르렀었다. 즉, 그 해 2월에 연해 주군의 산성을 수축케 하였고,[320] 7월에는 여러 도에 사신을 보내 산성을 수축토록 조치하였다.[321] 그러나 『고려사』는 우왕 3년의 축성 사실만을 간단하게 전할 뿐이어서, 이를 통해 축성책의 수용 과정을 이해할 수 없다. 하지만 다음 기록을 통해 그 과정을 엿볼 수 있다.

> 원수 박공朴葳이 일찍이 김해에서 부사로 있을 때에 처음으로 망산성을 수축했다. 방어용 장비와 방법을 완전히 갖추었으므로 사졸들이 익히고는 한 번 시험해 보았으면 하던 차에 마침 왜적이 개미떼처럼 몰려 왔다. 공이 군사들에게 명령하여 들어가 지키게 하고, 화살과 돌을 일제히 내리치자 쥐새끼같은 것들이 죽고, 도망쳐 우뚝한 외로운 성에 전혀 침범할 수가 없었다. 조정에 왜적의 수급을 바치니, 임금이 재상에게 이르기를, "성과 보루를 설치하면 약한 세력으로 강한 세력을 제어할 수 있고, 적은 숫자로 많은 무리를 대적할 수 있으며, 편안한 군사로 피로한 군사를 상대할 수 있다. 지금 이 계획을 시행하게 된다면 이것은 나라와 백성의 복이다." 하고 여러 도의 연해 지방 군현에 명하여 각각 성과 요새를 설치하여 지켜서 적으로 하여금 앞뒤를 걱정하며 그 흉악한 짓을 마음대로 못하게 하였다. 그 후부터 변방의 경보가 차츰 없어지고 태평하여 오늘에 이르렀으니, 이는 전적으로 공의 은혜라고 할 수 있다.[322]

---

319 당시 읍치 지역이 집중적으로 피해를 입었던 까닭은 군현의 중심지로 인구가 밀집하고 물산이 상대적으로 풍부하여 왜구의 집중 공략 대상이었기 때문이었다. 더구나 치소와 취락은 기댈 방어처 없이 평지에 위치하였고, 지역 단위의 방어력이 부재한 채 국가에 안위를 맡기고 있었는데, 국가 주도의 왜구 방어책이 실패를 거듭하자 읍치 지역은 큰 위기에 빠져들고 있었다. 따라서 이와 같은 읍치의 상황은 왜구 침탈을 허용하고 왜구가 무인지경에 들어서는 것 같이 횡행할 수 있도록 하였을 것이다.

320 『고려사』 권133, 열전46, 우왕 3년 2월, "各道要衝皆置防護 以遏流民 修築沿海州郡山城".

321 『고려사절요』 권30, 우왕 3년 7월, "遣使諸道 修築山城".

322 『동문선』 권77, 동래성기, 이첨.

위의 기록에 따르면, 김해부사 박위가 망산성을 수축한 후 왜구 방어에 성공하자, 국왕은 성의 효용성을 새롭게 인식하게 되었고 그 결과 연해 지방 군현에 명령을 내려 성과 요새를 설치하도록 하였다. 다른 기록을 참고할 때 산성을 수축하기 얼마 전 김해 지역은 왜적에 함락되는 피해를 당한 바 있어,[323] 김해 지역의 함락, 망산성 수축과 그것의 성공적 결실, 전국적인 성보 수축령이라는 일련의 과정을 유추할 수 있다.

박위가 망산성을 수축한 시기는 분명치 않지만 정몽주의 「김해산성기」에 따르면, 우왕 2년(1376) 겨울 무렵 그는 김해부에 부임했고[324] 이로부터 얼마 뒤 '고산성古山城' 즉 망산성을 수축했다.[325] 우왕 3년 무렵 망산성이 축조되었을 것이므로, 자연히 국가의 성보 수축 명령도 이 무렵에 나왔을 것이다. 축성 명령이 우왕 3년 무렵 내려진 점을 고려할 때, 이것이 『고려사』에 보이는 우왕 3년의 축성 조치라고 판단된다.[326]

왜구에 대응하여 지방관 차원에서 이루어진 산성 수축이 긍정적인 효과를 발휘하자, 국가는 이 방안을 수용하여 우왕 3년에 산성 수축 명령을 전국에 하달했다. 외관이 자체적으로 축성을 시행하였고, 중앙정부가 이것을 수용하여 전국적으로 시행한 점은[327] 주목된다 하겠다.

한편, 우왕 3년의 축성 명령은 구체적으로 실행에 옮겨지고 있었다. 다음 기록에서 보이듯, 이후 각 지역에서 산성 축조가 시행되었다.

> 사헌부가 상소하기를……여러 도 주·군의 산성에 국가가 왕왕 사신을 보내 수축하면서, 군정을 많이 징발해서 며칠이 못 되어 공사를 마치고, 이로 인해 곧 바로 다시 무너

---

323 『포은집』 권3, 雜著, 金海山城記.

324 정몽주의 記文은 우왕 2년 겨울 김해부가 왜적에 함락되었고 이로부터 얼마 지나지 않아 박위가 김해부사로 임명되었음을 전하고 있지만, 그가 부임한 정확한 시기에 대해서는 언급하고 있지 않다. 하지만 우왕 3년 4월 이전에 부임하였던 것만은 분명하다. 우왕 3년 4월에 김해부사 박위는 왜적을 黃山江 어귀에서 무찌르고 있었다(『고려사절요』 30, 우왕 3년 4월 참조).

325 『포은집』 권3, 잡저, 金海山城記.

326 다만 김해산성기에 보이는 성보 수축 명령이 우왕 3년 2월과 7월의 축성 조처 중 어느 것을 지칭하는지는 분명치 않다. 전반적인 상황을 고려할 때, 후자를 지칭하였다고 판단된다.

327 대몽항쟁시기 외관이 해도입보를 자체적으로 시행하였고, 이를 국가가 수용하여 산성해도입보책을 전국을 대상으로 시행하는 점과 매우 유사하다 하겠다.

저 그 폐해가 매우 큽니다. 청컨대 이제부터는 다시 사신을 보내지 말고, 수령으로 하여금 인근 군현의 군정을 징발하여 농한기를 이용해서 수축하고, 만일 끝마치지 못하면 정지하여 내년을 기다리는 것을 해마다 행하는 전례로 삼으소서.[328]

우왕 4년(1378)에 사신을 보내 많은 군정을 동원하여 산성 수축 공사를 단기간에 마무리하려 함으로써 성이 견고하지 못한 폐해가 제기되고 있다. 우왕 3년 이래 축성이 실질적으로 행해지고 있었음을 분명히 알 수 있다. 이후에도 국가의 축성 의지는 변함없어 우왕 14년(1388) 5도의 성을 수축하라는 명령[329]을 하달하였다.

이 외에도 여러 기록이 있다. 우왕 3년 2월에는 연해 주군의 산성을 수축케 하였고, 5개월 뒤에는 여러 도에 사신을 보내 산성을 수리하도록 했다.[330] 우왕 8년(1382) 7월에는 장하張夏을 '각도산성순심사各道山城巡審使'로 임명했다.[331] 산성순심사는 산성의 현황을 살피고 수축이 필요한 곳을 국가에 보고했을 것이다. 마지막으로, 공양왕 2년(1390) 양광도관찰사가 왜적의 침입을 알리자 산성 수축을 논의하고 있었다.[332]

이처럼 축성책이 채택되는 우왕 3년 이래 산성 수축 내지 그러한 논의는 비교적 꾸준히 있었고, 우왕 8년 7월에는 '각도산성순심사'를 두어 산성의 현황과 수축이 필요한 곳을 체계적으로 파악하고, 이를 토대로 산성 수축을 추진했다. 축성책을 도입하게 된 계기가 김해 지역 산성 수축의 효과에 자극받아 이를 전국적으로 시행하려 한 데서 유추할 수 있듯이, 처음부터 축성책의 방향은 산성 수축 위주였다. 축성이 그와 같이 행해지면서 치소가 위치한 성, 즉 읍성에 대한 축조는 매우 제한적으로 이루어지고 있었다.

당시 축성이 산성 수축 위주로 진행된 까닭을 직접적으로 알려주는 기록들은 남

---

328 『고려사절요』권30, 우왕 4년 12월, "憲府上疏曰……諸道州郡山城 國家往往遣使修築 多發軍丁 不日畢功 旋致崩毀 其弊甚巨 請自今勿復遣使 令守令徵發傍郡軍丁 農隙修葺 若未畢 則停待明年 以 爲年例".
329 『고려사절요』권33, 우왕 14년 2월, "命修五道城 遣諸元帥西北鄙 以備不虞".
330 『고려사』권133, 열전46, 우왕 3년 2월 ; 『고려사절요』권30, 우왕 3년 7월.
331 『고려사』권134, 열전47, 우왕 8년 7월, "以張夏 爲各道山城巡審使".
332 『고려사』권45 세가45, 공양왕 2년 6월, "楊廣道觀察使報倭賊入寇 議修山城".

아 있지 않다. 하지만 관련 기록들을 통해 몇 가지 이유를 유추할 수 있다. 첫째, 산성은 기존의 성을 수축할 수 있던 데 반해, 읍성은 신축해야 해, 산성 축조가 보다 수월했을 것이다. 축성책이 채택된 우왕 3년 무렵에는 방기된 산성이 곳곳에 분포하고 있었다. 당시에는 강화천도 이후 대두한 입보용 산성뿐만 아니라 치소성이었던 성 또한 산성으로서 폐기된 채 곳곳에 산재하고 있었다. 고려의 치소성은 산성 형태여서 성내에 치소가 위치하지 않으면, 더 이상 주성州城, 현성縣城 등으로 불리지 않고 대개 산성으로 칭해졌다. 따라서 당시 입보용 산성 및 치소성이었던 성 등 무수한 산성들은 여기저기 분포하고 있었다. 이 때문에 산성을 축조할 경우 이들 산성을 활용할 수 있었다.

다만 이들 산성은 공민왕대에 성이 없다고 인식될 정도로 허물어진 채 방기되고 있어, 수축을 해야만 했다. 반면 읍성은 대개 신축되어야 했다. 간혹 폐기된 산성을 활용하여 읍성으로 삼는 경우가 있었지만 대개 평지로 옮겨진 치소를 보호할 목적으로 평지에 신축되고 있었다. 결국 축성책을 시행할 때 신축보다는 기존 산성의 수축이 용이하였다고 보인다.

산성 수축은 읍성 신축에 비해 인력과 물력 동원의 측면 등에서 수월하였을 것임은 분명하다. 또한 공기 또한 상대적으로 짧았을 것이다. 당시 국가의 재정 상태가 매우 열악하여 축성을 위한 재원 마련이 쉽지 않았을 것이다. 그리고 군제와 요역 체계의 문란으로 인해 축성을 위한 대규모 인력을 확보하는 것 또한 여의치 않았을 것이다. 또한 축성책을 채택할 당시에는 왜구에 의한 피해가 전례 없이 극심해지고 피해 지역도 확대되고 있어, 성이 시급히 필요하였을 것이다. 이러한 이유들 때문에 산성 수축이 당시 선호되고 있었을 것이다.

둘째, 방어 측면에서 (평지)읍성에 대한 의구심이 적지 않아, (평지)읍성을 축조하는 데 주저한 반면 산성 수축에 상대적으로 적극적이었을 것이다. 우왕 3년의 개성부 장계는 당시 (평지)읍성보다 산성이 방어 면에서 선호되었음을 보여준다.

셋째 외방산성을 수축하는 일인 즉, 당감唐鑑에 고려에서 산을 이용하여 성을 쌓는 것을 상책이라고 하였으니, 산성은 서로 가까운 곳에 편의에 따라 수즙하고 봉수로 서로를 바로 보게 하여 전쟁시 서로 구하게 하는 것이 가할 것입니다. 넷째, 목부군현牧府郡縣의 성을 쌓는 일인 즉, 군사와 백성을 휴식시키는 것은 나라에서 가장 힘써야 할 것입니다. 근래 왜구의 침략이 계속되어 백성들이 편안한 생활을 할 수 없고 또한 이전에 쌓은 사방 주위의 장성과 계축년에 동강·서강 등에 쌓은 성은 헛되이 백성을 괴롭히고 재물을 허비할 뿐입니다. 그러니 외방 평지에 성을 쌓는 것을 중지케 하소서.[333]

위의 기록은 『당감』을 인용하여 산성 수축을 상책으로 평가한 반면, 병사와 주민을 쉬게 해야 한다는 논리와 장성 및 동강성·서강성 등의 축조로 민인들이 피폐해졌다는 이유를 들어 '목부군현의 성'은 정파해야 한다고 건의하고 있다. 외방산성과 대비되는 평지성인 '목부군현의 성'은 치소가 위치한 성이었을 것인데, 내용상 읍성에 대비하여 산성에 대한 선호가 뚜렷히 드러난다. 산성에 대한 선호 이유가 뚜렷하진 않지만, 장계와 거의 흡사한 논리를 펴고 있는 성석린의 주장을 통해 볼 때, 방어 측면에서 우월하다는 판단에 기초하여 산성이 선호되었음을 짐작할 수 있다.

성석린의 관련 주장은 아래와 같다.

영의정부사 성석린이 상서하여 시무 20조를 진달하였는데, 명하여 의정부에 내려서 의논하게 하였다. 상서에 이르기를……하나, 갑병甲兵이 견고하고 예리하고 행진이 정돈되고, 분수分數가 밝고 호령이 엄하고 상벌이 적당하고 군량이 족하고 모책을 좋아하여 반간反間을 사용하고 시일을 오래 끌며 여러 길로 병진하여 승리하는 것은 중화인의 장기이며, 말이 튼튼하고 활이 강하고 양식을 가볍게 싸 시일을 단축하고 천시와 지리를 활용하여 빠르게 돌격하여 힘껏 싸워 승리하는 것은 호인胡人의 장기입니다. 험고함에 의지하고 병법에 의하지 않고 깊고 험한 곳을 택해 산성을 쌓아 노인과 어린이를 안치하고 콩과 조를 거두어 들이고 봉화를 들어 서로 응하며 사잇길로 몰래 통하여 불시에 출격하여 승리하는 것은 우리의 장기입니다. 평지성은 없을 수 없지만 예로부터 우리 중에 가운데 잘 지키는 자가 드무니 오로지 읍성만 의지할 수 없습니다.[334]

---

333 『고려사』 권82, 지36, 병2, 城堡 우왕 3년.
334 『태종실록』 권13, 7월 1월 갑술, "領議政府事成石璘上書 陳時務二十條 命下議政府 議得 書

　이 기록은 태종 7년(1407) 영의정부사 성석린이 올린 시무 20조 가운데 한 조항으로, 개성부의 장계보다 30여 년 이후의 것이다. 성석린의 주장은 산성과 평지성인 읍성을 대비하면서 산성을 선호하고 있어 개성부 장계와 거의 일치하고 있다. 그가 산성을 선호된 까닭은 평지성인 읍성은 방어 면에서 한계가 있어 전적으로 의존할 수 없는 반면, 산성에 의거한 방어는 더 적합하다고 보았기 때문이었다. 성석린의 주장으로 볼 때, 개성부 장계에서 산성을 중시했던 까닭 또한 방어 측면에서 뛰어났다고 보았기 때문이었을 것이다.

　이상의 검토에서 보듯, 우왕 3년(1377) 이후 산성 위주로 축성이 이루어지고 있었는데, 그 까닭은 (평지)읍성과 달리 산성은 수축만 하면 되서, 재정과 인력 동원 면에서 부담이 적었고 공기 또한 짧아 바로 활용할 수 있었으며, 방어 면에서 보다 뛰어났기 때문이라 할 수 있다.

　曰……".

2) 읍성 신축과 외관 주도의 읍치 재건

우왕 3년 이후로 축성책이 시행되고 있었지만, 축성은 기존 산성을 수축한 것 위주로 이루어지고 있었다. 반면 읍성의 축조는 매우 제한적으로 진행되고 있었다. 『고려사』와 『고려사절요』에서도 읍성 축조는 매우 드물게 확인되고 있다.

다음은 고려말 읍성 축조와 관련된 드문 기록 가운데 하나이다.

개성부에서 장狀을 올려 말하기를, 첫째 외성을 보수하는 일인 즉 나라를 정하고 도읍을 세우는 자는 반드시 먼저 성을 높이 쌓고 못을 깊이 파는 것이 고금의 통제通制입니다. 우리 국가는 태조께서 창업하심이 원대하였으나 성곽을 쌓지 못하고 현종조에 이르러 비로소 외성을 쌓고 성 위에 나각羅閣을 두어 굳게 지켰습니다. 세월이 오래되니 성은 퇴락하였고 또한 옛 성터의 주위가 넓고 멀어 1·2년간 비록 백성들이 힘을 다하여도 능히 중수하지 못할 것 같사오니 마땅히 군사를 조련하고 백성을 쉬게 하여 사변을 기다리게 하소서.

둘째 내성을 신축하는 일인 즉 모든 일에는 반드시 준비가 있어야 하고 준비가 있으면 걱정이 없습니다. 지금은 왜구가 횡행하고 해독을 끼치니 경내의 백성들이 만일 위급한 일이 있을 경우 의지할 곳이 없으니 진실로 두렵습니다. 원컨대 내성을 견고히 쌓도록 하소서.

셋째 외방산성을 수축하는 일인 즉, 당감에 고려에서 산을 이용하여 성을 쌓는 것을 상책이라고 하였으니, 산성은 서로 가까운 곳에 편의에 따라 수즙하고 봉수로 서로를 바로 보게 하여 전쟁시 서로 구하게 하는 것이 가할 것입니다.

넷째, 목부군현牧府郡縣의 성을 쌓는 일인 즉, 군사와 백성을 휴식시키는 것은 나라에서 가장 힘써야 할 것입니다. 근래 왜구의 침략이 계속되어 백성들이 편안한 생활을 할 수 없고 또한 이전에 쌓은 사방 주위의 장성과 계축년에 동강·서강 등에 쌓은 성은 헛되이 백성을 괴롭히고 재물을 허비할 뿐입니다. 그러니 외방 평지에 성을 쌓는 것을 중

지케 하소서.[335]

위의 기록은 우왕 3년에 개성부에서 올린 장계로 당시 성은 크게는 개경과 외방의 성으로 구분되고, 다시 개경의 성은 외성과 내성으로, 외방의 성은 외방산성과 목부 군현의 성으로 나뉘고 있었다. 여기서 주목하려는 점은 외방산성 이외에 '목부군현의 성'이 별도로 존재하고 이들 성이 (평지)읍성이었다는 사실이며, 우왕 3년 (평지)읍성 이 축조되고 있었음을 알려준다. 앞서 우왕 3년부터 산성을 수축하는 축성이 시작되 었는데, 개성부 장계에 따를 때 일부 지역에서는 그 무렵에 (평지)읍성이 축조되었음 을 알 수 있다.

한편, 『고려사절요』에는 우왕 3년 7월의 축성 조치가 산성 수축이었음을 전하지 만,[336] 「축석성문기蠹石城門記」에는 해당 조치를 "정사년(우왕 3년) 가을에 조정에서 변 방의 대비를 엄중하게 하기로 의논해서 사신을 각도에 보내 서로 나누어 주현의 성을 쌓게 했다"[337]고 기록하고 있다. 이 기록에 의할 때, 당시 축성은 산성 수축으로 한정되 지만은 않았음을 알 수 있다.

이렇듯 우왕 3년 당시 축성은 산성 수축 위주로 진행되었지만, 일부 지역에서는 (평지)읍성을 쌓고 있었을 것이다. 하지만 그 해 개성부가 (평지)읍성의 축조를 중단 할 것을 건의하는 데서 보듯, (평지)읍성의 축조는 여의치 않았다. 위의 기록을 제외 하고 『고려사』에 읍성 축조 사실이 거의 기록되지 않는 점[338] 또한 이러한 맥락에서 이해할 수 있다.

이처럼 산성 수축 위주의 축성이 이루어지는 가운데, 읍성은 왜구 침략이 빈번하여

---

335 『고려사』 권82, 지36, 병2, 城堡 우왕 3년, "開城府狀曰 其一外城修葺事 則曰定國立都者必先高城 深池 此古今之通制也……".

336 『고려사절요』 권30, 우왕 3년 7월, "遣使諸道 修築山城".

337 『浩亭集』 권2, 記, 「蠹石城門記」.

338 유일한 것이 다음 기록이다. 『고려사』 82, 지36, 병2, 城堡, 공양왕 3년 3월, "城機張郡及海州甕 津". '성+읍호'가 치소가 위치한 성의 축조였음을 고려할 때, 이 기록은 기장, 해주, 옹진 지역에 읍성을 축조한 것을 의미하였을 것이다. 공양왕대에는 치소가 평지에 위치하였을 터이므로, 당시 치소가 위치한 성의 축조는 해당 군현의 읍성 축조를 뜻하였을 것이다. 이는 『대동지지』에 기장 군의 읍성이 공양왕 3년에 축조되었던 점과 부합하고 있다.

꼭 필요한 지역에 한해 축조되고 있었다. 그리고 당시 읍성 축조는 해당 군현을 재건하려는 목적에서 이루어지고 있었다. 권근의 표현을 빌리자면, 읍성의 축조는 '일읍재조一邑再造'를 위한 발판이었다.[339] 읍성이 축조되자 민인들은 생활 터전에서 농사를 지으면서 유사시 읍성으로 입보할 수 있었다.[340]

또한 읍성 건설로 새로운 인구들을 흡수할 수 있어 읍치 내 황폐된 농토가 회복되고 있었다. 당시 읍성 축조와 읍치의 복구를 위해서는 해당 조치가 필요한 지역에서 '일읍재조' 차원에서 이루어지고 있었다. 따라서 읍성은 대개 일부 연해 지역에 한해 축조되고 있었다. 연해 지역은 왜구에 의한 피해가 극심하여 읍치가 폐허로 변한 곳이 적지 않다. 축성책이 도입된 후 산성을 통한 왜구 방어가 시도되고 있었지만, 왜구의 잦은 침략으로 읍치가 황폐화된 연해 군현의 경우 산성 입보만으로는 왜구에 대한 대비가 충분하지 않았을 것이다. 또한 폐허된 읍치를 복구하고 흩어진 읍치민들을 다시금 불러들일 수도 없었다. 그리하여 왜구 침입이 잦은 연해 군현에서는 평지에 위치한 치소 및 읍치민을 상시적으로 보호해 줄 수 있는 성을 축조하여 읍치를 복구하고 떠나간 민인들을 불러들이고자 하였다.

읍성이 군현을 재건하려는 차원에서 축조되었더라도 국가가 읍성 축조를 체계적으로 주도한 경우는 드물었다.[341] 이보다는 해당 지역 사정을 잘 아는 외관 등과 같은 중앙 관원이 읍성 축조를 주도하였고, 경우에 따라 국가가 이를 보조해주곤 하였다. 대개 읍성 축조는 읍성의 필요를 절감한 해당 군현의 외관이 군현민을 동원하거나 외부에 인력을 요청하는 방식으로 이루어지고 있었다. 영천, 흥해, 청하, 영일, 상주, 진주, 금산 지역 등에서의 읍성 축조는 외관의 주도로 이루어지고 있었다. 경우에 따라서는 동래읍성과 영해읍성의 사례에서 볼 수 있듯이, 원수가 읍성이 필요하다고 판단하여 읍성 축조를 주도하기도 했고, 울산읍성의 경우처럼 염문사廉問使가 축성을 주도하기도 하였다.

---

339 『양촌집』 권11, 記類, 「寧海府西門樓記」.
340 『동문선』 권77, 記, 「合浦營城記」.
341 공양왕 3년 기장, 해주, 옹진 지역의 읍성 축조는 국가가 주도하였을 것으로 생각된다. 해당 축성 기록은 『고려사』 성보에 기재되어 있는데, 여기에 실린 기록은 국가 주도의 축성 사실을 전하는 것으로 판단된다.

외관 등의 중앙 관원이 국가의 명령이 아니라 자체적인 판단에 따라 읍성 축조를 주도하다 보니, 석성에 비해 공력이 적게 들고 공기가 짧은 토성의 형태로 축조되었다.[342] 또한 '일읍재조'를 위해 읍성 축조가 요구되는 지역이라 할지라도 일률적으로 읍성이 축조되지는 않았다.[343] 해당 군현의 외관이 읍성 축조에 적극적인 자세를 취하지 않았다면, 읍성 축조는 실현되지 않았을 것이다. 한편 이러한 외관(관) 주도의 읍성 축조에서는 유향품관이 협조하곤 하였다. 하지만 향리층이 읍성 축조에 가담한 사실은 거의 보이지 않고 있다.

이렇듯 산성 수축 위주로 축성이 진행되는 상황에서, 고려말의 읍성은 읍치의 복구, 민인의 안집, 농토의 회복 등을 목적으로 그것이 필요했던 일부 지역에 한해 축조되었다. 그리고 읍성 축조는 대개 외관의 자체적인 판단에 따라 이루어졌다. 읍성 축조의 목적과 주도층에서 볼 수 있듯이, 읍성 축조는 관(국가) 주도의 향촌질서 재편과 밀접히 관련되어 있었다. 지역공동체가 약화·소멸된 상황에서 왜구의 침입으로 맞게 된 향촌사회의 위기는 외관과 중앙정부 주도로 극복되어 갔다. 이 과정에서 외관과 중앙정부 주도의 향촌지배질서 재편 작업은 보다 탄력을 받으면서 진행되어 갔고,[344] 향촌사회의 재지세력으로 새롭게 부상하고 있던 유향품관층도 이에 어느 정도 가담·

---

342 『世宗實錄』 권64, 16년 5월 을사, "右議政崔閏德啓日……".

343 가령 固城 지역의 경우 왜구의 빈번한 침략으로 큰 피해를 입고 있었지만, 고려말에 읍성은 축조되지 않았다.

344 당시 향촌사회의 위기 극복을 위한 官 주도의 읍성 축조는 군사체제 개편, 화약·화기의 사용과 맥이 닿아 있었다. 향촌사회의 위기는 기존의 향촌지배질서가 붕괴된 상황에서 왜구가 대대적으로 침구하는 데서 비롯된 것이었다. 당시 그러한 위기는 관 주도로 극복될 수밖에 없었고, 그러한 과정을 통해 국가 주도의 향촌지배질서가 성립·강화되어갔을 것이다. 연해 군민을 조직하여 진수케 하는 조치(『고려사』 82, 지36, 병2, 鎭戍 공민왕 5년 6월), 수군의 재건·강화 조치(『고려사』 113, 열전26 정지 ; 『고려사』 83, 지37 병3 선군, 공민왕 23년), 서북면의 익군체제를 전국에 확대하려 한 조처(『고려사』 81, 지35, 병1, 병제, 우왕 4년 12월과 5년 윤5월) 등은 국가가 지역민들을 조직화하여 왜구 침입을 방어하려는 것으로 이해된다. 화약·화기의 개발과 보급 노력 또한 같은 맥락에서 이해할 수 있다. 최무선이 화약제조법을 습득한 후 국가는 화통도감을 설치하고(『고려사』 81, 지35, 병1, 병제, 우왕 3년 10월) 그 이후 大將軍砲·二將軍砲 등 20여 종의 화기를 제조하였고, 우왕 4년 4월에는 화기발사의 전문부대로 보이는 火桶放射軍을 개경과 지방의 각 寺에 편성했다(『고려사』 81, 지35, 병1, 병제, 우왕 4년 4월). 고려말 화약·화기의 개발과 보급에 관해서는 許善道, 『朝鮮時代 火藥兵器史研究』 一潮閣, 1994가 참조된다.

협력하고 있었다.[345]

읍성은 외관(관) 주도의 향촌지배질서 구축 차원에서 축조되는 것 외에도, 치소가 위치한 성에 대한 변화 요구와 치소의 평지 위치 경향에 부응하고 있었다. 읍성 축조의 그와 같은 의미를 설장수의 읍성 축조론에서 잘 드러나고 있다.

> 신의 미욱한 생각에는 연해 100리 사이에 이미 이주했거나 현재 거주하고 있는 백성들을 추쇄하여 사방 30리 혹은 50리의 범위 안에 비옥하여 경작할 만한 땅 중에서 지형이 평탄하고 땔나무와 물이 있는 곳을 선택하여 그 호수의 다소에 의하여 성보를 쌓게 하되, 대개 200~300집을 기준으로 관청을 설치하여 거기에 거주하게 하며 집들은 서로 잇닿아 짓게 하여 오직 그 주민들만 수용하게 할 것입니다. 가옥 이외에는 곡식을 보관하는 곳만 남기고 그 원포는 모두 성 밖의 땅으로 지급하도록 하십시오.[346]

위 기록에서 축성과 연계된 점들을 주목할 필요가 있다. 축성에 앞서 민인들을 추쇄한 후 비옥한 경작지가 확보되어 있고 평지이면서 용수 등의 생활 여건이 좋은 곳에 가옥들을 집주시키고 있다. 또한 호수에 맞춰 축성을 하고, 성 밖에는 경작지를 두고 있다. 이와 같이 설장수가 구상한 읍성은 국가 주도의 향촌질서 재편, 경제적·생활 환경적 요인의 중시, 거주성에 대한 요구 등의 시대 흐름 속에서 요청되고 있었던 것이다. 그리고 그의 축성론은 또한 치소가 평지에 위치한 당시 사회변화를 수용한 측면이 있었다. 고려 말에는 대개 치소가 평지에 위치하였지만, 성에 의해 보호되지 않고 있었다. 따라서 평지 읍성의 축조는 평지에 치소가 위치한 현실을 수용하면서 치소가 성에 의해 보호받지 못한 문제점을 개선하기 위해서 이루어졌다.

이처럼 설장수가 구상한 읍성은 민인들이 거주하고 농사짓는 곳과 일체가 되어 있

---

345 이와 관련하여 다음의 논저들이 참조된다(李泰鎭, 「예천개심사의 석탑기의 분석-고려 전기 향토의 일례-」『역사학보』 53·54, 1972 ; 「고려말·조선초의 사회변화」『진단학보』 55, 1973 ; 최종택, 「麗末鮮初 地方品官의 成長 過程」『學林』 15, 1993 ; 崔先惠, 『朝鮮初期 留鄕品官 研究』, 서강대 박사학위논문, 1998 ; 蔡雄錫, 「여말선초 향촌사회의 변화와 埋香활동」『역사학보』 173, 2002).

346 『고려사』 권112, 열전25, 偰遜 附 偰長壽.

었다. 이로 인해 읍성의 입지 조건으로 경제적·생활 환경적 측면이 중시되고 있었다. 이러한 점은 고려 치소성이 민인들의 주거·농경지와 다소 분리되어 있었던 사실과 대조를 이루고 있다.

설장수의 주장은 당시 받아들여지지 않았기에, 그의 축성론이 당시 사회에 전적으로 공유되고 있었다고 볼 수는 없다. 또한 개인 소견이 지나친 부분 가운데는 사회 변화의 일반적인 흐름을 제대로 반영하지 못한 것도 있을 것이다. 그럼에도 기존 향촌 사회 질서에 대한 재편, 평지 읍성의 축조, 읍성의 입지 조건으로 경제적·생활 환경적 측면의 중시 등은 여말선초 시기 뚜렷하게 나타나는 경향인 바, 그의 축성론을 통해 고려 말 읍성 축조가 지닌 시대적 의미를 읽어내는 데 대과가 없으리라 생각된다.

지금까지의 검토를 정리하자면, 고려말 읍성 축조는 지역공동체를 근간으로 한 군현 질서의 변화와 국가 주도의 향촌질서 재편과 짝하고 있었다. 읍성은 고려 치소성과 달리 거주·농경지와 보다 밀착한 성이었고, 또한 치소가 위치한 성의 조건으로 경제적, 생활 환경적 측면 등을 중시하는 변화된 사회 조건과 치소가 평지에 위치하는 사회 변화를 수용하는 측면에서 새롭게 등장한 성이었다.

참고문헌
찾아보기

참고문헌

1. 사료

『고려도경(高麗圖經)』
『고려사절요(高麗史節要)』
『고려사(高麗史)』
『당률소의(唐律疏議)』
『당육전(唐六典)』
『동문선(東文選)』
『무경총요전집(武經總要前集)』
『문헌통고(文獻通考)』
『삼봉집(三峰集)』
『성종실록(成宗實錄)』
『세종실록(世宗實錄)』
『송형통(宋刑統)』
『신원사(新元史)』
『신증동국여지승람(新增東國輿地勝覽)』
『양촌집(陽村集)』
『영가지(永嘉誌)』
『원고려기사(元高麗紀事)』
『원사(元史)』
『정종실록(定宗實錄)』
『증보문헌비고(增補文獻備考)』
『태조실록(太祖實錄)』
『태종실록(太宗實錄)』
『팔번우동기(八幡愚童記)』
『포은집(圃隱集)』
『호정집(浩亭集)』
김용선 편,『고려묘지명집성』(2판), 한림대학

교 출판부, 1993.

2. 단행본 (박사학위논문 포함)

강진철,『고려토지제도사연구』, 고려대 출판부, 1980.
국방부 전사편찬연구소,『왜구토벌사』, 1993.
국방부 전사편찬연구소,『고려시대 군사전략』, 2006.
권영국,『고려후기 군사제도 연구』, 서울대학교 박사학위논문, 1995.
김순규 편역,『몽골군의 전략·전술』, 국방군사연구소, 1997.
김낙진,『고려 禁軍 연구』, 서강대학교 박사학위논문, 2002.
김남규,『고려양계지방사연구』, 새문사, 1989.
김당택 외,『고려군제사』(육군본부 편), 육군본부, 1983.
김당택,『고려의 무인정권』, 국학자료원, 1999.
김상기,『신편 고려시대사』, 서울대출판부, 1985.
김순자,『麗末鮮初 對元·明關係 硏究』, 延世大學校 博士學位論文, 2000.
김창현,『고려후기 정방 연구』, 고려대 민족문화연구원, 1998
김혜원,『高麗後期 瀋王 硏究』, 이화여자대학교 박사학위논문, 1999.
나종우,『한국중세대일교섭사연구』, 원광대출판국, 1996.
민현구,『朝鮮初期의 軍事制度와 政治』, 韓國文化院, 1983.
박용운,『수정·증보판 고려시대사』, 일지사, 2008.

박종기, 『高麗時代部曲制研究』, 서울대출판부, 1990.

방상현, 『조선초기 수군제도』, 민족문화사, 1991.

변태섭, 『高麗政治制度史研究』, 一潮閣, 1971.

송인주, 『고려시대 친위군 연구』, 일조각, 2007.

스기야마 마사아키 지음 · 임대희 외 옮김, 『몽골 세계제국』, 신서원, 1999.

안병우, 『고려전기의 재정구조』, 서울대출판부, 2002.

오붕근 외, 『조선수군사』, 사회과학출판사, 1991(1997, 백산자료원 재발행)

오종록, 『朝鮮初期 兩界의 軍事制度와 國防體制』, 고려대학교 박사학위논문, 1993.

유재성, 『대몽항쟁사』, 국방부 전사편찬위원회, 1988.

육군군사연구소, 『고려군제사』, 1983.

육군군사연구소, 『고려-몽골전쟁사』, 2007.

육군본부 편, 『고려군제사』, 육군본부, 1983.

육군본부 편, 『한국군제사-조선전기-』육군본부, 1968.

육군본부군사연구실, 『한국고대무기체계』, 1979.

윤용혁, 『高麗對蒙抗爭史研究』, 일지사, 1991.

윤용혁, 『고려 삼별초의 대몽항쟁』, 일지사, 2000.

윤훈표, 『여말선초 군제개혁의 추이』, 연세대학교 박사학위논문, 1996.

윤훈표, 『여말선초 군제개혁연구』혜안, 2000.

이 영, 『잊혀진 전쟁 왜구』, 에피스테메, 2007.

이기백, 『高麗兵制史研究』, 일조각, 1968.

이기백, 『高麗史兵志譯註(一)』高麗史研究會, 1969.

임용한, 『전쟁과 역사 3 ; 전란의 시대』, 혜안, 2008.

임원빈 외, 『고려시대 수군관련 사료집』, 신서원, 2004.

장학근, 『조선시대 군사전략』, 국방부 군사편찬연구소, 2006.

장학근, 『朝鮮時代海洋防衛史』창미사, 1988.

정순태, 『여몽연합군의 일본정벌』김영사, 2007.

차용걸, 『고려말 조선전기 대왜관방사 연구』, 충남대학교 박사학위논문, 1988.

최선혜, 『朝鮮初期 留鄕品官 研究』, 서강대학교 박사학위논문, 1998.

최종석, 『고려시대 치소성연구』서울대학교 박사학위논문, 2007.

패트리샤 버클리 에브리, 이동진 옮김, 『사진과 그림으로 보는 케임브리지 중국사』, 시공사, 2001.

하현강, 『한국중세사연구』, 일조각, 1988.

한용근, 『고려율』, 서경문화사, 1999.

허선도, 『朝鮮時代 火藥兵器史 研究』, 一潮閣, 1994,

홍영의, 『高麗末 新興儒臣의 成長과 政治運營論의 展開』, 국민대 박사학위논문, 2003.

홍영의, 『高麗末 政治史 研究』, 혜안 2005.

3. 논문

(1) 국내

강성문, 「조선초기 화기 방사군의 실상」『학예

지』6, 1999.

고병익, 「麗代征東行省研究(Ⅰ)·(Ⅱ)」『역사
　　　학보』14·19, 1961·1962.

고석원, 「麗末鮮初의 對明外交」, 『白山學報』
　　　23, 1977.

권영국, 「무인집권기 지방군제의 변화」『국사
　　　관논총』31, 1992.

권영국, 「고려말 중앙군제의 변화」『사학연구』
　　　47, 1994.

권영국, 「고려말 지방군제의 변화」『한국중세
　　　사연구』1, 1994.

권영국, 「원 간섭기 고려 군제의 변화」『14세기
　　　고려의 정치와 사회』, 민음사, 1994.

김광수, 「고려건국기 일국가의식의 이념적 기
　　　초」『고려사의 제문제』, 삼영사, 1986.

김광철, 「高麗 忠烈王代 政治勢力의 動向; 忠烈
　　　王 初期 政治勢力의 變化를 中心으로」
　　　『論文集』7-1, 창원대, 1985.

김구진, 「公□鎭과 先春嶺碑」, 『白山學報』21,
　　　1976.

김구진, 「尹瓘 9城의 範圍와 朝鮮 6鎭의 開拓」,
　　　『史叢』21·22합집, 1977.

김구진, 「원대 요동지방의 고려군민」『이원순
　　　교수 화갑기념 사학논총』, 1986.

김구진, 「여·원의 영토분쟁과 그 귀속문제-원
　　　대에 있어서 고려본토와 동녕부·쌍성
　　　총관부·탐라총관부의 분리정책을 중
　　　심으로」『국사관논총』7, 1989.

김기섭, 「14세기 왜구의 동향과 고려의 대응」
　　　『한국민족문화』9, 1997.

김남규, 「명종대 양계 도령의 성격과 활동」『고
　　　려양계지방사연구』, 새문사, 1989.

김당택, 「고려 문종~인종조 인주이씨의 정치

적 역할」『한국중세사회의 제문제』, 한
　　　국중세사학회, 2001.

김대중, 「고려 공민왕대 경군의 재건시도」『군
　　　사』21, 1990.

김대중, 「고려 무인정권의 병제운영」『학예지』
　　　2, 1991.

김대중, 「고려말·조선초 화약병기의 현황과
　　　과제」『학예지』9, 육사 박물관, 2002.

김보한, 「일본사에서 본 왜구의 발생과 소멸과
　　　정」『문화사학』22, 한국문화사학회,
　　　2004,

김보한, 「중세 려·일 관계와 왜구의 발생 원
　　　인」『왜구·위사 문제와 한일관계』,
　　　경인문화사, 2005.

김보한, 「해양문화와 왜구의 소멸」『문화사학』
　　　16, 2001.

김상기, 「요동정벌과 위화도 회군」『고려시대
　　　사』, 동국문화사, 1961.

김순자, 「고려말 동북면의 지방세력 연구」연세
　　　대 석사학위논문, 1987.

김위현, 「麗·元 日本征伐軍의 出征과 麗·元
　　　關係」『국사관논총』9, 1989.

김윤곤, 「삼별초정부의 대몽항전과 국내외 정
　　　세 변화」『한국중세사연구』17, 2004.

김인호, 「고려말기 조준의 정치활동과 그 지
　　　향」『동북아역사의 제문제』, 백산출판
　　　사, 2003.

김인호, 「무인집권기 문신관료의 정치이념과
　　　정책-명종 18년 조서와 봉사 10조의
　　　검토를 중심으로-」『역사와 현실』17,
　　　1995.

김인호, 「원충갑의 삶과 역사적 위상」『원주 충
　　　렬사 연구』, 원주시, 2009.

김재명, 「고려시기의 군창」『한국사연구』 89, 1995.
김종수, 「삼국~고려시기 군제 연구동향」『군사』 53, 2004.
김창수, 「成衆愛馬考」『동국사학』 9·10, 1966.
김철민, 「元의 日本征伐과 麗·元關係」『건대사학』 3, 1973.
김태진, 「선초 총통위의 양상」『소헌남도영박사화갑기념 사학논총』, 1984.
김호종, 「공민왕의 안동몽진에 관한 연구」『안동문화』 창간호, 1980.
나종우, 「홍건적과 왜구」『한국사』 20, 국사편찬위원회, 1994.
마종락, 「고려시대의 군인과 군인전」『백산학보』 36, 1990.
문형진, 「동국병감에 나타난 전투현황과 전술형태분석」『군사연구』 122집, 육군군사연구소, 2006.
민현구, 「辛旽의 執權과 그 政治的 성격(上)」『歷史學報』 38, 1968.
민현구, 「오위체제의 확립과 중앙군제의 성립」『한국군제사-조선전기』(육군본부 편), 육군본부, 1968.
민현구, 「鎭管體制의 確立과 朝鮮初期 地方軍制의 成立」『朝鮮初期의 軍事制度와 정치』, 『한국군제사 조선전기편』(육군본부 편), 육군본부, 1968.
민현구, 『고려후기의 군제』『고려군제사』(육군본부 편), 육군본부, 1983.
민현구, 「朝鮮初期의 私兵」『東洋學』 14 檀國大, 1984.
박 돈, 「高麗末 東寧府征伐에 대하여」『中央史論』 4, 1985.
박종기, 「고려 말 왜구와 지방사회」『한국중세사연구』 24, 2008.
박진훈, 「고려시대 개경 치안기구의 기능과 변천」『한국사론』 33, 국사편찬위원회, 2002.
박한남, 「공민왕대 왜구침입과 우현보의 '상공민왕소'」『군사』 34, 1997.
박형표, 「麗·蒙聯合軍의 東征과 그 顚末」『사학연구』 21, 1969.
방동인, 「尹瓘九城再考」, 『白山學報』 21, 1976.
방동인, 「동녕부치폐소고」『관동사학』 2, 1984.
방동인, 「여·원관계의 재검토-쌍성총관부와 동녕부를 중심으로」『국사관논총』 17, 1990.
백남운, 「제11편 고려의 병제」『조선봉건사회경제사 상』, 1937.
변동명, 「高麗 忠烈王代의 萬戶」『歷史學報』 121, 1989.
서종태, 「고려후기 군수전에 대한 일고찰」『고려말·조선초 토지제도의 제문제』 서강대 출판부, 1987.
송인주, 「원압제하 고려왕조의 군사조직과 그 성격」『역사교육논집』 16, 1992.
송인주, 「고려시대의 견룡군」『대구사학』 49, 1995.
송인주, 「공민왕대 군제개혁의 실태와 그 한계」『한국중세사연구』 5, 1998.
신석호, 「여말선초의 왜구와 그 대책」『국사상의 제문제』 3, 국사편찬위원회, 1959.
신안식, 「고려 중기의 별초군」『건대사학』 7,

1989.

신재현, 「고려강화천도기 항몽사적 교훈 분석」 『군사연구』 122집, 육군군사연구소, 2006.

오일순, 「고려시대의 역제구조와 잡색역」 『국사관논총』 46, 1993.

오종록, 「朝鮮初期 兵馬節度使制의 成立과 運用(上)」 『震檀學報』 59, 1985.

오종록, 「고려말의 도순문사」 『진단학보』 62, 1986.

오종록, 「朝鮮初期의 邊鎭防衛와 兵馬僉使·萬戶」 『歷史學報』 123, 1989.

오종록, 「高麗後期의 軍事 指揮體系」 『國史館論叢』 24, 1991.

오종록, 「조선초기 양계의 익군체제와 국방」 『박영석화갑기념논총』, 1992.

위은숙, 「12세기 농업기술의 발전」 『부대사학』 12, 1988.

유영철, 「「高麗牒狀不審條條」의 재검토」 『한국중세사연구』 창간호, 1994

유창규, 「이성계의 군사적 기반」 『진단학보』 58, 1984.

윤무병, 「고려 북계지리고」 하, 『역사학보』 5, 1953.

윤무병, 「吉州城과 公嶮鎭」, 『歷史學報』 10, 1958.

윤용혁, 「고려의 해도입보책과 전략변화」 『역사교육』 32, 1982.

윤훈표, 「고려말 조선초기 병기의 제조 및 관리체계에 관한 연구-군제개편과 관련해서-」 『동방학지』 77·78·79 합집, 1993.

윤훈표, 「고려말 설장수의 축성론」 『한국사상

사학』 9, 1997.

윤훈표, 「고려시대 군제사 연구의 현황과 과제」 『군사』 34, 1997.

윤훈표, 「高麗時代 軍律의 構造와 그 性格」 『사학연구』 69, 2002.

윤훈표, 「고려시대 관료·군조직에서 규율과 복종」 『동방학지』 129, 2005.

이 영, 「'경인년 왜구'와 일본의 국내정세」 『국사관논총』 92, 2000.

이경희, 「고려말 왜구의 침입과 대왜정책의 일단면」 『부산여대사학』 10·11, 1993.

이기백, 「고려 양계의 주진군」 『고려병제사연구』, 일조각, 1968.

이기백, 「高麗 太祖時의 鎭에 대하여」 『歷史學報』 10, 1958 ; 이기백, 『高麗兵制史研究』, 일조각, 1968.

이기백, 「高麗末期의 翼軍」 『李弘稙博士回甲紀念韓國史學論叢』, 1969 ; 『高麗貴族社會의 形成』, 일조각, 1990.

이기백, 「한국의 전통사회와 병제」 『한국학보』 6, 1977 ; 『한국사학의 방향』, 1978.

이명희·장세옥, 「고려 말-조선 중기 전함개선 과정에 관한 고찰」 『군사연구』 125집, 육군군사연구소, 2008.

이상국, 「고려시대 군호의 편제와 본관제」 『군사』 56, 2005.

이영동, 「忠勇衛考」 『육군3사관학교 논문집』 13, 1981.

이용주, 「恭愍王代의 子弟衛에 관한 小研究」 『素軒南都泳博士華甲紀念史學論叢』, 1984.

이은규, 「元의 日本征伐考察」 『호서사학』 1, 1972.

이익주,「고려 충렬왕대의 정치상황과 정치세력」『한국사론』 18, 1988.

이익주,「고려 후기 정치체제의 변동과 정치세력의 추이」『한국사 5』(강만길 외 편), 한길사, 1994.

이재룡,「조선전기의 수군」『한국사연구』 5, 1970 :『조선초기사회구조연구』, 일조각, 1984.

이재룡,「朝鮮初期의 翼軍」『崇田大論文集 人文科學篇』, 1982 :『朝鮮初期社會構造研究』, 일조각, 1984.

이재범,「고려말 조선전기의 왜구와 사천」『군사』 58, 2006.

이재범,「여원연합군의 일본원정 경로에 대한 고찰」『군사연구』 127집, 육군군사연구소, 2009.

이정신,「쌍성총관부의 설립과 그 성격」『한국사학보』 18, 2004.

이정신,「원간섭기 동녕부의 존재형태」『한국중세사회사회의 제문제-金潤坤敎授定年紀念論叢』, 한국중세사학회, 2001.

이정훈,「고려시대 지배체제의 변화와 중국율의 수용」『고려시대의 형법과 형정(한국사론 33)』, 국사편찬위원회, 2002.

이태진,「예천개심사의 석탑기의 분석-고려 전기 향토의 일례-」『역사학보』 53·54, 1972.

이태진,「고려말·조선초의 사회변화」『진단학보』 55, 1973.

이현종,「왜구」『한국사 8(고려)』(국사편찬위원회 편), 국사편찬위원회, 1974.

임용한,「14~15세기 喬桐의 군사적 기능과 그 변화」『인천학연구』 3, 2004.

임용한,「조선 건국기 수군개혁과 해상방어체제」『군사』 72, 2009.

장득진,「고려말 왜구침략기 '민'의 동향」『국사관논총』 71, 1996.

전덕재,「신라화랑도의 무예와 수박」『한국고대사연구』 38, 2005.

정영현,「고려 우왕대 왜구의 동향과 성격 변화」『역사와 세계』 33, 효원사학회, 2008.

정하명,「한국의 화기 발달과정」『군사』 13, 1986.

조규태,「최씨무인정권과 교정도감체제」『고려무인정권연구』, 서강대 출판부, 1995.

주채혁,「몽골·고려사 연구의 재검토—몽골·고려사의 성격문제—」『국사관논총』 8, 1989.

차용걸,「고려말 왜구방수책으로서의 진수와 축성」『사학연구』 38, 1984.

채웅석,「12, 13세기 향촌사회의 변동과 '민'의 대응」『역사와 현실』 3, 1990.

채웅석,「여말선초 향촌사회의 변화와 埋香활동」『역사학보』 173, 2002.

최근성,「고려만호부에 관한 연구」『관동사학』 3, 1998.

최일성,「고려의 만호」『청대사림』 4·5합, 1985.

최재석,「원간섭초기 북방정책의 성과」『사학지』 25, 1992.

최재석,「고려말 동북면의 통치와 이성계 세력 성장-쌍성총관부 수복 이후를 중심으로」『사학지』 26, 1993.

최재석,「고려말 군제의 운용에 관하여-원 간섭기를 중심으로」『동서사학』 1,

1995.

최종석, 「대몽항쟁·원간섭기 산성해도입보책의 시행과 치소성 위상의 변화」『진단학보』 105, 2008.

최종택, 「麗末鮮初 地方品官의 成長 過程」『學林』 15, 1993.

한영우, 「조선초기 상급서리와 그 지위」『조선전기사회경제연구』, 1983.

한우근, 「麗末鮮初 巡軍研究」『진단학보』 22, 1961.

허선도, 「麗末鮮初 火器의 傳來와 發達」『역사학보』 24, 1964 :『朝鮮時代 火藥兵器史 研究』, 一潮閣, 1994.

홍영의, 「공민왕 초기 개혁정치와 정치세력의 추이(상·하)」『사학연구』 42, 43·44합집, 1990·1992.

홍영의, 「공민왕의 반원정책과 염제신의 군사활동」『군사』 23, 1991.

홍영의, 「고려말 신흥사대부의 군제인식 :《고려사》병지에 보이는 개편안을 중심으로」『군사』 32, 1996.

홍영의, 「고려말 군제개편안의 기본방향과 성격-공민왕·우왕대를 중심으로」『군사』 45, 2002.

(2) 국외

江原正昭, 「高麗の州縣軍にする一考察」『朝鮮學報』 28, 1963.

內藤雋輔, 「高麗兵制管見」『靑丘學叢』 15·16, 1934.

武田幸男, 「高麗時代の口分田と永業田」『社會經濟史學』 33-5, 1967.

王啓宗, 「元軍第1次征日考」『大陸雜誌』 32-7, 1966.

王啓宗, 「元世祖招諭日本始末」『大陸雜誌』 32-5, 1966.

王啓宗, 「元軍第2次征日考」『大陸雜誌』 35-4, 1968.

齋藤忠和, 「北宋の軍法にいて」『中國近世の法制と社會』, 京都大學校人文科學研究所, 1992.

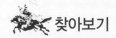 찾아보기

『한국군사사』권별 집필진

구분	집필진		구분	집필진	
고대 I	이 태 진	국사편찬위원장	조선 후기 II	송 양 섭	충남대 교수
	송 호 정	한국교원대 교수		남 상 호	경기대 교수
	임 기 환	서울교대 교수		이 민 웅	해군사관학교 교수
	서 영 교	중원대 박물관장		이 왕 무	한국학중앙연구원 연구원
	김 태 식	홍익대 교수	근현대 I	이 헌 주	국사편찬위원회 편사연구사
	이 문 기	경북대 교수		조 재 곤	동국대 연구교수
고대 II	임 기 환	서울교대 교수	근현대 II	윤 대 원	서울대 규장각 HK교수
	서 영 교	중원대 박물관장	강역	박 영 길	한국해양수산개발원 책임연구원
	이 문 기	경북대 교수		송 호 정	한국교원대 교수
	임 상 선	동북아역사재단 연구위원		임 상 선	동북아역사재단 연구위원
	강 성 봉	한국미래문제연구원 연구원		신 안 식	숙명여대 연구교수
고려 I	최 종 석	동덕여대 교수		이 왕 무	한국학중앙연구원 연구원
	김 인 호	광운대 교수		김 병 렬	국방대 교수
	임 용 한	충북대 연구교수	군사 사상	임 기 환	서울교대 교수
고려 II	김 인 호	광운대 교수		정 해 은	한국학중앙연구원 선임연구원
	홍 영 의	숙명여대 연구교수		윤 대 원	서울대 규장각 HK교수
조선 전기 I	윤 훈 표	연세대 연구교수	군사 통신·무기	조 병 로	경기대 교수
	김 순 남	고려대 초빙교수		남 상 호	경기대 교수
	이 민 웅	해군사관학교 교수		박 재 광	전쟁기념관 학예연구관
	임 용 한	충북대 연구교수	성곽	서 영 일	단국대 교수
조선 전기 II	윤 훈 표	연세대 연구교수		여 호 규	한국외국어대 교수
	임 용 한	충북대 연구교수		박 성 현	연세대 국학연구원
	김 순 남	고려대 초빙교수		최 종 석	동덕여대 교수
	김 일 환	순천향대 연구교수		유 재 춘	강원대 교수
조선 후기 I	노 영 구	국방대 교수	연표		한국미래문제연구원
	이 민 웅	해군사관학교 교수	개설	이 태 진	국사편찬위원장
	이 근 호	국민대 강사		이 현 수	육군사관학교 명예교수
	이 왕 무	한국학중앙연구원 연구원		이 영 화	한국학중앙연구원 연구원

『한국군사사』 간행위원

1. 주간

준장 오상택 (현 육군 군사연구소장)

준장 이필헌 (62대 육군 군사연구소장)

준장 정대현 (61대 육군 군사연구소장)

준장 신석현 (60대 육군 군사연구소장)

준장 이웅희 (59대 육군 군사연구소장)

2. 사업관리

대령 하보철 (현 한국전쟁연구과장)

대령 신기철 (전 한국전쟁연구과장)

대령 김규빈 (전 군사관리과장)

대령 이동욱 (전 군사관리과장)

대령 임방순 (전 군사관리과장)

대령 유인운 (전 군사관리과장)

대령 김상원 (전 세계전쟁연구과장)

중령 김재종 (전 군사기획장교)

소령 조상현 (전 세계현대전사연구장교)

연구원 조진열 (현 한국고대전사연구사)

연구원 박재용 (현 역사편찬사)

연구원 이재훈 (전 한국고대전사연구사)

연구원 김자현 (전 한국고대전사연구사)

3. 연구용역기관

사단법인 한국미래문제연구 (원장 안주섭)

편찬위원장 이태진 (국사편찬위원장)

교열 감수위원 채웅석 (가톨릭대 교수)

책임연구원 임용한 (충북대 연구교수)

연구원 오정섭, 이창섭, 심철기, 강성봉

4. 평가위원　　김태준 (국방대 교수)

김　홍 (3사관학교 교수)

민현구 (고려대 교수)

백기인 (국방부 군사편찬연구소 선임연구원)

서인한 (국방부 군사편찬연구소 부장)

석영준 (육군대학 교수)

안병우 (한신대 교수)

오수창 (서울대 교수)

이기동 (동국대 교수)

임재찬 (위덕대 교수)

한명기 (명지대 교수)

허남성 (국방대 교수)

5. 자문위원　　강석화 (경인교대 교수)

권영국 (숭실대 교수)

김우철 (한중대 교수)

노중국 (계명대 교수)

박경철 (강남대 교수)

배우성 (서울시립대 교수)

배항섭 (성균관대 교수)

서태원 (목원대 교수)

오종록 (성신여대 교수)

이민원 (동아역사연구소 소장)

이진한 (고려대 교수)

장득진 (국사편찬위원회 편사연구관)

한희숙 (숙명여대 교수)

집필자

- 김인호(광운대 교수) 제5·6장
- 홍영의(숙명여대 연구교수) 제7·8장

한국군사사 4   **고려 II**

초판 인쇄 2012년 10월 15일
초판 발행 2012년 10월 31일

발 행 처 육군본부(군사연구소)
주   소 충청남도 계룡시 신도안면 부남리 계룡대로 663 사서함 501-22호
전   화 042) 550 - 3630~4
홈페이지 http://www.army.mil.kr

출   판 경인문화사
등록번호 제10-18호(1973년 11월 8일)
주   소 서울시 마포구 마포대로4다길 8 경인빌딩(마포동 324-3)
대표전화 02-718-4831~2   팩스 02-703-9711
홈페이지 http://www.kyunginp.co.kr
이 메 일 kyunginp@chol.com

ISBN 978-89-499-0874-8 94910 세트
       978-89-499-0879-3 94910
육군발간등록번호 36-1580001-008412-01
값 33,000원